# Filosofia Para Leigos

*Folha de Cola*

O que é a vida? As pedras têm alma? A filosofia se resume a ponderar o imponderável — e o que é ponderável também. Se você é do tipo que gosta de filosofar por aí, saber os nomes daqueles que o fizeram anteriormente, algumas das questões outrora debatidas e jargões comuns aos filósofos pode ser uma mão na roda.

## Grandes Nomes da Filosofia na Antiguidade

No estudo da filosofia, é importante estar familiarizado com alguns nomes. Esta lista contém os principais pensadores da antiguidade:

- **Pré-socráticos:** Anaximenes, Anaximandro, Anaxágoras. Nomes estranhos, porém famosos. Alguns dos primeiros filósofos que se tem registro. Além de Tales, que acreditava que o mundo era, em essência, água. Os pré-socráticos eram pura proto-ciência especulativa. Obviamente, não faziam ideia de que eram pré-socráticos. Mas nós sabemos que eram.
- **Sócrates:** Ensinava filosofia através do chamado Método Socrático (não brinca?!). Foi às ruas em busca de conhecimento. Foi morto a pedido do povo. Ensinou a Platão.
- **Platão:** Aprendiz de Sócrates, com quem escreveu diálogos. Talvez o filósofo mais famoso de todos os tempos. Ensinou ao último membro do laurel filosófico, Aristóteles.
- **Aristóteles:** Aluno de Platão. Lógica codificada. Todo mundo busca a felicidade. Ensinou a Alexandre, o Grande. Platão enfatizava o outro mundo; Aristóteles concentrava seus esforços neste aqui.
- **Os estoicos:** Sêneca, Epíteto e Marco Aurélio são os estoicos romanos mais conhecidos. Conselho máximo para lidar com qualquer dificuldade na vida: coloque em perspectiva e passe por cima.

## Grandes Perguntas que os Estudantes Fazem

A vida apresenta questões e a filosofia se encarrega de ponderar a respeito delas. As perguntas que estudantes de filosofia (e, quem sabe, estudantes da vida em si) mais costumam fazer são:

- Por quê?
- O quê?
- Cai na prova?

# Filosofia Para Leigos

## Questões que os Filósofos Levantam

Os problemas apresentados pelos grandes filósofos podem aprimorar a sua percepção de mundo. Você provavelmente já se fez alguma destas perguntas sem fazer ideia de que estava pensando como alguns dos maiores pensadores da história!

Aqui está uma amostra das questões mais recorrentes no campo da filosofia:

- Nós podemos realmente aprender qualquer coisa?
- O que é bom na vida?
- Nós somos livres como parecemos ser ou apenas robôs programados segundo a natureza ou Deus?
- Somos apenas corpos, ou temos almas também?
- Existe vida após a morte?
- Deus existe?
- Qual o sentido da vida?

## Glossário dos Termos Fundamentais da Filosofia

Para ser um grande (ou mesmo razoável) filósofo, você precisa entender o linguajar da filosofia. Alguns termos fundamentais da filosofia são:

- **Filosofia:** Amor pelo conhecimento.
- **Estética:** O estudo da beleza, da feiura, e talvez até do sublime. A pergunta "O que é arte?" é estética.

**Dica meta-estética:** Se um teórico estético não conseguir combinar um terno com uma gravata, ou uma saia com uma blusa, seja cético quanto ao que ele(a) fala.

- **Epistemologia:** O estudo da crença, da verdade, do conhecimento e da racionalidade.
- **Ética:** O estudo do bem e do mal, certo e errado, regras e valores, caráter e vício, sucesso e felicidade.

A ética possui inúmeras subáreas, que incluem:

- **Ética de negócios:** O que eu posso fazer?
- **Ética judicial:** Quem eu posso processar?
- **Ética médica:** Quando eu posso clonar?
- **Ética tecnológica:** Por que eu posso teclar no telefone?
- **Metafísica:** O estudo do *ser*, ou do que realmente existe. Todas as questões 'supremas' são as metafísicas. Meta significa *depois* ou *transcender*.
- **Conhecimento:** Percepção prática para a vida.

*Para Leigos®: A série de livros para iniciantes que mais vende no mundo.*

# *Filosofia*

PARA
LEIGOS®

**Martin Cohen**

ALTA BOOKS
E D I T O R A
Rio de Janeiro, 2015

| Produção Editorial | Gerência Editorial | Design Editorial | Captação e Contratação de Obras Nacionais | Marketing e Promoção |
|---|---|---|---|---|
| Editora Alta Books | Anderson Vieira | Aurélio Corrêa | | Hannah Carriello marketing@altabooks.com.br |
| **Produtor Responsável** Marcelo Vieira | **Supervisão Editorial** Angel Cabeza Sergio Luiz de Souza | | J. A. Rugeri Marco Pace autoria@altabooks.com.br | **Vendas Atacado e Varejo** comercial@altabooks.com.br |
| | | | **Ouvidoria** ouvidoria@altabooks.com.br | |
| **Equipe Editorial** | Carolina Giannini Claudia Braga Gabriel Ferrira Jessica Carvalho | Juliana Oliveira Letícia Vitoria Mayara Coelho Mayara Soares | Milena Lepsch Rômulo Lentini Thiê Alves Silas Amaro | |
| **Tradução** Joris Bianca da Silva | **Revisão Gramatical** Mariana Marcon Benicá | **Revisão Técnica** Diego Pinheiro *Professor, graduado em História e pós-graduado em Filosofia* | **Diagramação** Ana Lucia S. Quaresma | **Copidesque** Paola Gossain Lima |

Dados Internacionais de Catalogação na Publicação (CIP)

```
C678f    Cohen, Martin.
             Filosofia para leigos / Martin Cohen. – Rio de Janeiro, RJ :
         Alta Books, 2015.
             464 p. : il. ; 24 cm. – (Para leigos)

             Inclui Índice.
             Tradução de: Philosophy for dummies.
             ISBN 978-85-7608-882-0

             1. Filosofia. 2. Filosofia - História. 3. Ética. 4. Filosofia -
         Ciência. I. Título. II. Série.

                                               CDU 1
                                               CDD 100
```

Índice para catálogo sistemático:
1. Filosofia        1

(Bibliotecária responsável: Sabrina Leal Araujo – CRB 10/1507)

Rua Viúva Cláudio, 291 – Bairro Industrial do Jacaré
CEP: 20970-031 – Rio de Janeiro – Tels.: (21) 3278-8069/8419
www.altabooks.com.br – e-mail: altabooks@altabooks.com.br
www.facebook.com/altabooks – www.twitter.com/alta_books

ALTA BOOKS
EDITORA

# Sobre o Autor

**Martin Cohen** é escritor e editor de livros filosóficos em tempo integral. Ele tanto ensinou como pesquisou filosofia em diversas universidades no Reino Unido e na Austrália, mas é mais conhecido por seus livros, nos quais advoga e desenvolve um método de ensino da filosofia por vezes conhecido como *modularidade*. Essa é uma técnica (que é muito apropriada para o estilo *Filosofia Para Leigos*) na qual grandes problemas complexos são desmembrados em partes, que são, cada uma, independentes e autossustentadas (tanto quanto possível). Ele foi originalmente encorajado à prática por George MacDonald Ross, para quem foi pesquisador em um ambicioso projeto, nos anos de 1980, visando mudar a forma como a filosofia é ensinada em universidades do Reino Unido e deixá-la menos "atravancada" e mais prática.

Entre os primeiros livros de Martin estão *101 Problemas de Filosofia, 101 Ethical Dilemmas, Political Philosophy, Wittgenstein's Beetle and Other Classic Thought Experiments, Casos Filosóficos* e *Mind Games*.

Além de professor universitário e pesquisador, Martin também é professor de nível fundamental, tendo ensinado em escolas de Yorkshire e Staffordshire, com crianças a partir dos sete anos. Ele se mantém um advogado da "filosofia para crianças", e seus livros da série "101" são populares entre muitos professores.

Embora seu livro *Casos Filosóficos* retrate uma imagem nada lisonjeira de Karl Marx, Martin entende que o "sentido da filosofia", como disse Marx, não é meramente interpretar o mundo, mas mudá-lo, e ele esteve envolvido com muitas questões de ética e ambiente.

# Agradecimentos

O estilo *Para Leigos* não permite notas de rodapé (o que é, sem dúvida, correto — sai para lá, nota de rodapé!), nem mesmo notas finais. No entanto, isso pode ser um convite para tomar emprestado sem dar reconhecimento. Então esta seção é um esforço para compensar algumas das muitas pessoas que realmente devem ser reconhecidas, visto que, de fato, este livro não é todo feito de minhas próprias ideias, mas meramente da destilação da leitura, pesquisa e discussões com outros. Aqui está apenas um pouco desse pessoal filosófico de cujas ideias me beneficiei e tentei comunicar para um novo público:

Brenda Almond, Gideon Calder, Anna Cohen, James Danaher, Pierre-Alain Gouanvic, Wendy Hamblet, Trevor Jordan, Colin Kirk, Mary Lenzi, Yuli Liu, George MacDonald Ross, Tom Morris, Chris Onof, Andrew Porter, John Sellars, Daniel Silvermintz, Dean D'Souza, Steven Thornton, Zenon Stravinides e Brad Weslake.

Na parte da produção, também devo agradecer a todos aqueles "Leigos profissionais" da Wiley — notoriamente, Nicole Hermitage, que me apresentou à ideia *Para Leigos*, e Simon Bell, que me aturou muito pacientemente com minha incredulidade ocasional quanto às exigências do "Estilo Para Leigos". Gostaria de agradecer também aos vários leitores do manuscrito, especialmente a Zenon, por seus cuidadosos comentários, correções e conselho.

# Sumário Resumido

# Sumário

● ● ● ● ● ● ● ● ● ● ● ● ● ● ● ● ● ● ● ● ● ● ● ● ● ● ● ● ● ● ● ● ● ● ● ● ● ● ● ● ● ● ● ● ● ● ● ● ● ● ●

## Parte V: Filosofia e Ciência ..................................................... 349

### Capítulo 17: Da Ciência Antiga à Filosofia Moderna. . . . . . . . . . . 351

### Capítulo 18: Investigando a Ciência Social. . . . . . . . . . . . . . . . . . . 365

### Capítulo 19: Explorando a Verdade Científica e as Tendências Científicas . . . . . . . . . . . . . . . . . . . . . . . . . . . . . . . 387

# Introdução

*F*ilosofia Para Leigos! Que tal isso? Na verdade, não parece muito certo. *Filosofia Para Pessoas Pensativas*, talvez. *Filosofia Para Gênios*. Sim, gosto desse jeito. Mas *Filosofia Para Leigos*, não. Porque a filosofia tem um certo toque de classe: tem um certo status, bem grandioso. Você não acha? Quantos geógrafos, ou químicos, ou astrônomos antigos são citados carinhosamente todos os dias, não apenas por interesse histórico, mas como *autoridades*? Os filósofos certamente são. Quantos sujeitos podem sobreviver simplesmente com reimpressões, sem terem que produzir novo material? A filosofia é assim. Nós preferimos ler as palavras de um filósofo antigo, ou pelo menos um filósofo falecido altamente conhecido, a ouvir as últimas ideias de algum professor vivo que, muito provavelmente, não será lembrado em mil anos.

Então, sim, a filosofia tem um lado um tanto pesado, sério, e é adequada àqueles sujeitos sérios, graves. Porém essa é só uma forma de vê-la. Ela é também um assunto surpreendentemente atraente. Afinal, quantos Cafés Geográficos há por aí? Encontros informais de jovens discutindo geografia nos bares? Não muitos. Mas há jovens discutindo filosofia. E quantas pessoas correm para fazer um curso com o fim de ensinar, digamos, química para crianças muito novas — chamando isso de Química Para Crianças, talvez? Mas a Filosofia Para Crianças (quer dizer, menores de sete anos) decolou mesmo — e os pequenos a adoram!

O que é mais notável, os "pequenos" são muito bons nisso. E é por isso que *Filosofia Para Leigos* não é uma ideia tão estúpida. As verdadeiras questões e as reais ideias da filosofia pertencem a todos, e ela sempre esteve tradicionalmente um pouco presa a seu pedestal, um tanto cheia demais de seu jargão obscuro, termos em latim e assim por diante, então há muitas razões para esmiuçá-la um pouquinho e devolvê-la para os lugares, onde começou, as arenas públicas, como uma busca para todos. Espero ao término deste livro tê-lo convencido de que você também pode "filosofar" — e, igualmente importante, que alguns daqueles especialistas em filosofia, cujos livros chatos podem tê-lo afastado antes, não estejam tão no topo do assunto quanto acham que estão. Subversivo? Bem, sim. Mas isso é filosofia. É por isso que ela importa. E é por isso que todo mundo deveria se interessar por ela.

# Sobre Este Livro

*Filosofia Para Leigos* oferece duas coisas a você. Primeiro, os fatos essenciais — o básico — de 3.000 anos de pessoas filosofando. E segundo, oferece as ferramentas de métodos e técnicas para lidar com problemas e perguntas traiçoeiras. Essas ferramentas são o que de fato tornam a filosofia valiosa, visto que podem ser utilizadas igualmente bem no decorrer da vida, não apenas em problemas filosóficos tradicionais.

# Convenções Utilizadas Neste Livro

Para ajudá-lo a tirar o máximo deste livro, sigo algumas convenções:

- O *itálico* enfatiza e destaca novas palavras ou termos estranhos que eu definirei em seguida...

- Os *boxes* (aquelas caixas cinzas com as quais você irá se deparar de vez em quando) contêm deliciosos trechos de trabalhos filosóficos clássicos, normalmente baseados em traduções padrão contemporâneas, mas vez por outra serão levemente reformulados para que a leitura seja mais natural.

- Eu não dou *datas* o tempo todo, por exemplo, em relação aos filósofos ou seus livros, exceto quando sinto que é diretamente útil à passagem.

# Só de Passagem...

O livro está dividido em cinco partes, mais a já comum "Parte dos Dez" do *Para Leigos*. Essas partes, assim como os capítulos, podem ser lidas em qualquer ordem. Da mesma forma, dentro de cada capítulo, o uso extensivo de notas laterais, títulos e subtítulos convida e permite que você entre e saia do texto. Não há necessidade de ler este livro de cabo a rabo, simplesmente pegue ideia por ideia, debate por debate. E faça muitas pausas para pensar, claro!

Você verá vários ícones sobre o texto que você pode ler ou deixar para lá: espero que goste do ícone "Ideia de Jerico", que, é claro, não é sério, e que confira o "Experiência de Pensamento" sempre que ele aparecer.

# Penso que...

Ao escrever este livro, pensei algumas coisas sobre quem você é:

- ✔ Você é curioso e motivado a descobrir mais sobre filosofia, mesmo que não esteja 100 por cento certo de como fazê-lo.

- ✔ Tem a mente aberta e não alcançou a plenitude de opções sólidas — especialmente as filosóficas.

- ✔ Está interessado em saber sobre as ligações entre diferentes tradições e ideias filosóficas.

- ✔ Está aberto à ideia de que a filosofia é um campo bem amplo, que vai das ciências naturais e sociologia até as buscas tradicionais por cursos padrão de faculdade.

Além disso, não presumi muito; espero. Este livro é para você, quer tenha sete ou setenta anos, seja PhD ou membro do parlamento.

# Como Este Livro Está Organizado

Um pouco mais sobre as seis partes de *Filosofia Para Leigos*.

## Parte I: O que É Filosofia

Ótimo lugar para começar! Mas, honestamente, "o que é filosofia" é um ponto mais difícil de definir do que deveria. A minha interpretação não é como a versão da maioria dos outros filósofos, porém eu estou longe de só defender que a filosofia é uma ferramenta prática para lidar com questões reais. Esta parte esboça os alvos gerais e o "escopo" da filosofia, garantindo que o que hoje chamamos de "ciência" seja colocado onde deve — no cerne do assunto. A Parte I termina estabelecendo algumas das técnicas de que você precisará para de fato começar a "fazer filosofia", praticando-a como uma atividade.

## Parte II: A História da Filosofia

Esta parte cobre tudo que você precisa saber sobre o que os filósofos disseram e argumentaram e fizeram de fato no passado. Da origem de vários debates filosóficos, tanto na Grécia quanto na China antigas, até os últimos ismos filosóficos confusos (como existencialismo e utilitarismo), esta parte esclarece os debates e os coloca em contexto.

## Parte III: O Arroz com Feijão da Filosofia

Esta é a seção do "como" — como usar a "lógica" eficientemente, como descobrir coisas (em vez de somente pensar que descobriu algo e estar enganado!) e como ficar com um pé atrás com tudo que acabou de descobrir e perceber que, na verdade, você ainda não sabe realmente. Isso pode parecer com desfazer o básico de sua ferramenta filosófica, mas, ei, isso também é meio útil. O problema é: ninguém sabe (ainda) como reunir tudo que "nós sabíamos".

## Parte IV: Explorando a Mente, a Consciência e a Moralidade

Esta é sem dúvida a parte mais valiosa do livro. Por que digo isso? Porque tem a ver com valores. E, embora isso soe meio como "pregação" — vá para casa, Vigário! —, quando tiver lido, acho que irá querer chamar o Vigário de volta, sentar com ele para um chá com biscoitos e discutir muitas das questões levantadas aqui, de "O que é Arte?" até se as forças econômicas sempre funcionam para o melhor.

## Parte V: Filosofia e Ciência

Os filósofos são meio ressentidos com a ciência. Na verdade, a maioria das apresentações da filosofia e algumas universidades consideram que a filosofia da ciência não é filosofia propriamente dita de jeito nenhum — e que, talvez, devesse estar em um livro (ou sala de aula) separado, bem, bem longe. Essa é uma visão bem estúpida, como esta parte mostrará. E, de fato, a ciência, cada vez mais, está na ponta da filosofia, com filósofos tradicionais lutando para se unirem a seus colegas supostamente práticos. Não fique para trás — leia isto e entre nos grandes novos debates!

## Parte VI: A Parte dos Dez

Todo livro *Para Leigos* tem uma. A Parte dos Dez oferece capítulos pequenos cheios de desafios filosóficos tentadores e deliciosos trechos de textos filosóficos.

# *Ícones Utilizados Neste Livro*

Espalhados pelo livro, você verá vários ícones para guiá-lo em seu caminho. Os ícones são uma forma da *Para Leigos* de chamar atenção para algo importante, interessante e de que você precisa saber para ficar atento.

Partes essenciais de informação que compensam uma, bem, olhada melhor.

Isto é coisa que talvez você queira guardar em seu banco de memórias — as melhores partes da filosofia.

Os filósofos adoram sua terminologia obscura e linguajar exclusivo. Este ícone dará traduções claras e diretas.

É o outro lado da moeda — isto é, coisas que, talvez, você queira apagar do seu banco de memórias, mas não fique tentado a fazê-lo, essas ideias ainda têm influência e são parte da história da filosofia.

Estes são cenários imaginários que investigam problemas filosóficos de uma maneira mais científica.

Pequenos pedaços de informação para suavizar seu entendimento.

Tome nota cuidadosa dos conselhos neste ícone e você evitará calamidades.

# Daqui para Lá, de Lá para Cá

Eu organizei este livro de forma que você possa ler o que bem entender quando quiser. Ele não é escrito especificamente para ser lido do início ao fim, embora você possa fazê-lo se quiser. Em geral, contudo, você encontrará o que deseja ler no Sumário ou no Sumário resumido e poderá ir direto para a seção. Ou, se preferir ler de uma maneira mais convencional, a Parte I dará a você o básico para começar do zero na filosofia e irá direcioná-lo a outros pontos no livro onde encontrará informação mais detalhada em assuntos nos quais esteja particularmente interessado.

Boa sorte e... feliz filosofia!

# Parte I

# O que É Filosofia?

## Nesta parte...

**F**ilosofia é um nome bem bacana para um assunto bem bacana. A maioria de nós não precisa saber qualquer coisa a respeito, você pensaria. Jardinagem, como dirigir carros, talvez um pouco de informática hoje em dia, mas filosofia? Acorde-me quando o professor sair!

Mas a filosofia não é chata nem inútil de jeito nenhum. Esta parte explica por que você pode achar incrivelmente útil ler o resto do livro e por que apreciaria descobrir tudo sobre todas aquelas questões filosóficas estranhas, desafios e ideias. Pronto? Então, chega mais!

# Capítulo 1

# Do que Trata a Filosofia?

*Neste Capítulo*

▶ Uma abordagem leve sobre alguns enganos a respeito da filosofia
▶ Captando algumas das grandes ideias
▶ Retornando à história antiga e explorando a origem das ideias filosóficas fundamentais

*N*este capítulo, nós descobrimos "o que é a filosofia" — e o que era também (que não é a mesma coisa). Resolvemos imediatamente um dos maiores problemas da filosofia — o problema do conhecimento — e vemos as experiências de uma galinha gananciosa e uma meia furada.

## Definindo o Trabalho

> *Filosofia é a "terra de ninguém" entre a ciência e a teologia, sob ataque de ambos os lados.*
>
> — Bertrand Russel

Ou, como os filósofos podem preferir, ciência e religião são na verdade duas fatias de pão, com a filosofia sendo o recheio saboroso no meio. Os cientistas reduzem o mundo à "matéria", transformam o mundo em uma máquina e destroem o livre-arbítrio e o propósito. Por outro lado, os tipos espirituais, que buscam um propósito e a liberdade de encontrá-lo, são atraídos para religiões e todas aquelas atividades "irracionais", como astrologia e assistir TV. E eles não sentem a menor necessidade de realizar algo. Entre os dois campos, parece que não sobra muito espaço para a filosofia!

Vista de fora, a filosofia parece ser um assunto bem peculiar, para não dizer sem sentido, cheia de charadas não respondidas e perguntas como "O rei da França é careca?" ou "Aquela mesa existe?", o que ninguém em seu juízo perfeito faria.

De fato, os cursos de filosofia frequentemente começam (como se determinados a refutar o ponto, mas inadvertidamente apenas o reforçando) perguntando "O que é filosofia?" — uma pergunta que nenhum estudo com respeito próprio normalmente precisaria fazer. O que é química? O que é gastronomia? O que é geografia? Ainda assim, filósofos certamente parecem gostar de fazer essas perguntas com "o que é", e fazê-las sobre seu próprio tema parece ser a coisa certa a fazer. O ponto para eles, no final das contas, é fazer perguntas, não respondê-las.

## Então, o que é filosofia?

*Filosofia* é um assunto sem um conteúdo em particular e não cobre nenhuma área específica. É, sim, um tipo de cimento intelectual que tenta unir o restante do edifício intelectual (isso soa grandioso).

Ou, colocando de outra forma (que soa menos grandiosa), a filosofia é um tipo de estrume. Faça uma pilha grande em alguns lugares e ele apodrece e começa a feder. Mas espalhe-o por aí e ele se torna surpreendentemente útil. Essa foi a visão de alguns defensores da filosofia no final do século passado. Ao mesmo tempo, pessoas de todo o Mundo Ocidental perguntavam "Qual é o sentido da filosofia?" e decidiram que não havia um. As pessoas estavam começando a ver departamentos de filosofia fazendo treinamento para fazer perguntas esquisitas e impossíveis de serem respondidas ou para repetir pedaços de textos antigos como perda de tempo. À fria luz da retração econômica, críticos consideraram desperdício de dinheiro os esforços de filósofos sérios em investigar os seguintes problemas sagrados da filosofia e outros similares:

- ✔ Como eu sei que existo?
- ✔ Como eu sei que Deus existe?
- ✔ Como eu sei que o mundo existe?
- ✔ O céu é azul?
- ✔ Se uma árvore cair em uma floresta e não houver ninguém para ouvir, ela faz algum som?

## Então qual é o sentido da filosofia?

Por outro lado, os esforços dos práticos para encontrar um sentido em suas áreas — médicos, advogados, astrônomos, físicos, químicos, historiadores, linguistas, qualquer um precisa fazê-lo — sempre pareciam voltar a certas perguntas paradoxais ou traiçoeiras que são, essencialmente, bem, filosóficas. Então, mesmo que a filosofia como hobby das classes abastadas tenha sido jogada fora, entrou em cena a filosofia como estudo prático — na forma de minicursos para a ética médica, ou empresarial, ou como pensamento crítico e (para os cientistas) teorias de espaço e tempo.

E isso foi, de certa forma, o retorno às raízes da filosofia — porque, para os gregos antigos (que inventaram a palavra, mas certamente não a atividade, não importa o que você leia por aí!), a filosofia é um guia de ação —, ajudando a responder a perene questão: "O que eu devo fazer?".

# Amando a Sabedoria

Faz bastante sentido para muitas mentes filosóficas hoje em dia evitar o uso da palavra filosofia e, em vez disso, estudar questões práticas.

O pessoal médico pode querer dar uma olhada em perguntas como:

- ✔ Quando começa a "vida"?
- ✔ O que é consciência?

O sujeito empresário pode querer ponderar a respeito de charadas como:

- ✔ Quando empresas de sucesso se tornam monopólios?
- ✔ As organizações têm a obrigação de distribuir riqueza?

E físicos e químicos podem se perguntar:

- ✔ O tempo pode retroceder?
- ✔ Há em Marte uma forma de água composta de três átomos de hidrogênio e dois de oxigênio ($H_3O_2$ em vez de $H_2O$) — e, se houver, ainda é água?

Eventualmente todo mundo começa a se perguntar:

- ✔ Unicórnios têm um ou dois chifres?
- ✔ Todos os solteiros são (realmente) homens não casados?

Mas aguenta aí! Isso não está ficando um pouco como os antigos e tradicionais cursos de filosofia? As perguntas não são práticas de jeito nenhum! O que mudou? E a resposta é, claro, nada mudou. Os filósofos, no final das contas, não gostam de mudança. Eles gostam de verdade e certeza. Gostam de problemas nos quais sejam os únicos especialistas. Ainda assim, mesmo que "filósofos profissionais" estejam relutantes em mudar, quando os práticos olham o tema, os fundamentos da filosofia tornam-se mais claros.

# Guias recentes sobre "o que é a filosofia"

Está se perguntando o que a filosofia realmente é? Esses quatro escritores oferecem algumas das respostas mais populares:

"O que é filosofia? Esta é uma pergunta notavelmente difícil. Uma das formas mais fáceis de respondê-la é dizer que filosofia é o que os filósofos fazem e, então, apontar os escritos de Platão, Aristóteles, Descartes... e outros filósofos famosos."

— Nigel Warburton em *O Básico da Filosofia*

"Filosofia, substantivo. O assunto deste dicionário. Aqueles que a estudam discordam até hoje sobre como deveriam definir seu campo."

— Geoffrey Vesey e Paul Foulkes em seu *Dicionário de Filosofia*

"Filosofia é pensar sobre o pensar."

— Richard Osborne em *Filosofia Para Principiantes*

"O que é filosofia? Muitas pessoas que têm estudado e pesquisado o assunto por anos não concordariam com uma definição... Assim como você só pode aprender a nadar entrando na água, só pode saber o que acontece em filosofia envolvendo-se com ela. Todavia, para descrever a filosofia, vamos experimentar pelo menos uma sugestão plausível que cobre a maior parte, se não tudo, do que as pessoas engajadas em pensar e escrever sobre o tema fazem constantemente. A sugestão é que a filosofia é o estudo da justificativa."

— John Hospers em *An Introduction to Philosophical Analysis* *("Uma Introdução à Análise Filosófica", em tradução livre)*

De todas, a primeira não passa do que filósofos de verdade chamam de *argumento circular* — imediatamente levanta a questão: se filosofia é o que os filósofos fazem, então o que torna alguém um filósofo? Claramente é fazer filosofia. E a única resposta possível para essa pergunta é: a coisa que torna alguém filósofo é fazer filosofia. Certamente parece plausível, mas a resposta coloca-o em um círculo.

A segunda resposta é francamente uma encheção de linguiça. Mas poupa muita chateação ao escritor! (Eu optei por essa resposta quando editei um dicionário também.)

A terceira resposta é mais artística, mas está simplesmente errada.

A quarta resposta é mais complicada, mas, basicamente, diz que filosofia é o estudo das razões que as pessoas têm para pensar como pensam — para mergulhar um pouco mais fundo em um ou outro assunto. E, talvez, então, por mais inadequada que pareça, essa última resposta pode ainda ser a melhor. Isso porque foi a única que ficou de pé depois que as outras foram derrubadas.

A filosofia não é um corpo de conhecimento com um conjunto de "respostas" a perguntas comuns para serem aprendidas. A filosofia é uma técnica, uma forma de desembaralhar e examinar a realidade para que não só você a compreenda um pouco melhor, mas para que possa atuar mais efetivamente, alcançar seus objetivos mais completamente, viver um pouco melhor. E não é contradição dizer que a cada vez mais, atualmente, encontramos os verdadeiros filósofos não em departamentos de filosofia empoeirados, debruçados sobre os jornais equivocadamente chamados de "filosofia", cheios de lançamentos de linguagem (discutindo sobre as definições de palavras) e matemática não muito boa (lógica filosófica), mas em hospitais, em tribunais de recurso, laboratórios de física — em qualquer lugar, menos lá em cima nas torres de marfim.

Por outro lado, e certamente para muitos colegas professores, os livros e artigos de filosofia são textos importantes nos quais os filósofos apresentam os frutos de seu trabalho intelectual — abundantes em "teorias", como a da identidade corpo-mente, e também superteorias ou abordagens teóricas, como o Idealismo e o Materialismo. Para muitos professores de "filosofia", o trabalho consiste não apenas na apresentação de uma técnica, mas também na apresentação de um corpo de pensamento desenvolvido no decorrer do milênio pelo uso dessa técnica.

# Decidindo o que Conta como Conhecimento "Real"

É claro que filósofos profissionais *podem* ajudar a encontrar respostas também — quando querem. De fato, filósofos podem ter um papel especial como uma espécie de árbitro ou juiz em disputas que surgem dos fundos de pesquisa ou prática em todos os outros assuntos ou áreas. Eles podem entrar em uma área sem o ônus de muitas presunções e esclarecer o fundamental. E o que poderia ser mais fundamental do que decidir o que conta como conhecimento em vez de meras crenças ou superstições? Porque ninguém gosta de pensar que sabe algo se houver a chance de outra pessoa mostrar mais tarde que estava errado. Muitos "fatos" são assim — são coisas que você acha que sabe, mas na realidade só as toma com a confiança na pessoa (ou livro, ou programa de TV) que lhe conta, em vez de realmente saber. Há muito poucas coisas que você pode saber diretamente, por conta própria.

Por exemplo, "saber" que você pode morder uma maçã, porque ela é crocante, diferente de uma pedra, que é muito dura, ou saber que o sol nascerá amanhã. Ambas as situações parecem seguras o suficiente para contar como "coisas que você sabe", mas, você nem imagina, os filósofos discutem até por isso. Seu argumento é que ambas suposições amparam-se em nada além de experiências passadas, e experiências passadas não são um guia confiável.

O filósofo britânico do século XX Bertrand Russel conta uma história legal de algumas galinhas para ilustrar esse problema. Essas aves domesticadas têm um pequeno galinheiro do lado de fora da casa da fazenda, e todas as manhãs a esposa do fazendeiro vem e joga um punhado de grãos para elas. A cada manhã, portanto, faz sentido para as aves correr para fora do galinheiro e dar o primeiro cacarejo com os deliciosos grãos. Essa é a teoria da galinha sobre o assunto pelo menos. Mas, um dia (sem que as galinhas saibam), a esposa do fazendeiro está planejando fazer uma canja. Faz sentido sair correndo do galinheiro em direção à esposa do fazendeiro aquela manhã?

Na realidade, não faz sentido a galinha fazer qualquer coisa senão esconder-se nos fundos do galinheiro aquela manhã, mas não há evidência retirada de experiências passadas que pudesse demovê-la dessa suposição, e, ao contrário, há muitas evidências que a apoiariam! Isso é o que os filósofos chamam de *problema de indução*, que é uma forma complicada de raciocinar, baseando-se na presunção de que o que você já vê fala sobre o que encontrará a seguir. As pessoas fazem isso o tempo inteiro, mas filosoficamente não é válido; na verdade é altamente ilógico.

Por que pessoas seguem linhas ilógicas de raciocínio? A resposta é porque (como diz John Locke) elas não têm escolha. Se você só agisse em coisas que "realmente sabe" no caso, não agiria em muitas coisas.

---

## Um diálogo entre duas galinhas

Imagine uma conversa entre duas galinhas que estão pensando se deixam a segurança de seu galinheiro em uma manhã.

Galinha 1: Eu não vou sair (pelos grãos); não confio naqueles fazendeiros.

Galinha 2: Por que não? Eu confio neles. Ontem eles nos deram grãos, anteontem nos deram grãos, no dia anterior a este nos deram grãos... Eles nos deram grãos por todo o tempo até onde me lembro! Galinha, eu acho que eles vão nos dar alguns grãos hoje!

Galinha 1: Bem, sei não, esses são apenas fatos sobre o passado. Não provam nada do que vai acontecer desta vez. Não é nenhum tipo de prova lógica, é?

Galinha 2: Eu me lembro de ter ouvido em algum lugar que o filósofo britânico John Locke disse uma vez: "O homem que, nas tarefas comuns da vida, não admitir nada além de demonstração direta não terá certeza de nada no mundo senão de perecer rapidamente".

Galinha 1: (Impressionada.) Bem, sim, mas eu tenho um palpite de que hoje os fazendeiros estão planejando nos matar! Eu não vou sair até que você me persuada de que sem dúvidas é seguro.

Galinha 2: Bem, agora, minha covarde amiga, eu tenho uma teoria que chamo de "Princípio da Conservação da Crença", que diz que se pode aceitar certas crenças básicas sem prova absoluta se descartá-las exigisse jogar fora muitas de suas outras crenças. Crenças são seu mapa indispensável da realidade que nos orienta no decorrer do dia. Conhecimento, por outro lado, é um apoio a mais.

*(A Galinha 2 deixa o galinheiro e é esganada pela esposa do fazendeiro, que estava preparando o almoço de domingo.)*

---

## Alguns filósofos famosos decidindo o que conta como conhecimento "real"

O filósofo francês René Descartes separou crenças "claras e distintas" de outras e as chamou de *conhecimento*. Um filósofo da linguagem mais recente, de Oxford, J. L. Austin, sugeriu que dizer que você sabe algo é dar sua palavra de que é assim, fazer um tipo especial de jura. Por outro lado (e os filósofos sempre tentam olhar para o outro lado de qualquer questão), Francis Bacon, o filósofo inglês que tem o crédito de haver cunhado a frase "conhecimento é poder" (pensando em conhecimento prático), uma vez disse: "Se um homem for começar com certezas, deverá terminar com dúvidas. Mas, se ele se contentar em começar com dúvidas, pode acabar em certezas".

---

Na prática, muitas pessoas diriam que, dada a fragilidade humana, é suficiente para dizer que você sabe algo se:

- ✔ Você acredita ser verdade

- ✔ Você tem uma boa e relevante razão para sua crença

- ✔ A coisa em que você acredita saber é na verdade como você acredita — você está certo!

Isso é conhecimento como o que os filósofos chamam de "crença verdadeira justificada". É assim chamada porque você acredita, essa é a "porção de crença"; você tem uma razão para sua crença, essa é a porção de justificativa; e (o que mais?) é verdade, essa é a porção (adivinha!) de "verdade". Selecionar conhecimento é fácil! Contudo, em muitos casos, como naquele da Galinha 2 (veja o box anterior), algumas alegações satisfazem todas as três condições e, ainda assim, você poderia sentir que não contam como conhecimento real — que você precisa de algo mais para torná-lo absolutamente certo (no Capítulo 9, abordo o que esse "algo mais" poderia ser).

# *Esmiuçando Três Tipos de Conhecimento*

Há várias maneiras diferentes de saber se algo existe. Você pode saber um fato, conhecer um amigo e pode saber pintar ou amarrar os cadarços:

## Razões para ação

Os fatos são bons, mas todos sabem que o que motiva é tudo menos isso. Em vez de seguirem algum grande e logicamente válido sistema de dedução, as pessoas seguem seus próprios caprichos e preconceitos. Suas ações são afetadas por uma complexa mistura de emoção, suspeita e preconceito puro e simples. A filosofia pode ajudar a melhorar isso? Não acredite.

Muita coisa sem sentido que soa complicada está escrita sobre isso, mas o ponto é que, de acordo com uma visão bem padrão, como os filósofos profissionais (e de leitura maçante) gostam de dizer, suas crenças e desejos determinam as razões para suas ações. Não há lugar para fatos!

Crença + desejo → ação

Por exemplo, a crença de que "dinheiro faz as pessoas felizes" mais o desejo "eu quero ser feliz" podem levar à ação "vou roubar um banco".

Mas e se você *também* acreditar que roubar bancos é errado? Então terá um conflito em seu sistema de crença que precisa resolver. E é aí que entra outro ótimo uso da filosofia: decidir a coisa "certa" a fazer (exploro isso no Capítulo 13). Uma pena que as pessoas não usem esse aspecto da filosofia um pouco mais!

✔ **Saber que** essa fruta é saborosa, que dois mais dois são quatro, que o tempo estará bom amanhã

✔ **Saber (como)** andar de bicicleta, ler, conferir provas lógicas

✔ **Saber (conhecer) por familiaridade** a melhor maneira de evitar o trânsito na hora do rush, uma boa loja de queijos, os vizinhos

O primeiro tipo de conhecimento é o que mais interessa aos filósofos, mesmo que fiquem só no que conta como conhecimento, em oposição à mera crença ou ao julgamento de valor.

Você pode achar que separar fatos de opinião é bem simples, mas se já é complicado ao ler o jornal de hoje, imagine com um pouco mais de filosofia. Por exemplo, você pode pensar que seu lugar no espaço e tempo é certo, mas muitos físicos diriam, falando estritamente, que não há qualquer resposta absoluta ou verdadeira e que é mais uma questão de convenção. Ou você pode achar que o apresentador da previsão do tempo que diz que choverá amanhã não sabe realmente se choverá ou não — mas se ele estiver certo, e daí? Ele sabia realmente?

Os filósofos são inclinados a estreitar a tarefa de definir conhecimento às alegações mais simples, mesmo que no final não passem de tautologia (a mesma coisa dita duas vezes). Eles preferem que as pessoas digam coisas como "maçãs são maçãs". Afaste-se dessas alegações simples e pode cometer um erro. Por exemplo, "maçãs são frutas" só é seguro de ser dito porque todo mundo concorda que, bem, maçãs são frutas, mas você sofrerá se disser "tomates são frutas"! Atenha-se a "tomates são tomates" e não errará...

No final, a busca por conhecimento é simplesmente procurar sentido em diferentes tipos de crenças. Colocando desta forma, está claro que há diferentes tipos de conhecimento, assim como há diferentes tipos de crença. Talvez a distinção mais importante para a filosofia esteja entre fatos e opiniões — ou, para usar um jargão ouvido com mais frequência, entre alegações objetivas e subjetivas:

- ✔ *Alegações objetivas* tratam de coisas que "estão lá" no mundo sobre o qual você sabe pela impressão sensorial, pela experiência e pela medição. Isto é o que os filósofos chamam de *conhecimento empírico*.

- ✔ *Alegações subjetivas* baseiam-se em coisas como suas opiniões pessoais, seus valores, seus julgamentos e preferências. São alegações que dão propósito e significado à sua vida, embora, normalmente, os filósofos desde Platão deem a elas um status mais baixo do que o dado às objetivas.

# Explorando o Mundo Físico à sua Volta

As pessoas frequentemente pensam que os filósofos se preocupam apenas com ideias e abstrações e deixam o mundo físico para o pessoal com menos cérebro, como, bem, os cientistas. E se pode facilmente traçar esse preconceito (porque é isso que realmente é) até a figura mais importante da filosofia antiga: o próprio Platão. Mas Platão não conseguiu persuadir Aristóteles, que passou quase 20 anos estudando com ele, que era o caso de preocupar-se somente com ideias. Ao contrário, o método de Aristóteles para obter conhecimento era começar a olhar à sua volta, tanto para a evidência física quanto para a opinião convencional da época (algo que seu chefe, Platão, particularmente desprezava!).

Uma das experiências mais influentes de Aristóteles foi decidir se a Terra estava — ou não — fixa, imóvel no centro do universo.

Na realidade, em torno de 2.000 anos atrás, todos diziam que a Terra era plana e fixa no espaço. Por que pensavam isso? Bem (você não adivinharia), é porque os filósofos haviam convencido-os por argumentos. Agora todo mundo diz que a Terra é uma esfera girando em torno do Sol. Se você acha que isso está correto, pode contar como pelo menos um exemplo de como "todo mundo" pode estar errado. E isso mostra o quão incrivelmente influente a filosofia pode ser, tanto de forma positiva como negativa.

Mas, de fato, houve algum debate sobre tudo isso entre os antigos, com um deles, Arquimedes, observando (em *O Contador de Areia*) que tinha ouvido de um parceiro, chamado Aristarco, que havia feito um livro que consistia de certas hipóteses, incluindo algumas noções impressionantes como estas:

- As estrelas e o Sol não se movem
- A Terra gira em círculo ao redor do Sol, estando este no centro da órbita
- A distância entre a Terra e as estrelas fixas é enorme

O livro de Aristarco, contudo, perdeu a batalha de ideias, mesmo que sua teoria da Terra móvel tenha sido influente o suficiente para um ex-pugilista chamado Cleantes, que, entre outras coisas, foi líder dos estoicos na Grécia antiga (os *estoicos* foram um grupo de filósofos cujos nomes acabaram por parar na linguagem do dia a dia, significando pessoas que eram boas em suportar dor!). Cleantes recomendou a condenação de Aristarco devido à:

> ...*culpa de impiedade por colocar em movimento o lar do universo [e] supor que o céu permanece em repouso e a Terra gira em uma elipse, enquanto gira, ao mesmo tempo, em seu próprio eixo...*

Felizmente, Aristarco nunca foi condenado, embora pareça que seu livro desapareceu. Em vez disso, foi uma obscura teoria de outros muitos filósofos antigos — os pitagóricos — que supunha a Terra e o Sol orbitando um "fogo central", que veio a desafiar a impressão costumeira de que os humanos viviam em uma rocha imóvel em torno da qual os céus e o Sol giravam. Platão foi muito influenciado pelos pitagóricos, e ele dá indicações (no *Timeu*) da ideia, ousada para a época, de que a Terra poderia girar em seu próprio eixo.

## *Testando se a Terra está se movendo*

A ideia de Aristarco de que a Terra poderia mover-se estava claramente pegando! Você sabe que Aristarco estava certo, é claro, e Cleantes e todos os outros nos séculos seguintes estavam errados. A história de como a filosofia levou as pessoas a acharem que a Terra (e, assim, a própria humanidade) estava realmente fixa, imóvel no centro do universo, é motivo para cautela.

Tudo se resume a um argumento filosófico colocado por Aristóteles em um relato particularmente vago chamado "Nos Céus". Ele começa lembrando a seus leitores de que aqueles "pitagóricos" acham:

> ...*que no centro do universo há fogo, enquanto a Terra, que é vista como uma das estrelas, move-se em volta em um círculo que produz a noite e o dia...*

Depois, ele rapidamente desconsiderou a ideia, como sendo "impossível". Você pode ver isso, explica Aristóteles, considerando a evidência visual, notavelmente a de que uma pedra jogada verticalmente para cima cai verticalmente, em vez de cair levemente para um lado, como aconteceria caso a Terra estivesse realizando algum tipo de movimento. De fato, todos os objetos se comportam de forma similarmente muito sensata e não fazem nenhum movimento senão aquele esforço diligente de retornar ao centro do universo. Para Aristóteles, isso provava "que assim acontecia porque a Terra e o universo possuíam o mesmo centro" e deduziu que o planeta não só deveria estar imóvel no espaço, como igualmente imóvel em seu eixo.

É claro que pedras (e outras coisas) caem, sim, diretamente para baixo — mas não pela razão dada por Aristóteles. Tem a ver com o momento — mas esse conceito não havia sido inventado até então! Isso ilustra o importante princípio filosófico de que o que você observa depende não só do que está "lá fora" (os fatos), mas do que está "aí dentro", em sua cabeça — isto é, o que você observa depende dos seus conceitos e, sim, de suas crenças também. Essa é uma ideia à qual sempre se retorna, seja qual for a parte da filosofia de que se esteja tratando.

É suficiente dizer aqui, pelo momento, que, quando (uns 400 anos depois) o astrônomo Ptolomeu construiu sua ideia cosmológica, a Terra foi colocada seguramente no centro, imóvel como uma pedra, assim como parece estar na vida comum. E lá permaneceu por milhares de anos até que outro filósofo-astrônomo, Galileu, revirou tudo argumentando o contrário.

Pode parecer fácil rir das pessoas que diziam que a Terra estava no centro do universo e fazia o Sol e as estrelas passearem obedientemente em torno dela, mas, de muitas maneiras, esta é a forma que a percepção procede. Afinal, considere por um momento sua própria posição no universo. Onde estava você exatamente um minuto atrás? No mesmo lugar? Se estivesse em um trem poderia dizer (astuciosamente): "Não, eu estava a 20 quilômetros de distância!". Mas, se, em vez disso, você estivesse parado, quieto em algum lugar, pareceria esquisito dizer: "Ah, eu estava a 100 quilômetros de distância devido à rotação da Terra me fazendo girar". E, mais estranho ainda, você poderia dizer: "Ah, eu estava a 1.000 quilômetros de distância devido à translação da Terra ao redor do Sol". E, ainda assim, está deixando de lado a translação do sistema solar em torno do centro da galáxia e o afastamento da galáxia de seu local original do Big Bang!

Na realidade, no decorrer dos séculos, esse modelo geocêntrico se mostrou uma ferramenta valiosa para embarcações e navegadores, e mesmo para prever fenômenos celestes, como eclipses. De fato, cientificamente falando, para que faça sentido os planetas girando em torno do sol, é preciso aceitar toda sorte de ideias estranhas que têm a ver com o que o grande físico do século XX, Albert Einstein, descreveu como objetos celestes caindo pelo "espaço-tempo curvo" — não propriamente uma suposição a que se chega imediatamente pelo senso comum!

Você pode ler mais a respeito das conclusões impressionantes e as não tão impressionantes de Aristóteles nos Capítulos 4 e 8, mas a ideia de que o conhecimento tem que ser baseado na impressão sensorial não era só dele. Um dos filósofos britânicos mais sensatos, John Locke, que escreveu durante o século XVII na Inglaterra, tinha visões igualmente sensatas. Filho sensato de uma família sensata de mercadores de classe média de Somerset, ele foi particularmente influenciado e impressionado pelas novas descobertas da filosofia natural (que é o que hoje chamamos de física) — especialmente aquelas de seu compatriota Isaac Newton.

Uma das visões de senso comum de Locke era a de que se reunissem todos os materiais do conhecimento humano (isto é, todos os fatos e opiniões que se compartilham sobre o mundo e como ele funciona) do mundo inteiro pela impressão sensorial ou indiretamente, das mesmas fontes, por seu mundo mental interno, através da *introspecção* — isto é, pensando a respeito (ou meio que lembrando) de coisas que foram vistas, cheiradas ou degustadas anteriormente. Mas isso é correto? Você pode ver algumas das razões para se pensar que reunir conhecimento não é tão simples no final das contas nos Capítulos 10 e 11. Mas, para Locke, é bem simples. Ele acreditava que o cérebro era um tipo de tábula rasa onde objetos externos e internos deixavam marcas continuamente (na verdade, Locke falava da *mente*, não do *cérebro*). Locke expõe desta forma:

> *Todos aqueles pensamentos sublimes que se elevam acima das nuvens, e chegam até a alcançar o próprio céu, erguem-se e impulsionam-se daqui; por toda enorme extensão onde a mente vaga naquelas remotas especulações com as quais parece se elevar, ela não mexe nem um pouco além dessas ideias cujo sentido ou reflexão ofereceu para sua contemplação.*

## Como a filosofia de Newton molda o nosso mundo

A grande ideia de Isaac Newton foi a de que o mundo físico é feito de vários objetos saltando e atingindo uns aos outros — reagindo a forças como o momento e a gravidade. Todo mundo conhece sua invenção de uma nova força — a gravidade — para explicar por que maçãs caem de árvores. É difícil pensar o que as pessoas faziam sem conhecer a gravidade antes dele! Ainda assim, pause um minuto e verá que a ideia é bem estranha, visto que a gravidade age instantaneamente, invisivelmente e através do vasto vazio do espaço. É filosofia, não ciência, que cria coisas assim.

As ideias de Locke foram influentes. Por exemplo, veja a distinção que ele fez entre ideias de qualidades primárias e secundárias:

✔ As qualidades *primárias* são, de alguma forma, fundamentais e inseparáveis do objeto, sendo solidez, extensão, figura, quer o objeto esteja em repouso ou em movimento, e número.

✔ As qualidades *secundárias*, por outro lado — cores, cheiros, sons e assim por diante —, são "em verdade", como Locke coloca no Livro II de seu clássico filosófico, *Ensaio Acerca do Entendimento Humano*, nada nos objetos em si, mas meramente "poderes para produzir várias sensações em nós". Uma qualidade secundária do fogo, por exemplo, é que ele provoca dor (sob certas circunstâncias; pode causar calor em outras). A dor não é uma parte essencial do fogo, nem (aguarde, filósofos *adoram* este exemplo!) ser branca é uma parte essencial de ser neve.

As qualidades secundárias induzem ao erro, devido a óculos azuis, um resfriado ou seja lá o que for (Ei, tudo parece azul hoje, e meu crumble de maçã não cheira bem...). Mas como outro grande britânico (irlandês, para ser preciso), bispo George Berkeley, logo apontou, pode-se dizer o mesmo das qualidades primárias, como tamanho e peso. Por exemplo, objetos podem parecer menores quando distantes ou uma bolsa pode parecer pesada quando se está cansado.

O objetivo do bispo era lembrar às pessoas de que o senso comum frequentemente está errado. Contudo, a visão de Locke, de que o mundo físico consiste somente de matéria em movimento, tornou-se a base aceita de teorias de som, calor, luz e eletricidade. E, ainda hoje, quando a mecânica quântica funciona com princípios totalmente diferentes, muito da compreensão das pessoas segue sua forma de pensar, errada (baseada em falsas crenças!) ou não.

## *Procurando a Meia de Locke*

Mas é só até aí que vai o senso comum.

John Locke reconheceu isso quando propôs um cenário envolvendo sua meia favorita que fura. Ele ponderou se seria a mesma meia após receber um remendo no furo. Se sim, então ainda seria a mesma meia após receber um segundo ou mesmo terceiro remendo? Seria ainda, de fato, a mesma meia muitos anos depois, mesmo que todo o material da meia original houvesse sido substituído por remendos?

O problema preocupou-o, ao menos um pouco, porque, se a meia fosse a mesma apesar de todas aquelas mudanças práticas, só o seria uma vez que algo acima e além da "percepção sensorial" física da meia existisse, definido por seu lugar no espaço e no tempo.

Lendo a teoria de Locke não muito tempo depois, Berkeley escreveu (em *Princípios do Conhecimento Humano*) que:

> *...quanto àquele furo, estou inclinado a pensar que a maior parte, se não toda, dessas dificuldades que até aqui têm entretido os filósofos, e bloqueado o caminho até o conhecimento, devem-se inteiramente a nós mesmos — que nós primeiro levantamos poeira e depois reclamamos que não conseguimos enxergar.*

Foi em uma tentativa de espanar um pouco dessa "poeira filosófica" que o bom bispo teve uma das mais esquisitas e mais citadas — e menos compreendidas — teorias filosóficas de todas. Ele divisou a doutrina de que *esse est percipi* ("ser é ser percebido"). Em outras palavras, objetos materiais — tudo no mundo à sua volta — só existem por serem percebidos por seres conscientes. À objeção de que nesse caso uma árvore em uma floresta, por exemplo, deixaria de existir quando não houvesse ninguém por perto, ele respondeu que Deus sempre percebia tudo. Em sua opinião, esse foi um argumento irrefutável, porém, até então, ele era um bispo.

## Sendo místico com o bispo Berkeley

Os melhores escritos de George Berkeley são os diálogos no estilo de Platão, e ele (o bispo) os escreveu ainda em seus vinte e poucos anos. Em um livro chamado *Diálogos de Hylas e Philonous* (publicado em 1713), seu argumento contra os cientistas e seu mundo de matéria inerte e maçante é melhor estabelecido. O livro começa com dois sujeitos discutindo em um estilo de "conversa com taxista": Hyla, que soa como o "taxista" e fala pelo senso comum científico, e Philonous (como um passageiro desafortunado), que expõe a própria visão de Berkeley. Após alguns comentários amistosos, à maneira de Platão e Sócrates, Hylas diz que seu amigo detém a visão de que *não há matéria*. Pode algo ser "mais fantástico, mais repugnante ao senso comum ou a um ceticismo mais manifesto que isso!", ele exclama.

Philonous tenta explicar que as coisas que agora nós consideramos *dado do sentido* são na verdade mentais, como mostra a experiência cotidiana da água morna. Coloque uma mão fria na água e ela parecerá morna; coloque uma mão quente e ela parecerá fria. Hylas aceita esse ponto, mas prende-se à realidade de outros casos cotidianos da experiência de impressão sensorial. Philonous, então, diz que sabores são agradáveis ou desagradáveis e são, portanto, mentais, e o mesmo pode ser dito dos cheiros.

Hylas valentemente retruca nesse ponto e diz que sons não viajam pelo vácuo. Disso, ele conclui que [os sons] devem ser "movimentos de moléculas de ar", não trecos mentais, como seu amigo tenta persuadi-lo. Philonous responde que, se for de fato som real, não carrega nenhuma semelhança com o que nós conhecemos por som, então, nesse caso, o som pode bem ser um fenômeno mental afinal! O mesmo argumento derruba Hylas quando se trata da discussão de cores, quando percebe que elas também desaparecem sob certas condições, como quando se vê uma nuvem dourada ao pôr do sol, mas de perto não passa de névoa cinza.

# As cores são reais?

Para os filósofos, pelo menos, há (no mínimo) dois problemas traiçoeiros sobre cor. Um é se ela está "lá fora" ou "aqui dentro". Em outras palavras, ela está realmente na mente de quem enxerga ou em pequenas vibrações eletromagnéticas? E que diferença há entre uma sensação real de cor e uma imaginária?

Colocando de outra maneira, os pontos cinzas na imagem abaixo (conhecida como *Ilusão da Grade*) são reais ou imaginários?

E isso sem deixar de mencionar as pessoas daltônicas, que veem o verde como vermelho, ou animais, que dificilmente veem qualquer cor. Pior ainda, o que é verdade no que concerne às cores também o é para todas as outras percepções do sentido, mesmo que John Locke e outros tenham tentado marcar as cores como um caso especial de conhecimento não confiável.

Mesmo algo como tamanho varia dependendo da posição do observador. Aqui, o conveniente homem das deixas de Berkeley, Hylas, gentilmente tenta defender o senso comum dizendo que se deveria distinguir o objeto da impressão, permitindo que talvez o ato de perceber esteja totalmente na mente, mas que o objeto material ainda exista. Philonous rapidamente rebate, replicando: "qualquer coisa que seja imediatamente percebida é uma ideia: e alguma ideia pode existir fora da mente?". Em outras palavras, a percepção, digamos, de uma árvore existe apenas na mente — não "lá fora". Mesmo o cérebro de Hylas, sugere Philonous jocosamente, "existe apenas na mente"!

A própria visão de Berkeley é a de que existem bases convincentes e lógicas para concluir que o mundo físico é uma ilusão e apenas mentes e eventos mentais realmente existem. Entretanto, se você estiver começando a achar isso tudo muito louco para se levar a sério e que é melhor ficar com a ciência, pode ter interesse em ouvir que o maior cientista do século XX, o próprio Albert Einstein, explicou (em 1938) ter chegado à conclusão de que:

> ...conceitos físicos são criações livres da mente humana e não são, seja lá como pareça, unicamente determinados pelo mundo externo.

Einstein foi além e ofereceu sua própria metáfora de um relógio em funcionamento para explicar o problema de tirar um sentido do mundo:

> Em nossa jornada para entender a realidade, somos um pouco como um homem tentando entender o mecanismo de um relógio fechado. Ele vê a superfície e os ponteiros se movendo, e até escuta o tique-taque, mas não tem como abrir o invólucro. Se for engenhoso, ele pode formar uma ideia de um mecanismo que poderia ser responsável por todas as coisas que ele observa, mas pode ser que nunca tenha certeza de que sua ideia é a única que poderia explicar suas observações. Ele nunca conseguirá comparar sua ideia com o verdadeiro mecanismo e não pode sequer imaginar a possibilidade ou significados de tal comparação.

De fato, como Einstein diz, a única forma de abordar verdades centrais da realidade é através da filosofia. O mundo realmente é mais complexo do que as pessoas normalmente acham que é. Não se trata só de filósofos criando mistérios.

# Capítulo 2

# Descobrindo Por que a Filosofia Importa

*"E qual é, Sócrates, o alimento da alma?"*

*"Certamente", disse Sócrates, "o conhecimento é o alimento da alma."*

– Platão

**A**té o final do século XVIII, o que nós hoje chamamos de ciência era meramente uma ramificação da filosofia, a filosofia da natureza, estudada por pessoas como Copérnico, Kepler, Galileu, Bacon e Descartes. Hoje em dia, apenas os dois últimos figuram em livros de filosofia, e os três primeiros são chamados de astrônomos — mas todos eles fizeram um pouco das duas.

Igualmente (e confusamente), o que as pessoas chamavam então "ciência" chamam agora de filosofia ou "conhecimento do que é necessariamente verdade". De fato, de muitas formas, a ciência começou somente com Isaac Newton, que assim como fez excelentes descobertas, traçou também um novo sistema de modos de categorizar e nomear coisas, que foi, à sua maneira, tão influente quanto o de Aristóteles 2.000 anos antes. É devido a Newton que hoje o mundo não só tem "physiks" (tal qual Newton grafava), como a ciência também.

# Lançando as Bases para a Ciência

A suposição central da ciência é a de que o mundo segue regras que podem ser investigadas e identificadas. A mais importante dessas regras é a da causa e efeito. O mundo é ordenado e consistente, e as pessoas supõem que condições idênticas produzirão resultados idênticos. Mas tudo isso é na realidade teoria filosófica. A ideia é que, quando se identifica uma regra ou lei da natureza, pode-se fazer previsões acuradas. A previsão de fenômenos tais como a aparição de cometas e as marés foi considerada uma grande façanha da filosofia aplicada.

## Tales bota as mãos na massa

Uma das coisas que as pessoas gostam de dizer sobre a filosofia é que ela parece oferecer uma chance para fugir do detalhe sombrio e da decepcionante realidade do mundo cotidiano. Frequentemente usam a palavra assim — dizem que os pontos são mais filosóficos que práticos ou que alguém que ignora um infortúnio está sendo filosófico. E, se você ler seus livros e artigos, pensará que os filósofos pagos de universidades hoje estão quase que inteiramente preocupados com ideias abstratas e distinções obscuras. Porém, as raízes da filosofia encontravam-se firmemente no mundo cotidiano — o mundo natural — e os antigos filósofos gregos foram claros que eles falavam não apenas de abstrações, mas que realmente tentavam lidar com a realidade e compreender assuntos práticos.

Um bom exemplo desse gosto antigo por filosofia aplicada é Tales. Tales viveu por volta de 2.500 anos atrás, onde é hoje a Turquia, e é frequentemente descrito como tendo sido o "verdadeiro" primeiro filósofo (embora esta seja uma alegação bem questionável). Porém, ele certamente tem a honra de ter sido colocado por escritores posteriores entre os Sete Homens Sábios do Mundo Antigo, admirado em particular por sua sabedoria matemática e astronômica, das quais ele fez bom uso prático.

Entre suas realizações esteve a previsão do eclipse de 585 a.C., que deixou a região em quase que completa escuridão e, mais importante, aconteceu durante uma batalha — sem dúvida confundindo a mira dos soldados em meio a uma invasão. Outro feito, narrado por Aristóteles, fala como Tales certa vez usou a filosofia para prever uma boa estação para safra e contratou de antemão todas as prensas de azeitonas de Mileto. Quando de fato aconteceu a colheita abundante de azeitonas naquele ano, ele pôde recontratar as prensas com um lucro considerável.

Mas os filósofos admiram Tales menos por suas previsões do tempo e mais por ter sido pioneiro no estudo das *essências*. Em outras palavras, ele deu início à tendência filosófica de definir as coisas por suas características essenciais, em vez de por suas aparências superficiais frequentemente enganosas e não confiáveis. Tanto Tales quanto, um pouco depois, Aristóteles compartilhavam de uma preferência por identificar propriedades naturais em vez de criar grandes e novas entidades teóricas. Por exemplo, Tales concluiu que a qualidade essencial do mundo era a água, e a essência da alma humana era sua capacidade de agir como um tipo de ímã, emitindo um impulso invisível sobre o corpo e fazendo-o se mover.

A noção de *essência* está conectada à importância acordada por Platão e seus seguidores da busca por definições das coisas. Tales e outros filósofos naturais antigos focaram seus esforços no trabalho sobre a "constituição" das coisas, isto é, do que as coisas eram *feitas*. A constituição do mundo foi pensada para explicar os funcionamentos visíveis dele (há mais sobre isso no Capítulo 17). Contudo, Platão conta uma história bem diferente no *Teeteto*, um de seus diálogos, de um Tales muito menos prático. Ele descreve o sábio como tão ocupado, fitando as estrelas uma noite, que caiu em um poço, onde foi visto por uma serva trácia, de passagem pelo lugar, que riu dele! Essa é a caricatura que a maioria das pessoas tem hoje em dia dos filósofos. Mas é uma caricatura — na verdade, a reflexão filosófica é uma parte inseparável da vida.

## Considerando a causação

Compreender o que causa as coisas não é somente um objetivo primário da investigação científica, mas é essencial para teorias filosóficas sobre percepção (como você vê?) e ética. Uma questão relacionada e muito espinhosa (que ainda deixa perplexos os metafísicos) é como algo não físico como a "mente" pode afetar a matéria. Pegue o livre-arbítrio, por exemplo. Alguém está *realmente* fazendo de forma livre a escolha, digamos, de fazer uma refeição se a química de seu corpo está forçando-o a querer comer algo? Ou, colocando de outra forma,

alguém fazendo dieta é realmente livre para ficar sem doce se a química de seu corpo está *forçando-o* a comer um pouco mais de torta de maçã?

Não surpreende que um dos primeiros filósofos, Demócrito, tenha dito que preferiria descobrir "uma causa verdadeira" a conquistar o reino da Pérsia! Mais recentemente, Samuel Alexander (1859–1938) também sugeriu que a causação era a essência da própria existência, acrescentando que "ser real" é ter "poderes causais". Como uma bruxa!

## Filósofos ficando sem Tempo e encontrando o Nada

Outro importante conceito muito debatido pelos filósofos, sem o qual nós certamente estaríamos em apuros, é o tempo, visto que, quando se pensa a respeito (não que muitos de nós o façamos normalmente; falta tempo...), *é* uma coisa muito estranha.

Nas palavras do escritor do século XX, T. S. Eliot, há algo de esquisito a respeito do tempo, sendo: ele consiste de um "padrão de momentos sem tempo". Tudo se dá naquele infinitamente breve momento do presente, a fonte de onde o rio do tempo jorra a partir do nada, produzindo o lago sem fundo do passado. Os eventos, tendo vindo a nado à existência e partido flutuando, são eternamente reais, e o futuro absolutamente não existe.

Platão, de uma forma bastante poética, chamou o tempo de "uma imagem da eternidade em movimento", que, embora seja bem bacana como frase, não ajuda muito. Contudo, Aristóteles discutiu a natureza do tempo em mais detalhes, dizendo que ele (tempo) é o resultado da mudança no mundo real. Uma vez que os objetos ao seu redor mudam de forma suavemente contínua (plantas crescem, florescem, definham e morrem — e depois começam tudo outra vez), então, ele deduziu, o tempo deve fluir suave e continuamente. É claro, como Plotino, um filósofo romano, apontou alguns séculos depois, que essa definição de tempo envolve referência à coisa sendo discutida no processo, um traço de uma definição ruim (ou seja, Aristóteles usou a noção de "mudança", que é, por definição, passar do tempo).

## Encontrando algum espaço

Se o tempo permanece uma criatura escorregadia, então o que dizer de outra entidade estranha, o espaço? Não o espaço sideral particularmente, cheio de estrelas e galáxias — mas, simplesmente, o espaço vago. Nada. O vazio. Se, hoje em dia, a filosofia do espaço é uma área de estudo negligenciada dos departamentos de filosofia, ela teve importantes seguidores no passado.

Na Grécia Antiga, Demócrito disse simplesmente que o vazio era o que "não era". Aristóteles disse que o espaço era apenas um traço a ser inferido da presença de objetos reais. Platão, que, como é normal, teve a palavra definitiva sobre isso, assim como em muitos outros assuntos, pensava que o espaço era um tipo de coisa muito especial, nem feito de matéria, como o resto do universo, nem inteiramente abstrato, como ideias e conceitos. Era um meio-termo. Ou pelo menos é o que diz o amigo de Sócrates,

Timeu, no diálogo que Platão batizou com seu nome: "algo invisível e sem característica, que recebe todas as coisas e compartilha de uma maneira impressionante de tudo que é inteligível."

A única maneira de investigar as propriedades do espaço é por "um tipo de *raciocínio bastardo* (por *bastardo*, Timeu quer dizer que o pensamento não possui qualquer base racional) que não envolve percepção sensorial" — por exemplo, como por um transe onírico.

## *Explorando o espaço com o poder do sonho*

Este não é o método que vem à mente de muitos pesquisadores hoje em dia! Ele é geralmente evitado por outros filósofos e mesmo físicos, até (mas não necessariamente incluindo) Einstein. Einstein teve suas melhores ideias em sonho — ou enquanto tomava banho.

Em contrapartida, Descartes achava que a razão pura era boa o suficiente para falar sobre o espaço. De fato, no século XVII, no início da era científica, ele propôs que o espaço em si era realmente um tipo de objeto físico, um objeto real composto de um tipo incomum de matéria, que não tem nenhuma das qualidades comuns da matéria (tal qual se conhece), como ser sólida ou ter dimensões.

Por volta de um século depois, Immanuel Kant também pensou que a razão pura era o jeito para se explorar o espaço, ainda que alguns de seus achados — como sua teoria de que existia vida inteligente em todos os planetas, sendo que a inteligência diminuía à medida que se distanciava do Sol — não tenham sido muito impressionantes (mas a maioria dos outros filósofos que analisavam a questão tinha também seus hobbies cósmicos). Contudo, Kant também teve ideias bem mais influentes. Uma tratava de se o espaço era fixo e absoluto (fornecendo uma estrutura para o resto da realidade) ou subjetivo e relativo (dependendo de quais objetos estavam no espaço e do ponto de vista de qualquer observador). Em outras palavras, em relação ao Sol e às estrelas, a Terra gira em torno do Sol em um grande círculo. Porém, em relação à Terra, o Sol e as estrelas é que giram. Há algo no universo que não seja relativo à outra coisa?

## Espaço-tempo

Nossa concepção de espaço, baseada na Teoria da Relatividade Geral de Einstein, dispensa todas as elegantes verdades da geometria que tanto impressionaram os antigos como Platão. Na contramão, sua teoria propõe que a geometria ou curvatura do espaço (ou, mais precisamente, do espaço-tempo) depende dos corpos imersos nele. Está confuso? Vai ficar!

Einstein propôs que, embora o espaço seja o material bruto da realidade subjacente, não é independente e absoluto, mas flexível e dinâmico, enredado no tempo e relativo. Então não se pensa mais no espaço como sendo independente do tempo. O espaço e as relações espaciais são meras manifestações do espaço-tempo, dependendo do ponto de vista do observador. Falando de outro modo, o espaço é relativo, mas o espaço-tempo é absoluto: é um *algo*.

Kant examinou essa questão imaginando um universo que consistia de apenas uma coisa: uma luva. Nada mais existe. Agora, o crucial a respeito das luvas é que são exatamente as mesmas se forem medidas — há quatro dedos e um polegar e todas as proporções são idênticas. Porém, como diz Kant, embora você possa virá-la o quanto quiser, se for uma luva para mão esquerda, sempre permanecerá o sendo. Experimente fazê-lo! O desafio de Kant é que, em um universo que consiste de apenas uma luva, será possível dizer se é uma para a mão esquerda ou direita — ou não? Se Kant estiver certo, então, sua experiência mental mostra que pelo menos *algumas* coisas não são relativas e dependentes de outras ou do ponto de vista do observador.

A abordagem original de Platão sobreviveu às versões tanto de Descartes quanto de Kant do espaço como invisível, mas que asseguravam ser permanente e fixo. Isso se dá porque a ideia de Platão possui elementos de relatividade. Quando objetos são impressos em um curso, como Platão coloca de forma bastante misteriosa (mas em uma linguagem certamente adequada às noções mais atuais, como campos de energia), ele consequentemente muda e, mudando, afeta os objetos novamente. "Ele mexe-se irregularmente em todas as direções enquanto é agitado por aquelas coisas e, sendo posto em movimento, por sua vez, os agita." A matéria atua sobre o espaço, e o espaço atua sobre a matéria. A ideia de Platão é basicamente a Teoria da Relatividade Geral de Einstein resumida, 2.000 anos antes do físico desenvolvê-la!

---

## As charadas do espaço-tempo de Zenão

Um dos filósofos mais acessíveis do espaço e do tempo foi Zenão de Eleia, que viveu no século V a.C., bem a tempo de conhecer Sócrates (ou seja, uma geração antes de Platão). A filosofia de Zenão foi posta em um livro que incluía todas aquelas histórias engraçadas das quais as pessoas ainda falam. Uma dessas histórias falava de uma corrida improvável entre Aquiles e uma tartaruga.

Na corrida, a tartaruga larga com vantagem. Aquiles, o famoso atleta, então corre para onde ela estava, sem dúvida muito velozmente. Porém, à medida que ele corre, a tartaruga avança um pouco. Então Aquiles tem que avançar um pouco mais também. Mas, enquanto ele *o faz*, a tartaruga avança um pouco mais ainda. Para espanto de Aquiles, parece que não importa o quão rapidamente ele corra para onde estava a tartaruga, ele nunca consegue alcançá-la.

É claro que na realidade não é assim. Mas o que Zenão quer mostrar é que as suposições que as pessoas fazem questão de manter a respeito do espaço e do tempo levam a contradições e impossibilidades lógicas. Então elas precisam repensar algumas dessas suposições.

---

# Conhecendo o Mundo Físico

A filosofia não trata, naturalmente, apenas de teorias físicas e compreensões do espaço, do tempo e similares, ela está por trás de teorias da biologia e da sociedade também. Considere a influência da Teoria da Seleção Natural de Darwin, a teoria biológica que vê o mundo como um tipo de campo de batalha no qual os mais rápidos e fortes sobrevivem, enquanto o resto deve perecer. Se você quiser entender como a ciência e a filosofia estão intrinsecamente relacionadas, este é um ótimo lugar para começar.

Essa teoria é tão prática que raramente é considerada "filosófica" hoje em dia. Nos Estados Unidos, é altamente controverso para escolas e faculdades tratá-la como uma teoria em vez de fato irrefutável e absoluto. Ainda assim, é teoria, tendo sido sujeitada no passado à significativa revisão e pode (nas melhores tradições científicas) ser alterada e revista no futuro também, ou mesmo ser totalmente descartada! Da mesma forma, a seleção natural como teoria é mais um atestado do poder de ideias filosóficas do que do poder da observação metódica — embora Darwin também tenha realizado um excelente trabalho pioneiro nessa área, esperando oferecer evidência para apoiar sua teoria.

## *Impondo ordem em um mundo desordenado*

Outra parte do objetivo filosófico para encontrar um sentido para o universo é o esforço em descobrir as leis que o governam (ou pelo menos as que as pessoas acreditam que deveriam governá-lo). Elas são chamadas de leis da natureza. Espera-se que sejam absolutamente verdadeiras, *ceteris paribus*.

"Ceter o quê?", posso imaginar você perguntando. *Ceteris paribus* é, em latim, "tudo o mais é constante". Todas as leis científicas têm a frase *ceteris paribus* implícita.

# Darwin (e o darwinismo)

Charles Darwin (1809–82) nasceu em Shrewsbury, Inglaterra, e sua primeira paixão foi por rochas e química, e não por biologia. Após estudar animais marinhos invertebrados não muito interessantes na Universidade de Edimburgo, ele interessou-se por como os animais mudam e saiu em viagem, descobrindo não só tartarugas gigantes, mas também o que foi para ele tipos de humanos curiosamente diferentes. Ele registrou seus achados na celebrada narrativa *A Origem das Espécies por Meio da Seleção Natural ou a Preservação de Raças Favorecidas na Luta pela Vida* (1859).

Em seu trabalho, ele usou vários exemplares de espécies recém-descobertas ou pouco conhecidas para tentar ampliar uma teoria preexistente e demonstrar que espécies relacionadas tiveram em algum momento um ancestral comum. Sua teoria era a de que, por um processo de adaptar-se de forma bem-sucedida às circunstâncias e, portanto, desenvolver-se, ou por não se adaptar, logo, extinguir-se, as espécies lentamente evoluíram para uma miríade de formas que se veem hoje.

Darwin abertamente estendeu sua teoria para incluir a raça humana, desafiando muitas suposições de sua época. Ele incluiu até valores morais como sendo apenas outra forma de comportamento gerado aleatoriamente, cujo efeito foi aprimorar as chances de preservação da espécie. Para alguns filósofos, essa aplicação da Teoria da Seleção Natural à sociedade e cultura humanas é inapropriada. Porém, quer seja ou não inapropriada, ela foi frequentemente aplicada dessa maneira, e muitas vezes pelos piores motivos. Hitler utilizou-a para justificar sua "limpeza étnica" na Europa e, até a década de 1970, o governo dos Estados Unidos usou-a para justificar a esterilização de indígenas americanos.

Na realidade, debate-se se quaisquer leis da natureza realmente existem. Newton criou algumas certamente, como a lei da gravitação, que pareceu funcionar, porém isso exigiu um pouco de invenção criativa de sua parte, notoriamente os conceitos de espaço e tempo absolutos. Sem esses, sua teoria sobre a mecânica não poderia funcionar.

Já na Alemanha, seu rival contemporâneo, o *polímata* (sabe-tudo) Gottfried Leibniz, zombou de sua abordagem (a de inventar coisas para fazer com que a teoria funcione), escrevendo para o secretário de Newton, Samuel Clarke:

> *Para concluir. Se o espaço (que o autor fantasia) vazio de todos os corpos não está plenamente vazio, então está cheio de quê? Está cheio de espíritos extensos talvez, de substâncias materiais, capazes de expandirem-se e contraírem-se; e nisso penetram uns nos outros sem inconveniência, como as sombras de dois corpos sobrepõem-se na superfície de uma parede... O princípio do desejo por uma razão suficiente não afasta por conta própria esses espectros da imaginação. Os homens facilmente buscam ficções, pela vontade de utilizar corretamente esse grande princípio...*

Hoje em dia, desde a Teoria da Relatividade Geral de Einstein, ninguém acha que as "ficções" de Newton realmente existam. Que se saiba: apesar do nome "Teoria da Relatividade Geral", a meta de Einstein era (como tantos outros filósofos) impor uma ordem ao universo. Ele também começou, afinal, estabelecendo a velocidade da luz como constante em todos os lugares o tempo inteiro, e sua teoria conclui oferecendo uma nova entidade teórica chamada *espaço-tempo*. O espaço-tempo é somente tão absoluto quanto qualquer coisa na ciência clássica.

## Livre-arbítrio e determinismo

Os *deterministas* pensam que os eventos, inclusive as ações das pessoas, não acontecem por acaso, mas são causados, ou predeterminados, por algo já decidido. A cadeia de eventos é traçada retroativamente de tal forma que, em certo momento, será preciso uma causa primeira, que as pessoas geralmente acham ser de caráter divino. A teoria implica, é claro, que todo o futuro está definido. Os gregos tinham a noção de *moiras*, as personificações do destino vestidas de branco e normalmente descritas como megeras frias, impiedosas e insensíveis (o que é tanto sexista quanto preconceituoso com idosos, mas essa é a Grécia Antiga).

Entretanto, Epicuro ofereceu uma ponta de esperança para o povo. Ele modificou o atomismo de Demócrito para incluir o desvio aleatório e indeterminado das partículas da vida. Porém, após Newton (no final do século XVIII) elegantemente demonstrar que seria possível explicar e antecipar os misteriosos movimentos do cosmos por medições aliadas à matemática, o universo foi reduzido, parece, a um brinquedo mecânico, e, com isso, a humanidade mais uma vez pareceu ter perdido sua liberdade de agir.

Hoje em dia, a mecânica quântica busca explorar se poderia realmente haver algo no desvio de Epicuro. Porém, nos pontos mais amplos do determinismo, o debate sobre o que é e não é realmente possível fazer continua firmemente sendo uma questão filosófica, e não científica.

# Inventando Sistemas e Lógica

A ascensão da filosofia grega foi feita nas asas da matemática, por assim dizer, e a matemática continua fascinando filósofos desde então, sem falar nos esforços dos lógicos para reduzir o pensamento humano a um tipo de notação simbólica. Pitágoras ensinou que todo aprendizado envolvia números, e *Os Elementos* de Euclides, em que ele estabelece definições e axiomas para demonstrar a riqueza de fatos geométricos, tornou-se, por mil anos, o exemplo brilhante do conhecimento puro tão desejado pelos filósofos.

## Euclides dita as regras

Euclides não só inventou muita geometria, como também um sistema matemático para provar alegações. Por tal, ele é responsável por muito sofrimento em salas de aula:

Os axiomas de Euclides, baseados em teorias egípcias, ofereceram apenas cinco suposições necessárias sobre as quais se poderia construir uma geometria muito boa:

✔ Coisas que são iguais à mesma coisa são iguais entre si.

✔ Se você somar iguais com iguais, os totais são iguais.

✔ Se você subtrair iguais de iguais, os restos são iguais.

✔ Coisas que coincidem umas com as outras são iguais umas às outras.

✔ O todo é maior que a parte.

Se você não pensa muito nessas coisas, não gostará tampouco das provas formais! Mas a abordagem de Euclides de estabelecer essas suposições e depois demonstrar por que algumas alegações matemáticas eram ver- dadeiras, linha por linha, foi *muito* atraente para muitos filósofos subsequentes — para não mencionar todos os professores de matemática subsequentes.

Os gregos imaginavam que a geometria euclidiana era um exemplar de conhecimento puro, com suas regras invioláveis, tais como "linhas paralelas nunca se encontram", "os ângulos de um triângulo sempre somam 180°" e assim por diante. De qualquer forma, a geometria de Euclides é apenas um tipo possível, e há a possibilidade de olhar as coisas de outras maneiras, de modo que linhas paralelas se *encontrem* e os ângulos de um triângulo somem bem mais que 180°. Pense em voar ao redor da Terra, por exemplo. Os ângulos de um triângulo desenhado em um globo somam, sim, mais de 180 graus, e dois aviões voando em um curso paralelo correm um risco considerável de colidir em algum momento!

Os fatos matemáticos não são tão certos afinal. Filósofos com interesse em matemática, como Henri Poincaré, aceitaram que não só há diferentes geometrias possíveis, como estas são mutuamente incompatíveis, e é impossível escolher entre uma ou outra por convenção.

A palavra grega *axioma* significa, literalmente, "digno de respeito", e os axiomas alegam sê-lo. Os argumentos lógicos, matemáticos e filosóficos em geral dependem de certas suposições subjacentes, sem as quais nenhuma progressão pode ocorrer. Infelizmente, essas suposições são, com frequência, tudo menos certas.

Pegue como exemplo os números. O que são essas coisas bobas? Você não pode tocá-los, vê-los, que dirá comê-los... Bem, parece que os primeiros números que as pessoas escreveram foram os inteiros positivos, I, II, III, IIII, IIIII, derivados de montes de pedrinhas ou marcações em gravetos, expressos apenas posteriormente pela notação arábica 1, 2, 3 etc. Os números inteiros positivos são muito úteis e práticos para fazer registros, como quantas ovelhas você tem, e para medir terrenos e prédios. Os egípcios e mesopotâmios logo complicaram as coisas decidindo que precisavam de frações, também chamadas de *números racionais*, com a inevitável consequência de, não muito tempo depois, Pitágoras e seus seguidores descobrirem os *números irracionais*. Estes não podem ser expressos exatamente nem como fração, nem como decimal, não importa o quanto se prolongue um número, como a raiz quadrada de dois. Conta a lenda que um membro da escola pitagórica foi afogado por revelar a existência de tais números bagunçados, para o horror do público.

A matemática não pôde avançar muito antes da invenção do zero, que é, de fato, um número estranho. Foram matemáticos indianos que sistematizaram seu uso por volta do século VII e, pouco depois, foi possível trabalhar com números negativos e mesmo com os primeiros *números imaginários* (a raiz quadrada de um número negativo é chamada de número imaginário). Newton e Leibniz pensaram em números tão pequenos, para criar a matemática do cálculo, que não era possível expressá-los (*infinitesimais*). E a manipulação do infinito, logo dividido em variedades contáveis e incontáveis, aconteceu no século XIX, principalmente como resultado do trabalho de outro filósofo matemático, Georg Cantor.

A maioria dos paradoxos de Zenão (veja no box anterior) e muito da filosofia do espaço e do tempo envolvem teoria do número. E, assim como Zenão desafiou as suposições de sua época com paradoxos de movimento, muito da ortodoxia da filosofia e matemática modernas restringiu-se a certas convenções numéricas acordadas que certamente não são tão antigas ou mesmo, talvez, tão inevitáveis quanto as pessoas se acostumaram a pensar. Por exemplo, na matemática o número de pontos em uma reta é sempre o mesmo, não importa quão longa ela seja! Em física, o movimento é uma mistura complicada de três coisas: posição, tempo e lugar; a receita exata para cada uma ainda não está estabelecida.

## As leis do pensamento

A filosofia ocidental foi, em grande extensão, fundada sobre leis de pensamento. As pessoas acreditam que seu pensamento deveria esforçar--se para eliminar ideias vagas, contraditórias ou ambíguas, e a melhor forma de consegui-lo e, portanto, embasar seu pensamento em ideias claras e distintas é seguir estritamente as leis do pensamento.

Então, quais são as leis do pensamento? São regras lógicas como:

- ✔ As leis da identidade (A é igual A)
- ✔ A lei da não contradição (A não é igual a não A)
- ✔ A lei do meio excluído (ou A ou não A, mas não ambos, A e não A)

Aff! Que receita intelectual indigesta! Mas, dizendo de outra forma, as leis falam:

- ✔ Todas as maçãs são maçãs
- ✔ Se algo não é uma maçã, então não pode considerá-lo uma maçã
- ✔ Algo não pode ser tanto maçã como "não maçã" ao mesmo tempo

A despeito do quão pouco essas leis do pensamento pareçam dizer, não ficaram livres de críticas, e filósofos de Heráclito a Hegel levantaram poderosos argumentos contra elas. Voltando às origens, foi Parmênides, um dos filósofos pré-socráticos do século V a.C., que primeiro sonhou com a lei da não contradição: "nunca irá se sustentar que aquilo que não é, é". Platão citou essa visão em seu diálogo *Sofista*: "O grande Parmênides do início ao fim testificou... 'Nunca se deve provar que coisas que não são, são'". Como é que é? Certamente, algo não pode ser ambos, como "ser e não ser uma maçã" ao mesmo tempo.

Pode parecer esquisito que o princípio da não contradição tenha precisado ser inventado, mas parece que antes de Parmênides o jeito natural de pensar *era* que tudo era um pouco dos dois. Como disse Heráclito: "Coisas frias esquentam; o quente esfria; o molhado seca; o ressecado umidifica-se".

Fazer de tudo um pouco dos dois tinha sentido para Heráclito, porque ele pensava que, para que algo pudesse mudar, já precisaria conter as sementes daquilo que se tornaria. Por exemplo, a água não é dura como a pedra, mas é dura quando congela. Assim, a água tanto é como não é dura, dependendo da temperatura. Entretanto, Platão e Parmênides estavam focados em coisas melhores que água terrena — eles queriam falar sobre a "verdadeira" água, essência da água. E esta, seguramente, é molhada e aguada, não dura.

### Buscando o "verdadeiro" conhecimento com Platão

Os pitagóricos, a antiga escola de filósofos, também pensavam que o verdadeiro conhecimento tinha que ser sobre coisas que não mudassem. Queriam objetos de pensamento que fossem puros, fixos e eternos. E acharam que os encontrariam no mundo abstrato da matemática. Os pitagóricos trabalharam nas qualidades essenciais dos números de zero a dez com zelo religioso, decidindo que nada poderia impedir que o um se tratasse de totalidade, o dois de dualidade e assim por diante.

Foi sua noção de que os números existem em uma realidade paralela mais elevada que inspirou Platão a buscar entidades similares, "perfeitas e imutáveis", no mundo abstrato das formas (ou ideias). De fato, em *A República*, um de seus diálogos mais celebrados, Platão põe Sócrates pronunciando firmemente: "É óbvio que a mesma coisa nunca irá fazer ou sofrer oposições, no mesmo aspecto, em relação à mesma coisa, ao mesmo tempo." Assim, Platão deixa sua considerável autoridade atrás de duas leis: a lei da não contradição e a do meio excluído.

## Não pergunte "para que" a filosofia serve

Uma história contada sobre Platão revela-o tanto ríspido como dogmático, mas também idealista. Um aluno pediu para que ele explicasse a aplicação prática dos cursos que estava tendo. Platão simplesmente instruiu outro garoto a dar ao aluno uma moedinha "para que ele apreciasse melhor o valor do conhecimento" — e depois o expulsou da escola.

Mas Platão não era bobo. Ele entendeu os problemas com as leis na prática. Em outro de seus diálogos, desta vez *Eutidemo*, Dionisodoro (pense em *dinossauro*) zomba de uma das leis dizendo que, se fosse verdade, então Sócrates deve ser pai de um cachorro! É assim que ele "prova" isso:

1. **De acordo com as leis do pensamento, algo não pode ser tanto uma coisa em particular e não sê-la (ser tanto A como não A) ao mesmo tempo.**

2. **Sócrates é pai.**

3. **O cachorro tem um pai.**

4. **Algo não pode tanto ser como não ser pai ao mesmo tempo.**

5. **Conclusão: Sócrates deve ser o pai do cachorro.**

Na verdade, caso você esteja se perguntando, Sócrates não era o pai do cachorro, mas é a essa conclusão que as leis o levam. Também não fica bem claro onde a falha está. Platão tenta sair dessa dizendo que a lei está correta, mas que, em nossa realidade terrena, todos os objetos estão enredados. Então, o problema aqui é que o tipo de pai que Sócrates era é diferente do tipo de pai que o cachorro tinha. Resumindo, são dois tipos de pai. Confuso, no entanto.

### A busca por essências

Como Platão, Aristóteles acreditava nas leis do pensamento e considerava que elas ofereciam bases sólidas para todo pensamento correto. Ele tentou arrumar as leis um pouco e deixá-las mais rigorosas, de forma que só fossem aplicadas a certos contextos e momentos. Sugeriu um novo modo de pensar sobre diferentes tipos de coisas no mundo — como os diferentes tipos de animais —, que envolvesse uma noção melhor de suas essências impalpáveis. De fato, um quarto dos escritos de Aristóteles parece preocupar-se com a categorização da natureza, particularmente dos animais. O homem, na mente de Aristóteles, é um tipo particular de animal — um animal racional, porque uma pessoa é um tipo de animal, e o que é singular em uma pessoa é sua racionalidade. Bem, era isso que ele achava. Na realidade, muitas pessoas diriam que animais frequentemente são racionais também — eles sabem o que é de seu interesse e utilizam esse conhecimento para fugir de predadores ou fazer abrigos — e, portanto, é preciso uma essência diferente (alguns disseram que o homem é um animal *moral*, por exemplo).

Com o desenvolvimento de máquinas no século XVII e a tendência filosófica de perseguir o universo em tais termos, a busca por essas características essenciais tomou um rumo levemente diferente. Em seu *Ensaio Acerca do Entendimento Humano*, John Locke retoma novamente essa questão das essências usando o exemplo de um morango.

O que é importante a respeito dos morangos? O bom sabor? A cor vermelha brilhante? Seu aroma? Mas Locke não aceitaria nada disso. Ele achava que a característica importante em relação a um morango não deveria ter nada a ver com seu sabor, cor ou seu aroma, porque tudo isso é *subjetivo* — isto é, depende do observador. Algumas pessoas acham que o cheiro do morango é doce e delicioso, outras podem achar que têm cheiro de uva azeda. Por outro lado, Locke achava que a forma do morango (tirando sua cor) era *objetiva* — todos deveriam concordar acerca de sua forma.

A lógica inflexível das leis do pensamento, dessa forma, levou os filósofos a criarem um novo tipo de mundo onde pudessem ter uma autoridade e uma regra indiscutíveis. Mas que tipo de mundo era esse?

## Entendendo as formas misteriosas

A Teoria das Formas de Platão é uma das ideias mais importantes da história da filosofia. O estranho, no entanto, é que não é muito bem compreendida. Ou talvez seja por isso que é tão influente.

A melhor maneira de chegar a um acordo com a teoria é perceber que Platão estava dizendo que as pessoas estão cientes de dois tipos de realidade:

- ✔ Uma que é mutável e imprecisa, que é o mundo das coisas ao redor percebidas pelas impressões sensoriais.

- ✔ Uma que é fixa e eterna, embora também um tanto imprecisa, que são seus conceitos e ideias.

Platão usa diversos exemplos para tentar explicar isso, porém a mais fácil de abordar é a beleza. Você pode ver muitas coisas bonitas — como flores ou uma colina arborizada —, no entanto, inevitavelmente, essas coisas "reais" são imperfeitas. As flores murcham e a colina tem uma linha de cabos de alta-tensão a atravessando. E, de qualquer modo, o que as duas coisas têm em comum, o que as torna bonitas? Então, Platão diz que é preciso ter em mente algo separado com o qual comparar as impressões sensoriais, algo que se vê — ele prefere dizer *reconhece* — tanto nas flores como na colina. Essa é a qualidade de ser bonito. Ele o chama de *forma*, mas às vezes as pessoas referem-se a isso como ideia ou conceito. Mas uma coisa certa a respeito da forma é que ela não existe em qualquer sentido material corriqueiro — encontra-se apenas em um reino interno que só pode ser acessado pela razão, ou o que Platão chama de *intelecção* ou *noesis*.

## Platão na matemática

Sobre a entrada para a Academia de Platão havia um famoso escrito: "Que nenhum ignorante da matemática entre aqui". Por essa razão, a história (no diálogo de *Mênon*; veja o Capítulo 3 para ler um trecho) de Sócrates tirando informações de um menino escravo sobre o teorema de Pitágoras é um comentário socialmente importante. Ela oferece uma definição mais sutil, inclusive de competência educacional, demonstrando que mesmo um escravo que nunca foi à escola nascia com importantes conceitos matemáticos impressos em sua mente!

O diálogo de Platão, *Timeu*, ecoa essa perspectiva, com cinco formas geométricas — ou sólidos — representando os quatro elementos: fogo, ar, água e terra, mais o universo, tomado como um todo. Os astrônomos gregos fizeram muitas observações (sem telescópios, é claro), mas os filósofos presumiam que os céus exibissem a geometria dos deuses, que era o porquê de ser necessário insistir nas estrelas e planetas girando em torno da Terra em perfeitas esferas de cristal, produzindo música à medida que rodavam (é daí que vem a expressão "a música das esferas") muito depois de longas observações minarem essa hipótese.

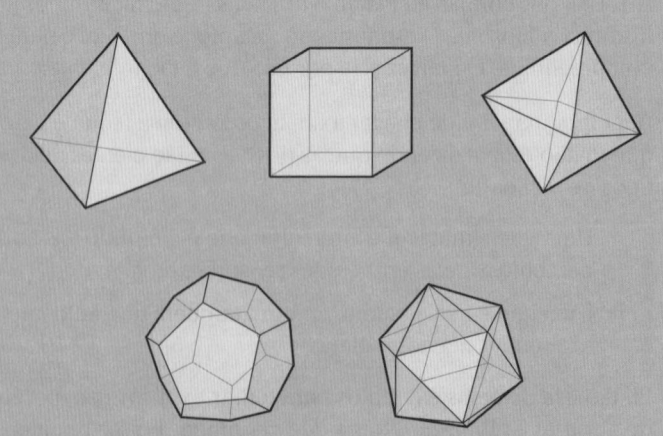

Mas aqui também Platão reclama de que a "grande massa da humanidade" considera as descrições mecânicas e geométricas dos fenômenos como "causas únicas das coisas". Ele protesta que tais causas são "incapazes de qualquer plano ou informação para qualquer propósito" e diz que as pessoas deveriam buscar verdades mais profundas no misterioso mundo paralelo das Formas.

Qual o sentido de algo que não existe em nenhum senso material, mas somente dessa maneira intangível? Os cientistas não vão muito bem sem essas coisas? Entretanto, eles se baseiam muito mais nessas entidades imaginadas para unir e tirar um sentido de tudo do que todos os demais. Ideias, como espaço e tempo, e conceitos matemáticos, como os números ou o infinito, são todos tão misteriosos e diretamente insondáveis quanto qualquer coisa no estranho universo paralelo das formas de Platão.

A história intelectual do ocidente intentou criar uma compreensão fundada sobre leis universais. Para criar tais leis universais, as pessoas tentaram eliminar todos os objetos de pensamento para os quais essas leis não se aplicam universalmente. E isso é, por si só, irracional, visto que frequentemente há exceções — inclusive para nossas melhores e mais brilhantes regras. Por exemplo, a regra de que a mesma causa sempre resulta no mesmo efeito não se aplica realmente a eventos tanto na ciência quanto na vida social. Pegue um médico que de forma bem-sucedida trata um paciente com câncer receitando aspirina — isso seria um exemplo de "efeito placebo", porque a aspirina não cura câncer, mas só o incentivo psicológico de tomar alguns comprimidos (as pesquisas frequentemente confirmaram) pode deixar as pessoas melhores! Coisas como o efeito placebo são "irracionais", sim, mas reais.

No século XVIII, as leis ainda causavam tantos problemas aos filósofos que Immanuel Kant se prontificou a publicar "uma tentativa de introduzir o conceito de quantidades negativas na ciência". Em seu livro, Kant tentou identificar contradições internas em várias teorias muito abstratas, muito metafísicas, derivadas da pura lógica (isto é, teorias que tratavam de coisas que nunca poderiam ser vistas ou mensuradas). Essencialmente, Kant aponta que, embora a lógica A ou não A seja verdadeira, na realidade algo pode tanto ser A como não A. Por exemplo, um corpo tanto pode estar em movimento como estar estático, porque isso depende de quem está observando. Os trens hoje em dia oferecem um bom exemplo disso. Sente-se em um trem e coloque uma xícara de café sobre a mesa. Para você, a xícara não está em movimento. Mas, para alguém observando o trem passar rapidamente, ela certamente está!

Hegel, o sucessor alemão de Kant, também viu o problema e voltou à posição de Heráclito, que era que a mudança, e em particular a contradição e o conflito, era a verdadeira realidade e o mundo estático e imutável das leis do pensamento era a falsa.

Hegel, inclusive, atacou especificamente a lei de identidade, apontando que ela, em si, diz muito pouco. O fato é, ele diz, que "A é igual a A" não passa de tautologia e tem pouco significado (uma *tautologia*, afinal, é a mesma coisa dita duas vezes). Saber que algo é a mesma coisa que algo não nos diz quase nada a respeito dele. A única maneira pela qual uma coisa assume uma identidade é pela *alteridade* ou pelo *que não é*.

# Duvidando de Tudo que Você não Conhece

Buscar certeza e procurar coisas que você sabe de forma garantida é uma velha preocupação da filosofia. Porém, também o é investigar as alegações dos outros para saber as coisas.

Mesmo durante os estimulantes dias de Platão e Aristóteles, os gregos sempre foram céticos, tanto a respeito do conhecimento que tinham (isso era realmente bom?) como sobre a possibilidade de um dia saber as coisas. Duas escolas, os *céticos* e os *cínicos*, ficaram preocupadas com charadas e paradoxos indecifráveis e começaram a ensinar que era impossível encontrar a verdade. Você pode encontrar mais detalhes sobre os céticos no próximo box, "Ceticismo e os céticos", e sobre as duas escolas nos Capítulos 7 e 10.

Um dos cínicos mais cínicos foi Diógenes (de Sínope — houve três Diógenes famosos nessa época), que tentou chocar os compatriotas gregos aristocratas com sua complacência de "viver como um cachorro". Isso envolvia usar mulambos e dormir em um barril de vinho, e, em uma ocasião notória, masturbar-se na praça pública enquanto explicava que "a vida seria muito melhor se ao menos se conseguisse livrar do desejo por comida esfregando o estômago"! Outras demonstrações envolviam ficar de pé no frio abraçando uma estátua de bronze (para treinar o corpo a ignorar o frio) e provocar as pessoas a insultá-lo de modo a endurecer suas emoções. Tudo isso levou Platão a chamar Diógenes de "Sócrates maluco", pelo que ele provavelmente deixou implícito um pouquinho de crítica a Sócrates também.

Mas, sem dúvidas, em filosofia, o grande questionador deles todos foi René Descartes, 2.000 anos depois. Descartes diz que, para separar conhecimento verdadeiro de boato não confiável, ilusão de ótica e truques de outras pessoas (inclusive demônios malévolos), deve-se presumir que tudo que dizem, tudo que você vê ou ouve e tudo que não pode ter certeza absoluta, é um truque. Eu abordo algumas de suas influentes experiências de pensamento para explorar suas dúvidas no Capítulo 10.

Mas Descartes admite que estava apenas brincando de duvidar de tudo para encontrar certa segurança. Foram os antigos céticos gregos que realmente se especializaram em duvidar, e sua conclusão foi a de que ninguém pode realmente estar certo de qualquer coisa. É por isso que são chamados de *céticos*. Descartes é famoso porque, no momento em que todo o conhecimento humano parece ter sido reduzido a meras convenções e suposições otimistas, ele apresentou, com um fantástico floreio, algo que ele disse *ser* absolutamente confiável e certo — algo de que você pode estar realmente certo! Isso é provavelmente o maior rebuliço da filosofia (veja o Capítulo 5 para saber mais sobre isso).

## Ceticismo e os céticos

Ceticismo deriva da palavra grega *skepsis*, que significa "consideração cuidadosa", mas atualmente ceticismo implica não acreditar nas coisas. A evidência dos sentidos sempre foi particularmente suspeita. Os céticos da Grécia Antiga, como Arcesilau de Pitane e Carnéades de Cirene, chegaram ao ponto de dizer que não se pode justificar a alegação de conhecimento sobre qualquer coisa no mundo, pode-se apenas fazer declarações ingênuas e otimistas.

Outro grupo de antigos, conhecidos como estoicos, insistiam que *havia* formas de dividir conhecimento e dados sensoriais e distinguir absurdos errôneos de evidência bem fundamentada. Mas essa nunca foi a visão dos verdadeiros céticos. O debate segue até hoje na filosofia, com a posição convencional sendo a de que conhecimento é "crença verdadeira justificada". O próprio Platão é bem cético, oferecendo várias razões para não se acreditar em coisas e, especificamente, rejeitar essa visão de conhecimento.

# Capítulo 3

# Tornando-se um Pensador Filosófico

*Quanto a mim, só sei que nada sei. Porém outros sabem menos ainda.*

– Sócrates

*E*ntão, qual é a receita secreta dos grandes filósofos? É uma grande mistura, e não se segue nenhuma rota ou método comum. Alguns levantam a lógica e a racionalidade, outros as denunciam como mito e ilusão. Alguns são realmente cientistas, que começam pela observação do mundo, enquanto outros deliberadamente deixam tudo isso de lado e olham para dentro de si em busca de insights. Platão tinha um enorme desprezo pelos seguidores do "senso comum", embora Aristóteles o considerasse o ponto de partida. No século XVIII, o século de dois dos indubitavelmente "maiores" filósofos, um, David Hume, usou o senso comum para guiar suas celebradas indagações, enquanto o outro, Georg Hegel, elaboradamente o rejeitou.

Neste capítulo, abordo algumas das formas com que os filósofos usam argumentos, colocam questões e exploram enigmas como parte do desenvolvimento de suas ideias. No processo, indicarei as semelhanças e diferenças entre as abordagens de Platão e Sócrates, apreciarei a importância da imaginação mesmo no pensamento mais "abstrato" e tomarei notas de algumas das muitas armadilhas intelectuais pelo caminho.

# Tendo uma Discussão Filosófica

Desde que as pessoas começaram a estudar alguma coisa, mais ainda a filosofia, existiu uma tensão entre duas maneiras diferentes de abordar a busca por conhecimento. Na Grécia Antiga, as duas abordagens divergentes são resumidas por duas de suas grandes figuras fundadoras, Platão e Sócrates. O confuso é que a maioria das pessoas conhece Sócrates pelas narrativas de Platão sobre ele, como "estrela" de seus diálogos. Porém, Sócrates certamente teve suas próprias visões, e há outras fontes históricas que descrevem suas ideias, como os escritos de Xenofonte (435–354 a.C.).

## Debatendo com Sócrates

O estilo de Sócrates era o dos antigos sofistas gregos, que eram especialistas na arte da retórica, da oratória e do debate. Diferentemente de Sócrates, os sofistas geralmente esperavam pagamento por compartilharem suas habilidades, sendo seu principal mercado cidadãos abastados que esperavam aprimorar sua performance — quer fosse como políticos ou advogados — em assembleias públicas, que eram a característica central da vida na Grécia Antiga. Então, o método de Sócrates é um pouco como o de um advogado na corte ou de um político em um debate. Ele toma os pontos dos "oponentes" e os amplia, normalmente tentando mostrar que eles têm consequências ridículas ou entram em conflito com algo que já haviam dito. O próprio Sócrates frequentemente utiliza a analogia com os esportes de combate (como o pugilismo) para a prática do debate filosófico — no treinamento, a meta não é realmente ferir a outra pessoa, mas aprimorar suas defesas e elevar suas habilidades. O melhor resultado para Sócrates é quando o pupilo consegue derrotar o mestre!

Outro aspecto importante do *Método Socrático* é que o que é dito não é tão importante quanto como é dito — o debate não se preocupa com fatos ou casos em particular (embora esses possam ser levantados), mas com que flua livremente e seja essencialmente imprevisível em termos de que tópicos possam ou não surgir. Os sofistas, e Sócrates, não se utilizavam muito de leitura e escrita, mas valorizavam a rapidez e a agilidade na fala. Sócrates, até onde todos sabem, nunca escreveu nada e, na realidade, parece ter se incomodado com a prática, considerando-a um embotamento para a mente e que a deixa preguiçosa.

Outro nome dado ao "Método Socrático" é *elenchos*, que é uma daquelas palavrinhas gregas às quais os filósofos se apegam, e outro termo, ainda, é *raciocínio dialético*. Todavia, ambos descrevem a técnica exemplificada por Platão em sua demonstração dos debates de Sócrates com outros atenienses. Suas características são que ambos os lados estão em uma busca conjunta pela verdade, sendo a investigação uma pessoa expondo uma ideia e outra a desafiando, sugerindo uma falha ou um problema com ela. Isso obriga a primeira pessoa a refinar ou aprimorar sua sugestão original.

Na Europa medieval, esse tipo de debate era muito popular. O público assistia avidamente os habilidosos debatedores abordando questões filosóficas até que um deles se contradissesse, ponto em que o público o declarava perdedor.

Um exemplo, dos tempos medievais, é o debate sobre por que uma lança continua movendo-se pelo ar após ter sido arremessada. O problema parecia ser que, após ter deixado a mão do lanceiro, ela segue sem nada a impulsionando. Hoje em dia, nós estamos familiarizados com a ideia do *momento*, que diz que as coisas permanecem em movimento a menos que algo a interrompa; entretanto, no período medieval, a influência de Aristóteles tornou esse problema controverso, ao dizer que as coisas param de se mover imediatamente quando outras coisas param de impulsioná-la. Então, em um debate, um "aristotélico" tentou sugerir que a lança segue em movimento pelo ar (após ter sido liberada da mão) porque moléculas de ar a pressionavam com mais força na extremidade cega do que na ponta — criando uma espécie de empuxo. A resposta a isso foi pedir ao público para simplesmente imaginar alguém arremessando uma lança com as duas pontas afiadas. Agora um aristotélico pergunta se tal lança não conseguiria voar e cair ao chão imediatamente, visto que claramente as moléculas de ar pressionariam, então, as duas pontas. E o argumento, como a maioria dos bons argumentos, é imediatamente tanto compreensível como convincente. Os "debates" dos tempos modernos, em contraste, são discursos ensaiados previamente, em que as questões são ignoradas em prol de oferecer pequenas falas engessadas.

## Imaginando as coisas com Galileu

Outra maneira de utilizar perguntas eficazmente para expor um ponto é oferecer exemplos imaginários ou "experiências de pensamento". Um dos exemplos mais importantes da história intelectual foi colocado pelo astrônomo Galileu. Aqui ele demonstra, apenas pelo poder das palavras e ideias, os princípios fundamentais da relatividade — isto é, que todo movimento é "relativo" a um fundo estável.

O objetivo de Galileu com a experiência do navio, posta em seu *Diálogo Sobre os Máximos Sistemas do Mundo* (do qual você pode não ter ouvido falar, mas é um dos livros mais importantes na história da ciência — e ainda muito divertido de ler!), era explicar por que, se o mundo realmente é uma esfera girando em seu próprio eixo no espaço, nós não estamos conscientes disso. Em 1632, a ideia de que nós vivíamos em uma rocha girando em torno do Sol ainda era muito difícil de engolir, e a experiência, hoje lugar-comum, de um movimento suave e constante em uma direção (por exemplo, em um trem, se não em um carro) ainda era algo raro.

"O navio de Galileu" ilustra que apenas saindo da "estrutura local", isto é, neste caso, do navio, que podemos saber o que está imóvel e o que está em movimento. Para perceber o movimento do navio, por exemplo, teríamos que olhar a costa, ou o sol, distanciando-se através da escotilha. Para ver o movimento da Terra, devemos olhar para o céu noturno e o movimento das estrelas (é claro que a costa poderia estar encolhendo ou as estrelas circulando nas esferas de cristal...).

A experiência mental foi retomada posteriormente de várias formas parecidas por outros físicos com o objetivo de fazer outras intuições úteis acerca da natureza do universo. Em 1907, Einstein percebeu que estender os mesmos princípios a uma espaçonave acelerando uniformemente demonstraria, de maneira similar, a impossibilidade de distinguir entre o empuxo de uma aceleração constante e o empuxo gravitacional, e, daí, surgiu a Teoria da Relatividade Geral.

## Sócrates e a arte da discussão filosófica

Nesse trecho extraído de *A República* de Platão, vemos Sócrates envolvido em um debate incomumente robusto sobre a natureza da Justiça.

TRASÍMACO: Contemplem! A sabedoria de Sócrates; ele recusa-se a ensinar e vive a aprender de outros, ainda assim nunca agradece!

SÓCRATES: Dizer que eu aprendo com outros é bem verdade; mas dizer que sou ingrato, nego-o completamente. Eu não tenho nenhum dinheiro e, portanto, pago as pessoas com aclamações, que é tudo que tenho. Quão prontamente e desejoso de aclamar alguém que me parece falar bem, você descobrirá muito em breve quando responder; pois espero que você me dê uma boa resposta à minha pergunta.

TRASÍMACO: Ouve, então. Eu proclamo que a justiça nada mais é que interesse do mais forte. E, agora, por que não me aclama? Previsivelmente, vai se recusar a fazê-lo.

SÓCRATES: Bem, primeiro, deixe-me entendê-lo. Justiça, você diz, é "o interesse do mais forte". O que, Trasímaco, você quer dizer com isso? Você não pode estar querendo dizer que Polidamas, o lutador, é mais forte que nós e acha o consumo de carne de boi o melhor para sua força física, e comer muita carne bovina é, portanto, certo e justo para nós.

TRASÍMACO: Isso é abominável de sua parte, Sócrates; você toma as palavras no sentido mais danoso ao argumento.

SÓCRATES: De modo algum, bom companheiro. Tento entendê-las; e desejo que seja um pouco mais claro.

TRASÍMACO: Bem, nunca ouviu falar que as formas de governo diferem; há tiranias, e há democracias, e há aristocracias?

SÓCRATES: Bem, sim, eu sei tudo isto.

TRASÍMACO: E que o governo é o poder em cada Estado?

SÓCRATES: Certamente.

TRASÍMACO: E cada forma de governo faz suas leis democráticas, aristocráticas ou tirânicas, dependendo de seus próprios interesses particulares; e essas leis, criadas por eles segundo seus próprios interesses, são a "justiça" que disponibilizam, e qualquer um que as transgrida é punido de acordo com os interesses do que eles chamam "justiça". É isso que quero dizer quando falo que em todos os Estados há o mesmo princípio de justiça, que é o interesse do governo. E, como se espera que os governos possuam poder, a única conclusão razoável é que em toda parte há um único princípio de justiça, que é o interesse do poderoso.

SÓCRATES: Agora entendo; contudo, quer esteja certo ou não, ainda terei que investigar um pouco mais para tentar descobrir.

Neste ponto, Platão expôs um forte argumento, e nos perguntamos como Sócrates lidará com ele. Caracteristicamente, Sócrates o faz mais tentando fazer parecer que seu oponente tem uma visão maculada por contradições do que entrando no "problema". Isso, é claro, faz com que seu oponente pareça tolo também!

SÓCRATES: Agora ambos concordamos que a justiça é de alguma forma um interesse, mas você diz "do mais forte"; sobre esse acréscimo não estou tão certo e devo, portanto, analisá-lo mais.

TRASÍMACO: Prossiga.

SÓCRATES: Irei fazê-lo; primeiro, diga-me, você diz que é justo que os cidadãos obedeçam seus governantes?

TRASÍMACO: Sim.

SÓCRATES: Mas os governantes dos Estados são absolutamente infalíveis ou, às vezes, estão sujeitos ao erro?

TRASÍMACO: Para ser exato, eles estão sujeitos a cometerem enganos às vezes.

SÓCRATES: Então, ao criarem leis, eles podem fazê-lo corretamente e às vezes incorretamente?

TRASÍMACO: Verdade.

SÓCRATES: Quando eles as fazem corretamente, fazem-na funcionar segundo seus interesses; quando cometem erro, fazem o contrário a seus interesses; admite-o?

TRASÍMACO: Sim.

SÓCRATES: E as leis que eles criam devem ser obedecidas por seus governados — pois é isso que você chama de justiça?

TRASÍMACO: Sem dúvida.

SÓCRATES: Então, justiça, segundo seu argumento, não é só obediência ao interesse do mais forte, mas obediência àquilo que não é de interesse do mais forte?

TRASÍMACO: O que você está dizendo?

SÓCRATES: Creio que estou repetindo apenas o que você disse.

Sócrates vence, como se espera. Mas observe o método — ele faz perguntas, procurando levar seu "oponente" a uma contradição.

(Salviati explica a experiência no elegante diálogo de Galileu, citado no próximo box, "O Navio de Galileu".)

## Passo a passo com Platão

No trecho abaixo, extraído de um dos diálogos de Platão chamado *Mênon*, como seu personagem principal, o filósofo coloca Sócrates com um estilo bem diferente para ilustrar que certos conhecimentos são "intrínsecos" em nós, embora nós talvez precisemos de ajuda para redescobri-los ou "recuperá-los". Ninguém sabe se essa versão das discussões socráticas é precisa ou apenas inventada para ilustrar as próprias visões de Platão. Mas, certamente, o estilo está muito mais para um palestrante ou um professor.

# O Navio de Galileu demonstra os Princípios da Relatividade

Como parte de um tipo de "diálogo socrático", Salviati pede a seu amigo para tentar um tipo de "experiência mental".

"Tranque-se com algum amigo na cabine principal abaixo do convés de algum navio grande e coloque lá algumas moscas, borboletas e outros pequenos animais voadores. Coloque também uma tigela grande com alguns peixes dentro; pendure uma garrafa que se esvazie gota a gota sobre um vaso.

Com o navio parado, observe cuidadosamente como os pequenos animais voam com velocidade igual a todos os lados da cabine. O peixe nada indiferentemente para todas as direções; as gotas caem no vaso e, ao jogar algo para seu amigo, não precisa fazê-lo com mais força para uma direção ou outra, sendo as distâncias iguais; pulando de pés juntos, irá deslocar-se por espaços iguais em toda direção.

Quando houver observado todas essas coisas cuidadosamente (embora não haja dúvida de que, quando o navio estiver parado, tudo deve acontecer dessa forma), faça com que o navio prossiga com a velocidade que desejar, desde que o movimento seja uniforme e que não haja balanço devido à flutuação. Você não notará a menor mudança em todos os efeitos citados nem poderia distinguir, através desses efeitos, se o navio está em movimento ou parado. Ao pular, irá deslocar-se pelo chão o mesmo espaço que antes, também não dará saltos maiores em direção à popa ou à proa, muito embora o navio esteja movimentando-se rapidamente, a despeito do fato de que, enquanto estiver no ar, o chão sob você esteja indo em uma direção oposta ao seu pulo. Ao jogar algo para seu companheiro, não precisará de nenhuma força a mais para fazê-lo chegar a ele, quer ele esteja na direção da proa ou da popa, enquanto você está no lado oposto.

As gotas cairão como antes no vaso abaixo, sem mover-se em direção à popa, embora, enquanto elas estiverem no ar, o navio desloca-se por um bom trecho. O peixe na tigela nadará para a frente da tigela sem mais esforço do que para trás e irá com igual facilidade em direção a uma isca colocada em qualquer parte na borda da tigela. Finalmente, as borboletas e moscas continuarão seu voo indiferentemente em qualquer direção, não acontecerá de elas ficarem concentradas na direção da popa, como se cansadas por seguir o curso do navio, do qual elas teriam se separado durante longos intervalos por manterem-se no ar..."

De *Diálogos Sobre os Máximos Sistemas do Mundo* (1632).

O importante a respeito disso é, contudo, que o aprendizado seja desmembrado em pequenas etapas, das quais, cada uma deve ser plenamente compreendida e aceita. No próximo box, "Sócrates e Platão dão uma demonstração de geometria".

## Academia de Platão

Sócrates foi, certamente, um grande orador, mas Platão, por outro lado, foi tanto um grande escritor como um "palestrante" afiado, ansioso por expor longamente suas teorias e compartilhar suas descobertas. Ele inventou a "Academia", um tipo de faculdade situada em um parque fora dos muros da cidade de Atenas, de que se diz ser o arquétipo de todas as faculdades modernas de ensino superior (é de onde vem o termo "acadêmico" também). Na Academia de Platão, a principal forma de ensino era a palestra, que era ouvida passivamente pelos alunos. Os livros de Platão pretendem ser um tipo de notas de palestra.

Embora sejam todos escritos como diálogos, muitos desses "debates" pouco passam de monólogos em que Sócrates (que recebe, confusamente, um estilo educacional bem diferente!) torna-se a "estrela", dispensando uma visão especializada, e vários pontos de vista são representados apenas por outros personagens para que sejam rapidamente refutados.

No diálogo de Platão *A República*, o ensino da filosofia é colocado no topo da hierarquia do treinamento educacional, que começa na juventude, com atividades físicas (como esporte e treinamento militar), e só termina na filosofia, quando os indivíduos chegam ao quinquagésimo ano! Espera-se que o professor de filosofia tenha um ar de sábio ancião, de "barba cinza", como os chineses o chamam.

Enquanto Sócrates esperava aprimorar a forma como as pessoas ativas na vida pública pensavam as questões, Platão objetivava distanciar as "melhores mentes" de preocupações práticas e direcioná-las, em vez disso, a verdades filosóficas abstratas. Não é à toa que a influência de Platão deixou a educação com um preconceito contra habilidades práticas em favor de teoria pura. Sócrates oferece suas técnicas para todos, porém Platão imagina que a contemplação da "verdade, beleza e virtude" só é possível a uma elite altamente educada.

### *Unindo as duas abordagens*

Hoje em dia, as universidades contêm elementos tanto das filosofias educacionais de Sócrates como de Platão. Há palestras, dadas por "experts", acompanhadas por aprendizagem e memorização repetitivas — mas há também "seminários" e oportunidades para discussão e interação. Esse padrão surgiu na Idade Média, em universidades medievais, e persiste desde então. Entretanto, no decorrer dos séculos, houve um desvio regular da *oralidade* em favor da *literatura*. Em outras palavras, distanciou-se daquelas técnicas de escutar e falar, que Sócrates tanto prezava, em direção à produção de material escrito. Hoje em dia se espera que estudantes de filosofia obtenham suas ideias mais importantes de livros e que as "aprendam", resumindo-as em forma de redações. O debate raramente acontece. A consequência é que filósofos "profissionais" são tanto debatedores quanto escritores de discussões banais de questões filosóficas. Pelo menos é assim que a filosofia é ensinada em universidades. Em escolas, é (felizmente) bem mais ativa.

É claro, até a invenção da imprensa, e na verdade por até um longo tempo após, os livros eram trabalhosamente manuscritos e apenas para bibliotecas de monastérios e aristocratas mais ricos. Então, a filosofia tinha que ser estudada por debates e diálogos. Porém, uma outra guinada a favor de Platão e contra Sócrates é mais difícil de explicar por meras mudanças tecnológicas: a crescente ênfase na "excelência" individual ao custo da atividade cooperativa e uma busca conjunta por respostas.

---

## Sócrates e Platão dão uma demonstração de geometria

SÓCRATES: Eu disse-lhe, Mênon, ainda agora que você é um trapaceiro! Agora você me pede para ensiná-lo algo, embora minha opinião seja a de que não se ensina coisas a pessoas, pode-se apenas lembrá-las delas. Você indubitavelmente imagina que irá me envolver em uma contradição.

MÊNON: De fato, Sócrates, protesto, pois não tinha tal intenção. Apenas fiz uma pergunta por hábito; mas, se você puder provar-me que o que diz é verdade, gostaria que o fizesse.

[Um menino escravo é convocado...]

Sócrates: Diga-me, menino, você sabe que essa figura é um quadrado?

Menino: Eu sei.

Sócrates: E você sabe que uma figura quadrada tem essas quatro linhas iguais?

Menino: Certamente.

Sócrates: E você concorda que essas linhas que eu desenhei atravessando o meio do quadrado são iguais também?

Menino: Sim.

Sócrates: E que um quadrado pode ser de qualquer tamanho?

Menino: Certamente.

Sócrates: E, se um lado de nosso quadrado for de duas unidades e o outro também de duas unidades, qual será o total de unidades? Deixe-me explicar: se, em uma direção, o espaço era de duas unidades e, em outra direção, de uma unidade, o total seria de duas unidades tomadas uma vez?

Menino: Sim.

Sócrates: Mas, uma vez que esse lado é de duas unidades, há duas vezes duas unidades?

Menino: Há.

Sócrates: Então um quadrado é de duas vezes dois?

Menino: Sim.

Sócrates: E quanto dá duas vezes dois? Conte e me diga.

Menino: Quatro, Sócrates.

Sócrates: E não poderia haver outro quadrado com o dobro do tamanho desse e tendo, como esse, as linhas iguais?

Menino: Sim.

Sócrates: E quantas unidades daria isso?

Menino: Oito.

Sócrates: Agora, tente e me diga qual é o comprimento daquela linha que forma o lado do quadrado duplo: se o de uma é dois, qual será o da outra?

Menino: Claramente, Sócrates, será o dobro também.

Sócrates (*à parte*): Observe, Mênon, que eu não estou *ensinando* nada a esse menino, mas apenas fazendo perguntas a ele; ainda assim, ele sabe quão longa uma linha precisa ser para produzir uma figura quadrada de oito pés, não sabe?

Algumas das mudanças mais importantes entre as duas principais abordagens ao transformar pessoas comuns em "pensadores filosóficos" estão expostas na Tabela 3-1.

| Tabela 3-1 | Duas abordagens diferentes para a filosofia | |
|---|---|---|
| | *Aprendizado Ativo* | *A Academia* |
| *Origens históricas* | Os sofistas gregos demonstrando habilidades e tendo debates científicos. | A Academia original de Platão em Atenas tendo este como líder. |
| *Métodos de ensino* | Aprendizado ativo por discussões abertas — o chamado Método Socrático. Os alunos e professores são iguais, sem hierarquia. A meta é alunos e professores discutirem e explorarem questões juntos. | Aprendizado passivo. Platão foi, por sua vez, influenciado pelo estilo reservado e monástico de Pitágoras e seus discípulos, que são obrigados a aprender de cor verdades matemáticas e filosóficas muito prezadas — em total silêncio. O foco encontra-se no progresso individual. |
| *Técnicas* | Conversa, discussão e argumentação. | Cópia, memorização e aprendizado de métodos e fatos. |

# Dando uma Espiada na Mente do Filósofo

Então, o que se passa na mente de um filósofo? Eles pensam de forma diferente do resto de nós, veem realmente o mundo de modo diferente?

A primeira coisa a considerar sobre os grandes filósofos é que eles não são tão diferentes do resto de nós. São egotistas, são dogmáticos, são bem ignorantes. Mas, até certo ponto, são pessoas que tentaram se elevar acima dessa herança humana comum e empregar suas vidas em algumas técnicas poderosas de pensamento.

E, se fatos filosóficos (quem foi Hegesias de Cirene? Qual é a definição de "ideia clara e distinta"?) não têm tanta demanda em lugar nenhum — exceto nos departamentos de filosofia —, habilidades filosóficas são outra questão. A Tabela 3-2 mostra algumas dessas coisas de que esses filósofos *alegam* serem capazes. Entretanto, nós devemos ter algumas dúvidas!

| Tabela 3-2 | Habilidades Filosóficas |
| --- | --- |
| *Habilidades de raciocínio* | *Habilidades sociais* |
| Análise e síntese de conceitos e ideias (desmembrá-los em pequenas partes ou, alternativamente, unir fragmentos de ideias para criar outras). | Ouvir e tirar um sentido de diferentes pontos de vista (*bem, é isso que filósofos alegam fazer...*). |
| Identificar ideias-chave e suposições ocultas. | Trabalhar cooperativamente em equipe, ainda assim apto a trabalhar independentemente. |
| Detectar falhas no raciocínio ou na "lógica" dos argumentos. | Refletir sobre as próprias ideias e suposições. |
| Abstrair informação e identificar a estrutura dos argumentos. | Dar um passo atrás em questões e sugestões e colocá-las em um contexto social e ético mais amplo. |
| Inventar e pensar em casos traiçoeiros e "contraexemplos" para testar ideias. | |

### Os três "As"

Outra forma de ver o pensamento filosófico é como um conjunto de ferramentas. Devemos resumi-las como os "Três As":

- ✔ *Análise* — desmembrar questões complicadas e examinar as partes cuidadosamente para melhor compreender a questão ou problema. Quando funciona, é uma ótima ferramenta capaz de "desatar nós mentais" e separar o que é importante do que não é — de entulhos irrelevantes ou problemas paralelos.

- ✔ *Avaliação* — particularmente, uma vez que um problema tenha sido desmembrado em suas partes constituintes, os filósofos também precisam parar para avaliar e estimar as alegações e escolher entre explicações rivais e opostas. O mundo atual está cheio de tais alegações opostas e fontes conflitantes de informação — nós precisamos ter cuidado especial ao lidar com elas.

✔ *Argumento* — provavelmente o que a maioria de nós associa aos filósofos. Eu conheço vários exemplos de grupos de filósofos profissionais que não conseguem tomar decisões simples como aonde ir para beber, porque não conseguem evitar transformar isso em uma discussão. Mas "discutir" é o ponto, é assim que as ideias se desenvolvem. E as discussões filosóficas não deveriam ser meramente uma disputa de grito, e, sim, ocasiões em que as pessoas apresentam razões claras para suas crenças e demonstram como as conclusões seguem (o que é igualmente importante de se saber) *ou não* diretamente de suas suposições.

É muito mais fácil, todavia, ensinar "fatos" às pessoas do que ensiná-las a pensar. Ainda assim, mesmo que a filosofia pudesse ser reduzida a um conjunto de fatos técnicos-históricos a serem despejados nos alunos (talvez para capacitá-los a passar na prova um mês depois), seria uma tática muito ineficiente e contraproducente fazê-lo dessa forma. Os filósofos da educação sabem, como estudos de pesquisa frequentemente demonstraram, que, em termos de aprendizado, dizer às pessoas é extraordinariamente ineficaz. Feita da forma correta, a filosofia pode ser um ótimo antídoto tanto para as formas comuns de pensar como de aprender, o que quase que invariavelmente envolve ouvir passivamente enquanto a informação é passada. Considere o seguinte: após as aulas, apenas 5% da informação dada é retida. Ou seja, se a aula durar uma hora, apenas três minutos são digeridos ou absorvidos!

## Quando o medo persegue a sala de aula de filosofia

Wittgenstein, aquele célebre ícone filosófico, certa vez golpeou uma aluna teimosa no nariz a ponto de fazê-lo sangrar por ela não ter entendido um de seus pontos. Esse é um exemplo extremo, mas com que frequência eu vi termos filosóficos usados como armas para intimidar ou mesmo humilhar os outros? Medo, de fato, costumava assombrar salas de aula de uma certa universidade onde eu dava aula quando chegava a hora da "aula de lógica". Na enorme sala, os alunos amontoados em filas de dez ou mais assentos mais distantes do atril por medo de serem "o escolhido" pelo professor para responder perguntas. É claro que a coisa mais segura a se fazer era matar a aula inteira!

Verdadeiros filósofos — como Sócrates — sempre acolhem pontos de vista diferentes.

## A qualidade das perguntas

Mesmo quando um "professor" está guiando um aluno em algo para o qual não há realmente um debate relacionado (como Sócrates guiando Mênon e seu menino servo no famoso teorema de Pitágoras), o tipo correto de pergunta é de grande valia. Ela não deve ser nem tão simples nem muito traiçoeira, de modo que o aluno possa compartilhar de uma sensação de descoberta.

Por vezes, os melhores tipos de perguntas são aquelas abertas e com a maior extensão possível de respostas — não aquelas que o "professor" já sabe a resposta! São aquelas com as quais o professor ou palestrante também poderia se surpreender e terminar com sua visão modificada também.

É por isso que a melhor abordagem para a filosofia não é como um corpo de conhecimento, mas centrada em questões e questionamentos. Esse, no final das contas, era o estilo filosófico da Grécia e da China Antigas e encontra-se no cerne de muitas grandes obras da filosofia, dos diálogos de Platão em diante.

Pior ainda, muito disso sequer entrou por um ouvido e saiu pelo outro, simplesmente nem entrou. Muito da conversa filosófica é assim: a ideia deixa as bocas de quem fala e flutua direto para o céu filosófico sem ser interceptada por qualquer um no público.

Mas e se o orador utilizar projeções de slides, anedotas, música, clipes musicais, convidados famosos — e livros *Filosofia Para Leigos* —, como auxiliares? A evidência é que os melhores e mais capacitados oradores, professores, palestrantes podem aumentar a taxa de "transmissão" de sua informação em 25%. Isso significa que, em 3/4 do tempo, o público não está seguindo-os ou está dormindo.

A realidade é que apenas a participação ativa possui alguma chance de alcançar mais do que 50% de retenção ou compreensão dos debates filosóficos. Então, é por isso que a abordagem filosófica centrada em questões reais, paradoxos, dilemas éticos, questões pessoais, problemas do mundo real e mistérios é mais eficaz do que a filosofia como uma coletânea de termos técnicos desassociados e trivialidades históricas. O que, lamentavelmente, é assim que é quase que universalmente ensinada, e sim, examinada.

## *Impressionando as pessoas com paradoxos*

Os gregos antigos adoravam desafios (como o do Mentiroso, que essencialmente pergunta: "podemos acreditar numa pessoa que nos diz que ela mente o tempo todo?". Sem esquecer os vários esforços de Zenão — mencionado no Capítulo 2), que eles utilizavam como ponto de partida para debates sobre grandes questões e que invariavelmente são encontrados no cerne das grandes obras filosóficas. Platão e Descartes lutaram de forma parecida com estranhos casos de coisas que pareciam continuar as mesmas em um sentido, mas que mudavam radicalmente em outro. Como, digamos, a cera que perde sua "forma" tão facilmente quando derrete ou a água que parece bem diferente quando congela ou ferve. Elas alteram suas formas físicas, ainda assim nós ficamos contentes em dizer que ainda são as mesmas coisas — cera ou água. Pensar nesses casos estranhos encorajou os dois filósofos a supor que a "mente" era mais fundamental do que a matéria física. Outros filósofos também usaram charadas e desafios para expor seus casos. Os argumentos um tanto secos e técnicos de Kant incluem em seu centro quatro desafios ou "antinomias", e um tipo semelhante de coisa encontra-se no cerne da filosofia cética de David Hume.

Paradoxos verdadeiros — por sua própria natureza — são não solucionáveis, mas os filósofos os valorizam de qualquer modo, parte como "exercício", parte como seu papel de disparar novas ideias. Como Bertrand Russell certa vez disse: "uma teoria lógica pode ser testada por sua capacidade de lidar com desafios, e é um plano favorável, no pensar a lógica, encher a mente com tantos desafios quanto possível".

De forma parecida, em ética (veja o Capítulo 13 para uma visão detalhada), e mais geralmente na definição de termos e conceitos, os paradoxos podem ser empregados para reexaminar termos e definições. Pegue, por exemplo, o caso do capitão de um bote salva-vidas superlotado afundando lentamente — sua tarefa é atirar um ou dois passageiros ao mar? O paradoxo é que, se ele não fizer nada, será responsável pelo afogamento de todos no bote, o que é ruim; porém, se ele agir, ainda pode ser responsável por matar inocentes, o que também parece bem ruim. Nesse caso, algumas pessoas poderiam dizer que "os interesses de um número maior" tornam aceitável um mal menor, mas outros poderiam argumentar que certos princípios e valores não podem ser comprometidos.

Muitos casos podem ser esclarecidos expondo casos traiçoeiros — *casos limítrofes*, como os filósofos às vezes os chamam.

Isso, explica Schopenhauer, deve-se à nossa "vaidade inata, que é particularmente sensível no que diz respeito a nossos poderes intelectuais". Obviamente, uma saída para esse conflito de interesses é garantir que nossas afirmações sejam bem estabelecidas e sensatas. Mas isso, como observa Schopenhauer, exigiria que as pessoas pensassem antes de falar. E, como para muitas pessoas, "a vaidade inata é acompanhada de loquacidade e desonestidade inata", elas precisam falar muito antes de pensar e, mesmo que logo após comecem a perceber que o que disseram está errado, elas quererão que pareça o contrário. "Então, pelo bem da vaidade, o que é verdadeiro deve parecer falso e o que é falso deve parecer verdadeiro."

## *Procurando padrões no dado*

Uma das ideias mais interessantes da filosofia é a de que o mundo chega até nós como um grande fluxo de "impressões sensoriais", por si só insignificantes, que, então, temos que selecionar por meios intelectuais. Especialistas em *neurociência* (ou a ciência de como o cérebro funciona) concordam atualmente que formas, cores, cheiros estão todos intrinsecamente conectados ao modo como nosso cérebro funciona, de maneira que, quando algo dá errado (digamos, quando uma árvore cai sobre a cabeça de alguém), as pessoas podem começar a "interpretar o dado" das formas mais bizarras. Em um famoso caso descrito por Oliver Sacks, um homem chegou a ponto de começar a ter dificuldade em distinguir sua esposa de seu *chapéu*. Não, literalmente: ele tentava colocar a mulher na cabeça!

Como se pode confundir uma pessoa com um chapéu? Parecia que ambos eram redondos e cobertos de tecido preto. Tais casos destacam como o cérebro funciona, e é uma questão mais para filósofos do que o senso comum poderia permitir.

Hoje em dia, não só filósofos, como biólogos e físicos, assumem que as estruturas conceituais que chamamos de "conhecimento" são em si construídas por aprendizes ativos que modelam seu pensamento em reação tanto ao que eles vivenciam como o que acham que vivenciam. O mundo que cada um de nós percebe — para o bem ou para o mal — é singular para nós. E as implicações são mais gerais do que apenas indivíduos tendo problemas para fazer coisas em particular — como se lembrar de fatos, ou reconhecer pessoas, ou continuar caminhando!

Para nos tornarmos pensadores filosóficos, temos que tentar, em primeiro lugar, perceber que tudo que sabemos, tudo que vemos e tudo que "pensamos que pensamos" é mediado por uma série de processos mentais internos e automáticos, que, por sua vez, são afetados por "o que quer que esteja realmente lá fora". Esse desejo de "nos distanciar" de nossos valores e crenças é o primeiro passo para alcançarmos novas ideias e insights.

# A arte de estar certo

"Se a natureza humana não fosse a base", escreveu o filósofo alemão Arthur Schopenhauer, em seu iconoclástico livro *A Arte de Ter Sempre Razão*, "nós não deveríamos ter em todo debate nenhum outro objetivo senão a descoberta da verdade". Não deveríamos nos preocupar com encontrar a verdade que favoreça nossa posição em desfavor da de nosso oponente em um debate. Quer vençamos ou não, "não deveríamos considerar como questão de importância ou, em qualquer grau, de importância secundária. Ainda assim, a preocupação principal é com como as coisas são."

# Parte II

# A História da Filosofia

"Não vá lá fora — é aquele tal de Darwin de novo!"

# Nesta parte...

**A**h, *História*: é sempre uma boa maneira de olhar para algo que parece complicado. Visto que a maioria das coisas começou simples e, então, acabou ficando confusa com um monte de detalhes a mais, complicações e acréscimos (chame-os como quiser). Mas, por incrível que pareça, a filosofia não é assim. Ela é complicada desde o princípio! Se você consegue entender sobre o que os gregos antigos discutiam, então pode compreender o que estudiosos mais recentes da filosofia estão fazendo agora ou — para ser mais exato — o que estão tentando fazer.

De fato, a história da filosofia é muito mais importante, digamos, do que a história da química ou do cinema, ou do que a história da história. A história da filosofia também é assunto atual da filosofia. Saber o que os filósofos pensavam e diziam é saber quais são as questões atuais, e, também, muito do que são os possíveis argumentos e estratégias para lidar com elas.

E nesta parte, tendo perambulado pelas antigas pedras da Grécia Antiga, nós fazemos uma viagem especial ao Extremo Oriente para ver como muitas ideias filosóficas *realmente* se originaram lá. Depois, eu traço um tipo de mapa filosófico desses palavrórios — os "ismos" da filosofia –, capazes de fritar nossos neurônios, para evitar exatamente que façam isto: fritar nossos neurônios!

# Capítulo 4

# Olhando as Filosofias Antigas

*Neste Capítulo*

▶ Tendo contato com alguns dos grandes nomes do negócio

▶ Mergulhando na história antiga e explorando as origens das ideias filosóficas essenciais

▶ Juntando tudo em uma sequência organizada e coesa

> *Quanto mais você conseguir olhar para trás, mais adiante conseguirá enxergar.*
>
> – Winston Churchill

A filosofia é algo peculiar por não ter realmente uma linha do tempo — parte do charme do assunto é esse aspecto atemporal das discussões. Onde mais você estudaria textos antigos, escritos por "hippies" e esquisitões 3.000 anos atrás, com tanto respeito — até mais — quanto o que se tem pelos últimos livros dos maiores professores de universidades? Bem, eu suponho que *há* lugares, para não se esquecer de religiões inteiras.

Entretanto, a filosofia é diferente da religião e aproxima-se mais das ciências sobre as quais ela — mais ou menos — se constrói. E mesmo que muitos debates filosóficos não tenham respostas óbvias, apenas pontos de vista possíveis, sempre faz sentido, para os filósofos, lembrar-se do que as pessoas disseram no passado. Neste capítulo, abordo o que os antigos pensavam sobre a vida e o universo, porque é um ponto de partida crucial para filósofos posteriores.

## Preparando o Terreno com os Primeiros Filósofos Gregos

Uma das coisas engraçadas a respeito da filosofia é que, quanto mais se retrocede no tempo, mais interessante fica. É claro que há duas razões muito práticas para começar pelos gregos antigos:

✔ Eles inventaram a palavra *filosofia*, se não exatamente a atividade

✔ Quase que toda a filosofia posterior refere-se a seus debates

A palavra *filosofia* vem do grego *philia*, amor, e *sophia*, sabedoria.

Mas é importante lembrar que os gregos não foram os únicos a fazer as grandes perguntas que constituem a filosofia. Por incrível que pareça, pela época em que os gregos começaram a filosofar na Europa, os indianos e chineses, em particular, já estavam fazendo o mesmo (você pode conferir no Capítulo 6).

Os gregos antigos, embora fossem realmente antigos, não eram bem gregos. Na verdade, eles estavam espalhados pelo Mediterrâneo, da Turquia ao norte da África e Itália. Mas, onde quer que os primeiros filósofos europeus tenham vivido, estavam todos ligados pela cultura de navegação em surgimento. *Grécia Antiga* é um termo que cobre uma área substancialmente maior do que a Grécia atual. E, em suas viagens, os gregos também viriam a entrar em contato com as últimas ideias e invenções do mundo — como a geometria dos egípcios, a astronomia dos persas e a filosofia do Extremo Oriente.

Todos os filósofos descritos nas próximas seções viveram antes de Sócrates e — adivinhe! — são conhecidos como *filósofos pré-socráticos*. Eles frequentemente criavam teorias que eram tanto interessantes quanto estavam (no caso de Anaximandro) bem à frente de seu tempo, mas a maior parte de seus escritos se perdeu. Restam apenas "fragmentos". Não é antes de Platão e Aristóteles (um século ou mais depois) que se começa a encontrar obras filosóficas e debates completamente documentados.

## Apresentando Tales e seu pupilo, Anaximandro

Um dos primeiros filósofos gregos antigos foi Tales, um político e geômetra do porto de Mileto, que atualmente é a Turquia. Além das espertezas para ganhar dinheiro (mencionadas no Capítulo 2), ele estabeleceu suas credenciais como amante da sabedoria por prever corretamente o eclipse de 585 a.C. (não se sabe como!). Dando início a uma tendência de teorias grandiosas, unificadoras na ciência, ele alegou que *tudo* no mundo (com o que ele quis dizer o universo) era feito de... água. Pode não parecer uma teoria filosófica detalhada, mas mostra, sim, como os filósofos estavam pensando a respeito do mundo muito antes mesmo de a ciência começar.

Outro importante dos primeiros filósofos foi Anaximandro, uma espécie de pupilo de Tales. Ele é lembrado por sugerir que as pessoas haviam evoluído do peixe — o que o põe 2.000 anos à frente da mais conhecida teoria sobre evolução de Charles Darwin!

## Sendo enigmático com Heráclito

Outro importante dos primeiros filósofos foi Heráclito. Ele viveu logo depois de Anaximandro (por volta de 540–475 a.C.) e foi um aristocrata que viveu na costa Jônia da Grécia. Sua preferência por compor ditos filosóficos curtos, quase contraditórios, concedeu-lhe, posteriormente, o apelido de "O Obscuro". Entre seus misteriosos ditos está o seguinte, sobre rios, que deflagrou a maioria dos debates desde então: "Não se pode entrar no mesmo rio duas vezes". Às vezes esse dito é colocado mais precisamente como: "As águas que fluem por aqueles que entram no mesmo rio serão diferentes".

De qualquer maneira, o que é tão importante nisso? Bem, alguns dizem que isso significa que nada no mundo físico permanece o mesmo, porque, por exemplo, uma flor logo murcha e morre enquanto, digamos, um vulcão aparece. Dizem que isso sugere que é preciso ignorar o mundo ao redor (percebido por meio dos sentidos) se quiser encontrar verdadeiro conhecimento. Quer Heráclito tenha intencionado dizer isso ou não, sua influência levou Platão a rejeitar informação obtida no mundo corriqueiro dos sentidos e, a partir daí, veio a própria Teoria das Formas (veja o Capítulo 1 para saber mais sobre essa enormemente importante teoria filosófica).

E, como muitas das ideias de outros antigos filósofos — de outras formas bastante obscuros —, Heráclito reaparece dois mil anos mais tarde, quando o filósofo alemão Hegel encontrou no pequeno dito de Heráclito a semente da nova "filosofia do mundo"(veja o Capítulo 5 para mais sobre esse assunto).

## Somando Pitágoras

Provavelmente o pré-socrático mais famoso de todos é o homem em quem você provavelmente esbarrou — talvez sem querer! — na aula de álgebra: Pitágoras. Pitágoras foi um filósofo muito influente, bem como matemático.

Ele nasceu na ilha de Samos talvez por volta de 570 a.C. (ninguém sabe ao certo). Era bem versátil — não só deu importantes contribuições na música e astronomia, metafísica, filosofia natural, política e teologia, como também foi a primeira pessoa a levar os conceitos de reencarnação e céu e inferno para o mundo ocidental. Pitágoras acreditava que essas doutrinas eram uma revelação pessoal de Deus para ele.

Infelizmente para ele, um governante local chamado Polícrato decidiu que ele era subversivo e forçou Pitágoras e seus seguidores a deixarem a ilha. Então Pitágoras foi para a Itália, onde estabeleceu uma espécie de comunidade filosófica baseada no vegetarianismo, na pobreza e celibato — portanto, nada de carne, nada de dinheiro e nada de sexo.

## Jantando com Pitágoras

Um dos pupilos de Pitágoras registrou que ele considerava a morte de animais assassinato e comê-los, canibalismo. Isso se seguiu à crença dele na reencarnação. Certamente, ele implorava aos homens que não comessem animais. Suas refeições consistiam de favos de mel, pão de milho ou cevada e verduras. Pitágoras chegava ao ponto de pagar aos pescadores para que jogassem sua pesca de volta ao mar e certa feita disse a um urso feroz para comer cevada e nozes em vez de humanos!

Pitágoras não só mostrou respeito pelos animais, como também pelas árvores, sobre as quais ele insistia que as pessoas não ferissem a menos que não houvesse absolutamente nenhuma outra alternativa. Plantas menores também mereceram sua preocupação: em uma ocasião, ele ordenou a um boi que não pisasse em uma plantação de feijão. Não está registrado se o boi obedeceu! De qualquer forma, você pode ver por que Pitágoras era considerado um tanto excêntrico na época...

O evento crucial da vida de Pitágoras foi a invasão do Egito, em 525 a.C., enquanto estava lá para uma visita, aprendendo com sacerdotes, arquitetos e músicos. Ele foi levado à Babilônia (atualmente Iraque) como prisioneiro de guerra, porém, suas experiências não parecem ter sido de todo ruins; durante o tempo em que aguardava que alguém pagasse seu resgate, ele foi apresentado a uma rica tradição de conhecimentos geométricos e matemáticos.

O significativo a respeito de toda essa matemática foi o método da dedução. A tradição moderna da prova matemática, base da ciência ocidental, remete em linha direta (via Platão) a Pitágoras. Se não fosse por eles, a filosofia e a busca por conhecimento teriam permanecido firmemente nas mãos dos místicos. Mas essa nova abordagem mostrou que mesmo o conhecimento muito especializado era acessível a todos — somente se eles pudessem aprender a pensar sistematicamente. E é disso, claro, que os filósofos se orgulhavam de fazer.

Dos antigos como Pitágoras vieram as crenças filosóficas de que se pode investigar e explicar o mundo usando o raciocínio humano e que se pode deduzir as leis da natureza puramente pelo pensamento. Mesmo o filósofo e cientista Isaac Newton, no século XVII, referenciava Pitágoras. A filosofia está por trás da maior parte da ciência moderna — e os físicos modernos ainda debatem a estranha filosofia grega antiga. A ideia-chave é a de que a filosofia é uma investigação (que, posteriormente, veio a se chamar *a priori*) racional.

Pitágoras foi matemático, e isso influenciou sua filosofia em um nível significativo. Ele acreditava que a matemática oferecia uma ideia de uma realidade perfeita, um reino dos deuses que nosso mundo imperfeitamente refletia. Ele acreditava que a alma humana estava presa em corpos imperfeitos e em um mundo imperfeito. Outra crença central dos pitagóricos era a de que os números eram a chave para compreender toda criação. Demonstrou-o exibindo como cordas de diferentes comprimentos, ao serem tocadas, produziam sons diferentes, e a mesma veneração aos "números" aparece muitas vezes em trabalhos posteriores de Platão e Aristóteles.

# Um Pratão de Platão (e Sirvamos Sócrates)

As pessoas geralmente consideram Platão (427–347 a.C.) o maior filósofo de todos. Platão nasceu, estudou, ensinou e morreu em Atenas, apesar das muitas viagens no meio-tempo. Como parte de suas viagens, ele visitou os centros comerciais gregos da África e da Itália, absorvendo as estranhas ideias dos pitagóricos, como a de que os números eram mais reais do que gravetos e pedras, e então, em 387 a.C., retornou a Atenas.

Uma história conta que ele foi capturado por piratas e mantido preso para resgate. Quer seja verdade ou não, a segunda metade de sua vida é muito mais tranquila, com o estabelecimento de sua famosa Academia para o estudo da filosofia nos subúrbios do oeste de Atenas. A Academia era um parque ao ar livre onde Platão expunha suas ideias. Hoje em dia as pessoas dizem que a Academia foi a primeira universidade.

Embora Platão tenha sido principalmente um estudioso, em vez de político, houve uma exceção em sua existência como tal. Durante a década de 360 a.C., ele viajou por duas vezes para Siracusa, capital da Sicília grega, para aconselhar o novo rei, Dionísio II. Alega-se por vezes que isso foi sua tentativa de pôr em prática os ideais esboçados em *A República*. Se tiver sido, a realidade foi desastrosa. Platão não teve sucesso com o rei, que preferiu suas próprias opiniões, e apenas conseguiu livrar-se da situação para retornar à relativa tranquilidade de sua vida como líder da Academia. O registro que há é de que ele morreu durante o sono, à idade de 80 anos, após desfrutar da festa de casamento de um de seus alunos.

## Entendendo a conexão Platão/Sócrates

Sócrates encontra-se em todas as pequenas peças de Platão — ele é a estrela. Isso é legal porque o verdadeiro Platão aprendeu filosofia com o verdadeiro Sócrates. Mas é um tanto forçado achar que Platão registra realmente as visões de Sócrates.

## Reis filósofos

A família de Platão era ateniense, com conexões políticas, e tinha linhagem aristocrática (talvez ele mesmo se via como de descendência "real"). Seu verdadeiro nome era Aristocles, mas, em seus dias de escola, ele recebeu o apelido de "Platon" (que significa amplo) por conta de seus ombros largos, e é assim que é lembrado na história. Como era normal em sua época, Platão treinou como soldado, assim como aprendeu sobre poesia. Ele de fato escreveu poemas muito bons, porém é mais conhecido por ter proposto que a poesia fosse banida de sua obra *A República*.

Platão certamente tinha ambições políticas, e sua *República* não só é um texto central na filosofia ocidental, como é considerada um manifesto político. Na obra, ele deixa claro seu desprezo pela democracia, que ele condena como sendo governo do não sábio. Ele explica que, em vez da democracia, é melhor que uma seleta elite de filósofos governe a sociedade. Uma vez que Atenas era uma "democracia" na época (isto é, para homens gregos abastados), isso limitou as opções de Platão em casa e, em 399 a.C., ele deixou a cidade declarando que as coisas nunca dariam certo até que "ou reis fossem filósofos, ou filósofos fossem reis". Eu acho que é justo dizer que Platão era um filósofo um tanto metido!

Na realidade, ninguém sabe muito sobre o verdadeiro Sócrates; só se sabe, na maior parte, o que Platão *disse* que Sócrates disse.

Sócrates não gostava de escrever — ele achava que a escrita era inimiga do pensamento — e, portanto, a única maneira de saber sobre ele é por meio dos relatos de outras pessoas. E, comparando esses relatos, vê-se bastante discordância. Contudo, visto que Platão fez de Sócrates o porta-voz para seus debates, a maioria das pessoas concorda que ele foi o filósofo mais influente de todos, apesar do fato de que ninguém está bem certo do que ele disse (muito menos do que pensou...)!

Os historiadores consideram Diógenes Laércio a fonte mais confiável, na verdade a única, de fatos acerca do "Sócrates histórico" — mas Diógenes viveu talvez uns 500 anos depois, então, quão confiáveis são seus relatos? Seja como for, todos os relatos dizem mais sobre as preferências do autor do que sobre Sócrates.

De qualquer modo, ofuscando todos os outros que escreveram sobre Sócrates, está a imagem platônica que criou o Sócrates que os filósofos conhecem e amam. Platão, ele mesmo um idealista, oferece um ídolo, quase um santo filosófico, o profeta do "deus Sol", que foi, posteriormente, condenado como herege pelo desprezível governo ateniense por conta de seus ensinamentos.

## Descobrindo A República de Platão e outras obras

Embora muitas ideias de filósofos antigos tenham se perdido na história, cinco grandes volumes da obra de Platão ainda existem. Muitos estudiosos posteriores a viram não só como a maior obra filosófica que existe, mas, também, como uma das maiores obras da literatura.

## Da República de Platão — um pouco do debate sobre a justiça

O estilo singular de Platão é incrivelmente atemporal — e sem jargão. Entretanto, por trás da tagarelice, há muito acontecendo. Um tanto demais, na verdade. Não é de se surpreender que filósofos profissionais ainda debruçam-se sobre os textos para tentar compreendê-los! Aqui Platão recorda uma suposta conversa entre Sócrates e um aristocrata grego chamado Glauco. O tópico é em geral sobre "como conduzir a sociedade".

Sócrates: Quando duas coisas, uma maior e outra menor, são chamadas pelo mesmo nome, elas são iguais ou diferentes, apesar de serem chamadas do mesmo jeito?

Glauco: São iguais.

Sócrates: O homem justo, portanto, se considerarmos somente a ideia de justiça, será como o Estado justo?

Glauco: Será.

Sócrates: E um Estado foi pensado por nós como sendo justo quando as três classes realizavam estritamente suas funções; e também foi considerado comedido, corajoso e sábio por razão de outras certas afeições e qualidades dessas mesmas classes?

Glauco: Verdade.

Sócrates: Então, do indivíduo, nós podemos presumir que ele possui, em sua própria alma, os mesmos três princípios encontrados no Estado; e pode ser corretamente descrito nos mesmos termos, porque é afetado da mesma maneira?

Glauco: Certamente.

Sócrates: Mais uma vez, então, meu amigo, nós trouxemos à luz uma questão fácil: a alma possui esses três princípios ou não?

Glauco: Uma questão fácil! Não, Sócrates, o provérbio diz que difícil é o bem.

Sócrates: Muito verdadeiro, e eu não penso que o método que estamos empregando seja de modo algum a solução precisa dessa questão; o verdadeiro método é outro, e mais longo. Ainda assim podemos chegar à solução não abaixo do nível da investigação anterior.

Glauco: Que não fiquemos satisfeitos com isso? Sob as circunstâncias, estou bem satisfeito.

O trecho é do "Livro V" de A República. Como é bem típico de Platão, a discussão apenas aponta como tudo é *complicado*!

As obras de Platão consistem de uma série de pequenas peças estrelando Sócrates, em que estão registradas conversas entre Sócrates e vários outros personagens, frequentemente com espirituosidade, sempre com sutileza. O próprio Platão nunca aparece em qualquer diálogo desses, mas é impossível dizer de quem são as visões ensaiadas ou onde elas se passam. Essas peças exibem a visão de Platão, ou de Sócrates, ou de Pitágoras, ou...? Atualmente, o mais famoso de todos os diálogos de Platão é *A República*, que esboça uma teoria de governo, e a maioria dos especialistas acha que essa, pelo menos, é a visão de Platão — porém, quer seja ou não sua visão, ninguém jamais levou a receita política muito a sério.

Os escritos de Platão são tão importantes na filosofia que as pessoas frequentemente fazem referência não só ao diálogo em particular, mas à seção, à subseção — e ao número da linha! É de fato interessante o quanto a coisa toda é loquaz, dado que o livro tem atualmente 2.300 anos! E o estilo do debate é bem intimista — nem bem um debate! Com uma ou outra exceção, Platão sempre coloca Sócrates vencendo todas as "discussões" muito facilmente, e seus oponentes parecem passar a maior parte do tempo concordando com ele. Na verdade, os personagens, inclusive Sócrates, são apenas convenientes porta-vozes para certos pontos de vista que Platão quis expor de forma vívida.

Seus diálogos, que aparentemente registram conversas históricas entre Sócrates e vários concidadãos, vão desde a distinção entre a mente e a matéria, ecoada depois por Descartes (veja o Capítulo 5), até a estranha teoria de *formas* ou ideias celestiais. Isso fica claro no lugar especial que Platão dá à "forma do bem" e sua muito citada, mas, ainda assim, bastante ambígua, metáfora da caverna (ambas em *A República*), que dizia que prisioneiros acorrentados só podem ser libertados quando a luz lançada pelo conhecimento do bem iluminar suas miseráveis existências terrenas.

Pessoas inteligentes convencionalmente dividem os diálogos de Platão em três períodos principais:

✔ Os filósofos acreditam que o primeiro, os *primeiros diálogos*, foi o daqueles escritos em sua juventude, quando ele ainda devia estar refletindo a respeito da influência de Sócrates. Eles acham que esses são os mais acurados relatos das próprias visões de Sócrates. O principal diálogo desse período é *Apologia*, escrito aparentemente pouco depois da execução de Sócrates.

✔ O segundo período, os *diálogos médios*, inclui o que os filósofos hoje acreditam ser as mais importantes obras filosóficas, com Platão no auge de seu brilhantismo. São os diálogos de *A República*, o *Simpósio* e *Fedro*. *A República* lida não só com a estrutura e a organização do Estado ideal, como também com a natureza do conhecimento e das formas; o *Simpósio*, ou *O Banquete*, lida com a natureza da beleza, do amor e o significado da vida; e *Fedro* lida com a questão da imortalidade e da alma.

✔ O terceiro período consiste de diálogos em que Platão parece mudar de rumo, interessantes críticas de visões colocadas nas primeiras obras e um pobre e velho Sócrates deixado de lado. Diz-se que os últimos diálogos são Críton, As Leis, Filebo, O Sofista, O Político e o Timeu.

Não se pode levar nada de Platão ao pé da letra. Embora *A República* inclua uma condenação aparentemente clara da poesia e mesmo do sexo (no Estado ideal os filhos seriam produzidos de uma forma mais controlada e lógica), em *Simpósio* ele oferece uma visão completamente diferente. Neste, após descrever os fervores psicológicos que a presença física de uma amante pode criar (os fervores são tremendamente condenados em *A República* como "tirânicos"), Platão mostra *esse* Sócrates dizendo que apenas o amor impede que "as asas da alma" definhem e ressequem, e vai além, escandalosamente considerando *eros* (o amor sexual) um deus!

A única coisa que parece clara sobre as próprias ideias de Platão é que ele (como outros gregos, notoriamente Pitágoras) tinha uma hierarquia de conhecimento na qual a ética encontra-se no topo, a pura matemática vem em segundo lugar e o conhecimento prático, obtido grandemente pela vivência, em último.

A obra de Platão na verdade incluiu o pensamento de vários filósofos antigos, em vez de simplesmente apresentar as opiniões do verdadeiro Sócrates. Suas obras incluem teorias pitagóricas, bem como reúnem várias correntes de pensamento antigas. Mas não se esqueça de que ele se contradiz e cria novas ideias em cada obra, então não existe nenhuma teoria "platônica" única.

# Argumentando com Aristóteles

Aristóteles (384–322 a.C.) nasceu a tempo de conhecer Platão. Ele tentou organizar cada assunto existente com impressionante zelo. Aristóteles, como outros filósofos gregos, não fez nenhuma distinção entre investigações científicas e filosóficas. Ele era interessado particularmente na observação da natureza; muito tempo depois, sua biologia foi bastante admirada por Darwin, entre outros.

Quantidades substanciais da obra de Aristóteles sobreviveram e foram muito influentes historicamente. Na realidade, ele escreveu muito mais do que as obras que existem hoje, incluindo alguns diálogos aparentemente muito animados à maneira de seu ilustre predecessor. Nenhum desses resistiu, no entanto, deixando apenas uma seca coletânea pseudocientífica de anotações e teorias. Apesar disso, ele certamente foi o pensador mais influente da Europa durante a Idade Média — muito mais do que Platão ou qualquer um dos outros gregos. Ele foi tão importante que, só no século XIII, o Papa em Roma baniu seus livros não menos que cinco vezes! Assim como movimentos políticos hoje em dia, o porquê de as ideias de Aristóteles terem sido ofensivas é menos importante que o fato de que as pessoas as consideravam *merecedoras* de banimento.

## Tudo tem um propósito

A teoria preferida de Aristóteles era a de que tudo na natureza tem uma função ou um propósito e, se você descobrir qual é, então, poderá entender tudo. Por exemplo, ele disse que, se você vir os ramos de uma planta curvando-se em direção à luz, então, a explicação é a de que eles estão "buscando a luz". Isso parece certo. Mas o que dizer das pessoas? A função da humanidade é, ele sugere, raciocinar, porque é nisso que as pessoas são melhores do que qualquer outro membro do reino animal. Como ele diz: "O homem é um animal racional". Mas essa abordagem contrasta com a dos cientistas modernos, que tentam explicar as coisas por referência a mecanismos. Eles dizem que a planta se curva em direção à luz porque as células expostas ao sol encolhem, fazendo com que o talo se curve e assim por diante.

## A astuciosa teoria política de Aristóteles

De muitas maneiras, *A Política* de Aristóteles alcança um ponto astuto. Ele definiu o Estado como uma coletânea de um certo tamanho de cidadãos participando dos processos judiciais e políticos da cidade. Mas seu termo *cidadãos* não incluía muitos habitantes da cidade. Ele não incluiu escravos nem (diferente de Platão) mulheres, que eram consideradas "irracionais" e foram comparadas a animais domésticos. "Alguns homens", escreveu Aristóteles, "pertencem por natureza a outros", e propriamente tais poderiam ser ambos, escravos ou *bens móveis* (isto é, coisas que se possuem, como um livro ou um lápis).

Para Aristóteles, a liberdade era fundamental para os cidadãos, mas trata-se de um tipo peculiar de liberdade, mesmo para os membros privilegiados da sociedade. Ele achava que o Estado deveria reservar o direito de garantir o uso eficiente da propriedade, em próprio proveito. Ele também concordou com Platão que o Estado deveria controlar a produção de filhos para garantir que os novos cidadãos tivessem o "melhor físico" (Platão o expõe de forma mais genérica, dizendo que deveria ser feito dessa forma para "aprimorar a natureza"). E, novamente como Platão, Aristóteles queria que todo mundo fosse educado da maneira determinada pelo Estado. Ele disse: "Assuntos públicos devem ser administrados publicamente; e nós não deveríamos pensar que todo cidadão é dono de si, mas que pertence ao Estado". Aristóteles produziu inclusive uma longa lista de formas como o Estado deveria controlar as vidas dos cidadãos. Para ele, o governo deveria ser como o pai em um lar bem regulado: os filhos (os cidadãos) devem ter "um afeto natural e disposição para obedecer".

Aristóteles marcou o zênite da filosofia grega antiga; depois dele, tudo foi meio que ladeira abaixo. Ele mesmo nasceu 15 anos depois da execução de Sócrates (em 399 a.C.) e teve sorte de estar na Academia de Atenas com Platão. Embora esperasse se tornar o sucessor de Platão, foi o sobrinho deste, Espeusipo, que, na realidade, assumiu.

Indubitavelmente muito indignado depois disso, Aristóteles deixou a Grécia e foi para o local que é hoje a Turquia, onde, pelos cinco anos seguintes, concentrou-se em desenvolver sua filosofia e biologia. Ele, então, retornou à Macedônia, no norte da Grécia, para ser o tutor de um jovem aristocrata — que veio a ser Alexandre, O Grande (um mago do militarismo que conquistou a maior parte da Europa). Essa poderia ter sido uma oportunidade para que ele espalhasse suas visões políticas — expostas em um longo livro chamado *A Política* —, porém, Alexandre não parece ter se interessado muito por ouvir filosofia.

## Fazendo sucesso no mundo islâmico

Embora os historiadores frequentemente tratem Aristóteles como braço direito de Platão, durante sua vida e por muitos anos após, ele foi considerado um tanto medíocre. O renomado cético Tímon de Fliunte escarneceu da "triste tagarelice do vazio Aristóteles", e outro grego antigo, Teócrito de Quios, escreve um verso nada lisonjeiro sobre ele, no qual o chama de cabeça oca. Muito provavelmente esses críticos não concordavam com as visões políticas de Aristóteles, em vez de verem a fraqueza de suas teorias científicas e lógicas. Ou, talvez, tenham simplesmente notado pequenos erros que ele cometeu, como o de que as mulheres têm menos dentes que os homens, o que, é claro, pode ser conferido por qualquer pessoa simplesmente contando.

Felizmente para Aristóteles, seus escritos chegaram ao mundo islâmico, onde foram amplamente estudados. Lá, estudiosos saudaram-no como "o sábio" ou "o Filósofo" (com "F" maiúsculo). As visões de Aristóteles sobre as origens e o funcionamento do universo encaixaram-se bem nos ensinamentos islâmicos, e o fato de ele colocar a mulher como inferior não feriu sua popularidade por lá. Por outro lado, os filósofos islâmicos fizeram seleção nos textos de Aristóteles, usando-os como autoridade quando eram adequados a seus propósitos ou rejeitando suas teorias como "ciência estrangeira" quando não se adequavam. Uma coisa certa, contudo, é que foi por conta desses estudiosos islâmicos que suas ideias ficaram disponíveis para serem redescobertas na Idade Média por monges estudiosos da Igreja Católica e tornaram-se altamente influentes. E, de fato, suas ideias ainda o são.

## Escrevendo seu caminho para o reconhecimento

Os filósofos geralmente dizem que os maiores feitos de Aristóteles foram suas leis do pensamento (veja o Capítulo 2 para mais sobre isso), que foram parte de sua tentativa de colocar a linguagem cotidiana em uma base lógica. Como muitos filósofos contemporâneos, ele considerava que a lógica fornecia a chave para o progresso filosófico. Para Aristóteles, a *lógica* é um conjunto de regras que descrevem como raciocinar corretamente evita erros. Trata-se de *como* argumentar, não de *o que* argumentar.

Tudo isso parece razoável — mas não acredite! Seu livro, chamado *Analytica Priora*, é a primeira tentativa de criar um sistema de lógica dedutiva formal e *Analytica Posteriora* tenta utilizá-la para sistematizar o conhecimento científico.

Embora os títulos dos livros de Aristóteles soem grandiosos, eles são na realidade bem simples. *Analytica* é uma coletânea de coisas que ele analisou, *priora* significando "leia esta parte antes" e *posteriora* significando "esta parte é a que se segue" — da mesma forma que o posterior (quem vem depois) segue você quando você caminha!

Na realidade, aproximadamente um quarto dos escritos de Aristóteles preocupa-se com a criação de sistemas e categorias, sendo que seus trabalhos de maior sucesso (que as pessoas usam até hoje) diziam respeito à natureza, em particular a animais. Ele catalogou, o que é menos útil, as diferentes formas que a alma assume em diferentes criaturas. Depois, há muita coisa influente sobre a essência do espaço e do tempo, mas eu vou deixar isso para a Parte V. Basta dizer que foi graças a Aristóteles que por mil anos as pessoas acharam que a Terra ficava parada enquanto o Sol, os planetas e todas as estrelas se moviam.

Hoje em dia isso parece risível. Mas as pessoas ainda levam as visões de Aristóteles, certas e erradas, muito a sério. Elas estão expostas em dois livros, chamados *Ética a Nicômaco* e *Ética Eudemônica*. *Ética a Nicômaco* é um dos mais influentes livros da filosofia moral, incluindo relatos do que os gregos consideravam as grandes virtudes. Nele, Aristóteles apresentava um "homem de grande alma" que falava com uma voz profunda e calma, e, sabiamente, lembra aos leitores que "sem amigos, ninguém escolheria viver, mesmo que possuísse todos os demais bens". A ideia principal aqui é de que ser bom significa comportar-se "virtuosamente" — eu abordo isso com mais detalhes no Capítulo 13.

## Encontrando a verdade

Aristóteles diz que o "fim da humanidade" apropriado — isto é, aquilo que todo mundo deveria almejar — é a busca pela felicidade. Isso parece bem satisfatório, mas, na realidade, ele utiliza a palavra *eudemonia*.

*Eudemonia,* em grego, significa um tipo muito particular de felicidade. Ela tem três aspectos: além do mero prazer, há a honra política e as recompensas da contemplação. Que tipo de contemplação? Palavras cruzadas? TV? Não. Só a filosofia serve, é claro.

Muitas das ideias que são creditadas a Aristóteles, notoriamente o mérito de preencher sua função, de cultivar virtudes e do caminho de ouro entre dois extremos desejáveis são, na realidade, muito mais velhas. Platão, de fato, expõe todas essas ideias também. Todavia, existe uma importante diferença entre Aristóteles e Platão. É aquela resumida no grande quadro de grandes filósofos pintado pelo italiano Rafael. Nele, Platão aponta para cima, como se indicasse suas formas celestiais. Mas Aristóteles está apontando para baixo, como que dizendo "Não, devemos olhar ao nosso redor!". E a maior influência de Aristóteles encontra-se em sua ideia de que é observando e analisando a evidência física ao redor que se pode descobrir de verdade como o universo funciona.

# Capítulo 5

# Da Idade das Trevas à Atualidade

*Neste Capítulo*

▶ Analisando Deus sob uma ótica filosófica
▶ Analisando a filosofia por uma ótica cética também
▶ Tentando transformar filósofos em máquinas pensantes
▶ Vendo como filósofos analíticos partiram para a matemática

*O conceito "Deus" inventado como o conceito antiético na vida —
tudo que é danoso, nocivo, caluniador, toda a inimizade mortal à
vida colocada em uma terrível unidade!*

– Nietzsche

A antiga filosofia é filosofia pura, em que o pensar vem em primeiro lugar, o observar vem em segundo, e parece que tudo se segue. É por isso que os mil anos que incluíram o apogeu dos gregos antigos são, para muitos filósofos, a era dourada do assunto. Mas eras douradas, como luas de mel, acabam, e neste capítulo eu falo sobre o que veio depois.

Por mil anos após a queda do Império Romano, a vida na Europa foi muito menos ordeira, aquelas estradas romanas foram construídas de modo a deixar as casas à prova de bandidos, e a filosofia na Europa refugiou-se em monastérios, o que significa que apenas monges ainda liam livros e trocavam teorias. E, naturalmente, as preocupações dos monges centravam-se em Deus. Pensadores religiosos desviaram a filosofia para certos caminhos, uma situação que começou a frustrar filósofos por volta do século XVII, visto que, para eles, parecia que novas invenções e ideias práticas — por exemplo, como governar países — estavam mais interessantes do que nunca. Entre os séculos XVII e XIX, o foco dos debates filosóficos passou dos céus para a Terra, com pensadores como David Hume desconsiderando completamente as antigas formas de pensar.

Porém, mesmo enquanto a filosofia se desvencilhava das amarras religiosas, tentava encontrar para si outro tipo de certeza — a certeza da matemática e da lógica.

# Provando a Existência de Deus na Europa Medieval

Para olhar para a maioria das histórias da filosofia, parece que, após a era de ouro dos gregos, a chama do pensamento filosófico, por assim dizer, foi apagada por 1.000 anos à medida que hordas bárbaras varriam a Europa. Porém isso, é claro, não está bem correto. A filosofia continuou, mas "sob nova direção" — as ordens religiosas da Igreja Cristã. E esses novos filósofos, sendo pessoas religiosas, tinham prioridades que eram levemente diferentes. Em particular, eles queriam provar que Deus de fato existia e mostrar como ir para o céu.

A Tabela 5-1 mostra alguns argumentos quase que sacros, se não sacros mesmo, apresentados pelos filósofos supondo que deve realmente haver algum tipo de Deus lá em cima.

| Tabela 5-1 | | Bem, Deus Existe? |
| --- | --- | --- |
| *Argumento* | *Quem o iniciou* | *O que diz* |
| Argumento da existência | Agostinho | O jeito como as coisas são não é determinado por nós, mas por outro alguém. E esse alguém deve ser Deus. |
| Argumento ontológico | Anselmo | Seres perfeitos existem sempre — eles têm que existir, para serem perfeitos! |
| Argumento cosmológico | Talvez Aristóteles | Algo fora do espaço e do tempo deve ter criado o espaço e o tempo. |
| Causa primeira | Aristóteles e São Tomás de Aquino | Alguém deve ter dado início ao universo. |
| Argumento do grau | Talvez Platão, Agostinho usa uma linha parecida | Só se pode conceber a bondade porque existe a pura bondade em algum lugar. |
| Argumento do desígnio | Estoicos antigos | O universo é complicado demais para ter acontecido por acaso. |

# *Tentando entender Santo Agostinho*

Agostinho de Hipona (354–430 d.C.) foi um filósofo bem singular e muito influente. Ele é lembrado pela narrativa muito franca de seus hábitos pessoais, que incluíam fazer muito sexo e roubar peras. Quanto sexo é muito sexo, então? Simplesmente fazê-lo. Pelo menos se você quiser tornar-se santo, o que ele acabou se tornando, mas depois de morrer, é claro. Ele nasceu no norte da África, que era, então, parte do Império Romano, e seu primeiro trabalho apropriado foi ensinar filosofia em Roma e Milão. Ele só se tornou cristão (como sua mãe) em 387, ano de sua conversão. Ele, então, retornou ao norte da África para encabeçar o ataque a visões religiosas divergentes, que as pessoas consideravam heresias perigosas. Por seu trabalho valioso nesse sentido, foi consagrado bispo da cidade de Hipona em 395, e foi lá, enquanto a cidade estava sitiada pelos vândalos (a tribo germânica, isto é, não apenas os pichadores de muros), que ele morreu.

O zelo de Agostinho no combate à heresia explica-se parcialmente pelo fato de que, na juventude, ele mesmo havia sido tentado por uma seita radical conhecida como maniqueísmo, que oferecia aos seus seguidores explicações convenientes para problemas doutrinários, como o corpo físico de Jesus ser apenas uma ilusão, como se Deus estivesse meramente usando o corpo humano como uma capa. Mas foi sua explicação para o problema do mal, uma preocupação de Agostinho por toda sua vida, que mais o atraiu.

Para crentes em Deus, o maior problema do mundo é que ele parece estar bem apodrecido. Se, como a Bíblia diz, Deus é completamente bom, sabe tudo que se há para saber e pode fazer tudo que quer (benevolente, onisciente e onipotente), então por que coisas ruins acontecem a qualquer um? Por exemplo, por que bebês recém-nascidos, que não podem ter a ofendido Deus, adoecem e até morrem?

Para os cristãos radicais como os maniqueístas, a explicação era que o bem e o mal são duas forças rivais, e as almas humanas são seu campo de batalha. Isso era mais ou menos como a visão de Platão também, embora ele acrescentasse a ideia bastante poética de que as almas são partículas de luz que foram aprisionadas na escuridão do mundo material. Agostinho gostou desse negócio, como explica em sua obra mais influente, as *Confissões* (veja o próximo box para saber mais sobre esse texto).

A ideia de Agostinho de que males acontecem a pessoas aparentemente normais, porque contrariaram Deus, foi influente. Também o foi outra parte de sua busca por uma solução para o problema do mal. No Livro VII das *Confissões*, Agostinho diz:

*Eu sabia que tinha um desejo da mesma forma que sabia estar vivo. Portanto, quando eu desejava ou não desejava algo, estava plenamente ciente de que ninguém além de mim estava desejando-o ou não o desejando.*

---

# Sexo e religião não combinam

As *Confissões* começam com Agostinho explicando como ele descobriu sua natureza má aos 16 anos, enquanto estava afastado da escola e "um período de ociosidade se impôs devido à limitação da fortuna dos meus pais e um espinheiro de desejos indistintos tomou minha mente sem que nada pudesse arrancá-lo" (pense nisso. Ele tem 16 anos e seus pais estão longe...).

Ele então delicadamente apresenta o terrível assunto das ereções indesejadas:

> Quando meu pai me viu durante o banho, agora entrando na puberdade, e revestido da inquieta adolescência, ele, como se daí já antecipasse sua descendência, alegremente contou-o à minha mãe, rejubilando naquele tumulto de sensações em que o mundo esquece-vos como Criador e enamora-se de Vossa criatura, em vez de Vós, pelos vapores daquele vinho invisível de sua vontade própria, dando um passo ao lado e curvando-se às coisas mais baixas.

Felizmente sua mãe, Mônica, uma católica devota, diferente do resto de sua família pecadora, estava menos contente. Santa Mônica (como viria a se tornar):

> ....sobressaltou-se, com um temor e um tremor sacros; apesar de eu não haver ainda sido batizado, temeu por mim os caminhos tortuosos pelos quais caminham aqueles que voltam as costas, e não a face, a Vós. Ai de mim! E como ouso dizer que ficastes em paz, oh, meu Deus, quando eu me afastava de Vós? E Vós de fato ficastes em paz diante de mim? E de quem, senão Vossas, foram essas palavras que por meio de minha mãe, Vossa fiel, Vós pronunciastes em meus ouvidos? Nenhuma delas penetrou em meu coração, para que se as cumprisse. Pois ela desejou e alertou-me em privado de não cometer fornicação e, sobretudo, de não corromper a esposa alheia.

Lamentavelmente, como observaram muitos comentaristas em desaprovação, com 16 anos de idade, ele não conseguiu conter sua luxúria e pecou. Entretanto, posteriormente, Agostinho mudou suas visões, pois concluiu que não gostava da ideia de Deus não ser onipotente e, portanto, sua solução preferida tornou-se.... adivinhe! Abolir o mal. Daí em diante, todo o mal que acontecia às pessoas, mesmo aos bebês, era na realidade apenas punições por seus próprios pecados — fossem na vida presente ou na passada. O mundo ainda é podre (cheio de males), mas é assim que Deus quer! Não é de se espantar que Agostinho diz que Deus quer apenas algumas poucas pessoas na próxima vida, no céu.

O famoso dito filosófico de Descartes — "Penso, logo existo" — , na realidade, vem de... Santo Agostinho. Nenhuma grande coincidência aqui, porque ele foi educado por monges agostinianos.

O principal argumento para a existência de Deus que Agostinho oferece começa pela pergunta de se sabemos que nós existimos, apontando que é preciso existir para argumentar que não se existe. Em seguida, ele vai além e diz que, se você concorda com isso, então deve estar pronto para argumentar, isto é, discernir um bom argumento de um ruim. Bons e maus argumentos são diferentes. Mas quem faz dessa maneira? Não somos nós. Assim como 12 mais 12 são 24, quer nós possamos somar ou não, o que é verdade não é decidido pelas pessoas, mas determinado por Deus. Ou, pelo menos, é o que ele diz. Deus, dessa forma, torna-se uma espécie de árbitro cósmico, fazendo todos os julgamentos.

---

## Bebê mau e ganancioso!

Na Idade Média, especialistas sacros como Agostinho viam a vida humana como essencialmente uma espécie de provação moral bastante desagradável, sendo a desagradabilidade uma parte necessária para se alcançar a santidade. Agostinho acreditava (um tanto negativamente para o gosto moderno, como colocou Bertrand Russell certa vez) que a humanidade era uma massa de corrupção e pecado, seguindo inevitavelmente para o inferno. No Livro I de *Confissões*, ele descreve o mal como já existindo mesmo em bebês recém-nascidos, antes de ir além e mostrar como o adulto não é nada melhor.

Eu pessoalmente observei e estudei um bebê invejoso. Ele ainda não falava e, pálido de ciúme e amargura, olhou raivosamente para seu irmão que se alimentava do leite da mãe.... Dificilmente pode ser inocência, quando a fonte do leite é rica e abundante, não suportar que o alimento seja compartilhado com seu consanguíneo, que tem profunda necessidade e cuja vida depende exclusivamente daquele alimento.

Escrevendo assim, não é de se espantar que Agostinho tenha sido o maior filósofo da Europa por oito séculos — até que outro santo, Aquino, retirou-o de sua posição de número um, substituindo suas versões requentadas de Platão (o que os filósofos chamam de *neoplatonismo*) pelas novas e empolgantes teorias de Aristóteles, cujos manuscritos haviam acabado de ser redescobertos.

Agostinho também é muito bem-conceituado por outro livro, chamado *A Cidade de Deus*. Este foi particularmente elogiado pelos filósofos por supor que a história tem um padrão — a despeito do fato de que o *historicismo* (como se conhece) sempre encorajou ditadores e, quanto a isso, a história não possui nenhum padrão. Ele também foi intrigante no tocante à sua discussão de tempo, em que conclui, o que ficou famoso, que apenas o momento presente existe. O preocupante a esse respeito é que o momento presente está sempre se extinguindo e virando passado — literalmente, o momento presente é absurdamente pequeno!

## Entendendo Deus: O argumento ontológico

Foi Santo Anselmo (1033–1109), um padre italiano que acabou se tornando Arcebispo de Canterbury no século XI, que idealizou o argumento ontológico. O argumento, que ele apresentou devotamente na forma de prece a Deus, começa O descrevendo como "não se pode pensar em nada maior que Ele".

A lógica do argumento é que, por ser aceito por todos — por definição —, Deus é o ser que há de maior e que, secundariamente, existe pelo menos no fato de que as pessoas têm Seu conceito (ou seja, ele existe "no entendimento"); só é preciso um passo além para perceber que Deus existe em realidade também. Então, que passo é esse? Bem, a terceira parte, sagaz, do argumento fornece-o. Ele declara que "algo que existe em realidade, assim como em teoria, é maior do que algo que existe apenas no entendimento". Em uma frase: visto que Deus é o maior, e porque não existir não é tão grande quanto existir, ele deve existir em realidade, assim como em entendimento.

É isso. Os monges consideraram essa demonstração da existência de Deus um triunfo. Porém, o ponto fraco desse argumento é que Deus ainda existe apenas por definição.

## Examinando a evidência com Tomás de Aquino

Um problema com o velho argumento ontológico (veja a seção anterior) é que pode ser mais perfeito existir como ideia abstrata do que existir em uma realidade imunda. De fato, parece bem provável que seria mais perfeito existir daquela forma.

Por conta dessa fraqueza, e outras dúvidas que pairavam, Tomás de Aquino (1225–1274) concluiu que as pessoas precisavam de razões totalmente novas para acreditar em Deus. Ele resumiu vários outros argumentos filosóficos com essa finalidade:

- **Argumento cosmológico:** Realmente um "tipo" de forma de olhar o problema diferentemente de qualquer caso particular. Como era de se esperar, Platão já havia dado sua própria versão em uma de suas peças. Mas o argumento cosmológico foi esclarecido por Aquino. Pode-se resumir sua versão dizendo que deve ter havido um tempo antes de o universo existir e, visto que coisas físicas existem agora, deve ter havido algo não físico que as criou. Esse algo tinha que ser não físico, pois está se falando de um tempo em que coisas físicas não existiam. Algumas pessoas chamam-no de *regresso infinito*.

Um *regresso infinito* é um argumento que dá voltas e mais voltas, embasando-se em si próprio. E, ah, sim, é péssimo que argumentos façam isso.

- **Causa primeira:** Esta ideia se baseia na suposição de que se pode ver que o movimento existe no universo e que todos sabem que nada se põe em movimento a menos que alguém o faça. Este argumento também parece um regresso infinito. Ele não é, particularmente, convincente como argumento, porque atualmente todos aceitam que as coisas, na realidade, continuam em movimento a menos que sejam impedidas (por exemplo, pela fricção). A questão do porquê de as coisas no universo se moverem desaparece sem a necessidade de provar a existência de Deus.

Este argumento foi desenvolvido por Aquino a partir da questionável ciência de Aristóteles, que não era um crente religioso, mas um biólogo com inclinações filosóficas. Ele pensava que, visto que as pedras ficavam paradas no chão a menos que fossem chutadas, tudo no universo também ficaria parado, a menos que algo o impulsionasse.

- **Argumento do grau:** Outro argumento de Aquino para Deus, que o filósofo contemporâneo Richard Dawkins (mas dificilmente outra pessoa hoje em dia) chama de *argumento do grau*, é o de que as pessoas podem tanto ser boas quanto más, portanto não se pode encontrar a forma mais pura de bondade nelas. Logo, outra coisa que é bondade pura deve existir, e as pessoas chamam esse bem máximo de *Deus*.

Todavia, novamente, este argumento apenas parece lidar com ideias e ideais: o ideal de bondade, sim, mas também a ideia de ser uma mesa, ou uma cadeira, ou talvez ainda a ideia de ser um número como 2. Deus acaba por existir no mundo alternativo intangível da Teoria das Formas de Platão (veja o Capítulo 2) — não no universo!

- **Argumento do desígnio:** Este argumento diz que o mundo é tão complicado que alguém deve tê-lo criado — não poderia ter vindo a existir por acaso, poderia? É onde Charles Darwin entra, com sua explicação subversiva de como formas de vida complexas *podem* desenvolver-se simplesmente por tentativa e erro (para saber mais sobre isso, consulte o Capítulo 18).

O problema para os teólogos, como Aquino, era levar a existência de Deus apenas do mundo mental para o mundo físico também.

# Tentando Viver sem Deus

Em algum ponto, as pessoas concluíram que poderia ser melhor deixar Deus fora de suas filosofias, visto que era tão difícil provar sua existência. Esse afastamento é muito aclamado hoje em dia como Iluminismo — mas pouco desse movimento foi de fato iluminado. Isso foi, na verdade, uma resposta prática às novas invenções muito impressionantes da Era da Ciência; coisas como os primeiros relógios mecânicos nas torres de igrejas, telescópios capazes de mostrar os montes lunares e, claro, armas. Tudo isso tornou o pensamento científico e matemático muito mais prestigioso do que fuçar velhos textos religiosos empoeirados em busca de indícios da realidade fundamental.

Muitos filósofos, começando por Descartes, tentaram produzir argumentos para acreditar no universo, que exigiam, logicamente, que Deus também existisse.

## Lidando com a dúvida de Descartes

Chega René Descartes (1596–1650), com quem, dizem os livros e cursos de filosofia, a verdadeira filosofia veio a existir. "Aqui nós finalmente chegamos em casa", escreveu Hegel, o famoso filósofo alemão, alguns séculos depois (o estilo lembra que ele não era apenas filósofo, mas, também, professor) em seu peso-pesado *História da Filosofia*, "como um marinheiro após uma longa jornada no mar tempestuoso, podemos gritar 'terra à vista!', pois com Descartes a cultura e o pensamento dos tempos modernos realmente começam".

## Os fins de manhã de Descartes

Como Sócrates, Descartes é uma lenda filosófica. E também é possível entender as obras do cavalheiro militar que escreveu as *Meditações* e o *Discurso do Método* como produto de um egotista, assim como o trabalho de um gênio. Então, foi à idade de 23 anos que Descartes confidencialmente previu que havia descoberto uma "ciência totalmente nova" e anunciou sua intenção de revelar tudo em um livro. Porém depois, temendo ser ridicularizado, ele não suportou se comprometer, e seu livro, após anos de revisão, foi deixado de lado. O mesmo destino aguardava seu próximo projeto, "Regras para a Direção do Espírito", e também o outro após este, "Elementos da Metafísica". Talvez sua incapacidade de finalizar um projeto devia-se ao hábito de não sair da cama antes das 11h (ele dizia que passava esse tempo lá lendo). Mas o fato é que no meio de sua vida, Descartes não havia publicado nada, e dizem os rumores que era um grande enrolador — alardeava muito, mas não produzia nada.

Entretanto, Descartes ainda não havia acabado. Em uma carta para seu amigo monge Marin Mersenne, ele escreveu que, embora por necessidade tivesse que modificar, abandonar ou recomeçar trabalhos anteriores, visto que havia conquistado novo conhecimento, ele agora tinha um trabalho que finalmente estaria além da modificação, "independentemente de novo conhecimento que possa adquirir no futuro". Ironicamente, esse foi o livro intitulado *Discurso do Método*, que no momento certo viria a ser considerado aquele que introduziu o método da dúvida.

Descartes morreu apenas alguns anos depois da publicação de sua obra-prima, as Meditações, na Suécia, aquela "terra de ursos entre rochas e gelo", como ele descreveu o país de forma nada afetuosa. Ele esteve envolvido na escrita até o fim — mas não (como aqueles versados na lenda de Descartes podem presumir) grandes tratados filosóficos, e sim terminando uma comédia e um balé para diversão da rainha da Suécia e seus cortesões. De fato, o que parece ter acabado com ele foi ter que acordar muito cedo toda manhã para dar aula de filosofia para a rainha. Dessa forma, Descartes finalmente demonstrou uma verdade importante: acordar cedo faz mal para algumas pessoas!

Então, o que há de tão bom em Descartes — que tão frequentemente se encontra no cerne dos cursos de filosofia? Os filósofos enaltecem Descartes por duas coisas:

- ✔ O método da dúvida
- ✔ O dualismo

### *Método da dúvida*

Descartes dizia que, para separar nosso conhecimento real de boatos não confiáveis, ilusões de ótica e armadilhas de outras pessoas (inclusive de demônios malévolos), deve-se suspeitar de tudo que você acha que sabe, não confiar em qualquer coisa que vir ou ouvir e até mesmo presumir que tudo pode ser um sonho ou um truque malévolo.

## O Cogito

Filósofos gostam do "Penso, logo existo" de Descartes. O engraçado é que não foi exatamente isso que ele disse. "*Ego sum, ego existo, quoties a me profertur, vel mente concipitur, necessario esse verum*" é o texto original em latim de 1641, para quem quiser impressionar as pessoas. Descartes escrevia em latim para fazer exatamente isso. Mas, sendo francês, também escreveu uma versão em sua língua, e aqui está ela: "Je pense, donc je suis" (ainda está bom para quem quiser impressionar franceses). Essa, superficialmente, parece mais com a versão em português. Em português foi traduzido como "Penso, logo existo", mas a tradução mais precisa é "Estou pensando, logo existo". Veja, o francês não tem uma forma de distinguir os dois sentidos. Se isso parece confuso para você é porque é confuso e, de fato, fez muita confusão na filosofia desde então.

Como observado no Capítulo 2, Descartes estava longe de ser o primeiro a se perguntar sobre isso. Os céticos gregos antigos já o tinham feito, e sua conclusão foi de que não se pode ter certeza de absolutamente nada. Mas Descartes é famoso porque, no momento em que todo o conhecimento humano parecia reduzir-se a palpites otimistas ou convenção, ele aparece dramaticamente com algo que é absolutamente confiável e certo — algo de que se pode realmente ter certeza. Esta provavelmente é a citação mais famosa da filosofia: "Penso, logo existo". Ninguém, diz ele, pode duvidar da verdade disso.

### Dualismo

A segunda coisa pela qual Descartes é lembrado é o dualismo. Descartes separa pensamentos de experiências.

O *dualismo* é o jargão filosófico para o ato de ver o mundo como sendo composto de duas coisas: mente e matéria. Descartes pensava que todo mundo possuía uma mente e um corpo. Contudo, ele achava que animais possuíam apenas corpo — e ele chegou ao ponto de dissecar alguns para testar sua teoria. Com certeza, ele não encontrou nenhuma mente dentro dos bichos. A Igreja gostou de sua abordagem, porque ela se adequava bem à ideia de almas. Descartes chegou, inclusive, a encontrar uma pequena glândula (a glândula *pineal*, não que isso importe) nos seres humanos, que parecia não fazer nada, então ele sugeriu que era nela que morava a alma humana, orientando o corpo.

Isso é filosofia besta e também não é boa ciência. A glândula pineal é apenas uma glândula. Porém, mesmo que fosse verdade, ainda havia um problema muito prático com a teoria. Se mentes e almas não possuem partes físicas, como podem ter qualquer efeito físico — como pode somente minha alma (seja lá onde esteja) dizer ao meu braço de carne e sangue para virar a página?

## Procurando Espinoza

Espinoza (1632–1677) foi um alemão, fabricante de lentes ( não exatamente um "fabricante espetacular", como alguns livros tentam dizer) que recusou uma cadeira em filosofia na faculdade grã-fina de Heidelberg para continuar martelando e polindo suas lentes.

Espinoza achava que Descartes estava errado (veja a seção anterior) em dividir o mundo em dois tipos de coisas e, ao contrário dele, uniu-as, dizendo que tudo é fundamentalmente feito da mesma coisa. Ele disse que mente e corpo são apenas dois aspectos de algo mais, que, por sua vez, possui muitos aspectos, dentre eles o de ser Deus.

O cerne das ideias de Espinoza vem de tradições filosóficas orientais, especialmente do taoismo (veja o Capítulo 6). Hoje em dia, os filósofos admiram muito os escritos de Espinoza, supostamente uma série de provas no estilo matemático ou euclidiano (ele foi o filósofo preferido de Einstein), mas ele não teve tanta influência quanto qualquer um dos filósofos antigos.

Espinoza discordou de outras ideias cartesianas (relativas a Descartes). Ele não acreditava em mentes nem em almas, nem mesmo na matéria bruta. Concluiu que a impressão que se tem de escolher fazer coisas é uma ilusão. Em outras palavras: Espinoza não acreditava em livre-arbítrio. Em seu *Tratado Teológico-Político* (1670), ele subversivamente examina a Bíblia, tratando-a como textos que estudiosos deveriam analisar em vez de tratar como revelação divina. Ele acreditava que os estudiosos deveriam examinar e analisar a Bíblia sem necessariamente presumir que é a verdade.

Em 1656, quando Espinoza tinha apenas 24 anos, os mais velhos de sua sinagoga cansaram. Eles excomungaram-no da comunidade judia. A sentença oficial fala de "opiniões e atos maléficos", "heresias abomináveis" e "ações monstruosas". Parece bem animado! Porém, lamentavelmente, a sentença não registra ações específicas, então os filósofos tiveram que se contentar em especular sobre isso desde então.

## Uma olhada em Locke

John Locke (1632–1704) nasceu em um tranquilo vilarejo em Somerset, no período bem menos tranquilo da Guerra Civil entre o Parlamento e os monarquistas.

Como jovem caçador, seus interesses eram amplos, com seu *Ensaio Acerca do Entendimento Humano*, de 1689, refletindo um interesse em novas máquinas e outras invenções científicas da época, detalhando como a mente pode absorver "ideias simples ou complexas" através dos sentidos para montar um conhecimento. Ele acreditava que o mundo complexo é construído de impressões sensoriais simples. Bebês que brincam com formas e cores tornam-se conscientes do espaço e do tempo, do problema do mal, indução e causação — tudo!

Isso foi radical, visto que Platão havia dito que as pessoas nascem com muitos conhecimentos inatos, prontas para fazer coisas complexas, como matemática, e também falar, como argumentou o americano meio que filósofo Noam Chomsky.

Contudo, é a teoria política de John Locke, publicada em *Dois Tratados Sobre o Governo* (1690), que foi, através do tempo, mais influente. Como a de Platão, sua teoria começa com uma busca por autoridade moral. E, assim como Platão, Locke diz que a consciência humana deve contar com Deus somente no julgamento de todos os assuntos, colocando julgamentos individuais firmemente acima tanto da Igreja quanto do Estado, e limitando a função deste último a proteger a propriedade. "Sendo todos iguais e independentes, ninguém deve ferir outro em sua vida, saúde, liberdade ou posses", proclama Locke. Isso lembra alguma coisa? Deveria: é a base do sistema político dos Estados Unidos.

John Locke adequou-se tão bem aos tempos (Bertrand Russell chegou a descrevê-lo como "Apóstolo da Revolução de 1688") que políticos e pensadores contemporâneos adotaram ativamente sua filosofia. O filósofo francês do século XVIII Voltaire usou as ideias de Locke em seus escritos para inspirar os princípios da Revolução Francesa. A partir de então, os americanos foram encorajados pelo pensamento de Locke a declarar que tinham "direitos fundamentais" também (ou, pelo menos, que alguns americanos tinham…).

## Locke limita a liberdade

No seu *Dois Tratados*, John Locke diz que "inicialmente a terra e todas as criaturas inferiores" pertencem a todos — com uma exceção importante. Os indivíduos possuem de fato uma coisa; eles possuem a si próprios. No "estado original" (que é como ele acredita que viviam as pessoas antes de haver governos), ninguém tinha nenhum direito sobre o corpo de outrem; ele acrescenta: "É apenas essa propriedade que dá liberdade aos indivíduos".

Porém, crucialmente, Locke acrescenta uma outra exigência para se ser livre. A liberdade de alguém para seguir sua própria vontade está agora "atrelada a se possuir razão para que seja capaz de instruir-se acerca da lei pela qual deve ser governado…". Essa exigência adicional permitiu que Locke justificasse a posse de escravos e até que investisse em uma empresa de comércio escravagista ele próprio.

## Apresentando uma grande trinca britânica

Locke–Berkeley–Hume são os três britânicos que tiveram uma enorme influência na filosofia britânica. Os filósofos os adoram! Mas eles também compõem uma boa trinca teórica. Locke disse que o conhecimento vem de coisas externas por meio dos sentidos; Berkeley disse que tudo vem das ideias na mente, pois tudo que se sabe é o que se *pensa* que sente; e Hume disse que na realidade não se sabe absolutamente nada.

Em seus escritos, Locke cria a imagem de um mundo no qual a racionalidade é a autoridade máxima, *não Deus*, e certamente não, como insistia o filósofo inglês Thomas Hobbes, a força bruta. Ele defende que todas as pessoas possuem certos direitos fundamentais e também procura devolver o outro lado da raça humana, a parte feminina, ao seu lugar próprio e igual na história, na família e no governo.

Só é uma pena que, na época, seu trabalho no governo era organizar o comércio de escravos. Nada de direitos para escravos!

## *Percebendo com Berkeley*

George Berkeley foi um bispo irlandês que viveu no século XVIII.

Ele tinha uma visão muito estranha do mundo — a de que objetos materiais como pedras, ou mesmo cães de estimação, existem somente como complexos de ideias que se tem pela percepção. À objeção de que se fosse o caso, uma árvore, por exemplo, em uma floresta deixaria de existir quando ninguém estivesse por perto, ele respondeu que Deus sempre percebe tudo. Em sua opinião, esse era um argumento de peso.

Os filósofos sempre expressam essa conclusão, como o *cogito ergo sum* de Descartes, em latim: *esse est percipi* (foi melhor fazer uma observação sobre esta, caso contrário ela deixaria de existir).

A conclusão do bispo Berkeley é a de que ele possui bases excelentes e plenamente lógicas para manter a visão de que apenas mentes e eventos mentais existem. Isso ainda não era suficiente para muitos de seus paroquianos, que tinham roupa para lavar e comida para fazer — mas foi bom o suficiente para ser adotado por Hegel e outros filósofos posteriores (a seção "Marchando ao lado de Hegel no ritmo da razão dialética" cobre esse assunto neste capítulo).

## Sendo despertado por Hume

O escocês David Hume (1711–1776) e o bispo Berkeley não teriam se dado bem, muito embora Hume tenha nascido em uma devota família presbiteriana. Porém, a partir da idade de 17 anos, ele começou a trabalhar em um grande projeto filosófico que, no momento devido, viria a desafiar todas as velhas ideias tanto na ciência como na religião e "despertar o mundo filosófico de seu cochilo dogmático", como o célebre contemporâneo Kant pertinentemente colocou (mais sobre ele na próxima seção, "Tirando Kant de seus cochilos dogmáticos").

# A mente sobre a matéria

Berkeley escreveu suas principais obras quando tinha vinte e poucos anos: *Uma Nova Teoria da Visão* em 1709, *Princípios do Conhecimento Humano* um ano depois e *Diálogos Entre Hylas e Philonous* em 1713. Neste último, ele expõe da melhor forma seu argumento de que as mentes são reais e a matéria, imaginária. Hylas (todos os nomes têm significados particulares também) defende o senso comum científico, e Philonous, a própria visão de Berkeley. Após alguns comentários amistosos, à maneira de Platão e Sócrates, Hylas diz que ouviu que seus amigos defendem a visão de que não há matéria. Pode algo ser mais fantástico, mais repugnante ao senso comum ou um ceticismo mais manifesto que isso, ele exclama!

Philonous tenta explicar que o dado sensorial é na verdade um fato mental, como se pode ver considerando a experiência da água morna: coloque uma mão fria na água e ela parecerá morna; coloque uma mão quente na água e ela parecerá fria. Hylas aceita esse ponto, mas prende-se a outras qualidades sensíveis. Philonous então diz que os sabores são agradáveis ou desagradáveis e são, portanto, mentais, e o mesmo pode ser dito dos cheiros. Hylas valentemente retruca nesse ponto e diz que sons não viajam pelo vácuo. Disso, ele conclui que [os sons] devem ser "movimentos de moléculas de ar", não entidades mentais, como seu amigo tenta persuadi-lo. Philonous responde que, se for de fato som real, não carrega nenhuma semelhança com o que nós conhecemos por som, então, nesse caso, o som bem pode ser um fenômeno mental afinal! O mesmo argumento derruba Hylas quando se trata da discussão de cores, quando percebe que elas também desaparecem sob certas condições, como quando se vê uma nuvem dourada ao pôr do sol, mas de perto não passa de névoa cinza.

Da mesma maneira, o tamanho varia dependendo da posição do observador. Aqui Hylas sugere que se deve distinguir o objeto da percepção — o fato de perceber é mental afinal —, mas um objeto material ainda existe. Philonous replica: "Qualquer coisa que seja imediatamente percebida é uma ideia: e alguma ideia pode existir fora da mente?". Em outras palavras, para que algo seja percebido, deve haver uma mente em algum lugar percebendo-a.

Aos 23 anos, Hume deixou a Escócia e foi a La Flèche, uma pequena cidade na França, lar da faculdade jesuíta frequentada por Descartes um século antes, e pôs no papel a maior parte de seu *Tratado Sobre a Natureza Humana*. Alguns filósofos começam cedo.

Em sua introdução do *Tratado*, David Hume aconselha o leitor a desconfiar de filósofos que "insinuam elogios aos seus próprios sistemas, desprezando todos aqueles que haviam sido desenvolvidos antes deles". Ele prossegue denunciando as fracas bases dos sistemas filosóficos de todos os outros, repletos de "incoerências", que são "uma desgraça para a própria filosofia" e propõe um sistema completo das ciências, dele mesmo.

Visto que Hume é um pensador profundamente moderno, ele baseia seus argumentos somente em raciocínio abstrato ou experimental:

> *Se pegarmos em nossa mão qualquer volume de divindade ou metafísica escolar, por exemplo; perguntemos: possui qualquer raciocínio abstrato concernente a quantidade ou número? Não. Então, jogue-o ao fogo: pois não contém nada senão sofismo e ilusão.*

Não há espaço nem função para a religião em sua filosofia. O conhecimento, a ética e Deus são obrigados a voltarem à Terra pelo escrutínio de Hume.

Hume enxerga as pessoas essencialmente como animais, com a facilidade adicional de uma linguagem sofisticada. A razão é meramente um produto do uso da linguagem, e os animais podem também raciocinar, embora de maneiras mais simples. Ele oferece relatos tanto de emoções quanto de ideias, como se as pessoas fossem essencialmente máquinas, motivadas pelo prazer e pela dor, ou, como o filósofo subversivo inglês Thomas Hobbes colocou anteriormente, por "apetites e aversões". A observação de Hume de que "um *é* não implica um *deve*" também enfatiza que, mais cedo ou mais tarde, as pessoas sucumbem aos seus sentimentos para fazer quaisquer escolhas.

No último período de sua vida, Hume aceitou o rótulo de *cético*, e certamente é assim que seus contemporâneos viam-no. A primeira vítima de sua abordagem foi a consciência, ou o eu, aquela sensação de que você existe. Hume diz que não se pode ter certeza de existir. Isso acontece porque a consciência é sempre de algo, de algum tipo de impressão — estar quente, frio, ou seja lá o que for —, então, você (e eu) é, na realidade, apenas um pacote dessas sensações ou percepções. Ninguém pode, certamente, perceber o eu, como tal, em outra pessoa. Dessa forma, Hume deu um passo além do bispo Berkeley, que havia demonstrado que não existia matéria, provando que não existia mente também.

## Sem causas, sem efeitos

Hume rejeitava a noção de causa e efeito, o que é bem drástico, que diz, por exemplo, que, quando você vê um evento constantemente seguido por outro, só pode inferir que o primeiro evento causou o segundo. Contudo, "nós não podemos penetrar a razão da conjunção". Por exemplo, se você come maçãs, espera que tenha um certo gosto. Se você dá uma mordida e ela tem gosto, digamos, de banana, achará muito estranho. Mas Hume diz que sua pressuposição de que maçãs terão gosto de maçã é um pensamento o preguiçoso. Esse é, na verdade, outro aspecto do problema da indução. "A suposição de que o futuro se assemelha ao passado não é fundamentada em qualquer tipo de argumento, mas deriva-se somente de hábito."

Dada toda essa incerteza, parece que você deve concluir que todo conhecimento é falho e que não temos razão para acreditar em nada que esteja além de nossas impressões sensoriais, e as simples ideias em nossa memória derivam-se dessas impressões. Hume vê isso, mas, como era um filósofo cavalheiro, sugere que "descuido e desatenção" oferecem um remédio — deve-se negligenciar as falhas em seus argumentos e continuar a usar a razão sempre que achar adequado. A filosofia segue sendo, então, apenas uma forma agradável de passar o tempo (pelo menos é o que ele achava), não uma razão para mudar suas visões.

Hume poderia ter considerado a filosofia uma carreira agradável se não fosse pela controvérsia levantada por sua crítica à religião. Em vez disso, seu grande amigo Adam Smith (na época, um filósofo muito mais famoso) respondeu ao pedido de uma recomendação para Hume se candidatar a um posto de professor de ética e filosofia pneumática (não me pergunte por que era pneumática) em Edimburgo, alertando contra a indicação de seu amigo! Esse é o preço que se paga por dizer que a filosofia é bobagem.

Hume nos leva a uma espécie de parada teórica — leva a filosofia para o brejo. Isso não afastou os filósofos, todavia. Na verdade, só fez com que redobrassem seus esforços; particularmente, para pensar e agir como máquinas.

# *Pensando Como Máquinas*

Durante o século XVIII, vários pensadores abordaram o problema de desenvolver uma forma mecanizada de pensar, formalizando o raciocínio humano em uma série de cálculos lógicos. Entre esses filósofos, cujos interesses incluíam matemática e as primeiras calculadoras, estavam Leibniz, Pascal, Hegel e Kant.

## *Aprendendo a amar Leibniz*

Gottfried Leibniz (1646–1716) nasceu em Berlim e logo se tornou um dos maiores intelectuais do século XVII e um lógico famoso. Quando era apenas um menininho, aprendeu latim sozinho com um livro ilustrado e, com apenas 15 anos, criou o primeiro do que seriam vários esquemas grandiosos, "Da Arte Combinatória" — um sistema pelo qual reduz-se todo raciocínio a uma complicada grade de números, sons e cores. Esse foi o início de sua busca pela "linguagem universal", com o que, posteriormente, ele tentou construir o que teria sido o primeiro computador.

Leibniz, de fato, como muitos outros filósofos antes dele e desde então, era apaixonado por números. Seu caso com os números ficou sério quando, esperando para começar a faculdade, ele tomou conhecimento da filosofia matemática dos pitagóricos e em particular de sua visão de que os números são a realidade definitiva. Que ótima ideia, ele pensou! Pitágoras revelou-lhe que o universo era como um todo harmonioso, baseado em razões matemáticas simples, como aquelas dos intervalos básicos na música (a "harmonia das esferas"). A filosofia de Leibniz reflete essas duas perspectivas.

Visto que a estrutura fundamental da realidade parecia ser matemática, como lógico, Leibniz achava possível e desejável construir uma linguagem artificial para investigar problemas filosóficos traiçoeiros. O primeiro passo foi tornar o mundo em si mais racional, sugerindo uma maneira de rearranjar o universo (ou a forma como as pessoas pensam a respeito dele) em simples fatos fundamentais e eternos — ou *átomos lógicos*, para utilizar o termo que Bertrand Russell posteriormente cunhou. Esses átomos lógicos se tornaram, para Leibniz, os blocos construtores definitivos da realidade e ele deu-lhes um nome especial: as *mônadas*. O conhecimento do universo era para ele essencialmente uma questão de analisar esses blocos construtores da realidade.

Por conta desse tipo de crença no poder da mente humana para resolver grandes questões simplesmente pela força da razão, Leibniz é lembrado hoje em dia como um filósofo *racionalista* essencial — ao lado de Descartes e Espinoza (para saber mais sobre estes dois, veja a seção "Tentando Viver sem Deus", anteriormente neste capítulo).

# Pascal aplica um pouco de matemática

Blaise Pascal (1623–62) nasceu em Clermont--Ferrand na França e logo se tornou um célebre filósofo cujos *Pensées* (pensamentos, em francês) foram reunidos em uma coletânea e publicados pouco depois de sua morte. Apesar de — ou talvez por conta de — ser matemático, seus ensaios filosóficos são modelos de elegância e precisão (certa vez ele escreveu se desculpando a um amigo para explicar que sua carta era tão longa "porque não teve tempo de escrever uma curta").

O tema central de seus escritos é a natureza desgraçada e pecadora da vida humana. Se era assim que ele enxergava sua própria época na Terra, ele certamente deixou para trás contribuições importantes para a geometria, teoria do número e probabilidade, assim como a criação de um tipo inicial de computador. Outro modo como ele aplicava a matemática a questões filosóficas da vida humana tratava da velha questão de se Deus existe ou não. Algumas pessoas contam a "Aposta de Pascal" como um argumento para a existência de Deus, mas ela não passa meramente de um argumento para acreditar em Deus, ou, colocando de outra forma, um conselho a pessoas egoístas de como melhor cuidar de seus interesses. Pense, talvez Deus não queira gente assim no céu!

Pascal pensava que as bases do conhecimento encontravam-se na fé em vez da razão. Isso torna todo o conhecimento incerto, sendo o exemplo óbvio o conhecimento de Deus. Sua aposta é a de que, visto que não se pode ter certeza de que Deus existe, você deveria presumir que existe, pois as consequências de erro nesse caso são nulas, mas, se você presumir que Deus não existe e estiver errado, a consequência é a condenação eterna!

Como indivíduo, entretanto, Leibniz levou uma vida bem modesta, trabalhando como secretário pessoal do arcebispo da Magúncia e, posteriormente, na corte eleitoral de Hannover. Contudo, ele foi um grande alpinista social — "um homem elegante com peruca empoeirada", como um de seus contemporâneos resumiu-o — e usava suas posições como base para se corresponder ativamente com a maioria dos outros pensadores da Europa na época e também com muitos nomes da alta sociedade. "Eu amo Leibniz", disse um deles, o escritor e filósofo francês Voltaire, "Ele é seguramente um grande gênio, mesmo que seja também um tanto charlatão... aliado a isso, suas ideias são sempre um pouco confusas". Mas nem todo mundo o amava; conhecidamente, ele se desentendeu com o mais famoso cientista da época, Isaac Newton, da Inglaterra, a respeito da questão de qual deles teria sido o primeiro a inventar o cálculo.

O único livro que Leibniz publicou em sua vida inteira não tinha nada a ver com matemática. Foi *Teodiceia* (em 1710), que se ocupava do problema do mal. Esse é o trabalho que avança sua visão, parodiada por

Voltaire em sua novela *Cândido*, em que tudo que acontece neste mundo é para o melhor — porque as pessoas viviam no "melhor dos mundos possíveis". Mas como pode ser quando existem tanta dor e sofrimento no mundo? Em um ensaio, "Princípios da Natureza e da Graça Fundados na Razão", Leibniz explica a aparente contradição:

> *Depreende-se da suprema perfeição de Deus que ele escolhe o melhor plano possível na produção do universo, plano no qual há a maior variedade aliada à maior ordem.... A mais cuidadosa utilização do terreno, do lugar e do tempo, o maior efeito produzido pelos mais simples meios; o máximo de poder, conhecimento, felicidade e bondade nas coisas criadas que o universo poderia permitir.*

De uma perspectiva divina, as coisas que parecem apodrecidas não são ruins de jeito nenhum, visto que são necessárias para criar mais felicidade em outro lugar. O mundo presente é o melhor possível. Seu argumento, é claro, possui implicações políticas, e Leibniz era tido como aristocrata e esnobe.

Mas, e sua máquina pensante? Leibniz era, de fato, um inventor habilidoso. Ele fez um relógio com duas rodas simetricamente equilibradas que funcionavam alinhadas. Inventou um dispositivo para calcular a posição de um navio sem a necessidade de bússola ou observação das estrelas. Desenhou um barômetro aneroide e criou vários aprimoramentos para o desenvolvimento de lentes, sem falar em um motor de ar comprimido para propelir veículos e projéteis ou planos para um navio que poderia submergir de modo a escapar da detecção inimiga. Dessa forma, Leibniz foi meio Leonardo Da Vinci, interessado não apenas em todas as artes e ciências, mas também prático o suficiente para implementar suas ideias.

Talvez, de todas as suas invenções, o computador tenha sido seu feito mais característico (e mais impressionante). Em 1673, Leibniz demonstrou sua "máquina de cálculo" à Real Sociedade de Londres, que prontamente o elegeu como membro, assim enfurecendo Newton. Escrevendo em 1685, Leibniz dá o seguinte relato de seu momento de inspiração para essa invenção:

> *Quando, muitos anos atrás, eu vi pela primeira vez um instrumento que, quando carregado, automaticamente registrava o número de passos dados por um pedestre, ocorreu-me de uma só vez que toda a aritmética poderia ser sujeitada a um tipo similar de maquinário, de forma que não só a contagem, como também adição e subtração, multiplicação e divisão pudessem ser realizadas por uma máquina adequadamente arranjada, de maneira fácil, rápida e com resultados seguros.*

Entretanto, como em sua disputa com Dr. Newton acerca de qual deles havia inventado o cálculo, Leibniz não foi o primeiro a pensar no computador. O filósofo matemático francês Pascal havia feito uma máquina calculadora uma geração antes para ajudar seu pai — um auditor fiscal — com suas tediosas somas. Embora a máquina de Pascal conseguisse somar números de cinco dígitos, não conseguia fazer nenhum outro cálculo, era muito caro para fabricar e dava defeito com facilidade. Provavelmente apenas algumas poucas dezenas de máquinas foram produzidas (o box anterior, "Pascal aplica um pouco de matemática", fala mais sobre ele).

O pai de Leibniz não era auditor-fiscal como o de Pascal, mas um filósofo moral, e, adequadamente, a máquina de Leibniz foi desenhada para automatizar a (igualmente terrível) tarefa de resolver problemas morais. Ela utilizava:

> ....um método geral com o qual todas as verdades da razão seriam reduzidas a um tipo de cálculo. Ao mesmo tempo, seria uma espécie de escrita da linguagem universal, porém infinitamente diferente de todas aquelas imaginadas anteriormente, porque seus símbolos e palavras direcionariam a razão, e os erros — exceto aqueles do fato — seriam meros erros de cálculo.

# Leibniz e a primeira linguagem computacional

Como parte de sua busca original por uma "linguagem universal", pronta para a computação do pensamento, Leibniz percebeu que as linguagens existentes são pobremente estruturadas, ilógicas e, consequentemente, inadequadas para o pensamento profundo. Por essa razão, ele pôs-se a criar uma linguagem nova, lógica (baseada no latim), uma empreitada no espírito do próprio Aristóteles. De fato, Leibniz é às vezes chamado o "Aristóteles da Era Moderna".

Então, como isso funcionava? A frase "Leibniz inventou o cálculo", por exemplo, ele preferia ver expressa como "Leibniz é o inventor do cálculo". Leibniz decidira que se deve alijar todos os verbos, com exceção de um: ser. Mais importante (pelo menos para Leibniz), expressões como "Todo A é B" deveriam ser reescritas, como, por exemplo, "todos os Leibnizes são ótimos inventores" para (A não é

B) não é possível, ou, para outro exemplo:

"(Leibniz NÃO é um ótimo inventor) É (não possível)".

Especialistas dizem que isso é um passo inicial para o sistema finalmente produzido por George Boole (1815–64), que hoje em dia é central para a ciência computacional. Boole manipula declarações às quais são dados valores de verdade, mas Leibniz tenta ir um passo além e transforma conceitos em números para melhor manipulá-los mecanicamente. Intrigantemente, como lógicos posteriores, ele concluiu que todos os conceitos são compostos por outros menores e mais simples que podem ser desmembrados, semelhante à forma como os números são compostos de fatores, exceto pelos primos (8 também é 2 x 4, mas o pobre 13 será sempre 13, por exemplo).

Leibniz viveu em uma era antes da eletricidade, que dirá da eletrônica. Inevitavelmente, sua máquina mostrou-se um sonho vão. Contudo, ele haveria tido mais sucesso se tivesse continuado a estudar o sistema binário e, na realidade, foi um dos primeiros matemáticos a fazê-lo. Ele era fascinado pela forma como seria possível expressar toda a aritmética com apenas dois números (ou símbolos), 1 e 0, e concluiu, da mesma forma, que todo o universo foi criado do ser puro e do nada. "Deus é o ser puro: a matéria é um composto de ser e de nada", ele escreveu de forma impressionante.

## *Marchando ao lado de Hegel no ritmo da razão dialética*

Se as filosofias políticas do comunismo e do fascismo parecem bem diferentes, na realidade, ambas devem suas origens a Georg Hegel (Georg Wilhelm Friedrich, seu nome completo, 1770–1831), ex-mestre e professor de filosofia. As ideias de Hegel não só fizeram Marx se enfiar na Biblioteca Britânica todo dia em busca de pegadas do materialismo dialético, como também inspirou Nietzsche, Gentile e muitos outros com sua fala acerca da nova era a ser conduzida em meio a guerra e destruição. Segundo Hegel, e, dessa forma, também os marxistas e fascistas, a nova era era inevitável — era nada menos do que um objetivo da história.

O *materialismo dialético* é a versão marxista da *razão dialética* de Hegel. Parece complicado, mas na realidade não é. A ideia em ambos os casos é que duas forças opostas — ideias ou argumentos para Hegel, classes sociais ou mesmo nações para Marx — entram em conflito e, no processo, destroem-se mutuamente, resultando em uma ideia ou estágio novo e superior.

Hegel enxerga os seres humanos como engrenagens em uma máquina cósmica impessoal e irresistível, girando nas sociedades para, em dado momento, produzir... adivinhe o quê! Pura racionalidade. Os seres humanos são incapazes de serem plenamente racionais, sendo meras criaturas de carne e sangue, mas os governos ou Estados podem sê-lo. Em *Filosofia do Direito*, Hegel explica de modo excelente e magistral que os indivíduos devem entender que o Estado não existe para eles, mas, ao contrário, que o indivíduo existe para o Estado. Ele escreve: "No Palco da História Universal, no qual nós podemos observá-la e compreendê-la, o Espírito mostra-se em sua realidade mais concreta". Convenientemente, a realidade concreta também era o empregador de Hegel: o rei da Prússia! Hegel finaliza com sua grandiosa promessa:

> *O Espírito Alemão é o espírito do novo mundo. Seu objetivo é a realização da verdade absoluta como a autodeterminação ilimitada da liberdade.*

Hegel alerta contra a permissão de quaisquer restrições na ascensão desse espírito germânico, como aquelas de organizações internacionais com a tarefa de prevenir conflitos, explicando (novamente em *Filosofia do Direito*) que a guerra era crucial:

> *Assim como o soprar dos ventos preserva o mar da sujeira que seria o resultado de uma calma prolongada, assim também a corrupção nas nações seria o produto de uma paz prolongada, mais ainda de uma paz "perpétua".*

Especialistas gostam de dizer que os pensamentos de Hegel representam o ápice do idealismo filosófico da Alemanha no século XIX. Após, houve uma queda. Primeiro veio o materialismo histórico do jovem hegeliano Karl Marx — isto é, a visão de que a História é a história das pessoas combatendo umas às outras por comida, terra e dinheiro. Depois veio a nova filosofia do fascismo na Itália, Espanha, Áustria e Alemanha. O fascismo baseia-se na ideia de que as pessoas lutam por ideais abstratos, como a nação e a grandeza.

Em 1831 houve uma epidemia de cólera em Berlim (o colega e inimigo intelectual de Hegel, Schopenhauer, apesar de — ou talvez por — ser um famoso pessimista, rapidamente abandonou a cidade e foi para os climas mais saudáveis da Itália), mas Hegel ficou, talvez pela preferência por sua própria nação, contraiu a doença e morreu.

## *Tirando Kant de seus cochilos dogmáticos*

Immanuel Kant (1724–1804) — ou o Chinês de Königsberg, como de forma bastante obscura Nietzsche o apelidou — passou sua carreira criando regras como professor universitário (o que o tornou um dos primeiros grandes filósofos a serem pagos para filosofar). Aristóteles já havia escrito as leis do pensamento, mas Kant agora acrescentava algumas próprias (veja o Capítulo 13). São essas regras, rígidas e inflexíveis, mas (supostamente) também a manifestação da própria razão, que tornam o pensamento de Kant tão distinto. Dessas, a mais conhecida talvez seja a que ele chama de imperativo categórico. Ela diz:

> *Aja somente segundo uma máxima que você possa, por sua vontade, tornar uma lei geral.*

Isso é um pouco como a antiga máxima cristã "faça com os outros apenas aquilo que gostaria que fizessem com você", que permeia o Novo Testamento como o mofo permeia o queijo azul. E quando a versão de Kant aparece em *Metafísica dos Costumes* (1785), ele a oferece para decidir todas as questões morais. Curiosamente, porém, todas as regras parecem desabar ante o mais fácil dos testes. Por exemplo, elas permitem coisas que certamente deveriam ser banidas, mas proíbem coisas que parecem não ter muita importância. Uma regra, por exemplo, que diz que qualquer pessoa que derramar chá em um livro *Para Leigos* deve ser espancada com uma vara e ter sua língua cortada é *aprovada* porque é *universalizável* (ou seja, é logicamente possível aplicar essa regra em todos os casos), mas fazer empréstimo é proibido porque, se todo mundo o fizesse, causaria uma correria ao banco. Kant teria que condenar as iniciativas que oferecem microempréstimos a agricultores do Terceiro Mundo para que comprem sementes e pás, por exemplo, como algo maléfico.

Kant argumentava que se deve seguir princípios morais incondicionalmente e sem preocupação com as consequências. É isso que torna seu imperativo tão categórico. Então, por exemplo, certamente é sempre necessário dizer a verdade, mesmo que seja para um louco à caça de sua avó para matá-la. Quando ele perguntar a você "Para que lado sua avó correu?", não deixe de responder honestamente para qual lado foi! (Kant, então, diz que, se o louco matá-la, isso é responsabilidade *dele*, enquanto que mentir seria responsabilidade *sua*.) Por outro lado, alguém que nunca faz nada para ferir o outro não é uma boa pessoa se sua ação se basear somente em medo de ir para a prisão. De certa forma, isso tanto é ética antiga como um esforço moderno para construir um código moral ou mesmo uma máquina para lidar com essas questões traiçoeiras concernentes ao certo e errado (no Capítulo 13, falo com mais detalhes sobre quão bem-sucedido é o imperativo).

Apesar de seus interesses científicos, Kant critica o conhecimento obtido por meio dos sentidos e sugere que é melhor quando ele se deriva de "dedução transcendental". Infelizmente, ninguém nunca conseguiu descobrir o que é isso. Mas certamente a mente é melhor do que a matéria, que, em qualquer caso, só assume a forma que assume graças a você olhando para ela. Embora essa seja uma antiga história filosófica, Kant teve a audácia de descrever sua ideia no prefácio à segunda edição de *Crítica da Razão Pura* como "revolução copernicana" na filosofia. E, caso não estivesse claro, ele acrescentou, "Atrevo-me a dizer que não há um único problema metafísico que não tenha sido solucionado ou que, pelo menos, a chave para a solução não tenha sido fornecida".

Certamente Kant fez uma corajosa e importante tentativa de mostrar as respectivas contribuições de duas faculdades humanas — percepção sensorial e razão — à criação do conhecimento humano. Ele pensava, como Locke, que todo conhecimento do mundo deriva-se das impressões sensoriais (que, entretanto, ele chama confusamente de "intuições") e não podem ir além delas; mas insistia que tais impressões, se fossem gerar conhecimento sobre objetos estáveis, deveriam ser organizadas em conformidade com conceitos oferecidos pelo entendimento. A Dedução Transcendental era aquela parte de um projeto para identificar quais conceitos em particular eram *necessários* à organização de nossas impressões em conhecimento de objetos.

Uma grande parte de *Crítica da Razão Pura* é dedicada a expor os erros que se seguem quando se deixa de compreender a verdadeira natureza do espaço e do tempo. Isso é um pouco como Zenão e seus paradoxos, e, na realidade, a parte mais eficiente das 700 estranhas páginas da *Crítica* é a curta seção "Antinomia", que busca demonstrar quatro exemplos de raciocínio paradoxal:

- O mundo precisava ter tido um início em ambos, no espaço e no tempo, e isto pode não ter sido feito.
- Tudo deve ser composto de partes menores, e tudo deve ser parte da mesma coisa.
- Causa e efeito são completamente mecânicos — e não o são.
- Deus existe necessariamente — e Deus não necessariamente existe.

Seja quanto Kant tenha tomado emprestado dos debates de Zenão e dos antigos, ele certamente impressionou Georg Hegel, que conduziu toda sua filosofia usando o mesmo estilo de tese seguida de antítese (para saber mais sobre Hegel, veja a seção "Marchando ao lado de Hegel no ritmo da razão dialética", anteriormente neste capítulo). Hegel, contudo, soluciona as charadas, acrescentando uma suposta *síntese* (uma resposta obtida pela combinação de duas visões opostas), enquanto Kant, assim como Zenão, contentava-se com meramente desacreditar certas formas de pensar. Então, a influência filosófica mais importante de Kant talvez não tenha sido uma de suas regras, mas um de seus métodos — um tipo de sistema racional automatizado.

Kant vai além em *A Religião nos Limites da Simples Razão* (1793) para demolir todas as teorias populares da existência de Deus, e foi proibido, por seu problema, de fazê-lo novamente por Frederico Guilherme III, o então governante da Prússia. Dessa vez, Kant quebrou as regras evidentemente!

# Botando a Filosofia de Lado com a Matemática

O sonho dos filósofos de criar uma linguagem lógica para tornar a resolução de problemas filosóficos uma questão de cálculo, e não um debate interminável, deu outro passo gigantesco à frente (bem, foi isso que eles pensaram) em 1890, quando o filósofo britânico Bertrand Russell conheceu o famoso lógico italiano Giuseppe Peano em uma conferência de filosofia em Paris.

Peano inspirou o jovem Russell a assumir a tarefa de colocar a matemática em um fundamento lógico. Como Gottlob Frege, seu contemporâneo alemão, o objetivo de Russell era demonstrar que era possível reduzir a matemática à lógica e que isso dependia de nada além da pura razão. A princípio, tudo correu muito bem. De 1907 a 1910, Russell trabalhou em seu estudo em Cambridge de 10 a 12 horas por dia, escrevendo teoremas lógicos sob a supervisão benevolente de Alfred North Whitehead, de quem a história registrou os "lendários chás da tarde". Isso viria a se tornar o magistral (leitura complicada e muito técnica) *Principia Mathematica* (as anotações de Russell, não os chás de Whitehead).

## A matemática de contar cachorros

O *Principia* é muito longo e muito chato e não muito lido hoje em dia. Mas é possível resumir seu propósito em apenas uma frase: a lógica é mais importante que a matemática, o que, de fato, se reduz a somente alguns princípios lógicos.

Por exemplo, Russell revela que números, tão caros à matemática, são meramente adjetivos. "Três cachorros", por exemplo, é apenas outra forma de falar de alguns cachorros que possuem a qualidade de "ser três". Está vendo aquele grupo de cachorros ali? Eles pertencem à classe "ser três", junto com o número de folhas que um trevo tem, o número de chances que você tem para acertar a coisa branca no beisebol, as primeiras três mulheres de Russell — de fato, um ou outro grupo de coisas possui essa qualidade efêmera. Mas e aquela matilha de seis cachorros? Os cachorros também pertencem ao grupo de três coisas? A matilha contém *dois* grupos de *três* cachorros.

Mas isso já está ficando complicado. Parece que está na hora de deixar essa questão para os especialistas. Então, como a abordagem de Russell é um aprimoramento? Para muitos filósofos modernos, é. Eles acham que a linguagem comum é muito melhor expressa formalmente utilizando a lógica (para saber mais sobre isso, veja o Capítulo 11). Deve-se desnudar as frases de suas "superstições canibais" para revelar sua essência lógica, lembrando uma frase politicamente incorreta que Russell usa em seu livro Mind and Matter (*Mente e Matéria*, em tradução livre).

Russell preocupa-se com o que pode ser feito com palavras que precedem substantivos, como *alguns*, *nenhum*, *um*, *todo* — ou *quantificadores*, como ele os chama. Essa preocupação se deve ao fato de que, assim como *unicórnio* ou *rei da França*, elas não significam nada. *Sócrates* significa Sócrates, e a palavra *filósofo* significa certos atributos educacionais em uma pessoa, mas na frase "Sócrates é um filósofo", o que significa o *um*? Uma quantidade, sim, mas isso complica as coisas. Porque dizer que um unicórnio tem um chifre não significa realmente que existe um unicórnio que tem um, e somente um, chifre. É preciso esclarecer até frases simples como "a neve é água congelada", pois, que tipo de verbo o *é* é? (Aqui se usou o mesmo verbo duas vezes seguidas.) Esse *é* é um *é* como quando se afirma algo? Ou esse *é* é o é (já foram três seguidos aqui!) como *igual*? Ou é um *é* descrevendo uma propriedade da neve? Qual é?

Outro problema chato era o das negativas. Dizer "Sócrates é um homem" é complicado, mas dizer "Sócrates não é uma mulher" é muito, muito pior. Russell queria proibir essas assertivas negativas também. Ele queria tornar todas as afirmações simples diretamente relacionadas a verdades lógicas ou empíricas. E como se pode referir diretamente a algo que não existe? Claramente negativas não servem. Ou eu deveria dizer, talvez, apenas afirmativas servem.

De qualquer forma, esses são os tipos de questões que os filósofos analíticos como Russell debatiam no século XX. Russell concluiu que tudo que se diz deve ser consistente somente com afirmações (talvez combinadas) sobre coisas das quais se tenha conhecimento imediato e direto — conhecimento, quintessencialmente, pela percepção sensorial.

Mesmo após todo esse estreitamento das regras para o pensamento e a linguagem, Russell viu-se confrontado com um problema, que veio a se mostrar amargo também. Na realidade, no momento certo viria a se tornar seu monumento filosófico — conhecido desde então em filosofia como o *paradoxo de Russell*. Expressa-se em linguagem matemática como "o problema do conjunto de todos os conjuntos que não são membros de si mesmos", e o problema é simplesmente se é um membro de si mesmo ou não. Mas você pode fazer melhor que isso se lembrar do caso do barbeiro de Hindu Kush.

Era uma vez, no distante Hindu Kush, um barbeiro que deveria cortar o cabelo de todos na cidade que normalmente não cortassem seus próprios cabelos. Para o barbeiro, o leque de possíveis clientes para cortes de cabelo era bem simples: ou as pessoas cortam os próprios cabelos, ou não cortam. Mas e seu próprio cabelo? Se o barbeiro normalmente não corta o próprio cabelo, ele certamente pode cortá-lo desta vez. Mas se ele corta, pareceria cortar o cabelo de alguém que normalmente corta o próprio cabelo — o que ele não deve fazer. Então o barbeiro não deve cortar o próprio cabelo. Porém, se ele não cortar o próprio cabelo, então claramente ele se enquadra na categoria de pessoas cujos cabelos ele pode cortar.

Isso dá voltas e voltas em um fútil fiasco autorreferencial. Então Russell decidiu salvar sua excelente teoria, proibindo todas as declarações que sejam autorreferenciais (e não só as que dizem respeito a barbeiros). Essa é sua *teoria dos tipos*. Para esse grande trabalho, Russell naturalmente esperava uma aclamação pública igualmente grande. Mas ele se decepcionou.

Todavia, pelo menos ele não foi para a prisão dessa vez, como aconteceu duas vezes posteriormente, porque o aristocrático "Earl Russell" também era meio que um desajustado social e radical político. Talvez isso tenha sido a inevitável consequência de aplicar a lógica à vida cotidiana.

## Filosofia analítica

Bertrand Russell escreveu durante a primeira parte do século XX, época em que alguns dos filósofos mais eminentes, como Ludwig Wittgenstein (às vezes aluno de Russell), Gottlob Frege e G.E. Moore, também reagiam às especulações metafísicas e a grandiosas teorias do século anterior. Todos eles acreditavam que os estudiosos precisavam promover o desmembramento ou análise de declarações com um método mais filosoficamente rigoroso. Todos os seus praticantes estavam muito ocupados quebrando a cabeça com números e lógica para se importar em olhar para trás em suas abordagens, mas todos compartilhavam de uma similaridade na abordagem a Leibniz, com sua busca por uma forma de computar as respostas a questões filosóficas, e aos gregos antigos, com suas tentativas de aplicar as técnicas, que funcionavam tão bem na geometria para solucionar problemas matemáticos, para questões e debates filosóficos.

Pelo final da Segunda Guerra Mundial, a filosofia havia avançado ligeiramente e Wittgenstein zombeteiramente parodiou sua própria posição acerca da natureza como superssimplista. Gilbert Ryle questionou a ideia de que as chamadas simples "proposições atômicas" (como "A neve é branca" ou "Filosofia é complicada"), que os filósofos buscavam na linguagem, poderiam refletir fatos, quando a própria realidade não é composta de partes assim. Segundo o filósofo americano Willard Quine, a tentativa estava condenada desde o início, porque a linguagem não possui estrutura definidora.

Condenada ou não, a filosofia sempre procurou analisar declarações, e o método frequentemente adotado foi traduzi-las para outras declarações menores e mais simples. Platão, em *A República*, procura analisar o significado de justiça em termos de harmonia em um Estado ideal; Locke, Berkeley e Hume procuram analisar o significado de objetos físicos em termos de ideias na mente. Como Fred Holman colocou recentemente em seu artigo "Análise" em *Essentials of Philosophy and Ethics*, "...filosofia analítica foi mais um nome novo do que uma nova ideia e uma nova forma de exprimir debates muito velhos".

Deixando de lado o nome do movimento, os praticantes da filosofia analítica gostavam de pegar termos da química — como *atômico* e *molecular* —, sugerindo uma analogia com a ciência laboratorial onde químicos analisam e quebram substâncias comuns em seus constituintes básicos, átomos e moléculas.

O que Russell e outros daquela estirpe pensaram estar fazendo era substituir alegações descritivas vagas, desajeitadas, imprecisas e insuficientemente discriminantes da fala comum e escrevê-las com *proposições atômicas* logicamente equivalentes, mas muito mais básicas. Essas proposições são declarações muito precisas de um fato que não pode ser expresso de forma mais simples. Ironicamente, sua rejeição às grandiosas alegações feitas por filósofos do passado ocultava uma nova e igualmente grandiosa alegação — que a própria realidade consistia de entidades simples, básicas, com atributos ou relações simples. O projeto deles só fez sentido porque acharam que suas proposições atômicas retratavam melhor e ajudavam as pessoas a entender a realidade, mas as ambiguidades e contradições de linguagem escondiam essa realidade das pessoas e relegavam todas as alegações para o conhecimento duvidoso.

À medida que o século XX avançava, um novo e diferente propósito tomou conta daqueles engajados na filosofia analítica. Eles adotaram o que também era, à sua maneira, uma grandiosa posição metafísica, alegando que apenas as declarações empíricas (baseadas em medições físicas e similares), notoriamente as científicas, e as declarações *tautológicas* (truísmos) eram significativas. Faltava valor de verdade a todas as outras alegações, inclusive às éticas, teológicas e estéticas, que eram, falando estritamente, "bobagem". Meros grunhidos!

Esse era para ter sido o fim da filosofia, embora filósofos profissionais fossem, agora, ajudar as pessoas a expressarem-se apropriadamente. O problema foi que, nesse ponto, para os demais, parecia que os filósofos haviam deixado de falar sobre coisas com que as pessoas se importavam. E, quanto à lógica, na segunda metade do século XX, chegaram os computadores, que eram capazes de realizar as manipulações proposicionais favoritas dos novos filósofos analíticos em milésimos de segundo! Pelo menos Leibniz teria ficado feliz...

# Capítulo 6

# Uma Olhada na Filosofia Oriental

> *Por três métodos podemos aprender a sabedoria: primeiro, pela reflexão, o que é nobre; segundo, pela imitação, o que é mais fácil; e terceiro, pela experiência, que é o mais amargo.*
>
> – Confúcio

Quase todos os guias de filosofia (pelo menos os que são escritos em português) são guias para a filosofia ocidental. Um século atrás, pessoas como Bertrand Russell colocavam esse fato bem em frente ao título, de modo que seu muito lido *História da Filosofia Ocidental* não fingisse ser nada mais abrangente. Hoje em dia, contudo, a maioria dos filósofos ou não percebe que existe diferença entre a filosofia oriental e ocidental, ou não se preocupa em reconhecê-la. Para eles, a filosofia ocidental tornou-se toda a filosofia. Mas não precisa ser assim com a gente! Você pode conquistar uma compreensão muito mais profunda não só da história da filosofia, mas também das questões e ideias, se permitir que tradições — filosofia indiana, japonesa, coreana, africana, ameríndia e, sobretudo, chinesa — sejam depositadas na mesa filosófica.

Agora, um livro *Para Leigos*, como um garçom sobrecarregado, não pode cobrir *tudo*, mas, se você não tiver uma boa porção da filosofia oriental pelo menos, então fica mais como um chá da tarde sem biscoitos ou andar de bicicleta sem rodas. A filosofia oriental é holística. Seus sábios não dividem tudo como muitos filósofos ocidentais na longa tradição de Aristóteles (que gostava de colocar tudo organizadinho em caixas de categorias mutuamente excludentes), mas gostavam de deixar tudo unido. E é isso que nós deveríamos fazer.

Este capítulo ajuda a corrigir o equilíbrio entre o tipo de filosofia ocidental dominante e todas as outras. Em particular, ele fala o que você precisa saber sobre a filosofia oriental.

# Contemplando o Misterioso Tao

A filosofia ocidental começou com Descartes dividindo o mundo em duas partes: mente e matéria. Mas as filosofias orientais consideram o pensamento e a ação dois aspectos de uma atividade — dois lados da mesma moeda. A filosofia chinesa em particular diz que a realidade definitiva (T'*ai Chi*) é uma combinação de mente (*li*) e matéria (*chi*). O objetivo, tanto para o filósofo quanto para os demais, é alinhar-se ao *Tao* (as pessoas frequentemente traduzem *Tao* como "O Caminho", e o "t" é pronunciado como "d", *Dao*). Mas o que é o *Tao*?

Lao Tzu (ou Lao Zi, ou ainda Lao Tsé) escreveu no quarto capítulo do *Tao Te Ching* que o *Tao* é vazio:

> ....*como uma bacia, pode ser usado, mas nunca esvaziado, não tem fundo, o ancestral de todas as coisas, ele cega o que é afiado, desata nós, suaviza a luz, torna-se um com o mundo empoeirado — profundo e imóvel, ele existe para sempre.*

No clássico livro de Hergé, *Tintin, O Lótus Azul*, o louco tenta reunir as pessoas com o *Tao* cortando suas cabeças com uma cimitarra. Mas você pode fazer melhor que isso se voltar às origens de um dos textos filosóficos da China Antiga.

## Tao Te Ching

A história conta que, um dia, Lao Tzu estava infeliz com a China e decidiu abandoná-la para viajar pelo mundo. Para seu aborrecimento (como muitas celebridades desde então), um guarda reconheceu-o na fronteira como "o grande sábio" e recusou-se a permitir sua passagem, a menos que ele antes registrasse, em pergaminho, toda sua sabedoria.

Apesar de — ou talvez por — ser tão sábio, Lao Tzu conseguiu fazê-lo em apenas algumas semanas. O resultado foi um volume pequeno com pouco mais de 5.000 caracteres chineses. É a obra clássica da filosofia chinesa. Em seu cerne, por exemplo, uma das reflexões filosóficas de Lao Tzu diz:

*Algo amorfo e consumado existiu antes do Céu e da Terra.*

*Solidão! Vasta! Sozinha, inalterada. Indo a todas as partes, ainda assim não ameaçada.*

*Pode ser considerada a Mãe do Mundo.*

*Não sei seu nome, então designo-o "Tao".*

*Compelido a considerá-lo, chamei-o "o Grande".*

De qualquer forma, entregando o texto completo ao guarda, Lao Tzu então reclinou-se sobre seu boi e desapareceu, indo (talvez significativamente?) para o oeste. Imagens do sábio montado em seu boi são populares na China até hoje.

Esse texto é atualmente conhecido como *Tao Te Ching* (o clássico *O Caminho e seu Poder*). As primeiras cópias do manuscrito encontradas datam do século II a.C. Visto que esse período é de alguns séculos depois daquele em que Lao Tzu viveu, alguns especialistas ocidentais questionam se Lao Tzu sequer existiu (ainda assim, ninguém questiona a existência de Sócrates, e ele não deixou nenhum registro escrito!). Enquanto isso, no outro extremo, seguidores devotados dos ensinamentos de Lao Tzu consideram que o texto tem origem divina e reverenciam seu autor não meramente como um profeta, mas também como imortal. Ainda, para aqueles que quiserem registrar Lao Tzu apenas com o mesmo nível de prova histórica que, digamos, Platão, ele nasceu no século VI a.C., em He Nan, no estado de Chu, e foi o autor original do *Tao Te Ching*.

Mas quem quer que o tenha escrito, o *Tao Te Ching* é um depósito de grandes ideias. Uma delas é a noção de yin e yang. Esses são os dois aspectos de tudo na realidade. *Yin*, o aspecto feminino, é escuro, macio e complacente. *Yang*, o aspecto masculino, é claro, duro e inflexível. Tudo no mundo consiste dos dois elementos e tudo está fluindo, mudando para se tornar mais yin ou mais yang.

*Os seres humanos nascem macios e flexíveis; contudo, quando morrem, estão rígidos e duros....*

*As plantas brotam suaves e delicadas; contudo, quando morrem, estão murchas e secas....*

*Assim, os rígidos e duros são discípulos da morte, os suaves e flexíveis são discípulos da vida.*

*Assim, um exército inflexível não é vitorioso, uma árvore que não se curava partir-se-á.*

*O rígido e maciço será mitigado, o suave e fluido crescerá.*

Essa ideia da natureza cíclica da realidade reapareceu na Grécia Antiga, na filosofia de Heráclito, que influenciou Platão.

## Fazendo I Ching

Outra mensagem do *Tao Te Ching* é a de que tudo segue certos padrões — "o caminho". Os seres humanos também deveriam seguir o caminho e ceder aos momentos e influências. Julgar e ceder de acordo com as épocas é também o tema de um texto ainda mais antigo, o *I Ching*, ou *Livro das Mudanças*. *I Ching* pronuncia-se da mesma forma que se lê, meio como uma caixa registradora antiga. Ele foi escrito por etapas e originou-se de tradições de previsão do futuro. O *I Ching* inclui comentários filosóficos escritos por volta de 5.000 anos atrás, o que o torna provavelmente o livro mais antigo do mundo. O que os gregos antigos estavam fazendo nessa época? Os arqueólogos acreditam que a agricultura havia acabado de chegar ao norte europeu — com serras de madeira com dentes feitos de lascas de pedra —, ainda assim, a maioria dos livros dirá que os gregos foram os primeiros filósofos!

O *I Ching* é um guia de ação para se alcançar o melhor resultado das circunstâncias. O grande psicólogo e filósofo do século XX C. G. Jung escreveu sobre o *I Ching*, "este é um livro para amantes da sabedoria", e é isso que é. Mas é muito mais um guia prático de ação, consultado, pelos últimos três mil anos, acima de tudo por imperadores e sábios, mas posteriormente por agricultores e generais também. Porque, afinal, é parte da filosofia que "o caminho" se aplica a coisas muito pequenas e às grandes coisas.

Textos como *I Ching* e *Tao Te Ching* contêm muitas ideias essenciais da filosofia ocidental. Embora não se possa dizer que uma levou à outra, é certamente digno de nota que os chineses escreveram sobre esses assuntos, e com muita sofisticação, primeiro. Pode ser apenas que os europeus haviam preferido subestimar seu débito intelectual com o oriente da mesma forma que a história da inovação técnica e da invenção foi reescrita para dar ao ocidente o papel principal.

Você pode não perceber às vezes, mas foram os pensadores orientais (especialmente os chineses) que foram os desbravadores do desenvolvimento da astronomia, da medicina, da impressão e da matemática, então seria notável se não tivessem também produzido obras essenciais da filosofia. O que se escreve recentemente sobre os antigos filósofos chineses da história da filosofia tem mais a ver com preconceitos políticos e sociais do que intelectuais ou mesmo filosóficos.

O *I Ching* é um livro como nenhum outro de filosofia. Ele consiste de 64 estranhos diagramas compostos de seis linhas cada — chamados *hexagramas* (a figura 6-1 mostra um exemplo). Cada linha é inteira ou dividida em duas — traçada. Representam, assim, ou yin ou yang. Criando um dos 64 hexagramas aleatoriamente, pelas maravilhas da coincidência (ou o que o psicólogo C. G. Jung chamou de *sincronicidade* — ele era fã do *I Ching*), pode-se colocar seu pequeno eu e suas pequenas preocupações no contexto de todas as tendências vigentes do universo! Nada mal!

É claro que a interpretação é a chave. E os hexagramas são, bem, inescrutáveis. Pegue o hexagrama 64, por exemplo, mostrado na Figura 6-1. Para você ou para mim, é um bloco de seis linhas inteiras ou partidas alternadas, mas, para os sábios da China Antiga, ele lembra uma árvore com galhos duplos no topo, indicando que a árvore está carregada de flores ou folhas e significa "ainda não" ou "incompleto", no sentido de continuidade do ciclo eterno.

Esse hexagrama é chamado *Wei Chi*, que significa "Antes do Fim" (todos os hexagramas têm um nome). Os sábios acreditavam que ele simboliza a pureza da ordem e da harmonia.

**Figura 6-1:**
Antes do Fim.

Para os chineses antigos, pelo menos, esse símbolo possui um significado profundo, expresso em palavras como:

*Árvore nua antes que venham as folhas.*

*Cruzando a ordem e a harmonia.*

*O passado passou, o futuro ainda por vir.*

# Homenageando Confúcio

Se Lao Tzu é pouco conhecido no ocidente (veja a seção anterior deste capítulo), pelo menos os filósofos reconhecem seu contemporâneo Confúcio (551–479 a.C.) como importante pensador. Confúcio foi a essência do sábio chinês antigo: um filósofo social, educador e estrela de um texto altamente influente: os *Analetos*.

Confúcio sempre se apresentava como transmissor que não havia criado nada e enfatizava que havia aprendido com os sábios antigos. Dessa forma, ele parece com Sócrates, que também negava qualquer conhecimento especial ou especialidade. Não obstante, as fontes indicam que ao todo ele teve 3.000 discípulos e que "72 deles foram influentes". E os outros 2.928? Seus ensinamentos, preservados nos *Analetos*, formam a base do muito posterior pensamento chinês acerca da educação, do governo e da conduta humana. Dessa forma, também, a influência de Confúcio pode ser comparada com a de Sócrates no ocidente.

As pessoas frequentemente reduzem as ideias filosóficas de Confúcio a uma coleção de aforismos e máximas morais, que dificilmente bastam para explicar a profundidade da influência do confucionismo. Se sua filosofia fosse meramente isso, o impacto histórico das ideias de Confúcio teria sido muito menor. Os *Analetos*, como toda filosofia chinesa, exigem muita decodificação.

## A vida do mestre

Confúcio nasceu em Qufu, no estado de Lu (hoje parte da província de Shandong), e morreu à idade de 72 anos. Quando criança, diz-se que Confúcio gostava de colocar vasos de rituais em mesas de sacrifício. Sua primeira função foi como gerente administrativo no estado de Lu, mas logo ascendeu à posição de ministro da justiça, na qual conquistou reputação por ser justo, por sua polidez e amor ao aprendizado.

Contudo, por volta da idade de 50 anos, não vendo forma de melhorar o governo, ele desistiu da carreira política. Começou uma jornada de 12 anos pela China, buscando o caminho e tentando sem sucesso convencer vários governantes de suas crenças políticas e torná-las realidade.

Confúcio retornou ao lar por volta do seu sexagésimo ano e passou o resto de sua vida ensinando e editando os clássicos antigos. Tornou-se o que os chineses chamam de "rei sem trono", procurando compartilhar suas experiências com seus discípulos e transmitir a velha sabedoria às gerações posteriores.

No coração da filosofia de Confúcio encontram-se os conceitos gêmeos de ritos ou rituais (que ele chama de *li*) e a forma correta para as pessoas viverem (que ele chama de *ren*).

Toda a noção de "ritos" pode parecer estranha hoje em dia, mas pense na importância das tradições religiosas e das instituições sociais, como o casamento, aniversários e funerais!

Em sua ênfase das regras, Confúcio opõe-se ao espírito do *taoismo* (a escola de pensamento que segue Lao Tzu), que fundamentalmente busca um tipo de liberdade que, embora integrada ao mundo, não tem limitações e não depende de nada. Os taoistas consideram os ritos tradicionais artificiais e falsos, uma restrição externa nas vidas das pessoas. Lao Tzu chegou a afirmar que tentar se adequar era "uma expressão superficial de lealdade e fidelidade e o começo da desordem". Para Confúcio, os ritos eram a chave para a virtude, mas para Lao Tzu eram um obstáculo na busca pelo caminho.

Outra escola, chamada *legalismo*, também se opunha às tradições confucianas e aos códigos sociais construídos em torno desses ritos especiais — dessa vez com um ponto de vista muito prático. O objetivo dos legalistas era um Estado rico e poderoso; uma visão muito diferente do ideal confucionista de um mundo ordeiro e de paz, harmonia e simples contentamento. Em um mundo onde enormes exércitos preparavam-se para batalhas terríveis, os legalistas ofereciam-se como especialistas na arte de enriquecer e fortalecer o Estado. E um elemento-chave de sua abordagem era advogar pela destruição de antigas distinções hierárquicas, incluindo a ética de Confúcio, que eles viam como perpetuadora de velhas práticas e valores feudais.

Confúcio e seus seguidores insistiam, entretanto, que o problema não se encontrava nos próprios ritos ou tradições, mas na forma como eram conduzidos e no fato de que as pessoas não mais os seguiam apropriadamente. Para reconquistar a validade dos ritos, os confucionistas diziam que as pessoas precisavam conseguir praticá-los significativamente em suas vidas. Dessa maneira, Confúcio retirou a ênfase moral das ações e colocou-as nas motivações — saindo da moralidade objetiva em direção ao sujeito moral.

## Música Confuciana

Confúcio não só disse coisas interessantes, ele as cantou e fazia o acompanhamento com um *qi* (tipo de cítara; uma palavra útil para jogadores de *scrabble* — jogo de tabuleiro cujo objetivo é montar palavras existentes com letras disponíveis) enquanto cantava poesia clássica. Na China, a imagem do filósofo-músico é firmemente estabelecida.

E Confúcio tinha ideias claras sobre a importância da música. Ele disse: "Que um homem seja estimulado pela poesia, estabeleça-se pelas regras da propriedade e aperfeiçoe-se pela música". Confúcio considerava que a música não só refletia os sentimentos das pessoas, como moldava-os também, assim, ela poderia moldar o caráter delas. Ele esperava que a harmonia (pelo menos na música tradicional chinesa), que era a essência da música, poderia então encontrar seu caminho até o âmago do coração humano.

Isso é um grande contraste com Platão, que suspeitava da influência da música, preocupando-se com que fascinasse gente simples, levando-a a maus hábitos. Mas, para Confúcio, a prática musical é o método mais eficiente para mudar o caráter moral do homem e manter a sociedade em ordem.

Para Confúcio, o que deve ser enfatizado na execução do ritual é ter a atitude correta. Por exemplo, quando realizar um sacrifício, ele disse, deve-se sentir a reverência pelos espíritos; quando conduzindo ritos de luto, deve-se sentir o luto do falecido. Sem esse componente emocional, o ritual torna-se uma performance vazia. Confúcio certa vez comentou: "Um homem que não possui humanidade, o que pode ter a ver com um ritual?". Não basta fazer a coisa certa, deve-se ter a atitude correta. Esse importante conceito ético reaparece no ocidente com debates filosóficos entre os utilitaristas, que enfatizam os resultados independentemente dos motivos, e os seguidores de Aristóteles e Kant, com sua ênfase em virtude pessoal e deveres.

Ainda, é inimaginável para Confúcio que se possa entender regras morais e virtudes separadamente. Ele argumentava (assim como fizeram alguns filósofos orientais) que se deve ver a ética da virtude e a ética das regras como uma somatória, em vez de como mutuamente excludentes.

E o confucionismo também se opunha ao legalismo a respeito da questão de se deve-se ou não forçar as massas a serem boas por meio de um sistema severo de lei penal. Como disse Confúcio:

> *Conduza as pessoas com medidas governamentais e regule-as por lei e punição e elas evitarão fazer o errado, mas não terão senso de honra e vergonha. Conduza-as com virtude e regule-as por regras de*

*propriedade e elas terão senso de vergonha e, sobretudo, tornar-se-ão retas e chegarão à bondade.*

## Encontrando-se com Mêncio

Mêncio (371–289 a.C.) nasceu no estado de Zou, localizado no que é hoje a província de Shandong, apenas 30 quilômetros ao sul de Qufu, cidade natal de Confúcio. Assim como Confúcio na tradição oriental estava para Sócrates na tradição ocidental, está Mêncio para Platão. Os escritos de Platão tratam da visão do "bem" de Sócrates e, assim, os livros de Mêncio são todos sobre a sabedoria de Confúcio. Pois Mêncio, conhecido como "o Segundo Sábio", é o comunicador da filosofia confuciana, conhecida por sua insistência em que a natureza humana é basicamente boa. Suas visões, expostas no *Livro de Mêncio* ou *Mengzi*, foram adotadas como a base dos exames para o serviço civil no século XIV e permaneceram como textos centrais pelos 600 anos seguintes.

## Mêncio contra o utilitarismo

Certa vez, quando desafiado a justificar tradições funerais elaboradas, Mêncio replicou:

Nos tempos antigos, não se enterravam os pais. Quando um dos pais de uma pessoa morria, o corpo era simplesmente jogado em uma vala. Quando passava pelo local depois, via que o corpo estava sendo comido por raposas ou picado por mosquitos ou moscas... Ela não suportava a visão. O sentimento do coração mostrou-se em seu rosto. Ela então correu para casa e retornou com cestos e uma espada para cobrir o corpo. Se cobrir um corpo humano era a coisa certa a se fazer para o homem primitivo, é bem correto hoje em dia que o filho de um homem prepare o funeral para seu pai.

As tradições funerárias são muito valorizadas na filosofia chinesa — e não o são em debates ocidentais! Mas, se parece uma escolha estranha de exemplo filosófico, não é necessariamente ruim. Pois trata-se de algo com que as pessoas se identificam fortemente, mas que não parece ter um propósito prático, utilitarista. A forma eficaz de arranjar a sociedade, mesmo na forma que maximize a felicidade, talvez ainda não seja o jeito certo de fazê-lo.

Mêncio declarava que a natureza humana é fundamentalmente boa. Por exemplo, ele argumenta que, se uma pessoa vê uma criança prestes a cair em um poço, invariavelmente terá um sentimento de alarme e compaixão e correrá para salvá-la. Além disso, essa ação não tem o propósito de ganhar a simpatia dos pais da criança ou de buscar aprovação de seus vizinhos e amigos, ou, por medo da culpa, deixar de salvar a criança. É, ao contrário, uma resposta altruísta e espontânea de sua natureza humana compartilhada. Disso, segue-se que os sensos de simpatia, arrependimento, cortesia e julgamento do que é certo e errado são os quatro inícios da humanidade, retidão, propriedade e sabedoria. Ninguém insere, de fora, esses princípios em você. São partes integrais da natureza universal.

Infelizmente, muitas pessoas perderam o rastro de sua herança moral. É por isso que certa vez Mêncio lamentou: "Quando as galinhas e cachorros das pessoas se perdem, elas sabem o suficiente para procurá-los novamente; mas se perdem sua mente/coração humano, não os procuram". Segundo Mêncio, o objetivo do cultivo moral é retornar à natureza inata. Esse também é o objetivo do Estado ideal que Platão tentou construir em sua *República*.

## Tremulando com Chuang Tzu

Outro dos grandes sábios da filosofia chinesa, Chuang Tzu (369–286 a.C.), enfatiza a unidade de todas as coisas e a relação dinâmica entre os opostos. Bom e mau, ele aponta, são como tudo o mais: relacionados e intercambiáveis. O que é bom para o coelho — um monte de grãos gostosos e suculentos para mordiscar — é ruim para o agricultor, para dar um exemplo meu bem fraco. Um livro chamado *Chuang Tzu* — que os historiadores acreditam ser aproximadamente um quarto da obra de Chuang — é vívido e divertido, uma mistura de histórias e poesia com argumentos filosóficos, e sempre foi altamente popular na China.

A influência de Chuang Tzu através do oriente, indo de Buda (que conclui de seus ensinamentos que o sofrimento é principalmente resultado de recusar-se a aceitar o que é) à filosofia zen (que reflete seu amor pelos paradoxos ou *koans*) foi profunda. E sua mensagem de inconformismo e liberdade desvencilharam a mente chinesa de alguns dos efeitos do ultrarrígido confucionismo.

Um exemplo de sua argumentação simples, mas elegante, é uma passagem na qual ele descreve a forma como a linguagem funciona. A linguagem, diz Chuang, é uma rede de pesca jogada nas águas da realidade, útil para pegar significados. Pensamentos e conceitos são peixes escorregadios e precisa-se da rede da linguagem para capturá-los. Mas a própria rede é só um meio para um fim.

Outro exemplo simples tenta mostrar a relatividade de julgamentos morais. Chuang pergunta se, como alguns sábios disseram, matar é errado e, depois, se seria errado matar uma lebre se fosse a única forma de livrar-se de morrer de fome. Certamente não. Talvez, então, seja sempre errado matar outro ser humano? Mas e se esse ser humano for um ladrão intentando matar e roubar uma família? Certamente, então, não é errado matar o ladrão, se for a única maneira de deter esse humano?

Todo conhecimento moral depende, dessa forma, de contexto e situações: é relativo. Chuang vai além para provar que de fato todo conhecimento — não apenas julgamentos estéticos ou morais — está igualmente enraizado no contexto e é igualmente relativo. Ele o expõe desta forma perfeitamente inescrutável:

> *Certa vez, eu, Chuang Chou, sonhei que era uma borboleta e era feliz como borboleta. Estava consciente de que estava bem satisfeito comigo mesmo, mas eu não sabia que era Chou. Repentinamente eu despertei, e lá estava eu, visivelmente Chou. Eu não sei se era Chou sonhando ser uma borboleta ou a borboleta sonhando ser Chou.*

A filosofia ocidental está enraizada numa busca por definições — ou justiça, verdade ou conhecimento. A conclusão de Chuang Tzu, ao contrário, era de que se deve lutar para transcender o mundo das distinções.

# Debatendo com Buda

O *budismo* descreve um tipo de abordagem educacional desenvolvido por Buda, um tal Sidarta Gautama (veja o box "O Buda original"). O budismo não é uma religião no sentido ocidental normal. É uma educação filosófica que leva a insights sobre a verdadeira natureza da vida. Originário da Índia, o budismo rapidamente se espalhou através da Ásia, pela Ásia Central, Tibete, Sri Lanka e sudeste da Ásia, assim como pelos países do leste da Ásia, China, Mongólia, Coreia e Japão.

Hoje em dia há aproximadamente 350 milhões de budistas e um número crescente deles é ocidental. Eles podem seguir muitas formas diferentes do budismo, mas todas as tradições caracterizam-se pela não violência, não possuir dogma ou livro de regras oficial, tolerância às diferenças e, normalmente, pela prática da meditação. O objetivo das práticas budistas é livrar-se do sofrimento e desenvolver as qualidades de consciência, bondade e sabedoria.

## O Buda original

Sidarta Gautama foi um príncipe nascido há aproximadamente 2.500 anos em um pequeno reino indiano, onde é hoje o sul do Nepal. Ele renunciou à sua herança real para escapar do ciclo humano de nascimento, morte e renascimento que ele via que inevitavelmente levava ao sofrimento, à perda e à dor. Após seis anos buscando, afligindo seu corpo com práticas extremas, ele finalmente alcançou a iluminação pelos 30 (e poucos) anos. Motiva-do por um senso de profunda compaixão pelos seres em sofrimento, Buda compartilhou sua sabedoria com eles e, assim, embarcou na carreira de ensinar que duraria aproximadamente 50 anos. Ele viajou pela Índia ensinando a todos que desejassem escutar, respondendo às necessidades e mentalidades dos ouvintes e habilidosamente adaptando seus ensinamentos a cada um. De seus 79 anos, ele dedicou 49 a ensinar.

Ainda que o budismo seja somente educação, essa forma raramente é vista hoje em dia. Através dos séculos, o budismo assumiu a forma de uma religião organizada. Afinal, Albert Einstein concluiu que ele possuía:

> ....*as características do que se esperaria em uma religião cósmica para o futuro: transcende um Deus pessoal, evita dogmas e teologia, aborda tanto o natural como o espiritual e baseia-se em um senso religioso, aspirando da experiência de todas as coisas, naturais e espirituais, como uma unidade significativa.*

# *Aceitando o Sofrimento: Hinduísmo*

Uma das principais mensagens do budismo, com todas as suas implicações sociais, é convencer as pessoas a aceitarem seu lugar na sociedade, seja alto ou baixo, sem reclamar. Dessa maneira, um arranjo político fica entranhado de dever religioso. Pode-se colocar efeitos filosóficos similares à porta de outra quase filosofia: o hinduísmo.

O *hinduísmo*, como o budismo, não é bem uma filosofia, nem também uma religião. É uma combinação de ambas, tornando-se um fenômeno complexo e multifacetado com manifestações sociais, culturais e religiosas. Seus ensinamentos, tanto quanto seus rituais, refletem a miríade de perspectivas geográficas, sociais, raciais e linguísticas do vasto subcontinente indiano. Há variedades altamente intelectuais do hinduísmo, apenas uma parte da profunda piscina da filosofia indiana com suas investigações da natureza da percepção, do espaço e do tempo e da forma correta de viver. Ao lado das versões intelectuais, existe a prática simples, mesmo ingênua, de milhões de aldeões, e são todas essas juntas que formam o hinduísmo.

O hinduísmo é cheio de contradições, mas parece lutar com esse antagonismo criativo. Vários textos essenciais são associados ao hinduísmo, como os *Vedas*, textos antigos e anônimos que se originaram como parte de uma tradição oral de conhecimento entre 1500 e 500 a.C. As partes mais antigas são na forma de hinos ou preces e as mais recentes, incluindo os *Upanishads* (que impressionaram particularmente Espinoza — discutido no Capítulo 5 — na Holanda do século XVII), foram escritas entre 400 e 200 a.C. e são mais filosóficas em natureza e conteúdo.

## *Nascendo outra vez: Reencarnação*

Outra ideia-chave oriental que reaparece na filosofia grega, que filósofos ocidentais ignoraram dando de ombros, é a da *reencarnação*. É a teoria de que as pessoas possuem algum tipo de identidade pessoal acima e além da identidade física e, além disso, essa identidade (pessoas religiosas chamam-na *alma*) pode sobreviver à destruição do corpo físico (morte). Tendo sobrevivido, a alma ou vai para o céu, ou reencarna e reaparece na Terra em uma nova forma — para os budistas, como animais ou, se você tiver sido muito bom, como homem (não mulher; o budismo tradicional é totalmente sexista). Na realidade, para os budistas e filósofos como Platão, o objetivo definitivo para uns poucos sortudos é ser libertado do corpo e tornar-se espírito puro.

Todos sabem (bem, poucas pessoas sabem) que a crença na reencarnação é parte de muitas religiões orientais. O que menos pessoas ainda se lembram é de que a ideia parece ter estado com a humanidade desde os primórdios e em diferentes, e aparentemente desconectadas, culturas.

De fato, a crença na reencarnação é parte dos entendimentos tradicionais do universo dos aborígenes australianos e outros habitantes de ilhas do Pacífico, assim como de muitos povos do círculo ártico: finos, lapões, daneses e nórdicos, assim como os inuítes (esquimós). Mais perto de casa, os celtas antigos da Gália, Gales, Inglaterra e Irlanda supunham que as pessoas renasciam, que é o motivo pelo qual eles enterravam as importantes com todo seu equipamento de caça e armas.

---

# Hinduísmo e a vida social

O hinduísmo é integral na vida de seus seguidores, não apenas uma cerimônia semanal na igreja, mas um guia para ações diárias que engloba tudo e todos, do berço ao túmulo. No pensamento hindu, como em praticamente toda filosofia oriental, a reflexão tirada da prática não possui significado. O hinduísmo não é organizado ou ensinado, mas o costume e a prática cotidianos que envolvem a todos do nascimento à morte — regras e estruturas sociais, com efeito. E muitas dessas se opõem totalmente aos valores ocidentais. O hinduísmo permite costumes como o casamento infantil, a poligamia, a idolatria, os sacrifícios de animais e o pernicioso sistema de castas.

Apesar das muitas restrições às mulheres, o hinduísmo oferece um grande contraste às noções ocidentais de propriedade em sua celebração do sexo (Platão também ocasionalmente louva o sexo — mas só entre homens!). Revigorantemente e em contraste com os ensinamentos tradicionais do cristianismo ou do islamismo, a sexualidade é considerada parte essencial do ser humano, e o ramo medieval do *tantrismo* especificamente celebra a iluminação trazida pela união sexual imaginativa. As deusas hindus, descritas em entalhes em templos que chocaram os exploradores ocidentais posteriormente, são seres eróticos de grande poder sexual.

Duzentos anos atrás, o raja Ram Mohan Roy (1774–1833), que era familiarizado tanto com a filosofia ocidental quanto com a oriental, tentou reformar o hinduísmo. Ele esperava que filosofias liberais e iluminadas serviriam a reformas necessárias na Índia. E, de fato, o governo aboliu muitas práticas como resultado — pelo menos no papel, visto que sistemas religiosos tradicionais são altamente resistentes à reforma. Na Índia, o sistema de castas, como a discriminação a mulheres em muitos Estados muçulmanos, ou as castas japonesas, ou mesmo o sistema de classes na Inglaterra, que apelaram à religião para se justificar, perpetua-se apesar de ter pouco apoio em textos religiosos.

---

Mas, voltando aos gregos antigos, os estoicos defendiam que a alma humana é imortal e reencarna periodicamente. Pitágoras ensinou que pessoas e animais compartilham as mesmas almas. Em uma ocasião ele alegou ter ouvido a voz de um amigo nos uivos de um cachorrinho sendo espancado e, em outra, começou a chorar ao ver um escudo com marcas de batalha, dizendo que havia sido seu escudo durante a batalha de Troia!

Pitágoras pode não ser muito convincente para a teoria (mas, e daí, é o homem que alegou que um rio, repito, um *rio*, havia reconhecido-o e chamado-o pelo nome), mas Sócrates e Platão também parecem ter estado comprometidos com a ideia de reencarnação e suas visões foram muito influentes.

Platão usou o exemplo do conhecimento instintivo ou intrínseco para defender que as pessoas herdavam suas mentes de gerações anteriores, enquanto Sócrates, nós sabemos pelos diálogos que Platão escreveu sobre seus últimos dias aguardando a execução, tinha tanta certeza de sua reencarnação que devotou "sua última manhã para raciocinar sobre a real distinção entre a alma e o corpo e as bases para acreditar que ela não nasce com o corpo nem morre com ele". Esses debates filosóficos tiveram enorme influência na literatura e religiões ocidentais — e parcialmente explicam por que as obras de Platão frequentemente estiveram na lista de livros banidos da Igreja Católica.

O Renascimento pela Europa significou um novo interesse nas ideias de pessoas como Platão e Pitágoras, e mesmo pessoas com mente científica como Leonardo Da Vinci na Itália e Paracelso (que foi pioneiro em vacinas) discutiram a ideia exaustivamente em suas anotações. Como expôs Paracelso:

> *Algumas crianças nascem do céu; outras, do inferno, porque cada ser humano possui tendências inerentes, e essas tendências pertencem a seu espírito e indicam o estado no qual existiram antes de nascer.*

Alguns séculos depois, Espinoza e Leibniz (que foram contemporâneos) escreveram sobre a imortalidade humana e a reencarnação, e, na França, Voltaire declarou: "Não é mais surpreendente nascer duas vezes do que nascer uma; tudo na natureza é ressurreição".

De todo o interesse filosófico na teoria encontra-se o pequeno livro de Kant acerca da reencarnação, que é o mais inesperado. Kant oferece uma nova ideia também: a de que as pessoas não só renascem neste planeta, como em outros também. Bem, por que não? Isso traz *Star Trek* à vida....

Foi Schopenhauer, contudo, o primeiro dos tempos contemporâneos a coletar e publicar referências à teoria da reencarnação, acrescentando uma introdução curta na qual ele fala da ideia que "aflora das primeiras e nobres eras da raça humana, sempre espalhada vastamente pela Terra como a crença da grande maioria da humanidade". Ou, como seu amigo, o célebre escritor Johann Goethe, expressou-o:

> *Estou certo de que já estive aqui como estou agora milhares de vezes antes e espero retornar milhares de vezes mais... O homem é um diálogo entre a natureza e Deus. Em outros planetas, esse diálogo sem dúvida terá um caráter superior e mais profundo. O que falta é Autoconhecimento. Após isso, segue-se o resto.*

O antigo oráculo grego de Delfos não poderia ter dito melhor.

# Capítulo 7

# Entendendo os "Ismos"

> ....a despeito de si próprio, qualquer movimento que pense e aja em termos
> de um "ismo" torna-se tão envolvido na reação contra outro "ismo" que é
> involuntariamente controlado por ele. Pois isso então forma seus princípios
> por reação contra o outro "ismo", em vez de pôr uma investigação
> abrangente e construtiva de necessidades, problemas e possibilidades reais.
>
> – John Dewey

**E**ste capítulo aborda o que é um "ismo" e do que se tratam alguns ismos filosóficos importantes em particular. Muitos dos debates na filosofia são representados por dois lados opostos, cada um operando sob seu próprio "ismo" — por exemplo, os grandes debates entre o empirismo e o idealismo ou entre o fascismo e o socialismo. Além disso, frequentemente as diferenças não são tão claras quanto parecem e, embora seja fácil rotular uma visão criando ou usando um ismo, fazê-lo com frequência confunde em vez de esclarecer. E, embora os ismos sejam tão abstratos, tais confusões podem ter consequências e perigos muito reais.

## O que É um Ismo?

Por exemplo, o que são imperialismo, vegetarianismo, monetarismo, platonismo, surrealismo, pós-racionalismo, utilitarismo, nazismo e neoconservadorismo, fundamentalismo, islamismo, consumismo, freeganismo, comunismo, libertarianismo, pós-modernismo, modernismo, autoritarismo, romantismo, ambientalismo… A lista de ismos não acaba! É alarmante!

Mas, de fato, um *ismo* é basicamente apenas uma palavra que teve o sufixo "*ismo*" acrescentado a ela.

Originalmente, era uma ideia bastante prática. As pessoas acrescentavam o sufixo *ismo* a verbos ,que descrevem ações, para formar substantivos, que descrevem coisas. Por exemplo, os vigários batizam bebês em igrejas, e isso leva à necessidade de um novo substantivo para descrever a ocasião — *batismo*. Ou pegue a atividade de resenhadores criticando livros; não há palavra melhor para chamar senão *criticismo*. Na verdade, existem vários tipos de ismos bastante diferentes que as pessoas usam para expressar diferentes tipos de conceitos. A Tabela 7-1 lista aqueles que interessam aos filósofos particularmente.

| Tabela 7-1 | Diferentes Tipos de Ismo |
|---|---|
| *Categoria Conceitual* | *Exemplo* |
| Doutrina ou filosofia | Empirismo, relativismo, hedonismo, existencialismo |
| Teoria desenvolvida por um indivíduo | Platonismo, hegelianismo, marxismo |
| Movimento político | Fascismo, socialismo, feminismo |
| Preconceito ou viés | Sexismo, idadismo, racismo, especismo |
| Movimento artístico | Surrealismo, expressionismo, impressionismo |

Os ismos só se tornam algo propriamente dito no final do século XVII (os dicionários registram o primeiro uso conhecido do termo em 1680), mas, uma vez identificados, a partícula logo pega, particularmente como uma forma de ser rude em relação a certos grupos de pessoas. Pela metade do século XIX, vários usos depreciativos haviam se tornado populares nos Estados Unidos, tendo sido os ismos uma forma conveniente para resumir movimentos supostamente "benfeitores", como o feminismo, proibicionismo (aqueles que tentam proibir coisas, como o álcool) e, sobretudo, o socialismo. A maioria dos americanos odeia o socialismo, e a palavra empresta-se a longos resmungos raivosos de desaprovação graças ao sufixo *ismo*. Em 1856, um jornal, o *Richmond Examiner*, resumiu tudo publicando uma série de editoriais com o título "Nossos Inimigos, os Ismos e seus Propósitos".

Um dicionário pode dizer que ismos são palavras que descrevem coisas: *sufixos que vieram a representar uma forma de categorizar, classificar e amalgamar áreas do conhecimento.* Porém os ismos são, na realidade, coisas em si. Por exemplo, o feminismo é agora também uma filosofia, assim como um movimento político, com crenças e valores filosóficos distintos. Criar um ismo não é meramente criar uma palavra, mas uma nova forma de pensar o mundo, ainda mesmo revelar a até aqui obscura forma platônica. O "socialismo" pode não existir na Terra, mas certamente existe no universo alternativo de Platão. Colocando de outra maneira, um novo ismo bem-sucedido torna-se um ideal permanente de algum tipo, com uma espécie de status eterno no mundo do conhecimento. Não é de se espantar que os ismos se tornaram tão integrados às formas de pensar das pessoas. No mundo misterioso dos ismos, não só os gigantes ismos políticos existem, como socialismo e fascismo, mas também os fundamentais ismos sociais e econômicos, como capitalismo e monetarismo, ao lado de ismos filosóficos mais tradicionais, como relativismo e existencialismo. Sem esquecer os ismos culturais e artísticos... Bem, eu já tinha esquecido.

Se em um momento bastava criar um ismo para que este fosse muito admirado, hoje em dia apenas alguns merecem atenção. O fascismo é interessante, por exemplo, com uma longa história, relevância contemporânea e muita confusão acerca de seu significado e natureza fundamentais. Ele merece sua própria palavra, mesmo que ninguém realmente a use corretamente. Mas muitos outros ismos, como o platonismo, por exemplo, mais ainda o neoplatonismo, parecem mais confusos que esclarecedores. Nós passaríamos bem sem eles!

Infelizmente, os ismos confusos existem. Porém, pelo menos, você pode decidir usá-los ou não. O neoplatonismo, por exemplo, descreve os esforços de filósofos posteriores para reconciliar os trabalhos de dois grandes mestres, Platão e Aristóteles, geralmente considerando a abordagem prática de Aristóteles como um caminho para a "sabedoria superior" de Platão. Você consegue viver sem isso? Pode apostar! Como o platonismo e o aristotelismo, tem mais a ver com impressionar as pessoas por meio de jargões do que com transmitir uma ideia em particular. Mas outros ismos, embora pareçam intimidadores a princípio, são mais difíceis de dispensar. Pegue dois exemplos centrais na busca filosófica pelo conhecimento, empirismo e idealismo, que as próximas seções discutem.

## Social-ismo

Foi no século XIX que os críticos das sociedades industriais emergentes, como Robert Owen, Henri de Saint Simon e Pierre Proudhon, utilizaram pela primeira vez o termo *socialismo*. Esses três críticos compartilhavam uma preocupação em comum a respeito dos excessos do capitalismo, como os vistos nas cruéis condições dos trabalhadores nas novas fábricas, que talvez fossem iluminadas a gás e cheias de químicos venenosos, e queriam substituir a produção por lucro pela produção social, por necessidade. Em sua visão otimista, as comunidades de trabalhadores organizariam essa produção social em pequena escala.

Embora as pessoas frequentemente liguem o marxismo ao socialismo, o próprio Marx desdenhava de tais aspirações, vendo-as como meras reformas, de fato, *reformismo*, incapazes de endereçar os problemas fundamentais do capitalismo. Em contrapartida, ele propôs obter-se o verdadeiro socialismo por meio do *comunismo*, um movimento que tem um conjunto de características que Marx e seu colaborador Engels estabeleceram em seu *Manifesto Comunista*. O elemento mais importante é a posse pelo Estado de todos os meios de produção. Contrário aos reformistas, isso implica que o Estado controla e possui o trabalho das pessoas também.

# Escolhendo entre Empirismo e Idealismo

O empirismo e o idealismo são dois dos conceitos-chave na história da filosofia.

O *empirismo*, na filosofia pelo menos, é a teoria de que se tem acesso direto à realidade por meio dos sentidos, e, de fato, construiu todas as suas grandiosas teorias da interação sensorial comum com o mundo. Ele diz que nada está no intelecto a menos que tenha estado previamente nos sentidos.

O *idealismo*, em contraste, mantém que a realidade é definitivamente baseada na mente, de forma que tudo que nós podemos realmente saber ou ter certeza é de nossos pensamentos.

Esta seção explica cada conceito e mostra suas principais diferenças.

## Implorando por uma abordagem mais prática

O empirismo contrasta com teorias como aquela exposta em *Mênon* por Platão (veja o Capítulo 3), em que um menino escravo é "levado a lembrar" como compreender a área de um triângulo, supostamente demonstrando a visão de Platão de que as pessoas já nascem equipadas com vários conceitos importantes. Platão diz que isso se dá porque a alma existe antes do corpo e está em "um estado de comunhão" com todas as ideias importantes em um tipo de universo paralelo abstrato. Infelizmente (Platão explica), nascer *é* muito traumático para a alma, então, dessa forma, ela esquece-se temporariamente de muito do que sabia previamente quando se une ao corpo no nascimento. Se as pessoas tiverem sorte, à medida que crescem, relembram ("re-lembrar") suas ideias perdidas e desenvolvem progressivamente uma compreensão mais clara das coisas que elas (ou suas almas) sabiam.

Isso soa bastante teórico, para não dizer implausível ou mesmo insubstancial, e não é de se surpreender que outras pessoas imediatamente defenderam um retorno a uma abordagem mais prática. Uma longa série de pensadores, do aluno de Platão, Aristóteles, até os neurocientistas de hoje, supõe, em oposição, que se pode concluir todas as sutilezas e complexidades do conhecimento simplesmente da experiência sensorial do mundo externo junto à reflexão mental posterior sobre o que se vivenciou ou observou.

Essa abordagem é o empirismo, e um dos grandes impulsionadores da teoria foi John Locke, que (escrevendo no século XVII), sem rodeios, rejeitava quaisquer teorias de ideias inatas (como as de Platão) e ofereceu, em contrapartida, a analogia de que a mente no nascimento é como um papel em branco esperando experiências sensoriais para que se escreva informações nele. Para ele, e outros empiristas, o mundo mental é um coproduto do mundo físico.

Se Platão parece bem antiquado e Locke muito mais científico, isso não quer dizer que o assunto esteja definido. Na realidade, no século XX, o influente filósofo Noam Chomsky propôs que a mente humana tem, sim, uma estrutura inata, à maneira suposta por Platão. Contudo, Chomsky prefere caracterizá-la como um tipo de gramática universal que se revela quando uma criança pequena aprende a falar rapidamente, antes mesmo de aprender outras coisas práticas como chutar bolas ou empilhar caixas (menos ainda de comer), e tudo isso apesar de uma exposição limitada à sua língua nativa.

## Recheando frangos com Francis Bacon

Francis Bacon (1561–1626) foi advogado, filósofo e político na corte da rainha Elizabeth (e, posteriormente, do rei James), na Inglaterra dos Tudor. Como se já não fosse honra suficiente, ele também é tradicionalmente citado como o primeiro empirista britânico.

Bacon sintetizou a fé renascentista no método científico e devotou-se a desenvolver um sistema combinando um dado extraído da experiência com um esplêndido novo ismo e uma forma de raciocínio negativo chamado, hoje em dia, de indução eliminativa (mas, esplêndido ou não, não se preocupe em fazer uma anotação disso — é jargão). Seu objetivo era oferecer uma base sólida para certos conhecimentos enquanto permitia a maior extensão possível para ideias e pesquisa. Por exemplo, cientistas analisando a relação entre calor e luz deveriam preocupar-se com casos onde o calor está presente, como nos raios do sol, e onde está ausente, como nas fosforescências. A abordagem refletia o treinamento jurídico de Bacon, como as leis comuns inglesas desenvolvem-se indutivamente (como olhando decisões tomadas em casos anteriores), antes de serem aplicadas como uma lei estabelecida para casos novos.

As investigações práticas de Bacon também incluíam um interesse pela teoria das semelhanças naturais, a antiga preocupação de herboristas e curandeiros (e médicos magos). Eles pensavam, por exemplo, que flores com bolhas que se assemelhavam a sangue poderiam ser boas para o sangue ou que comer nozes (que parecem pequenos cérebros) poderia ser bom para o cérebro. Bacon percebeu que a neve e o sal eram ambos cristais brancos e criou a hipótese de que rechear frangos com neve poderia preservar a carne de forma parecida à que o sal fazia. De fato, ele não só criou essa hipótese, como, em um dia frio de inverno, colocou-a em prática, que é como faz o empirismo. Infelizmente, no caso dele, ele pegou pneumonia e morreu logo depois, que é o que os idealistas (veja a seção a seguir), não os empiristas, deveriam fazer. Para piorar mais ainda as coisas, ele deixou seu livro mais importante, *Novum Organum* (1620), inacabado.

# Tentando Detalhar o Idealismo

É melhor selecionar filósofos empiristas do que idealistas, porque o idealismo é uma doutrina mal definida. Por outro lado, o *idealismo* é a visão de que as ideias são o próprio estudo da filosofia, porque só se tem consciência de ideias e, de fato, elas são, bem possivelmente, tudo que existe. O idealismo puro, em particular, opõe-se ao que se poderia considerar visão de senso comum de que um mundo real existe lá fora e, ainda que imprecisamente, as ideias são criadas fora dele. Mas, por outro lado, o idealismo também é a visão de que as ideias de algum modo se relacionam, sim, com o mundo das coisas. A Figura 7-1 resume a posição idealista.

Bem, então, quais filósofos são idealistas? Lamentavelmente, nem isso está claro. Desde que Platão argumentou que os aspectos fundamentais da realidade eram as ideias, e as percepções sensoriais, meras sombras, ele pode ser um bom candidato, mas a maioria dos filósofos insiste que essa abordagem não é estritamente idealismo, porque ele parece pensar que as ideias existem sim — fora da mente, em um universo paralelo mental que ele chama de "mundo das formas".

## Diferentes tipos de ideias inatas

Para René Descartes, há três tipos de ideias — um termo que ele utiliza para se referir tanto a conceitos quanto a verdades filosóficas:

✔ Ideias *adventícias* (que entram na mente a partir de uma fonte externa) incluem aquelas de coisas em particular, dores, sons, cores e outras *sensíveis* (que podem ser sentidas), qualidades que são definitivamente adquiridas por meio do uso dos sentidos. Tais ideias não poderiam ser o material de certos conhecimentos, porque os sentidos são falhos e potencialmente enganosos.

✔ Ideias *fictícias* (criadas ou inventadas pela mente) são produtos de fantasia e não exercem nenhuma função no conhecimento científico.

✔ Ideias *inatas* são diferentes das outras duas, em que ambas são muito gerais e muito claras e distintas. Isso capacita-as a oferecer as bases de certos conhecimentos — ou pelo menos é isso que diz Descartes. Ideias nessa categoria incluem Deus, liberdade, imortalidade, substância, mente e matéria e outros conceitos matemáticos, como círculos e triângulos, bem como uma série de outras (alegadamente) verdades autoevidentes (que Descartes nunca define precisamente).

## O idealista ideal

A maioria dos filósofos apega-se a Descartes (1596–1650) como exemplo de idealista, com sua distinção caprichosa entre o mundo de *extensão* lá fora (objetos que podem ser medidos porque estão "estendidos" no espaço) e o mundo das mentes, povoado somente de ideias.

### Identificando o Idealismo

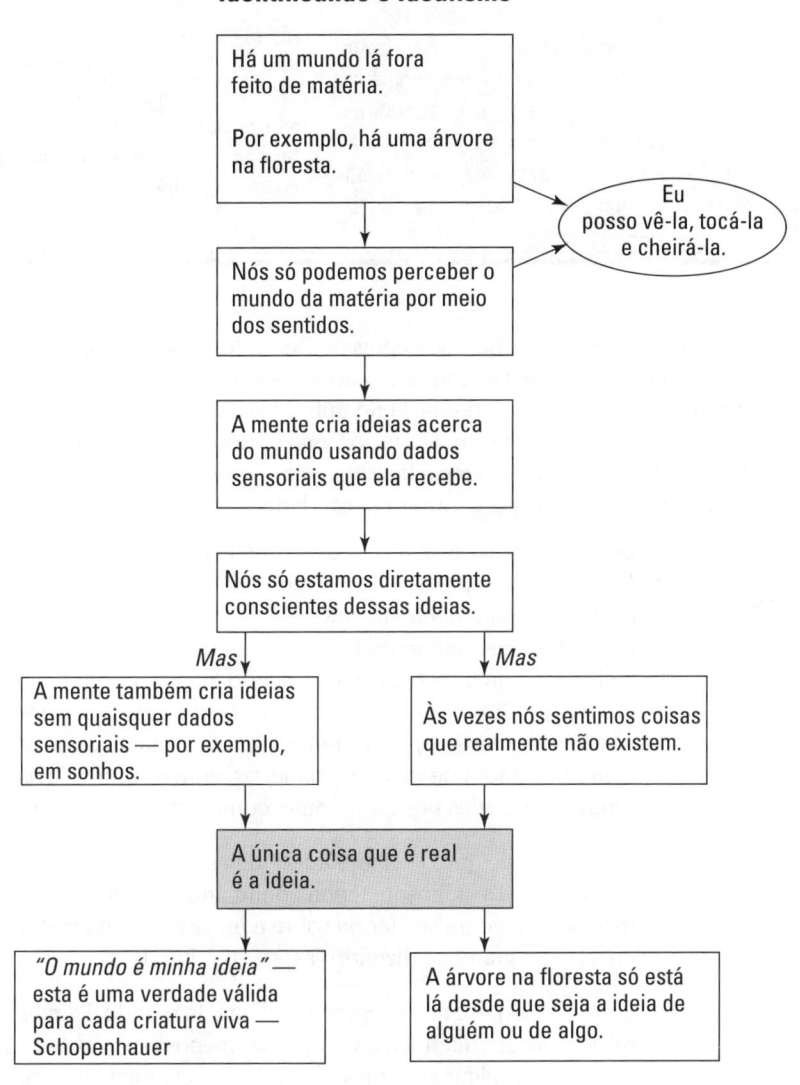

Há um mundo lá fora feito de matéria.

Por exemplo, há uma árvore na floresta.

Eu posso vê-la, tocá-la e cheirá-la.

Nós só podemos perceber o mundo da matéria por meio dos sentidos.

A mente cria ideias acerca do mundo usando dados sensoriais que ela recebe.

Nós só estamos diretamente conscientes dessas ideias.

*Mas* A mente também cria ideias sem quaisquer dados sensoriais — por exemplo, em sonhos.

*Mas* Às vezes nós sentimos coisas que realmente não existem.

A única coisa que é real é a ideia.

*"O mundo é minha ideia"* — esta é uma verdade válida para cada criatura viva — Schopenhauer

A árvore na floresta só está lá desde que seja a ideia de alguém ou de algo.

**Figura 7-1:** Entendendo o idealismo.

# Idealismo crítico

Immanuel Kant tentou, mas não conseguiu, impor alguma estrutura ao idealismo (do que decorre que sua escola seja às vezes chamada de *idealismo crítico*), objetando a filósofos que utilizam a palavra *ideias* para englobar tanto coisas físicas, como ser vermelho, assim como teóricas, como justiça. Kant também achava que certos conceitos, como os de espaço e tempo, estruturam ideias e, portanto, devem ser anteriores a elas. De fato, ele escreveu que todas as outras ideias se baseiam em algo mais — mas esse algo, ele pensava, deve sempre continuar inalcançável para nós.

Kant viveu em Bergsônico, onde hoje é a Rússia, mas escreveu em alemão, e foram particularmente filósofos alemães obscuros (notoriamente Fiche, Schelling e Hegel) que levaram esse último elemento de sua filosofia adiante, produzindo crescentemente teorias metafísicas da realidade fundamental e a suprema importância da mente humana nisso.

---

*Idealismo*, como termo, só aparece depois de Descartes. Entretanto, quer o ismo tenha existido ou não, a visão de Descartes de fato ajudou a motivar Leibniz (1646–1716) a criar sua própria teoria idealista e grandiosa do universo composto de misteriosas mônadas (que são, propriamente, pensamento puro). Isso se deu porque o mundo de matéria tridimensional de Descartes parecia-lhe sem vida, passivo e inerte, e, assim, precisava de algum elemento espiritual para trazê-lo à realidade.

Escrevendo na mesma época em que Leibniz, o bispo Berkeley (1685–1710) parece representar uma forma de idealismo bem puro, porque ele afirma firmemente que tudo de que as pessoas têm ciência é ideia e concluiu que não se pode dizer que qualquer coisa que não seja uma ideia tenha qualquer existência, sendo alegações em contrário apenas isto: alegações. Outros filósofos britânicos (notoriamente, Hume e Bradley) assumiram a visão oposta e tentaram ressuscitar a percepção sensorial como produtora de ideias verdadeiras, com as outras ideias abstratas sendo produzidas posteriormente, como eram, desse material bruto.

Suspeita-se de que o célebre autor inglês e escritor de um dos primeiros dicionários, Dr. Johnson, tenha conhecido Berkeley pessoalmente e lidou rispidamente com sua teoria sobre a inexistência da matéria chutando uma pedra grande e dizendo "assim eu refuto isso".

E a visão de que sua percepção cotidiana do mundo é direta (em vez de sujeita a alguns intermediários mentais, menos ainda a alguma mutreta aleatória que alguns filósofos acalentam!) é chamada de *idealismo ingênuo*. Ele diz, categoricamente, que aquilo que as pessoas pensam antes de estudar filosofia é geralmente correto. A cadeira realmente está ali, a neve realmente é branca e a pedra realmente machuca seu pé se você chutá-la.

## *Fazendo poções mágicas com George Berkeley*

O bispo George Berkeley é normalmente colocado no outro extremo filosófico que Francis Bacon. No Capítulo 5, abordo a teoria de que objetos materiais existem apenas por meio da percepção que se tem deles, o que torna as ideias reais e as experiências sensoriais imaginárias e ilusórias. Isso faz com que ele pareça nada prático — portanto, um "idealista", como mandam os ismos filosóficos. Ainda assim, curiosamente, como Francis Bacon, Berkeley também teve seu lado prático. Ele foi o primeiro dos grandes filósofos europeus a viver nas Américas e, enquanto esteve aqui, observou bem seus entornos e descobriu o que veio a chamar de *água de alcatrão*. Trata-se de uma infusão que tem como base a seiva de pinheiros acrescentada à água, e Berkeley acreditava que tinha propriedades medicinais extraordinárias. Então, quando de seu retorno, ele encontrou seus conterrâneos irlandeses sofrendo por dois anos de fome e praga, tentou tratá-las com essa "panaceia" — e, mais, parecia ajudar!

Berkeley demonstrou que mesmo os idealistas podem ser muito práticos quando querem, preparando sua água de alcatrão da mesma forma tanto para enfermos como para famintos, misturando cuidadosamente alcatrão de pinheiro (seiva) com água, deixando assentar e, então, drenando o líquido e engarrafando-o. É bom que se saiba, ele também encontrou tempo para escrever seu guia filosófico, *Siris*, com o subtítulo "Reflexões e pesquisas filosóficas concernentes às virtudes da água de alcatrão e diversos outros temas conexos entre si e originados um do outro", que detalhava as virtudes da água de alcatrão para curar a maioria das doenças. Seu próprio ismo inventado previamente — a teoria do *imaterialismo* — reapareceu aqui, agora inserido em um relato de como a água de alcatrão medicinal funciona. E é em *Siris* que o ismo realmente deixou sua marca. Não mais apenas uma teoria filosófica empoeirada, o livro tornou-se um best-seller na Europa, bem como na América!

Berkeley estava tão encorajado pelo sucesso de seu livro que chegou a escrever um poema intitulado simplesmente "On Tar" (Do Alcatrão), que faz uma conexão entre sua cura terrena e a verdade celestial, e, à sua forma, também é útil para distinguir o empirismo do idealismo. Contudo, a maioria dos compradores de *Siris* leu-o por seu conselho médico e deixou passar a significância das reflexões filosóficas e eclesiásticas. O relato de Berkeley dos poderes curativos universais da água de alcatrão por referência à teoria das formas de Platão, assim como a Trindade e outras doutrinas antigas, provavelmente era rico demais para a gente comum, especialmente quando estava faminta e doente.

## Sentido, dado sensorial e sensação

Os filósofos gostam de inventar novos conceitos para explicar os velhos. O que é exatamente que os sentidos sentem? Por que não *dado sensorial*? Um tipo parecido de truque trabalha com aquele ismo um tanto alarmante chamado *epifenomenalismo*. Essa doutrina de nome grandioso na verdade propõe uma teoria bem pé no chão, a de que os estados de consciência, inclusive sentimentos e emoções, são apenas coprodutos de vários estados cerebrais. Ou, como T. H. Huxley elegantemente colocou, sentimentos são tão completamente impotentes em modificar a função dos sentidos quanto o "apito de vapor que acompanha o funcionamento do motor de uma locomotiva é uma influência em seu maquinário".

Mas voltando ao dado sensorial. O novo conceito foi introduzido na filosofia de língua inglesa no século XX, por meio dos escritos de filósofos como G. E. Moore e Bertrand Russell, porém muito antes de que outros filósofos (majoritariamente anglófonos) tivessem indicado a necessidade de tal nova entidade. Locke teve suas "ideias sensoriais" e Berkeley teve suas "qualidades sensíveis", e Hume criou também as "impressões".

No século XIX, nos Estados Unidos, William James e outros pensaram que a psicologia exigia tal distinção também. De fato, muitos filósofos defenderam, desde então, que são apenas esses dados sensoriais que são percebidos e, consequentemente, percebem-se esses dados sensoriais muito bem e o mundo real, muito mal.

Como discutido no Capítulo 5, Berkeley, em particular, desconsiderava a ideia de que se sente, digamos, uma pedra morna, porque isso atribuiria uma qualidade a um objeto inanimado que certamente não deveria estar lá — o calor é simplesmente uma sensação que você tem em sua mente. Similarmente, Berkeley reclamou de que, quando se aproxima de uma árvore, ela torna-se maior, mas na realidade não se torna — ela meramente parece mudar. O filósofo presbiteriano escocês, e muito pé no chão, Thomas Reid (1710–1796), desconsiderou completamente tais mudanças na aparência como sendo exatamente aquilo que se deveria esperar, visto que, se você estiver olhando para um objeto real, ele deve mudar à medida que você muda de posição em relação a ele.

# *Aplicando Utilitarismo*

Compartilhando do *paternalismo* de Berkeley (o desejo de atuar em prol do melhor interesse dos outros, como um bom pai faz ao seu filho), o filósofo britânico Jeremy Bentham (1748–1832) via o mundo como uma fenda entre duas grandes forças: a busca por prazer e a fuga da dor. Disso, ele intuiu que seria melhor maximizar o primeiro e minimizar o último e que todas as outras considerações irrelevantes. Isso ficou conhecido como *princípio da utilidade*, e os escritos de Bentham são uma pura forma de utilitarismo.

A doutrina não dá espaço para o gosto individual, assim como não permite lugar para direitos ou deveres, embora Bentham permita que tenha funções sociais desejáveis como ficções convenientes. Como ele escreve na frase de abertura na introdução de *Princípios da Moral e da Legislação* (1789):

> *O princípio de utilidade julga qualquer ação como correta pela tendência que ela tem de parecer aumentar ou diminuir a felicidade daquele cujos interesses estejam em questão... Se for a comunidade, a felicidade da comunidade; se for um indivíduo, a felicidade desse indivíduo.*

## Construindo prisões para colocar todo mundo com Bentham

A obra de Bentham foi extensa e podia parecer errática às vezes. Ele dispendeu muito tempo e energia tentando avançar na vigilância como ferramenta para uma sociedade bem conduzida, chegando a desenhar planos detalhados para a construção de prédios circulares onde apenas uma pessoa — um inspetor — poderia vigiar e controlar as ações de muitas. Ele considerou sua invenção particularmente adequada para prisioneiros, mas os *Panopticons* ou casas de inspeção são também, Bentham esclarece, aplicáveis a qualquer tipo de estabelecimento onde as pessoas precisam ser mantidas sob inspeção, como hospitais, fábricas, manicômios — e escolas e faculdades!

Em carta a um amigo filosófico, Bentham descreveu tudo entusiasmadamente em detalhes:

> *Para poupar o esforço problemático de voz que poderia ser de outra forma necessário e impedir que um prisioneiro saiba que o inspetor está ocupado com outro à distância, um pequeno tubo fino estender-se-ia de uma cela à outra até a guarita do inspetor, atravessando a área e também ao lado da janela correspondente à guarita. Por meio desse implemento, o menor sussurro de um poderia ser ouvido pelo outro, especialmente se ele tivesse a percepção de colocar seu ouvido no tubo.*

Quanto à inspeção:

> *...pode ser restrita às horas de estudo ou pode ser feita em tempo integral, inclusive nas horas de repouso, lanche ou recreação. Às primeiras dessas aplicações, o mais capcioso acanhamento sequer fantasiaria uma objeção: concernente às horas de estudo, não pode haver, eu acho, um desejo senão o de que elas devam ser aplicadas ao estudo. Pouco se precisa observar de que grades, barras e ferrolhos e toda circunstância da qual uma Casa de Inspeção possa adquirir um caráter terrível não possuem função aqui. Toda brincadeira, toda conversa, resumindo, toda distração de todos os tipos está banida para todos os efeitos....*

Esse é o princípio básico do utilitarismo. Contudo, é em um livro menos formal de Bentham, *The Commonplace Book*, que se encontra a frase "a felicidade do maior número", que realmente resume a filosofia (*Commonplace books* eram um tipo de caderno de rascunho sofisticado, popular na época entre intelectuais, onde copiavam seus poemas preferidos e assim por diante). Na realidade, essa frase se originou um pouco antes, com Frances Hutcheson (1694–1746), que disse que "A melhor ação é a que assegura a maior felicidade para os maiores números".

Que tipo de pessoa era Jeremy Bentham? De algumas maneiras, ele era um radical, iconoclasta e progressista; de outras, era um reacionário, um intransigente e desmancha-prazeres. As pessoas frequentemente usam seu sistema, o utilitarismo, para justificar atos que, individualmente, são repugnantes. Pegue, por exemplo, o uso de animais em experimentos. Pode parecer cruel fazer cachorros fumarem cigarros ou colocar xampu nos olhos de gatos, mas os fins justificam os meios, sendo esse fim a proteção da saúde humana. E, embora a maioria dos argumentos filosóficos para experimentos com animais seja utilitarista — justificada dizendo que os benefícios para os humanos pesam mais que do os danos aos animais —, o "pai" dessa escola opunha-se firmemente a tais argumentos. Em *Princípios da Moral e da Legislação*, Bentham diz firmemente:

> *Virá o dia em que o resto da criação animal poderá conquistar aqueles direitos que nunca deveriam ter-lhes sido negados senão pelas mãos da tirania. Os franceses já descobriram que o tom escuro da pele não é razão por que um ser humano deveria ser abandonado sem reparação por parte do tormentador. Que venha o dia em que se reconheça que o número de pernas, a vilosidade da pele ou a terminação do sacro sejam razões igualmente insuficientes para relegar um ser sensível ao mesmo destino. O que mais há que deveria traçar a linha insuperável? É a faculdade da razão ou, talvez, a faculdade do discurso? Entretanto, um cavalo ou um cachorro adulto é além de qualquer comparação mais racional, bem como mais sociável, que um bebê de um dia, ou de uma semana, ou mesmo de um mês de idade? Porém suponha que o caso fosse o contrário, em que ajudaria? A questão não é, eles podem raciocinar?, nem eles podem falar?, mas eles podem sofrer?*

# Racionalismo ou irracionalismo?
## Eis a questão...

Racionalismo vem da palavra latina para *razão*, e ser racional é, supostamente, o maior objetivo da filosofia. Contudo, há julgamentos de valores e preconceitos intrínsecos na busca pela racionalidade. Por que, afinal, o mundo é obrigado a ser racional apenas porque as pessoas querem ser? O *racionalista* procura aplicar seus poderes de raciocínio, lógica e capacidades analíticas a conquistar entendimento completo. O empirismo, por outro lado, diferente do racionalismo, alega não só prejulgar questões, mas também meramente tomar notas, para observar e deduzir.

Hoje em dia, não somente psicólogos, como também economistas, fizeram bom uso do fato de que o animal humano é tudo menos racional, e um ramo da filosofia, conhecido como *teoria dos jogos*, tenta explorar situações em que decidir o que é racional em vários casos depende do que o outro decide, com todo o problema de retorno que isso implica.

Desde que Aristóteles declarou que "O homem é um animal racional", a irracionalidade tem sido vista como um modo de operação somente dos desajustados ou de-

ficientes. De qualquer forma, os humanos não são animais racionais de forma alguma, são no máximo quintessencialmente animais irracionais. Os animais organizam a informação em seus focinhos para encontrar comida, abrigo e reproduzir; os seres humanos fazem um pouco mais que isso. É por isso que os sábios chineses chamavam o humano de "animal moral". Platão certamente achava que os maiores processos de pensamentos não eram simplesmente um negócio mundano de processar informação, ainda que apenas alguns (filósofos) pudessem alcançar esses processos, e de uma forma um tanto místico (irracional). São Tomás de Aquino também tinha certeza de que algumas conclusões importantes dependiam não da razão, mas da "fé apenas". Como foi observado em outra parte, Aristóteles distinguia homens de mulheres, dizendo que apenas os homens eram racionais.

Já no século XVIII e no Iluminismo, a racionalidade voltou a ser prezada, e pensadores como Locke, Leibniz, Bentham e Espinoza engajaram-se em tentar alcançar sistemas bem-ordenados para processar informações e obter conclusões plausíveis.

Como Francis Bacon, Jeremy Bentham era advogado (descendente de duas gerações de advogados), inglês e muito prático em sua abordagem. Quanto aos debates jurídicos, ele achava que o que seus contemporâneos celebravam como direitos naturais eram pouco mais do que direitos imaginários, e que leis reais criavam direitos reais. Ele descrevia a *Declaração dos Direitos Humanos* francesa como "bobagens em pernas de pau", alertando que querer algo não é supri-lo, da mesma forma que fome não é a mesma coisa que pão.

Contudo, ele ainda tratou de seus próprios esquemas bastante idealistas, como seu *Plano para uma Paz Universal e Perpétua* (1789). Resoluto pela recepção calorosa ao seu Panopticon (veja o box "Construindo prisões para colocar todo mundo com Bentham"), esse plano é o mesmo princípio escrito mais extensamente, essencialmente fiando-se em um "olho" supranatural para policiar o mundo — não à força, é claro, mas pela livre troca de informação, envergonhando quaisquer nações transgressoras para que entrem na linha. Ainda, sem dúvidas ciente da falta de resposta política ao seu Panopticon, Bentham fez campanha ativa pela reforma do sistema político britânico, defendendo, à época, radical, o caso de "para cada homem, um voto".

Bentham viu-se na função de líder espiritual de um tipo de movimento utilitarista e doou seu corpo (após a morte) para a University College London (que ele ajudou a fundar), onde permanece até hoje, preservado em uma caixa de vidro.

# Deixando Tudo em Suspenso com o Relativismo

Se você acha que "os fins justificam os meios" — princípio caro ao utilitarismo, parece um atropelo às liberdades civis, está certo — é sim. Mas o princípio filosófico tão querido pelos utilitaristas é, de muitas formas, uma *antimoralidade*: ele joga fora todas as noções de certo e errado, substituindo-as por apenas a medida do que é útil. Dessa forma, o utilitarismo não se opõe totalmente a esse outro grande ismo, o relativismo.

## Relativismo

O *relativismo* é a ideia de que julgamentos, posicionamentos e conclusões são relativos a culturas individuais, situações divergentes e percepções diferentes. Ele nega a existência de critério universal ou absoluto, mantendo, em contraste, a posição de que o que se sabe e o que se há para saber são relativos: aos seus próprios gostos, experiências, cultura e atitudes. O relativismo substitui a variabilidade de pontos de vista e mecanismos perceptuais por universais quando se consideram questões morais, bem como alegações gerais de conhecimento, inclusive da ciência.

"O homem é a medida de todas as coisas", disse Protágoras, na Grécia Antiga, e isso é o cerne do relativismo filosófico. O que é bom para você pode não ser para mim se você for um canibal e eu, um vegetariano. O que é grande para você pode não ser para mim, se você for uma formiga e eu, um elefante. De fato, Protágoras era particularmente preocupado com esse último tipo de relativismo perceptual.

Existem muitos tipos de relativismo. Eles vão desde versões fortes, que defendem que todas as verdades são relativas, às mais limitadas, que meramente destacam o grande número de padrões, valores e costumes sociais divergentes.

É fácil ver por que o relativismo frequentemente anda de mãos dadas com o ceticismo. Mas o relativismo possui mais do que um olhar cético; ele defende que melhor e pior — em procedimentos de teste ou em resoluções éticas — não têm base fora da caixa de percepção, não se estendendo além de um indivíduo ou cultura em particular. Platão cita o sofista Protágoras: "As coisas existem para mim na forma como elas parecem para mim; e as coisas existem para você na forma como elas parecem para você" (*Teeteto*, 152ª). Contudo, isso também destaca um problema para o relativismo: que não pode haver falsidade.

Os antigos eram bem cientes do relativismo cultural. As famosas *Histórias* de Heródoto descreviam a gama de costumes que ele encontrou em suas viagens. Uma de suas histórias mais conhecidas trata de estranhas práticas dos calacianos, uma sociedade que considerava essencial que as pessoas, por um sincero sentimento moral, comessem seus pais depois que estes morressem. Isso contrasta com a visão em nossa própria cultura de que comer pessoas é totalmente mórbido. A moral é, se você *realmente* quiser ser relativista, é melhor estar disposto a comer seus pais também!

Entretanto o relativismo cresceu paralelamente a uma tendência histórica. O principal teor das eras moderna e pós-moderna desafiou e, em grande medida, deslocou ideias como o animismo da natureza e a autoridade definitiva de Deus, apenas à medida que uma consciência comum da diversidade de culturas e ângulos de percepção vieram à luz (*animismo*, aliás, é a ideia de que a matéria, das rochas aos humanos, passando pelos animais, contém um sopro de *ânimo* de espírito). Assim como fez com Heródoto, o conhecimento de outras perspectivas minaram certezas de que uma verdade universal ou incondicional existe.

Mesmo a respeito de julgamentos éticos, os relativistas defendem que posições morais não refletem verdades absolutas. Ao contrário, elas enfatizam que esses julgamentos se desdobram de costumes sociais, tendências culturais ou preferências pessoais.

# Rejeitando a Emoção com o Estoicismo

O *estoicismo* é a antiga escola filosófica grega, fundada por Zenão de Cítio, por volta de 300 a.C., que reconhece que os sentidos podem ser enganados, mas acha que a reflexão calma poderia contornar esse problema. Como doutrina, mostrou-se especialmente popular entre os romanos e famosos estoicos italianos, incluindo Sêneca (um tipo de dramaturgo filosófico que foi especialmente bom em descrever o mal) e mesmo um imperador — Marco Aurélio.

Todos os estoicos eram materialistas, mas também identificavam Deus com a natureza. Eles defendiam que apenas a virtude é propriamente boa, porém, reconheciam que é sempre melhor ser rico que ser pobre, embora nenhum dos estados devesse alterar sua felicidade. Eles argumentavam que as emoções são imprestáveis, porque se baseiam em julgamentos equivocados, e que se deve superá-las com base em uma análise de julgamentos. Em seu racionalismo estrito, eles seguiam Sócrates e, de fato, alguns dos estoicos também queriam ser chamados de socráticos.

Hoje em dia, os filósofos lembram-se dos estoicos mais por sua rejeição à emoção (consequentemente, as pessoas utilizam a palavra *estoico* por essa razão). Os estoicos diziam que respostas emocionais são produto do julgamento de que algo ruim aconteceu. Porém, uma vez que coisas externas não possuem valor intrínseco, tais julgamentos são um equívoco. Se um ladrão toma suas posses, então, tudo que você perdeu é o que eles chamavam de *indiferentes preferidos*, que não possuem consequência. Desde que suas virtudes estejam intactas, nada ruim de fato aconteceu, pois apenas isso tem valor intrínseco.

Sêneca reconta a história de Estilbão, um estoico cuja cidade foi capturada por invasores, resultando no desaparecimento de sua esposa, na morte de seus filhos e na destruição de todas as suas posses mundanas. Mas, quando outro filósofo perguntou a Estilbão se ele havia perdido algo, ele respondeu "Claro que não, eu tenho tudo que é valioso comigo".

# Duvidando com os Céticos

Embora *ceticismo* derive da palavra grega *skepsis*, que significa consideração, nos dias de hoje o ceticismo implica duvidar de várias coisas. A evidência dos sentidos é suspeita, dada a (ocasional) incapacidade de distinguir uma percepção real de uma falsa. Os antigos céticos gregos como Arcesilau de Pitane (cerca de 315–240 a.C.) e

Carnéades de Cirene (cerca de 210–130 a.C.) insistiam em que ninguém jamais deveria justificar a alegação de conhecimento a respeito de qualquer coisa no mundo; em vez disso, poderia apenas fazer assertivas otimistas e ingênuas.

# O relativismo e a física

Aqueles que ensinam filosofia desdenharam do relativismo, vendo-o como algo a ser extirpado dos alunos. Não foi assim com a física. Desde Einstein, o relativismo tem sido central na tentativa de encontrar um sentido no universo. Em um artigo intitulado "Geometria e Experiência", Einstein escreveu: "Até onde as proposições da matemática referem-se à realidade, não se estão corretas; até onde elas estão corretas, elas não se referem à realidade". De fato, ele disse que a matemática e a física operam por regras diferentes e devem ficar separadas até certo ponto. A física é empírica, baseada em medições, mas a matemática baseia-se em axiomas que se assumem no princípio.

A *Teoria Especial* de Einstein substituiu os conceitos preferidos de Newton do que ele chamava espaço absoluto e tempo absoluto, ambos eternos e imutáveis, por sistemas fundamentalmente relacionais, mais complexos. As consequências surpreendentes da *Teoria Especial* são que corpos possuem comprimentos diferentes, relógios funcionam em velocidades diferentes e o mesmo evento pode ocorrer em diversos momentos — dependendo do movimento relativo do observador.

"A Teoria Especial da Relatividade" (que ele publicou em 1905) foi inicialmente intitulada "A Eletrodinâmica de Corpos em Movimento" e foi pensada para tratar de aparentes inconsistências na teoria eletromagnética de outro grande físico, James Clarke Maxwell.

Ela faz duas alegações. A primeira é que a velocidade da luz é a mesma para todos os observadores, independentemente de seu movimento em relação à fonte dela. A segunda é que todos os observadores se movendo em velocidade constante devem observar as mesmas leis físicas. Mas Einstein mostrou matematicamente que a única forma pela qual se pode combinar essas duas suposições é tornando o espaço e o tempo (quão grande algo é) *relativos*. Isso vai de encontro à nossa experiência cotidiana, em que assumimos que o tempo passa na mesma velocidade em todos os lugares e os objetos têm apenas um "tamanho", mas, desde então, a teoria tem sido demonstrada em vários experimentos sólidos.

A descoberta de Einstein da relatividade do espaço e do tempo levou a outro insight: a matéria e a energia estão fundamentalmente conectadas — de fato, são a mesma coisa. Isso é resumido na famosa equação:

*$E=mc^2$, onde m= massa e c= velocidade da luz, ao quadrado.*

O legal é que a teoria só é chamada de "especial" porque ainda não está bem completa. Ela não inclui os efeitos da gravidade. Para incluí-los, Einstein levou mais 11 anos. O resultado final: a teoria, que parece sombria, mas mais importante, da Relatividade Geral.

Outros estoicos posteriormente insistiram que havia outras formas de dividir o conhecimento de dado sensorial e distinguir bobagens puras de evidências bem fundamentadas. Contudo, essa nunca foi a visão dos verdadeiros céticos. Durante o Renascimento, 1.800 anos depois, as disputas internas ressurgiram com o interesse renovado pelos escritos de Sexto Empírico (cerca de 150–210), que havia discutido as possíveis razões para tais distinções estoicas.

Esse antigo debate estoico ainda é central na filosofia. A posição convencional é de que o conhecimento é crença real justificada.

Descartes oferece um critério (inútil) em seus escritos de conhecimento como qualquer coisa que é percebida de forma "clara e distinta", isso, por sua vez, estando na alegação de que Deus não enganaria. A resposta mais astuta do bispo Berkeley às alegações céticas sobre o que as pessoas pensam que percebem foi dizer que o que você acha que percebe é exatamente o que você percebe, porque não existe nada superior ou mais real que os pensamentos, afinal (você pode encontrar muito mais ideias sobre o que torna algo "conhecimento" nos Capítulos 9 e 10).

# Evitando "Ismos" Perigosos

Existem muitos ismos perigosos — especialmente quando se começa a entrar na área de teoria política. O fascismo é talvez o mais famoso. A doutrina política combina três outros ismos: nacionalismo, militarismo e totalitarismo somados. O Estado *fascista* suprime todos os direitos individuais nos interesses não tanto da maioria quanto da nação encapsulada por seu líder. A maior marca da doutrina veio antes da Segunda Guerra Mundial, quando Mussolini na Itália, Hitler na Alemanha, Franco na Espanha e o imperador do Japão declararam-se orgulhosamente fascistas.

Como fórmula política, o *fascismo* veio a ter uma utilização muito mais ampla, contudo significando uma abordagem política que glorifica a nação, celebra o poderio militar e oprime direitos individuais — individualismo. De fato, a doutrina original do fascismo fez todas essas coisas, porém, o mesmo faz o socialismo. Na realidade, o fascismo é um dos termos menos compreendidos do vocabulário político.

Isso é menos surpreendente quando se descobre que Mussolini foi auxiliado em seus escritos por um eminente advogado do neo-hegelianismo, um professor de filosofia chamado Giovanni Gentil, que foi enforcado, devido aos incômodos que causava, pelos aliados ao final da Segunda Guerra Mundial. Se isso torna o neo-hegelianismo um ismo perigoso ou só fascismo não está claro. Porém o filósofo do século XX Karl Popper achou que o problema não era nenhum desses ismos, mas a visão de que a história tinha um padrão, o que se chama *historicismo*. Para Gentil, assim como para Hegel e muitos outros teóricos da história (tanto de esquerda como de direita), o mundo seguia por uma marcha inexorável de progresso que era essencialmente benigno, ainda que acompanhado por muito sangue, destruição e chacina.

De fato, um dos aspectos do fascismo é a celebração do sangue, da destruição e da chacina, por serem considerados a marca apenas desse tipo de darwinismo social. O *darwinismo social* é outro ismo perigoso que ensina que é a maneira da natureza de promover o forte em detrimento do fraco. Pessoas usaram essa teoria para justificar programas de esterilização de raças supostamente inferiores e a morte de crianças "defeituosas" em muitos países, inclusive nos Estados Unidos.

Os fascistas italianos, especificamente, compararam sua abordagem ao *liberalismo* clássico (com sua ênfase em direitos e liberdades individuais) e interpretavam-na de forma dialética como uma reação ao *absolutismo* (isto é, sociedades controladas por monarcas com poder absoluto, por exemplo). Esse tipo de sociedade com todo o poder investido na monarquia havia exaurido sua função histórica, então apareceu o liberalismo, tentando dar todo o poder ao povo. Os fascistas acreditavam que os problemas da sociedade poderiam ser melhor resolvidos pelo novo Estado fascista, para o qual o Estado é a expressão da consciência e da vontade do povo.

Isso é exatamente o mesmo pensamento que está por trás de dois grandes ismos esquerdistas — marxismo e comunismo —, que são menos surpreendentes quando se lembra de que Marx e Engels, como os fascistas, também foram influenciados pelo neo-hegelianismo!

Mas, se você acha que os ismos estão começando a fazer sentido, chega o *nazismo*, que se somou ao grande teatro fascista (e não se esqueça de que ele também se autodeclarava um tipo de socialismo — nacional--socialismo), uma camada sinistra não só do darwinismo social, como de um violento racismo. E foi nisso que o lado perigoso dos ismos deu: nos assassinatos em massa em nome de uma ideologia carregada pelo regime nazista.

# Parte III

# O Feijão com Arroz da Filosofia

"Tenho certeza de que Aristóteles teria sido mais filosófico a respeito de um pneu estourado, querido."

# Nesta parte...

Arroz é bom, mas feijão é melhor, e nesta parte você terá ambos. O arroz encontra-se na lógica, é claro, e, se você quiser descobrir sobre o conhecimento, terá que comer arroz. Que papo é esse? É uma tentativa de usar metáfora e analogia, e, quando você terminar de ler o capítulo sobre a filosofia da linguagem, verá que é mais difícil fugir disso do que você imaginava. Quando você chama uma pá de pá, está envolvido em um exercício social e linguístico bem complexo. É por isso que os filósofos *nunca* chamam pá de pá: eles basicamente a chamariam de "ferramenta útil para cavar" e, metaforicamente, é isso que a filosofia é.

Confuso? Não fique. Esta parte não só separa as coisas sofisticadas da epistemologia e da linguística, como também coloca-as em seu devido lugar.

# Capítulo 8

# Vendo os Limites da Lógica

• • • • • • • • • • • • • • • • • • • • • • • • • • • • • • • • • • • • • • • • • • •

*Neste Capítulo*

▶ Vendo o que um pouco de lógica pode fazer quando você a aplica

▶ Esmiuçando o raciocínio

▶ Testando algumas novas formas de pensar

• • • • • • • • • • • • • • • • • • • • • • • • • • • • • • • • • • • • • • • • • • •

> *Os poetas não enlouquecem; mas enxadristas, sim. Matemáticos enlouquecem e, também, operadores de caixa; mas artistas criativos, raramente. Eu não estou, como ver-se-á, de modo algum atacando a lógica: só digo que esse perigo se encontra na lógica, não na imaginação.*
>
> – G. K. Chesterton

*E*ste capítulo aborda o que é a lógica e por que os gregos antigos mergulharam fundo nela. E é onde entra a obra de Aristóteles. Aristóteles viu que algumas das formas pelas quais as pessoas raciocinam na vida cotidiana não são confiáveis e são enganadoras e, assim, tentou estabelecer, de uma vez por todas, as formas corretas de raciocinar. Sua promessa é de que, se seguidas, as regras sempre levam a conclusões verdadeiras, e ele também tenta indicar argumentos a serem evitados, porque levam a erros e conclusões falsas.

# *Entendendo o que a Lógica É Realmente*

Lógica filosófica é o estudo da estrutura dos argumentos. Ela não necessariamente ajuda com qualquer argumento em particular, concernente a fatos e valores pessoais, mas dá um guia geral para o seu raciocínio, alertando contra formas de pensar sobre questões que podem levar a equívocos. A ideia é essa, afinal.

E, certamente, a lógica é grande em departamentos de filosofia hoje em dia, o que é bem estranho, realmente, porque não é um ramo da filosofia de jeito nenhum. É, na verdade, um tipo de matemática, carregando apenas o mesmo tipo de conexão com debates filosóficos que, digamos, estudar geometria carrega. A ideia de que, quando se debate, se está na realidade manipulando fatos da mesma forma que matemáticos manipulam números em suas equações é mais um sonho do que uma realidade. Mas o legal a respeito da matemática é que, após ter provado algo, todo mundo fica satisfeito e admira a elegância de seu trabalho.

Então, todo mundo quer ser lógico mais ainda do que ser filosófico. De fato, se você quiser insultar alguém, é só dizer que ele está sendo ilógico, que se contradisse ou que sua colocação não é válida. Tudo isso apela à lógica como um tipo de arbítrio no grande jogo da verdade e da falsidade. Mas quão imparcial é a lógica afinal? Você deveria sempre confiar nos julgamentos dela?

Os filósofos sempre quiseram impor ordem nos conceitos, nas linguagens e ideias, particularmente depois que Euclides produziu suas elegantes provas geométricas, que, certamente, são muito melhores — têm muito mais autoridade! — do que os argumentos ordinários, usando a linguagem ordinária. Aristóteles proveitosamente deu à filosofia uma forma matemática de olhar o mundo, embora apenas uma forma que somente de longe carregue uma semelhança com a matemática, inteiramente baseada nas suposições com as quais se começa.

Apesar desse problema, a maior parte da lógica filosófica segue de uma maneira muito preto no branco, contente em tratar de todos os tipos de questões. Muitos de seus proponentes veem apenas a excelência de suas provas, e não os limites da estratégia geral. Leibniz, em particular, achava que a lógica capacitaria a humanidade a construir uma máquina para resolver todos os seus problemas ("Venha, vamos calcular"), um engano muito popular desde a invenção do computador.

# Apreciando as Coisas que Aristóteles Acertou

Aristóteles não foi o primeiro filósofo a tentar ser lógico, mas os filósofos geralmente tomam os escritos dele, especialmente *Analytica Priora e Posteriora*, como a primeira tentativa séria de se construir um sistema de lógica. Para ser justo, entretanto, Aristóteles estava construindo esse sistema com base na obra de outros pensadores gregos, como Zenão de Eleia e Parmênides. Em seus escritos, ele introduz conceitos-chave na lógica, como o das *proposições*, que são, basicamente, frases que têm um *valor de verdade*, o que significa que fazem uma alegação sobre a realidade que é verdadeira ou falsa. "Matemática é divertido", ou "Todos os cachorros gostam de ossos", ou "Meu cabelo está uma bagunça", por exemplo, são proposições, mas "Olhe aquilo!" e "Vamos nadar" não o são.

Observe que o verbo *é* tem uma função especial, tanto na linguagem quanto na lógica. Ele age como o sinal de igual na matemática, uma coisa de um lado é igual à coisa do outro lado. Outras palavras também têm funções especiais:

- *Todo(a)* como em "Todas as pessoas são mortais".
- *Nenhum(a)* como em "Nenhuma pessoa pode viver para sempre".
- *Algum(a)* como em "Algumas pessoas chegam aos 100 anos".
- *Alguma... não* como em "Algumas pessoas não chegam aos 100 anos".

Agora respire fundo à medida que formos ficando mais formais neste assunto. Esses quatro tipos especiais de frases são chamados respectivamente de:

- Afirmação universal ("Todo S é P").
- Negação universal ("Nenhum S é P").
- Afirmação particular ("Algum S é P").
- Negação particular ("Algum S não é P").

Você vê como logo o jargão rapidamente se empilha! Realmente impressionante. E tudo graças a Aristóteles. Mas, não contente com isso, Aristóteles identifica as *proposições* como um tipo especial de frase tendo duas partes (que ele chama de *termos*). Na linguagem, os substantivos representam estas duas partes. "Meu cabelo", por exemplo, e "uma bagunça" são ambos substantivos. Um dos termos é o sujeito e o outro é o predicado. É por isso que os lógicos usam as letras S e P aqui: o S fica para o sujeito e o P, para o predicado. Nesse caso, o sujeito é "meu cabelo" e o predicado (falando vagamente, a coisa prevista seria a mesma palavra novamente, só que predicada) é que está "uma bagunça". Somado a isso, há os *conectivos* (palavras como *é* que juntam os Ss e Ps) e *operadores* como *todo* e *não*, que, bem, operam neles.

## Fazendo inferências

Aristóteles indicou que, no raciocínio e na argumentação, as pessoas fazem inferências de fatos. Por exemplo, se houver um furo no pneu de sua bicicleta, você diz que não conseguirá chegar em casa a tempo. Isto é, você infere uma nova proposição (não conseguirá chegar em casa a tempo) da primeira. O fato de que há um furo possui implicações (chegar em casa tarde, não ter chá, perder o segundo episódio de *Zambo contra os Anões Intergalácticos*) e, de fato, os filósofos gostam de falar de coisas sendo *implicadas* por outras. Contudo, quando um lógico diz que algo está *implicado*, não o faz como você faz no dia a dia (que permite um elemento de dúvida sobre o assunto); ele diz que se segue absolutamente. "Se há um furo na minha bicicleta, então, eu chegarei tarde em casa" torna-se, em lógica, uma certeza. Esse é um problema na lógica, porque, na realidade, muito poucas coisas são tão simples e, mesmo que haja um furo, você pode conseguir chegar em casa cedo — alguém pode lhe dar uma carona ou você pode ser muito bom em remendar furos.

Não importa quão boa a lógica seja, há uma lacuna entre a certeza da representação lógica dos fatos e o mundo em si.

# Códigos secretos dos lógicos

Embora os lógicos ajam como se tudo fosse preto no branco, na realidade eles sequer conseguem concordar entre si em muita coisa. Por exemplo, eles não conseguem concordar sobre como representar os "operadores" na lógica, coisas como *e*, *não* e *ou*. Apenas alguns dos símbolos que eles utilizam são mostrados nesta tabela.

| Não P | ~P | -P | ¬P | P |
|---|---|---|---|---|
| P e Q | P.Q | PQ | P∧Q | P & Q |
| P ou Q | PvQ | P∧Q | PQ | |
| Se P então Q | P⊃Q | P→Q | | |
| P se Q | P≡Q | P↔Q | P~Q | |
| (P se, e somente se, Q) | | | | |

Aristóteles, todavia, como a maioria dos lógicos depois dele, estava menos interessado no quão bem a lógica se encaixa no mundo e mais interessado na lógica como abstração teórica.

## Investigando silogismos

Aristóteles inventou uma forma simples de argumento chamada *silogismo*, que consiste em apenas três *proposições* (frases com um valor de verdade). As duas primeiras chamam-se *premissas* e são coisas que você alega serem verdade. O importante acerca das duas premissas é que elas devem compartilhar um termo (chamado *termo médio*), e essa é a chave para se chegar a uma conclusão e saber que a deduziu validamente das duas primeiras.

## Deduzindo coisas logicamente com Sherlock Holmes

Uma *lógica dedutiva* é aquela que permite deduzir coisas como o detetive ficcional do autor Sir Arthur Conan Doyle, Sherlock Holmes, fazia. Como Holmes, você coloca as coisas que sabe em uma longa lista e, então, deduz um achado interessante e significativo dessa lista. Holmes costumava dizer coisas como "Sr. Wilson era um trabalhador braçal" (concluído da observação de que sua mão direita era maior que a esquerda) e que esteve escrevendo algo recentemente (deduzido da observação de que havia uma manchinha no punho da manga de seu casaco). Esse é o Holmes clássico. Mas pegue algumas observações da vida real que você pode fazer:

✔ Há uma poça de água no carpete juntamente com cacos de vidro.

✔ A janela está aberta e a cortina balançando por causa do vento.

✔ Félix, o peixe de estimação sumiu.

Isso é o que os lógicos chamariam de premissas (afirmações com um valor de verdade) — elas são verdadeiras ou falsas, não ambas e, certamente, não nenhuma. Então, o que você pode deduzir?

Tendo dado suas premissas, Holmes geralmente solucionaria um crime medonho. No exemplo, você deve se contentar com deduzir que Moppet, o gato, subiu na janela e derrubou o aquário para comer o pobre Félix, o peixe.

Mesmo assim, esse é um exemplo de como usar um tipo de lógica informal para resolver problemas corriqueiros. Mas não é bem assim que se usa lógica na filosofia. Porque, por mais engenhosa que sua lógica possa ser, não é muito confiável. Existem inúmeras explicações alternativas para explicar o desaparecimento do peixe Félix. Os filósofos querem certeza.

Eis um exemplo:

*Maçãs são frutas*

*Todas as frutas são comestíveis*

_____ *(Logo; o grande marcador de conclusão)*

*Maçãs são comestíveis*

Não é muito impressionante, certo? Mas o método é a coisa. Aqui, o termo médio compartilhado é ser uma fruta e, daí, maçãs também compartilham a propriedade de ser comestível. Todas as frutas são comestíveis? Na verdade, eu acho que não. Mas isso é lógica, e não se trata realmente de fatos.

Usando essa ideia básica, Aristóteles traçou uma lista de todas as formas como as pessoas poderiam argumentar, chegando a não menos que 256 tipos diferentes possíveis de silogismos, dos quais apenas alguns poucos, dado que eles partem de suposições reais, sempre produzirão conclusões verdadeiras. São argumentos de apenas três linhas: duas premissas (frases dizendo algo que pode ser verdadeiro ou falso) seguidas de uma conclusão.

## Silo-quê?

*Silogismos* são argumentos com duas premissas seguidas de uma conclusão. Nos tempos medievais, eles tinham nomes como *barbara*, *festino* e *baroco*. Bem tonto! Um exemplo é:

*Todas as maçãs crescem em árvores.*

*Todas as Delícias Douradas são maçãs.*

_____

*Todas as Delícias Douradas crescem em árvores.*

Não é uma boa peça de dedução, esta, mas ilustra o processo de inferência e qualifica-se como argumento em termos filosóficos. Ela utiliza um tipo muito comum de estrutura argumentativa — Todo S é P, como os lógicos dizem. De fato, Aristóteles identificou e definiu quatro tipos de "alegações":

✔ Todo S é P

✔ Nenhum S é P

✔ Algum S é P

✔ Algum S não é P

Essas podem ser arranjadas de várias formas em um silogismo, levando no total a 256 argumentos silogísticos diferentes. A grande maioria é inválida, e Aristóteles concentra-se nas formas válidas. Mas como ele *prova* que as formas válidas são válidas? Afinal, a ideia original era de que ele mostraria que os argumentos são válidos, porque são uma das formas válidas. Não parece ser possível aplicar isso à forma do argumento propriamente. Contudo, Aristóteles argumenta que há inevitavelmente pontos de partida para qualquer cadeia de raciocínio que, sozinha, não é provada. Tais pontos de partida são aceitáveis, ele acha, desde que sejam autoevidentes. Essa noção de ser autoevidente é central em sua abordagem, mas a questão sempre aparece: autoevidente para quem? De fato, dizer que algo é autoevidente é mais uma afirmação psicológica que lógica.

Aristóteles inventou toda uma notação para seu raciocínio, sendo pioneiro no uso de letras para termos, com isso demonstrando uma forma fácil para os filósofos darem a impressão de dizerem grandes coisas, no que os filósofos estão em grande débito com ele.

Os silogismos são impressionantes, especialmente quando recebem nomes em latim e são arranjados de 256 formas diferentes! Então, nenhuma surpresa que pelos 2.000 anos seguintes aprender filosofia envolvia fazer apenas isto: tatear silogismos tontos. Mas nada disso teria sido possível sem outro feito de Aristóteles — estabelecer as leis do pensamento —, que foi um necessário primeiro estágio em seu esforço para colocar a linguagem cotidiana em uma base lógica (veja o Capítulo 2).

Como eu digo, Aristóteles precisava de silogismos para criar e guiar sua lógica. Mas não pense que só porque a lógica requer certas suposições, elas são de fato o caso. Afinal, aqueles gregos antigos, os filósofos estoicos, criaram uma lógica bem diferente baseada na ideia de que não há dois tipos de afirmações (verdadeiras e falsas), mas três! Na lógica estoica, existem também afirmações que estão entre verdadeiras e falsas, uma nova categoria que se encaixa bem na realidade (isso é uma lagoa, um lago, ou algo entre um e outro? Eu passei ou fracassei nessa redação, ou algo no meio?). Naturalmente, três valores de verdade são mais difíceis de manipular logicamente.

## Sai a informalidade — entram os sistemas formais!

Aristóteles desenvolveu suas ideias em um livro chamado *Analytica Priora*, que foi a primeira tentativa de criar um sistema de lógica formal dedutiva, e deu prosseguimento a essa grande obra com outra chamada *Analytica Posteriora*, que, a despeito de seu nome um tanto rude, trata de formas de utilizar métodos lógicos para tornar o conhecimento científico mais sistemático.

Então o que é um sistema de lógica formal dedutiva afinal? Vamos dar um passo de cada vez. Por quê? Porque essa é a chave para a lógica: sempre se dar um passo por vez. Se isso parece um pouco com matemática, é porque a lógica é um tipo de matemática. De qualquer forma, formal (como contrário de informal) significa seguindo regras. Um sistema formal é aquele que possui regras, e um sistema informal, não. Uma exigência formal para trabalhar na Austrália, por exemplo, é que se deve ter passaporte australiano ou um visto especial. Uma exigência informal é que você não deve ter medo de aranhas.

## Quando um argumento é válido?

O que torna um argumento convincente? Não é que uma evidência advinda de uma alegação seja correta, deve existir alguma razão para aceitar a conclusão que se segue da evidência.

Pegue esse argumento ruim, por exemplo:

*Todos os cachorros têm quatro pernas.*

*Minha mesa tem quatro pernas.*

———————

*Minha mesa é um cachorro.*

As premissas (as duas primeiras linhas do argumento) são verdadeiras (ou próximas o suficiente disso para o propósito). Contudo, a conclusão não é muito convincente. Por quê? Você pode responder de duas formas. Uma é apenas olhar a lista de diferentes tipos de argumentos de Aristóteles — ele chama-a de diferentes formas de argumentos. A distinção mais importante é entre as formas de argumento que são "válidas" e aquelas que são "inválidas". Então, olhe bem e você verá que esse é um argumento inválido. A conclusão não segue as suposições.

Para entender por que, você precisa desnudar o argumento particular em sua estrutura básica, ignorando detalhes em particular. Os argumentos desnudados funcionam mais ou menos assim (vamos usar a letra *C* para designar a propriedade de ser um cachorro, a letra *P* para a propriedade de ter quatro pernas e *M* para a propriedade de ser mesa).

*Todo C é P.*

*Todo M é P.*

———————

*Todo M é C.*

O problema não é que as premissas (que cachorros têm quatro pernas e que minha mesa tem quatro pernas) são falsas, pois são verdadeiras (até onde vai esse exemplo, pelo menos). E o que parece (mas não é) um termo médio propriamente compartilhado existe — a propriedade de ter quatro pernas. Mas a conclusão é, certamente, falsa. Meu cachorro não é uma mesa, tampouco são todos os cachorros mesas. Na lógica, um argumento com premissas verdadeiras que termina com uma conclusão falsa é inválido. Isso acontece, na lógica, porque premissas verdadeiras não garantem que uma conclusão seja verdadeira a menos que o raciocínio (o argumento) seja válido. Nesse caso, o argumento não é válido.

# *Regras e ferramentas*

A mesma coisa surge em filosofia de tempos em tempos, e em nenhum lugar isso acontece mais do que na lógica. De fato, toda a ideia de estabelecer argumentos em suas "formas" gerais é mostrar como vários debates compartilham a mesma estrutura lógica — então, compartilham a mesma resposta. Que ótima ideia! Mas, quando você tiver "desnudado os argumentos", eles parecerão bem simples. Aqui estão alguns dos mais conhecidos argumentos "pré-fabricados" e as deduções associadas, juntos conhecidos como "regras de inferência".

Talvez surpreendentemente, quando combinadas com algumas "regras de substituição" simples, como "simplificação" (que diz que, se você tem P e Q, também pode dizer apenas que tem um P), essas regras permitem que lógicos digam que o cálculo proposicional (outro nome da lógica formal) está "completo". Isso significa que os axiomas utilizados são suficientes para demonstrar qualquer proposição verdadeira ou justificar qualquer argumento válido. Só imagine isso! A Tabela 8-1 mostra algumas das regras filosóficas e seus significados.

| Tabela 8-1 | | Regras Filosóficas | |
|---|---|---|---|
| *Nome da regra* | *Forma lógica da regra* | *Exemplo em português claro* | *Comentário* |
| *Modus Ponens* | Se P então Q<br><br>P<br><br>—<br><br>Q | Se estiver chovendo, então vou me molhar.<br><br>Está chovendo.<br><br>Logo, vou me molhar. | Sim, você está certo. O "argumento" está basicamente repetindo a alegação original. |
| *Modus Tollens* | Se P então Q<br><br>Não Q<br><br>—<br><br>Não P | Se eu tivesse lido meu livro *Filosofia Para Leigos*, teria passado na prova.<br><br>Não li meu livro *Filosofia Para Leigos*.<br><br>Logo, não passei na prova. | Há uma lição de vida útil! |

*(Continua)*

## Tabela 8-1 *(Continuação)*

| Nome da regra | Forma lógica da regra | Exemplo em português claro | Comentário |
|---|---|---|---|
| Silogismo hipotético | Se P então Q<br><br>Se Q então R<br><br>—<br><br>Se P então R | Se meu cachorro acordar, terei que alimentá-lo.<br><br>Se eu alimentar meu cachorro, terei que botar a chaleira para ferver.<br><br>Logo, se meu cachorro acordar, terei que colocar a chaleira para ferver. | Conclusões podem parecer esquisitas, mas ainda serem lógicas... |
| Silogismo disjuntivo | Ou P ou Q<br><br>Não P<br><br>—<br><br>Q | Ou é peixe ou são ovos cozidos para o chá.<br><br>Não é peixe.<br><br>Logo, são ovos cozidos. | Útil, mas não é um raciocínio incrivelmente impressionante. |
| Dilema construtivo | Se (P então Q) e (se R então S)<br><br>Ou P ou R<br><br>—<br><br>Logo, ou Q ou S. | Se eu me atrasar de novo para o trabalho, então terei que fazer o café e, se o patrão estiver de mau humor, então terei que limpar o armário do estoque.<br><br>Com certeza, ou eu chegarei atrasado no trabalho, ou o patrão estará de mau humor.<br><br>Logo, ou eu terei que fazer o café, ou terei que limpar o armário do estoque. | Há um dilema! |

# Biggles usa a lógica

Em uma das famosas histórias do capitão W. E. John, o heroico ás dos jatos, Biggles, usa uma lógica legal para explicar sua indiferença ao risco:

"Quando você está voando, tudo está bem ou não está bem. Se estiver tudo bem, não há necessidade de se preocupar. Se não estiver bem, uma de duas coisas acontecerá. Ou você vai cair, ou não vai cair. Se você não cair, não há necessidade de se preocupar.

Se você cair, uma de duas coisas é certa. Ou você estará ferido, ou não estará ferido. Se você não estiver ferido, não há necessidade de se preocupar. Se estiver ferido, uma de duas coisas é certa. Ou você vai se recuperar, ou não vai se recuperar. Se você se recuperar, não há necessidade de se preocupar. Se você não se recuperar, não poderá se preocupar."

De *Spitfire Parade* (1941), de W. E. Johns.

 A contribuição de Aristóteles foi ver que os argumentos têm estruturas ou formas diferentes e apenas alguns deles sempre produzem confiavelmente conclusões verdadeiras. A lógica formal, então, é muito simples: é o estudo das formas dos argumentos.

# Por que usar símbolos?

Na maior parte da lógica (como na matemática), usam-se símbolos em vez de palavras. Isso obviamente simplifica e, portanto, ajuda a revelar a estrutura dos argumentos — mas também torna impossível aplicar o senso comum para o que alguém está dizendo ou apresentando. A suspeita surge quando aqueles que gostam de colocar argumentos filosóficos em símbolos também gostam de sua própria linguagem privada para impressionar ou mesmo confundir as pessoas!

Porém, para ser generoso, aqui está um exemplo bem confuso do uso das palavras para explicar a definição de *validade*: se um argumento é válido, então a proposição composta que consiste da conjunção de todas as suas premissas ligadas à sua conclusão por uma posterior implicação é uma tautologia.

Puxa vida! Então, às vezes símbolos são melhores. Pelo menos, usar palavras não é garantia de clareza.

Na linguagem cotidiana, as pessoas dizem que pontos são válidos, ou conclusões de argumentos são válidas, de forma bem livre, essencialmente para dizer que concordam com o ponto ou a conclusão, por acharem que o ponto está correto ou a conclusão é justificada (isto é, apoiada por evidência). Mas, na lógica filosófica, a validade é bem diferente. Ela aplica-se apenas a argumentos completos (não a alegações ou conclusões individuais) e simplesmente significa que o argumento segue as regras da lógica. Isso importa? Claro que sim, porque significa que um argumento pode ser filosoficamente válido, mas ter uma conclusão que é falsa.

## Dizendo a verdade por meio de tabelas

Uma forma com que lógicos e outros (Tabelas-verdade são muito populares hoje em dia entre engenheiros eletrônicos) podem examinar um argumento é listando todos os valores possíveis que um argumento pode ter. Confuso? Não fique. Tabelas-verdade são muito fáceis. É por isso que são muito populares entre engenheiros eletrônicos. Uma tabela, normalmente, contém várias linhas e colunas, com a linha superior representando as variáveis lógicas e combinações, em complexidade crescente, que leva à função final. Nossa tabela não ficará muito complexa, não se preocupe. Nós só consideraremos o argumento:

*Se estiver chovendo, a grama ficará molhada.*

*Está chovendo.*

_____

*A grama está molhada.*

Nesse argumento, há somente quatro possibilidades. A Tabela 8-2 dá todas elas. Cada possibilidade é bem automática:

| Tabela 8-2 | Como Encontrar a Verdade | |
|---|---|---|
| **Está chovendo** | **A grama está molhada** | **Se está chovendo, então a grama estará molhada** |
| verdadeiro | verdadeiro | |
| verdadeiro | falso | |
| falso | verdadeiro | |
| falso | falso | |

A terceira coluna é preenchida pela aplicação da regra e, observando cada linha, cada "mundo possível", para ver se funciona. A Tabela 8-3 mostra a tabela completa.

| Tabela 8-3 | Como Discernir a Verdade Completa | |
|---|---|---|
| *Está chovendo* | *A grama está molhada* | *Se está chovendo, então a grama estará molhada* |
| verdadeiro | verdadeiro | VERDADEIRO |
| verdadeiro | falso | FALSO |
| falso | verdadeiro | FALSO |
| falso | falso | FALSO |

Como eu preenchi a terceira coluna? Nas terceira e quarta linhas, o argumento, ou "função", exige que esteja chovendo para ser verdadeiro. Mas não está chovendo, então a função retorna "falso", não importa o estado da grama! Em outras palavras, se não está chovendo, mas a grama está molhada, isso não prova que, quando chover a grama ficará molhada. Parece muita confusão para afirmar o óbvio? É lógica!

# Corrigindo as Coisas que Aristóteles Errou

As pessoas utilizaram a lógica de Aristóteles (conhecida como *lógica clássica*) sem muita modificação por quase 2.000 anos. Mas, no final do século XIX e começo do século XX, os filósofos desafiaram a lógica, porque ela tinha dois grandes defeitos:

- ✔ Está incompleta — cobre apenas alguns de todos os tipos possíveis de argumentos dedutivos.
- ✔ Não é absolutamente confiável em relação aos argumentos dedutivos que cobre.

Uma terceira objeção à lógica clássica é que Aristóteles presumiu que o sujeito de uma premissa, como em "todo gato tem bigode", existia. Posteriormente, os lógicos quiseram evitar isso e mudaram o sentido para: "para qualquer $x$, se esse $x$ é um gato, então esse $x$ tem bigode". Isso, em si, produz uma lacuna entre a linguagem comum e a lógica.

Existe outro debate sobre se os sujeitos podem ser predicados em algum momento. Por exemplo, pegue essa afirmação "meu cabelo está uma bagunça": meu cabelo igual à bagunça. Nesse caso, o sujeito é meu cabelo e a propriedade, "estar uma bagunça", é o predicado. Mas, às vezes, estar uma bagunça poderia ser sujeito de uma frase também, como em "seu quarto está uma bagunça". A distinção sujeito-predicado desaba! Você pode dizer: Viva! Deixe tudo ficar igual e relativo, e por que não colocar uma flor no cabelo também? Mas Frege e Russell e outros acharam que precisavam tentar corrigir o problema e, assim, surgiu a lógica moderna.

## Desenvolvendo a lógica moderna

A lógica moderna é, claro, muito melhor do que a velha. O sistema de Aristóteles permite que se lide com apenas duas premissas (consistindo de três termos) por vez. A lógica moderna permite que se amontoe qualquer número de premissas em um grande argumento monstruoso, e, de fato, que se junte qualquer número de termos em uma proposição tão longa que ficará parecendo uma cobra.

O novo tipo de lógica, a lógica moderna, consiste de várias novas coisas de nomes esquisitos, como cálculo proposicional e cálculo predicado. O *cálculo proposicional* preocupa-se com como as proposições se relacionam entre si, e o *cálculo predicado* preocupa-se com a estrutura interna das proposições. Mas isso não é tudo! Agora também há a *lógica modal*, que se preocupa com a necessidade, probabilidade e possibilidade (algo é necessário, provável ou meramente possível), e a *lógica temporal*, que tem a ver com o tempo — o passado, o futuro e o presente.

Os filósofos frequentemente dizem que a lógica moderna começou em 1879, creditada a Gottlob Frege (1846–1925), com trabalho adicional de Bertrand Russell (1872–1970) no século XX. Aristóteles estava interessado na estrutura das frases, mas muito da lógica moderna tenta tratar frases como proposições e unidades que então são manipuladas, normalmente por meio de símbolos e notação.

Os principais símbolos e notação de que se precisa são:

- ✔ E: ou, para dar um nome mais "elegante", conjunção
- ✔ Ou: disjunção
- ✔ Não: negação
- ✔ Se... então: condicional
- ✔ Se: bicondicional

Existe todo tipo de símbolo esquisito para representá-los, dependendo das fantasias dos filósofos. O *ou* em lógica é inclusivo — ambas possibilidades podem ser verdadeiras. Se um lógico perguntar se você gostaria de suco de laranja ou chá e você responder "Sim, obrigado", não fique surpreso quando receber uma mistura nada saborosa. E outra coisa confusa é que o *condicional*, o "se... então", não implica qualquer tipo de relação, causal ou de outro tipo...

A questão de a que ponto a lógica realmente é como as pessoas raciocinam está no cerne de muito da filosofia ocidental contemporânea. Por exemplo, a definição de *validade* utilizada em uma lógica formal padrão é que ela não deve ser possível para as premissas de um argumento serem verdadeiras e, ainda assim, a conclusão ser falsa.

Você tem que engolir duas consequências estranhas e ligeiramente ridículas mesmo nessa suposição tão modesta. A primeira é que qualquer argumento com premissas inconsistentes é válido, independentemente de quais sejam as conclusões desse argumento. Por exemplo, se "a neve é sempre branca" for a primeira premissa e a segunda for "às vezes a neve não é branca", segue-se logicamente que a lua é um balão, porque *qualquer coisa* se segue de premissas inconsistentes.

# Bom Gottlob! Frege (1848–1935)

O objetivo do lógico alemão Gottlob Frege era demonstrar que se pode reduzir a matemática à lógica e que isso depende não mais que da pura razão. Alega-se que esse é o primeiro sistema formal, distinguindo axiomas de regras de inferência. Para definir números, ele produziu algumas complicadas afirmações lógicas, como esta, para números cardinais: "a classe de todas as classes que podem ser mapeadas uma a uma para uma dada classe" e muitas outras de que eu não preciso mencionar aqui, senão para dizer que no processo ele deu uma contribuição considerável ao estudo dos fundamentos da aritmética. Essa definição dos números cardinais, incidentalmente, só diz meramente que se, por exemplo, você tiver tantas facas quanto garfos em uma mesa, sabe que tem o mesmo número sem precisar contá-los.

Os lógicos consideram *Fundamentos da Aritmética* (1884) um clássico filosófico. O livro aborda esforços anteriores para explicar números e matemática. No processo de análise da natureza dos argumentos dedutivos, Frege também oferece uma forma de olhar a natureza da linguagem. Ele distingue o sentido de uma palavra (que é objetiva e determina seu valor de verdade) de sua *cor*, que é subjetiva e tem a ver com o contexto em que ela aparece. Além disso, ele explora a *referência* da palavra. O exemplo perene é o planeta Vênus, que normalmente aparece no céu noturno duas vezes, na alvorada e no crepúsculo, e já foi chamado de Estrela D'alva e Estrela Vespertina. Assim, a palavra *Vênus* possui dois *sentidos*, mas apenas um *referente*.

Outra coisa incrível é que, se a conclusão for necessariamente verdadeira, então o argumento é válido, independentemente de quais foram as premissas. Isso se dá porque não existe nenhuma circunstância na qual a conclusão possa ser falsa e as premissas, verdadeiras, porque a própria conclusão não pode ser falsa. De forma parecida, "se gatos podem voar em vassouras, então cachorros podem dirigir ônibus" é uma inferência perfeitamente *válida*, porque uma afirmação falsa implica absolutamente qualquer afirmação (porque a única forma com que você pode falsificar "Se P então Q" é encontrando uma situação onde P seja verdadeiro e Q seja falso, o que nunca pode acontecer aqui).

## *Provando seus argumentos e arranjando seus termos*

Na fala comum, um argumento é uma discussão ou uma disputa ácida, mas, mesmo assim, há muito em um debate cotidiano que você pode expressar filosoficamente.

A maioria das discordâncias se concentra em um fato ou alegação e o argumento segue sendo trabalhado de frente para trás, como se, ao oferecer razões pelas quais a afirmação é verdadeira ou falsa, dependesse do ponto de vista de quem fala. Os filósofos normalmente apresentam argumentos como uma série de afirmações (*proposições*) que são, em si, verdadeiras ou falsas, aliadas a uma conclusão. O filósofo então julga se as afirmações implicam ou logicamente necessitam de uma conclusão. Isso depende não só da verdade das próprias proposições, mas da estrutura do argumento. Um exemplo preferido mostra que Sócrates é mortal. Ele é:

> *Sócrates é um homem. (primeira proposição)*

> *Todos os homens são mortais. (segunda proposição)*

> _____

> *Sócrates é mortal.*

Aristóteles examinou a estrutura de argumentos como esse e concluiu que, quer eles fossem razoáveis ou não (um argumento *razoável* preserva a verdade; isto é, se as suposições feitas forem todas verdadeiras, então, pode-se ter certeza de que a conclusão também o será), darão início ao fascínio filosófico com a estrutura dos argumentos.

Puxa vida! Eu sinto um diagrama de Venn chegando! Dê uma olhada na Figura 8-1:

**O Universo**

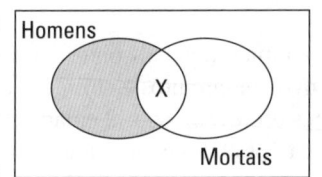

**Figura 8-1:**
O obrigatório
Diagrama
de Venn.

Ele apenas diz a mesma coisa em forma de diagrama. Um círculo representa um conjunto, por exemplo, o conjunto de "mortais", e você pode usar um sombreamento para indicar (como aqui) que a categoria de homens que não são mortais está vazia, isto é, não possui membros (se não for sombreada não significa nada, por outro lado). Sócrates fornece todos os membros de que eu preciso para povoar meu diagrama muito bem. Ele pertence ao centro, porque é um membro tanto do conjunto de homens quanto do conjunto de mortais (eu marquei-o com um *x*). Talvez o diagrama não faça muito aqui, embora possa abrilhantar livros de lógica e, ei, você deveria estar surpreso: os diagramas de Venn também podem ser uma poderosa ferramenta para analisar as complexidades de certos tipos de argumentos, especialmente aqueles argumentos silogísticos chatos.

# Detectando Falácias

Em lógica, uma falácia é um *argumento inválido* — um argumento em que é possível que todas as premissas sejam verdadeiras e, ainda assim, a conclusão seja falsa. Sendo assim, você claramente deve evitar o argumento inválido. As pessoas frequentemente utilizam o termo coloquialmente para incluir argumentos que consideram falsos, porque discordam de uma ou outra premissa. "É uma falácia que pagar bolsa-auxílio às pessoas encoraja a preguiça" é, provavelmente, uma crítica do seguinte argumento informal:

Se as pessoas podem conseguir dinheiro sem ter que trabalhar por ele primeiro, então elas ficarão preguiçosas.

A bolsa-auxílio é uma forma de conseguir dinheiro sem ter que trabalhar por ele.

_____

A bolsa-auxílio encoraja a preguiça.

Aqui, o argumento diz que "se as pessoas conseguem dinheiro sem ter que trabalhar, então elas ficarão preguiçosas", o que parece plausível quando entendido como "às vezes, se as pessoas podem conseguir dinheiro sem trabalhar, então elas ficarão preguiçosas", mas não tanto quando entendido como "em todos os casos".

Mas, em lógica, "se X então Y" é uma função absoluta e automática, da mesma forma que é para desenvolver circuitos eletrônicos ou algo que o valha (quando programadores escrevem "se x=2 então dia=terça", não estão planejando deixar aberta a possibilidade de que x seja igual a dois, mas o dia pode ser segunda).

## Falácias de implicação material

Como essa frase soa grandiosa! Mas é, na verdade, bem mundana. *Implicação material* é apenas uma alegação lógica de que você não pode ter P e ainda não ter Q. Isso significa que, sempre que P for verdadeiro, então Q também o é. P implica Q. Bertrand Russell inventou o termo, mas os lógicos odeiam-no por isso, porque, falando logicamente, nada está implicado, materialmente ou não. De qualquer forma, esse não é o seu problema.

| Aqui estão duas formas válidas de implicação material para praticar suas habilidades simbólicas: | Se P então Q | Se P então Q |
| | Se Q então R | Se P então R |
| | ———— | ———— |
| | Se P então R | Se P então (Q e R) |
| E aqui estão duas formas "inválidas" de implicação material na qual nunca mais tropeçar... | Se P então Q | Se P então Q |
| | Q | Não P |
| | ———— | ———— |
| | P | Não P |

O que é inválido a respeito das duas últimas? Bem, a primeira, "Se P então Q", seguida por Q, é falha, porque Q poderia ser verdadeiro por uma razão diferente pela qual P é. Pense "se estiver chovendo, então a grama está molhada", mais o fato de que a grama está molhada. Sim, é verdade que, se estiver chovendo, a grama ficará molhada e, sim, a grama pode estar molhada.

Mas, na verdade, a razão para isso é que os vizinhos podem ter ligado seus sprinklers turbo novamente. O segundo argumento inválido é dizer que porque "não está chovendo", então nós sabemos que "a grama não vai ficar molhada" também, mas é claro que poderia ficar — por um motivo diferente (como aquele sprinkler turbo).

Incidentalmente, enquanto estou no (ou perto do) assunto, o filósofo britânico, John Stuart Mill, famoso como especialista tanto em lógica quanto em matéria de certo e errado, considerava que esse argumento em particular era de fato coerente, usando-o para alertar contra os perigos do Estado tentando ajudar setores da sociedade. Séries inteiras de falácias e argumentos problemáticos existem, então agora dê uma olhada em alguns deles.

## Falácias e táticas falaciosas em argumentação informal

*Argumentação* é o processo de fornecer razões para apoiar uma posição. As razões são, na prática, limitadas a produzirem autoridades de quem as pessoas alegam ter a mesma visão, talvez pessoas importantes, livros importantes ou, é claro, Deus.

Aqui está meia dúzia de táticas legítimas:

- ✔ ***Reductio ad absurdum:*** Do latim, reduzir ao absurdo, o processo de tomar o argumento da outra pessoa e mostrar que ele leva, logicamente, a consequências absurdas.

- ✔ **Afirmar o antecedente:** Um argumento da forma "Se P então Q (P, logo Q)". Se é outono, então as folhas cairão das árvores. É outono; logo, as folhas cairão das árvores. Embora válido, o argumento é um pouco diferente da tática ilegítima descrita posteriormente nesta lista como "clamando pela questão". Aristóteles chamava-o de *modus ponens*.

  Por outro lado, negar o antecedente (por exemplo, dizer que, se é outono, então as folhas cairão das árvores, mas não é outono, logo, as folhas não cairão das árvores) é uma falácia, porque as árvores podem perder suas folhas por inúmeras razões (como uma seca, por exemplo).

- ✔ **Negar o consequente:** Um argumento da forma "Se P então Q (P, logo Q)". Se você comer muitas tortas de creme, ficará gordo. Você não é gordo, logo, não comeu muitas tortas de creme. Embora argumentos dessa forma sejam tecnicamente válidos, é claramente mais uma verdade lógica do que prática! Aristóteles chamava-o de *modus tollens*.

- ✔ **Analogias:** Alguns dizem que uma experiência de pensamento é uma forma de analogia e, certamente, você pode usar o termo dessa forma. Uma analogia é simplesmente uma comparação onde se alega que um caso é "como" o outro em algum aspecto importante.

- **Contraexemplo:** Um tipo especial de analogia que desafia, ou mesmo demonstra, a falsidade do que alguém alegou.

- **Entimema ou premissas suprimidas:** Esses são argumentos para os quais se devem acrescentar premissas a mais para que se tornem válidos, como "fumar em bares afeta pessoas quer elas estejam fumando ou não; logo, deveria ser proibido". Aqui, as premissas a mais seriam que "o efeito de fumar é ruim para as pessoas" e "coisas ruins devem ser proibidas".

E aqui estão 12 táticas ilegítimas que as pessoas frequentemente parecem usar em argumentos:

- **Afirmar o consequente:** Um erro surpreendentemente comum da forma "se P então Q (P logo Q)". Se é outono, as folhas cairão das árvores. As folhas estão caindo da árvore, logo, é outono. Isso é uma falácia, porque as folhas poderiam estar caindo por outra razão, como uma seca. Uma falácia comum relacionada no argumento, às vezes chamada de *confusão de correlação*, consiste em presumir que por duas coisas frequentemente acontecerem juntas, então, deve haver uma ligação.

- **Clamando pela questão:** A falácia de assumir o próprio ponto em questão. Em efeito, a conclusão é uma das premissas em um argumento que, supostamente, o provaria. É uma forma de argumento circular.

- **Falsa dicotomia:** Você dá duas escolhas quando, na realidade, outras alternativas são possíveis.

- **Equívoco e ambiguidade:** Você usa uma palavra ou frase que tem dois ou mais significados como se tivesse só um. Existem vários tipos de ambiguidades: a *léxica* refere-se a palavras individuais, a *ambiguidade referencial* ocorre quando o contexto não é claro, e a *ambiguidade sintática* resulta de confusões gramaticais.

- **_Non sequiturs_ e falácias genéticas:** Do latim, significa "aquilo que não decorre". Você oferece afirmações de forma a sugerir que elas decorrem umas das outras logicamente quando, na verdade, tal ligação não existe. A importante falácia genética tanto é um non sequitur como um tipo de ambiguidade; é daí que se tiram suposições sobre algo traçando sua origem a algo anterior quando, na realidade, você não pode fazer uma ligação necessária entre a situação presente e a alegada originalmente.

- **Alegação especial:** Emprega valores ou padrões contra as posições do oponente, mas não as aplica à sua própria posição.

- **Pensamento desejoso:** Supor conclusões porque deseja que elas sejam assim. Um apelo à opinião majoritária para apoiar uma alegação factual é um tipo particular de pensamento desejoso.

- **Arenque vermelho:** Tópicos ou argumentos irrelevantes são trazidos à discussão com o efeito de permitir que a questão real não seja examinada. Aparentemente, no passado, caçadores às vezes usavam arenques para confundir os cachorros que perseguiam raposas.

- **Espantalho:** Introduzir e atribuir uma posição fraca ou absurda a um oponente e, em seguida, demoli-la.

- **Ataques *ad hominem*:** Do latim, significa "ao homem". São comentários direcionados não à questão, mas ao oponente individualmente (as pessoas ocasionalmente também usam o termo para se referir à tática legítima de expor uma inconsistência no argumento de outra).

  Outra variedade de ataque *ad hominem* que acontece antes que você introduza o argumento principal é chamada *envenenar o poço*. Há também a tática da *má companhia*, em que se critica a posição do oponente por sua suposta associação com alguma outra visão. Os nazistas sempre aparecem em argumentos para esse propósito.

- **Humpty Dumpty:** Vem do personagem de cabeça ovoide de Lewis Carroll, que, sentado em um muro (mas não, aparentemente, uma cerca), insiste:

  *"Quando eu uso uma palavra", Humpty Dumpty disse em um tom desdenhoso, "ela significa apenas o que eu quero que signifique — nem mais, nem menos".*

- **Autocontradição:** E, finalmente, a tendência infeliz de dar um tiro no próprio pé com um argumento pobre.

# Examinando Declarações sem Sentido

Muitas declarações sem sentido são possíveis, embora, por alguma razão, os filósofos esforcem-se para criar muitos exemplos. Elas sempre se enquadram em um exemplo famoso criado pelo filósofo da linguagem contemporâneo Noam Chomsky, que é: "Ideias verdes incolores dormem furiosamente". Isso deveria ilustrar que, mesmo quando se seguem regras do ordinário, a linguagem cotidiana (gramática) pode perder o significado.

Contudo, os lógicos não se interessam muito por declarações sem sentido como essa; ao contrário, estão interessados em pôr em regra e tirar de regra certos tipos de assuntos como sendo adequados para serem tratados como argumentos lógicos. Por exemplo:

- As pessoas têm livre-arbítrio ou os humanos estão realmente programados como máquinas biológicas?

- As pessoas são algo além de corpos — os humanos têm mentes ou almas?

- Deuses existem? O quê, nem unzinho?

- Existe vida após a morte, como as pessoas religiosas gostam de acreditar?

Essas questões certamente ainda não foram respondidas. E talvez não possam ser, o que é o suficiente para que algumas pessoas digam que não faz nenhum sentido perguntá-las — mesmo sem sentido. Um grupo de filósofos, conhecido como positivistas lógicos, concentrado em Viena, na Áustria, pouco antes da Segunda Guerra Mundial (por isso, também são conhecidos como o Círculo de Viena), insistia que essas questões não eram adequadas para estudo. Eles achavam que filósofos deveriam abordar apenas questões que ou a lógica ou a ciência empírica pudesse esclarecer. É claro que isso reduziu a carga de trabalho dos filósofos enormemente. Mas, também, deixou de fora a maioria das questões com as quais as pessoas se importavam.

# Capítulo 9

# Entendendo o Conhecimento

*Neste Capítulo*

▶ Procurando uma verdade pétrea com Platão e Descartes
▶ Entrando em uma discussão com Locke e Leibniz
▶ Separando algumas formas diferentes de saber as coisas

*A totalidade do nosso assim chamado conhecimento ou crenças, dos assuntos mais casuais de geografia e história até as leis mais profundas da física atômica ou mesmo da pura matemática e lógica, é um material feito pelo homem que afeta apenas marginalmente a experiência.*

– Willard Quine, *Dois Dogmas do Empirismo*

*E*ste capítulo aborda em detalhes o que os filósofos querem dizer com "conhecimento", um estudo que eles chamam grandiosamente de "epistemologia", e o debate entre aqueles que acham que ele pode ser encontrado procurando e cuidadosamente examinando o mundo, e aqueles que acham que o conhecimento vem de uma reflexão igualmente cuidadosa sobre as ideias. O grande campeão desse ponto de vista é Descartes, cujas visões serão colocadas em detalhe posteriormente neste capítulo.

## Lançando as Bases do Conhecimento

As crenças são muito importantes. Como o filósofo contemporâneo Tom Morris coloca, elas são o mapa pelo qual você orienta sua vida. Como tal, é importante que o mapa seja preciso ou você pode acabar perdido.

Descobrir se seu mapa da vida é preciso ou não é o mesmo problema que traçar as bases do conhecimento.

A maioria das teorias filosóficas de conhecimento tem três componentes essenciais. Antes de dizer que sabe algo:

- Você deve acreditar que é o caso
- Deve ter razões boas e relevantes para sua crença
- O que você acredita deve ser, de fato, verdade

Se fizer tudo isso, então, pode dizer que sabe algo. Parece bem seguro, não? Só que não é bem assim.

---

# A vaca no pasto

Imagine um fazendeiro, Farmer Field, que está preocupado com sua vaca premiada, Daisy. Na verdade, imagine que ele está tão preocupado que, quando seu ordenhador diz que Daisy está no pasto alegremente pastando, ele diz que precisa ter certeza disso. Ele não quer ter apenas 99% de certeza de que Daisy está segura, ele quer estar apto a dizer que Daisy está bem.

Farmer Field sai para o pasto e, parando ao lado da porteira, vê a distância, por trás das árvores, uma forma preta e branca que ele reconhece como sua vaca preferida. Ele volta para o ordenhador e diz a seu amigo que ele sabe que Daisy está no pasto.

Aqui vem a dúvida filosófica. Neste ponto, Farmer Field realmente sabe que a forma que ele viu é a vaca? Bem, talvez sim, talvez não.

Mas, então, o ordenhador diz que vai conferir também e vai até o pasto. Lá, ele encontra Daisy dormindo em um espaço atrás de uma moita, bem fora de visão a partir da porteira.

Ele também vê um grande pedaço de papel preto e branco que ficou preso na árvore. Agora fica estranho. Daisy está no pasto, como Farmer Field pensou. *Mas é certo dizer que ele sabia que ela estava?*

Você deve achar que a resposta é não, porque a crença do fazendeiro baseou-se em uma impressão errada, então não pode contar como verdadeiro conhecimento. Ainda, neste exemplo:

- Farmer Field acreditou que a vaca estava segura.
- Farmer Field tinha evidência de que estava (sua crença era justificada).
- Era verdade que a vaca estava segura.

E tudo isso é bom o suficiente para contar. Contudo, você ainda pode sentir que Farmer Field não sabia realmente que sua vaca estava no pasto.

*Fonte: Adaptado de 101 Problemas de Filosofia, Martin Cohen (Loyola, 1999).*

Milhares de anos atrás, o filósofo mais famoso de todos, Platão, belamente expôs o problema do conhecimento em sua pequena obra, o *Teeteto* (linhas 201c a 210d, se você estiver procurando, e, acredite ou não, muita gente faz isso). O problema tem encafifado os filósofos desde então. E ficou mais chato para eles desde o interesse, no século XX, pela filosofia analítica (*analítico* é o nome que se dá a pessoas que gostam de tomar as coisas por partes; nesse caso, os filósofos que separam frases para analisar o significado exato de cada uma das palavras. Há mais sobre isso no final do Capítulo 5). O que casos de problemas, como o da vaca no pasto, sugerem é que os filósofos precisam de uma definição diferente para conhecimento. Embora todo conhecimento tenha que ser verdade, crenças justificadas, não totalmente verdade, parecem ser conhecimento. Então, muitos filósofos dizem que o que se precisa é de um relato mais complicado!

Uma tática usada por eles é tentar acrescentar uma regra extra, como a de que nenhuma visão (mesmo que de fato esteja certa) conta como conhecimento quando se baseia em uma crença falsa. Mas, então, como saber quais crenças são falsas? E, de qualquer forma, essa abordagem parece varrer muitas coisas que você está feliz por contar como conhecimento, já que, na prática, elas funcionam. Outros filósofos foram na direção contrária e tentaram dispensar a primeira exigência (que você deve acreditar que algo é verdadeiro), permitindo que as pessoas saibam das coisas sem necessariamente acreditarem nelas. E outros ainda quiseram tornar o critério para saber algo mais do que apenas uma crença, sugerindo que o que deve ser exigido é aceitação, seja lá o que isso for...

O enigma de como encontrar certeza pétrea é um dos grandes temas por trás da filosofia como praticada pelos gregos antigos e resumida por Platão em *Teeteto*, onde ele expôs as três condições, mas deixou o problema para ser resolvido por filósofos posteriores. Lamentavelmente, nenhum o fez! Em vez disso, você ainda tem que se perguntar se pessoas (ou galinhas) realmente sabem algo quando dizem que sabem.

Assim, os filósofos continuaram a se preocupar com o que conta como conhecimento e tiveram que fixar, em vez de estabelecer, algumas regras:

- ✔ Definir os limites do conhecimento — quais perguntas os filósofos deveriam fazer e quais deveriam reconhecer como impossíveis de responder.

- ✔ Apreciar o papel próprio da ciência, visto que existem limites aqui também. Por exemplo, até que ponto o senso comum colabora com as teorias científicas quando os cientistas dizem que o mundo dos objetos sólidos e de uma miríade de cores é quase que completamente espaço vazio cheio de partículas sem cor?

Como disse Willard Quine em *Os Modos do Paradoxo e Outros Ensaios*:

*Eu sou um objeto físico em um mundo físico. Algumas das forças deste mundo físico afetam minha superfície. Raios de sol atingem minhas retinas; moléculas bombardeiam meus tímpanos e pontas dos dedos. Eu o atinjo de volta, emanando ondas concêntricas de ar. Essas ondas tomam a forma de uma torrente de discurso sobre tabelas, pessoas, moléculas, raios de luz, retinas, ondas de ar, primeiros-ministros, classes infinitas, alegria e tristeza, bem e mal.*

## Afinando a língua com a epistemologia

Às vezes se ouve (em conferências de filosofia, um pouco menos nos bares) que os séculos XVII e XVIII foram a era da epistemologia. Essa foi a época de Descartes ruminando em sua bela e quente fornalha sobre a questão do que o conhecimento realmente é e também de um interesse renovado pelo ceticismo, a filosofia de filósofos como Pirro na Grécia Antiga. Esses filósofos diziam que as pessoas sabiam muito pouco, e muito disso que elas achavam que sabiam estava, na verdade, equivocado. Platão foi influenciado por suas visões e pensou em uma distinção entre os tipos de coisas das quais se pensa ter certeza e as coisas que meramente se acredite ser verdade (um tipo de conhecimento que ele chamava de *doxa*).

Aristóteles concluiu que a matéria era mais simples, dizendo que, quando você tem razões boas e relevantes para sua crença, então de fato possui um conhecimento confiável (o que ele chamava de *episteme*). Sua única concessão aos que duvidam, de céticos a Platão, era que as razões devem ser muito boas. Quintessencialmente, de fato, saber algo significa acreditar na conclusão de um argumento que é logicamente válido.

## Pirro e o porco filosófico

O primeiro grande cético do mundo antigo foi Pirro, que viajou pela Europa na companhia de Alexandre, o Grande, no terceiro século d.C. Quando reapareceu na Grécia, deu aulas de sua filosofia pessoal, que era essencialmente que uma pessoa sábia é indiferente ao mundo ao seu redor. Uma famosa história que se conta sobre ele diz que, certa vez, estava em uma embarcação que foi pega em uma violenta tempestade. Todos ao seu redor estavam correndo e em pânico, enquanto ele estava sentado e parecia impassível. Quando perguntado sobre como conseguia ficar tão calmo, diz-se que ele simplesmente apontou para um porquinho que estava no barco, contentemente mastigando sua comida mesmo enquanto a tempestade se abatia. Assim, o conselho de Pirro era para que os humanos buscassem imitar a praticidade calma do porquinho.

Isso tudo é muito bom, mas os argumentos não são melhores que as suposições que os alimentaram no começo; acaba que, ao final, você não sabe muito mais do que sabia antes de começar — coisas como a neve é branca, 2 + 2 = 4, que Platão já havia oferecido (especialmente no diálogo em *A República*) como conhecimento. Então existe alguma concordância, que é sempre uma forma de reasseguramento em questões sobre conhecimento.

## Sabendo as coisas instintivamente

Você chega neste mundo equipado com conhecimento instintivo. Você sabe como respirar, como dormir, como digerir. Depois você sabe como sorrir, falar, rir, amarrar os cadarços, piscar e solucionar teoremas lógicos complexos (bem, pelo menos algumas pessoas sabem). Mas isso não deveria distraí-lo da característica importante desse tipo de conhecimento: é um tipo de conhecimento físico, às vezes visto como genético, e é certamente um tipo de conhecimento compartilhado pelos animais.

De qualquer modo, aqui estão algumas das diferentes formas de "saber" que eu sei:

- **Saber como:** Saber como (ou *know-how*) é um conhecimento prático sobre matérias práticas. Existem vários níveis de conhecimento prático. Primeiro, há as habilidades físicas (corporais), que são todas aquelas coisas instintivas como comer ou fugir de lobos. Depois, há as habilidades que se tem que aprender, como esquiar ou pedalar, e também coisas tecnológicas, como programar um gravador de vídeo ou ligar para outro estado. O know-how, assim, inclui coisas nas quais você não pensa conscientemente e coisas em que pensa, talvez repetindo regras para si mesmo (como "aperte o botão verde duas vezes").

- **Saber fatos, conhecer amigos e como amarrar o cadarço:** Você sabe como é uma dor de cabeça? Sim? Mas provavelmente não porque alguém lhe contou como é ou deu-lhe um livro sobre isso. Similarmente, você sabe que não gosta de pulôveres amarelos, mas gosta dos verdes. Talvez saiba que o verde caia melhor em você, em geral. Enfim, este é o segundo tipo de conhecimento — por familiaridade.

- **Saber por experiência:** De fato, nós construímos a maior parte de nosso conhecimento por meio da experiência (familiaridade e experiência estão intimamente ligadas; talvez a principal diferença que valha a pena mencionar é que a primeira é mais prática, e a segunda, mais teórica) — quando bebês, nós logo

> descobrimos que o chão é duro quando caímos nele ou que a grama não é saborosa quando a experimentamos. Depois de descobrir algumas coisas assim, podemos generalizar e isso pode se tornar um conhecimento teórico, conceitual. Mas o conhecimento começou pela experiência.
>
> ✔ **Saber que:** Este é o tipo de conhecimento que interessa aos filósofos. Envolve linguagem e conceitos, e basicamente exclui o restante do reino animal. Seu cachorro pode saber que sua refeição será colocada em uma tigela onde há o nome "Rex" toda noite, mas isso é só aquela coisa de conhecimento por familiaridade. Cachorros (no que diz respeito à filosofia) não sabem de nada.

## Admirando a intuição

A intuição é uma coisa engraçada. Por intuição, as pessoas querem dizer a capacidade de obter conhecimento sem necessariamente conseguir produzir qualquer evidência ou raciocínio para apoiá-lo. "Eu sabia intuitivamente que escrever um livro *Para Leigos* seria um passo ruim em minha carreira", por exemplo! Algumas pessoas dizem que mulheres são mais intuitivas do que os homens; alguns dizem que isso as ajuda a ganhar na loteria ou evitar acidentes de carro. Muitas pessoas dizem que a intuição não é algo respeitável para se dizer que tem, de qualquer forma — é melhor, de longe, ficar com os fatos. Mas também se poderia dizer que a intuição é um tipo de processamento subconsciente de informação e dados, que são obtidos observando detalhes e pistas mínimas no ambiente. Seria imprudente confiar somente no que se sabe ou lembra conscientemente, quando se esquece ou não percebe a grande maioria da informação que se tem.

E outro tipo de uso importante da intuição está na ética. Os filósofos deram-lhe um termo especial: *intuições morais*. As pessoas podem sentir que algo é errado (ou talvez certo) sem conseguir explicar por que sentem dessa forma. Muitas vezes, as pessoas acham que algo é certo, mas hesitam, sentindo uma dúvida, uma intuição contrária. Novamente, um filósofo seria imprudente se desprezasse todas essas intuições morais.

# Decodificando o Empirismo e o Racionalismo

O Capítulo 7 é dedicado a abordar todos os diferentes ismos. Mas aqui, para entender o empirismo e o racionalismo, você precisará compreender que há uma divisão entre filósofos em:

- ✔ *Empiristas*, que acham que se obtém conhecimento por meio dos sentidos.

- ✔ *Racionalistas* (às vezes conhecidos como *idealistas*), que acham que o conhecimento vem da reflexão sobre as ideias.

Não diga que vem de ambos, ou criará uma terceira categoria e, com isso, mais aborrecimento. De fato, a divisão faz sentido apenas da mesma forma que separar pessoas em seres físicos direcionados por mentes faz.

A questão filosófica tinha nuances religiosas e políticas. Por alguma razão, a maioria dos empiristas era britânica e a maioria dos racionalistas era da Europa continental, assim dando outro aspecto bastante político a esse debate filosófico supostamente abstrato.

Vamos dar aos empiristas a primeira rodada no debate. Um passo à frente, então, John Locke coloca a posição britânica — sem quaisquer concessões. Supõe-se que John Locke tenha decidido escrever seus "Ensaios Acerca do Conhecimento Humano" em 1689, após um impetuoso debate entre seus amigos sobre o assunto, quando eles não conseguiram resolvê-lo satisfatoriamente. Isso explica parcialmente a linguagem bem firme de seu ensaio. Ele começa aconselhando as pessoas a pararem de "intrometer-se em coisas" que estão além de suas capacidades naturais de compreensão. Ele então nos pede para "supor que a mente é um papel em branco, sem nada escrito" e depois pergunta: "de onde vêm todos os materiais da razão e conhecimento?". Sua resposta se resume à visão empirista: "tudo que sabemos vem da experiência sensorial e da reflexão sobre a experiência". Ele prossegue dizendo:

> *É uma opinião estabelecida entre alguns homens, que há, no entendimento, certos princípios inatos; algumas noções primárias, características, como se estivessem estampadas na mente do homem, que a alma recebe quando vem a existir e traz ao mundo consigo. Seria suficiente para convencer os leitores sem preconceitos da falsidade dessa suposição se eu apenas mostrasse (como espero fazer nas partes seguintes deste discurso) como homens, meramente pelo uso de suas faculdades naturais, podem ater-se a todo o conhecimento que possuem, sem o auxílio de quaisquer impressões inatas, e podem chegar à certeza sem quaisquer dessas noções ou princípios originais.*

## Racionalismo continental e racionalistas continentais

O *racionalismo* é um termo amplo que abrange uma variedade de posicionamentos filosóficos. A única coisa que eles têm em comum é uma confiança de que a razão humana pode encontrar respostas para todas as grandes perguntas filosóficas e é o caminho para o verdadeiro conhecimento.

Porque a maioria dos filósofos britânicos pensava de outra forma, surgiu o termo *ra-cionalismo continental*, significando o continente europeu, assim excluindo as ilhas britânicas. Sob esse título vem um grupo de peso de filósofos, incluindo René Descartes da França, Baruch Espinoza da Holanda, Immanuel Kant da Prússia (à época uma região com ligações mais fortes com a Polônia, embora seja normalmente chamado de filósofo alemão) e Gottfried Leibniz e G. W. F. Hegel da Alemanha.

Mas, logo em seguida, veio uma resposta continental. "A alma é vazia como uma tábula sobre a qual nada foi escrito?", respondeu Leibniz, no que ele pontualmente chamou de "Novo Ensaio Sobre o Entendimento Humano". Ele diz:

> *Nossas diferenças são acerca de assuntos de alguma importância. Há a questão de se a alma é em si completamente vazia como tábulas sobre as quais nada foi escrito [tábula rasa], como Aristóteles e o autor [John Locke] mantêm, ou se tudo inscrito nela vem somente dos sentidos e da experiência, ou se a alma contém desde o começo a fonte de várias noções e doutrinas, que objetos externos despertam apenas em certas ocasiões, como eu acredito junto com Platão e mesmo com alguns estudiosos e todos aqueles que encontram esse significado na passagem de São Paulo, onde ele afirma que a lei de Deus está escrita em nossos corações.*

Leibniz (e outros) se preocupavam com o fato de, se todo conhecimento viesse originalmente dos sentidos físicos, então as pessoas eram pouco diferentes dos animais! Como ele diz, no mesmo ensaio:

> *...é nesse aspecto que o conhecimento humano difere daquele das bestas. As bestas são puramente empíricas e guiadas somente por situações, pois, até onde nós conseguimos julgar, elas nunca conseguem formar proposições necessárias, enquanto o homem é capaz do conhecimento demonstrativo. Nisso, a faculdade que as bestas possuem para vislumbrar consequências é inferior à razão que os humanos têm.*

Isto é verdade: os animais são ruins de filosofia.

# Deduzindo Verdades Impressionantes com Descartes

René Descartes (pronuncia-se "Decar") nasceu em Poitiers, França, nos últimos anos do século XVI e, embora a maioria de seus contemporâneos tivesse hobbies práticos, como cavar lotes de terra ou mexer com produtos químicos, ele tinha uma mente muito superior (apesar de ter entrado no exército) e preferia perseguir suas investigações do conhecimento, usando a matemática e o raciocínio lógico rigoroso. Por essa razão, ele, às vezes, é considerado o pai da filosofia moderna. Seu livro mais influente, as *Meditações*, descreve suas perguntas a si mesmo enquanto meditava em uma bela e quente fornalha. Em dado momento, pensou ter encontrado a resposta para a pergunta "o que eu sei por certo?", na certeza da consciência de seus próprios pensamentos, famosamente encapsulados com o *Cogito ergo sum* (Penso, logo existo). Mas ele não afirma isso em *Meditações*, embora em "Respostas ao Segundo Conjunto de Objeções" oferece *Ego cogito, ergo sum, sive existo* ("Estou pensando, logo existo"), que diz basicamente a mesma coisa, mas de uma forma desesperançosa e merecidamente esquecida.

Essa simples alegação, René acreditava, era algo que ele *definitivamente* sabia — não apenas acreditava ser o caso. Foi muito influente, tendo um efeito profundo em como as pessoas enxergam o mundo, na maior parte para a pior, mas isso é outra história, parte ética, parte política, e, pelo momento, é melhor nos atermos ao que era o raciocínio de Descartes...

## A segunda meditação de Descartes

Descartes começa sua segunda meditação (não exatamente uma meditação no sentido estrito, místico, mas mais períodos extensos de reflexão filosófica) tirando conclusões de sua primeira meditação, em que tenta separar — em sua mente — as coisas que realmente sabe das coisas em que meramente acredita, e acaba jogando tudo fora.

> *Eu suponho que tudo que nós vemos é falso. Acredito que nada que minha memória enganosa representa tenha existido. Não tenho absolutamente nenhum sentido. Corpo, forma, extensão, movimento e lugar são todos quimeras.*

*Quimeras*, aliás, são um tipo de animal imaginário composto do corpo de uma leoa, cabeça de bode e uma cobra como rabo. Você não vai querer um negócio desse o seguindo por aí! Descartes, então, argumenta que, mesmo que todas as crenças que ele mantinha antes sejam falsas (não apenas duvidosas), ao menos uma delas *deve* ser verdade.

*Então é o caso de que eu não existo? ...há algum enganador ou outro que seja supremamente poderoso e astuto e que está sempre deliberadamente me enganando? Então, também, não há dúvida de que eu existo, se ele está me enganando. E que ele faça o melhor de seu engano, nunca far-me-á crer que eu não sou nada desde que eu pense que sou algo. Assim, depois de tudo cuidadosamente pesado, deve finalmente estabelecer-se que este pronunciamento "Eu sou, eu existo" é necessariamente verdade toda vez que eu o profira ou conceba em minha mente.*

Descartes não estava somente sonhando ociosamente naquela fornalha quente. De jeito nenhum! Isso é uma dedução filosófica. E o argumento formal (não que ele o expresse formalmente) é algo assim:

*Se eu não estou sendo enganado, então eu existo.*

*Se eu estou sendo enganado, então eu existo.*

*Ou eu estou sendo enganado, ou não estou.*

_____*(Logo)*

*Eu existo.*

Isso é um *silogismo* (veja o Capítulo 8 para saber mais). O argumento certamente é bem persuasivo. Certamente é válido quando você vê que usa a mesma estrutura para algo menos dramático:

*Se é segunda-feira, então a cantina servirá legumes no almoço.*

*Se não é segunda-feira, então a cantina servirá legumes no almoço.*

*Ou é segunda-feira, ou não é.*

_____

*A cantina servirá legumes no almoço.*

A suposição crucial é a segunda, "Se estou sendo enganado, então eu existo" (mas não tão crucialmente, "Se não é segunda-feira, então a cantina servirá legumes no almoço"). Essa é a suposição interessante, mas é não originalmente de Descartes, na verdade. Foi sugerida pelo filósofo predecessor Santo Agostinho (354–430), que disse *Fallor, ergo sum*, para aqueles que gostam de colecionar frase em latim para impressionar as pessoas. Na verdade, isso não significa "Penso, logo existo", mas "Se estou enganado, pelo menos estou", que é uma frase muito mais útil. Por exemplo, quando você acaba de se sair mal em uma prova, com uma nota de 1.7 (como eu lembro ter me saído mal em lógica uma vez), pode escrever embaixo *Fallor, ergo sum*, e certamente sentir-se um pouco melhor.

É importante ver que o ponto crucial do argumento, tanto de Descartes como de Santo Agostinho, é que, desde que estejam pensando (estando enganados ou acertando em suas ideias, não importa), então eles existem.

Essa ideia é um tanto ambígua, porque você poderia ler um argumento como para existir deve estar pensando, o que obviamente não é verdade (por exemplo, você poderia dormir). Mas, se você der a Descartes o benefício da dúvida, permanece uma ambiguidade da qual não pode se livrar.

A ótima ideia de Descartes, a pedra fundamental para construir um sistema confiável de todo conhecimento, é que no mínimo ele está ciente de sua existência desde que esteja ciente de seus pensamentos. Mas, colocado assim, é óbvio que ele não pode estar confiante de que esses pensamentos pertençam a ele absolutamente. Teria sido melhor se tivesse suposto que:

> *Se há um pensamento, então há um pensador.*
>
> *Um pensamento existe.*
>
> ———
>
> *Há um pensador.*

Infelizmente, argumentar desse jeito não prova que Descartes existe, apenas que há um pensador, que poderia ser outra pessoa. Parece maluco? Mas você pode pensar em um unicórnio e isso não faz com que o unicórnio exista — pelo menos não no sentido normal. Talvez, no entanto, seu raciocínio pudesse (como Descartes esperava) servir como prova de Deus, se tudo que se exige de Deus é que seja pensamento puro.

## Passando uma semana preguiçosa com Descartes sonhando na fornalha

As *Meditações* de Descartes tinham muito a ver com ele como indivíduo. Quando a obra foi impressa pela primeira vez, foi apresentada como uma coleção de pessoas famosas falando sobre um novo ensaio — as *Meditações de Prima Philosophia* por Renatus Des Cartes (como Descartes, que era francês, decidiu assinar, usando um tipo de floreio latim). Entre as pessoas famosas que ele convidou para comentar seus trabalhos filosóficos estava Thomas Hobbes, o filósofo inglês que acusa o francês de não realmente "duvidar de tudo", apesar de suas pretensões. Descartes sutilmente descarta essa objeção, dizendo rispidamente que apenas havia mencionado a doença da dúvida no espírito de um escritor médico com a intenção de, um momento depois, demonstrar como curá-la e, portanto, não tinha intenção de duvidar de tudo (e, talvez ciente dos comentários recebidos, Descartes acrescenta no prefácio às *Meditações* que seu livro não pretende ser adequado para "intelectos mais fracos").

Então, qual é a conclusão de Descartes após todas as suas meditações? Basicamente, a ideia de que seus sentidos são confiáveis afinal de contas, desde que se tire conclusões deles cuidadosamente. É claro que as ideias de Descartes não foram realmente sonhadas em alguns dias em um cômodo quente; elas parecem ter surgido nele bem lentamente durante muitos anos, por mais que ele descreva no livro que o processo de raciocínio durou seis dias. A noção apelativa da fornalha e a semana de reflexão são um dispositivo literário — e muito bem-sucedido. Somado a isso, todo o processo de iluminação tem nuances religiosas (jesuítas) e também o tem, muito particularmente, a escolha de *seis* dias. Deus criou o universo em seis dias; Descartes modestamente objetiva algo similar!

É assim que o livro se sucede, em minha própria visão:

- No primeiro dia, Descartes entra no aterrador mundo do nada, permitindo que tudo seja desconhecido e incerto.

- No segundo dia, ele acalma seus medos, refletindo que, pelo menos, sabe uma coisa, que ao menos está duvidando, temendo, pensando algo: "O que sou eu? Uma coisa que pensa, o que é isso? Uma coisa que duvida, entende, afirma, nega, tem vontade, não tem vontade e também imagina e possui percepções sensoriais…".

- No terceiro dia, ele prova para si mesmo que a existência de Deus é certa.

- No quarto dia, ele ensina a si mesmo algumas formas de evitar erros.

- No quinto dia, ele se arma de uma prova superior da existência de Deus.

- No sexto e último dia (de trabalho), ele descarta quaisquer dúvidas e prepara-se para reentrar no mundo equipado com uma nova ciência para compreendê-lo, uma ciência que aplica mais cuidadosamente as mesmas ferramentas da percepção sensorial originalmente alijadas no dia um.

Os achados de Descartes são uma das joias da filosofia ocidental — porém, quando se olha bem, não tem nada de mais. Mas não deixe que isso o afaste. Não se espera que a busca por conhecimento dentro da filosofia produza muito.

Como disse Bertrand Russell em *O Valor da Filosofia*:

> *A filosofia, como outros estudos, almeja primariamente o conhecimento… Mas não se pode defender que a filosofia teve uma grande medida de sucesso em suas tentativas de oferecer respostas definidas às suas perguntas. Se você perguntar a um matemático, um mineralogista, um historiador ou qualquer outro homem de*

*conhecimento qual corpo de verdades foi certificado por sua ciência, a resposta durará tanto quanto você estiver disposto a ouvir. Mas, se fizer a mesma pergunta a um filósofo, ele terá que confessar, se for cândido, que seu estudo não alcançou resultados positivos como foram alcançados pelas ciências...*

Russell ainda acrescenta:

*...a um grande ponto, a incerteza da filosofia é mais aparente que real: aquelas perguntas que já podem ter respostas definidas são feitas nas ciências, enquanto aquelas às quais, no presente, nenhuma resposta pode ser dada continuam no resíduo que é chamado de filosofia.*

# Capítulo 10

# Separando Fato de Ficção

*A realidade é meramente uma ilusão, embora uma ilusão bem persistente.*

– Albert Einstein

A maioria dos livros de filosofia fala sobre apenas uma coisa: como distinguir uma resposta certa de todas as erradas. Porque, para a maioria das pessoas, parece ser importante conseguir fazê-lo. Pegue atravessar uma rua, como exemplo. Faça-o corretamente e chegará do outro lado. Faça-o incorretamente e pode ser atropelado. Simples! Ou considere comprar um remédio para resfriado. Você quer um que o cure, não que só tenha um gosto horrível ou, pior ainda, provoque terríveis efeitos colaterais. O ponto é que você está acostumado a pensar nas coisas em termos de respostas fatuais e provas demonstráveis. As pessoas são criadas, hoje em dia, com uma visão geral organizada e lógica sobre os fatos, evidência e regularidade.

Ainda assim, de muitas, muitas formas, a lacuna entre fato e ficção não é estreita — sequer está lá. Médicos que prescrevem remédio para resfriado, por exemplo, sabem que frequentemente as pessoas melhoram com placebos (remédios sem nenhum princípio ativo, sobre os quais, todavia, os pacientes melhoram simplesmente por acreditarem na eficácia da pílula que acreditam estar tomando). Igualmente, pessoas deprimidas podem adoecer. Em ambos casos, os efeitos físicos da doença são respostas a um estado puramente mental — psicológico.

Alguns podem dizer "tudo bem, mas doença é meio que um caso especial". Mas, então, e o que falar das coisas que você lembra terem acontecido? São fatos ou ficções? Aquele grande especialista no funcionamento da mente humana, Sigmund Freud, descobriu que muitos de seus pacientes tinham problemas que se relacionavam a coisas que elas lembravam ter acontecido; coisas que (aguarde só) ele suspeitava nunca terem acontecido. Essas pessoas estavam presas em um mundo insatisfatório — de pais horríveis, incidentes traumáticos ou o que fosse — e eram libertadas não pela investigação da realidade, mas pela investigação da irrealidade — suas esperanças, seus medos, seus sonhos.

Como dizem os psicólogos, o que você é, definitivamente, é um tipo de narrativa — uma história ficcional que é feita por você e pelos que o rodeiam. A realidade dificilmente entra aí. Investigar a forma como a mente funciona é do que trata este capítulo.

# Como Saber se Você Não Está Sonhando Agora Mesmo?

Os filósofos sempre se interessaram pelo que as pessoas conseguem fazer quando estão dormindo. Porém, isso não é tanto porque a maioria das pessoas cochila durante discussões filosóficas, mas, mais, porque eles acham que no sono a alma liberta-se das correntes da experiência sensorial terrena para chegar a verdades filosóficas (bem, é isso que você deve dizer quando for pego cochilando no trabalho!).

Segundo Platão, todo conhecimento consiste de recuperar experiências pré-nascimento das formas ideais. Aquele grande filósofo alemão, Immanuel Kant, expôs otimisticamente em *Crítica da Razão Prática* que "o sono mais profundo, talvez a maior perfeição da mente poderia ser exercitada em um pensamento racional". Que se saiba, Kant também achava que cada ser humano tinha apenas uma certa quantidade desse inestimável sono em si e alertava para que não o utilizasse muito depressa — por exemplo, ficando deitado na cama de manhã.

Por outro lado, como notou o filósofo pessimista medieval São Tomás de Aquino, se um homem divisa argumentos lógicos enquanto dorme, ao acordar "ele, invariavelmente, reconhece uma falha em algum aspecto". E o próprio Platão registra que Sócrates perguntou a Glauco: "sonhar não consiste em confundir a semelhança da realidade com a própria realidade?".

Mas foi Descartes que levou a questão mais a sério. Ele escreveu no *Discurso do Método* que "todos os pensamentos e concepções que nós temos acordados também vêm a nós no sono", acrescentando mais tarde em uma carta: "eu tinha uma boa razão para afirmar que a alma humana está sempre consciente em quaisquer circunstâncias, mesmo no útero da mãe".

# Ficção e os filósofos

A ficção levanta algumas questões desconcertantes para filósofos — como algo não real pode ser importante? O que acontece quando você reage emocionalmente à ficção? Aristóteles pensava que o drama deveria sempre criar os sentimentos de piedade e medo no público. Platão achava que a ficção era em princípio objecionável, mas, se as pessoas precisam dela (por exemplo, como a poesia), então que seja plena e edificante. Mas é Agostinho que escreve mais eloquentemente em *As Confissões, Livro III*:

> *Peças também me absorviam, cheias de imagens de minhas desgraças e de combustível para meu fogo. Por que o homem deseja ficar triste, assistindo coisas melancólicas e trágicas, onde ele mesmo de forma alguma sofreria? Ainda assim, ele deseja como espectador sentir pesar, e esse mesmo pesar é seu prazer. O que é isso senão uma loucura desgraçada? Pois, quanto mais um homem é afetado por essas ações, menos livre ele é de tais afeições. Entretanto, quando ele sofre em sua própria pessoa, é uma desgraça à sua maneira; quando se compadece de outrem, então é misericórdia. Mas que tipo de compaixão é essa por paixões fingidas e encenadas? Pois o espectador não é chamado apenas para aliviar, mas somente para lamentar: e ele aplaude mais o ator dessas ficções quanto mais lamenta. E se as calamidades de outras pessoas (sejam antigas ou meras ficções) forem encenadas de tal forma que o espectador não vá às lágrimas, ele vai embora desgostoso e criticando; mas, se for levado à paixão, ele permanece absorto e chora de alegria.*

Os filósofos sempre debateram a respeito da questão da verdade; na ficção, "Rei Lear tem filhas ingratas" parece ser o mesmo tipo de afirmação que em "Rainha Elizabeth II tem vários netos", ainda que, na primeira, Rei Lear pareça não existir realmente ou, como dizem os filósofos (na linguagem de Meinong e Frege), não há *referente* (nenhuma "coisa" no mundo) ao qual se possa finalmente amarrar a verdade ou falsidade da alegação.

Estranhamente, como Jeremy Bentham apontou, muito do que se passa como realidade é na verdade ficção. Movimento, força e mesmo matéria são feitos pelas pessoas; não existem no mundo. David Hume juntou-se também, denunciando a substância, o eu e o espaço e tempo como ficções (isso para nem começar a considerar o status de coisas como direitos, valores, deveres e obrigações...). Em *Tratado da Natureza Humana*, Hume acrescenta que uma identidade pessoal não é nada mais nada menos que uma construção complexa feita das atividades e experiências de sua vida, juntas, não separadas.

# Duvidando de Tudo com Descartes

Descartes definitivamente concluiu em *Meditações* que Deus era "supremamente bom e não podia errar", uma pessoa racional ainda deve conseguir distinguir qualquer informação falsa apresentada à alma nas terras oníricas do conhecimento (supostamente) organizado e coerente do mundo. Nem Bertrand Russell, nem Leibniz compartilharam de tal confiança. Leibniz disse que "não é impossível, falando metafisicamente, que possa haver um sonho tão contínuo e duradouro quanto a vida de um homem" — ou mesmo a vida de uma borboleta, como descrito, em algumas linhas no verso do grande expoente da vida como um sonho (de uma borboleta) —, o antigo sábio chinês, Chuang Tzu (como descrito no Capítulo 6, por exemplo).

Descartes diz que, para separar verdadeiro conhecimento de boatos não confiáveis, ilusões de ótica e engodo de outras pessoas (incluindo demônios malévolos), deve-se presumir que tudo que falam, tudo que se vê e se ouve e tudo de que não se possa estar absolutamente certo é um truque. Ele pergunta:

> *Como saber se não estou no meio de um terrível pesadelo filosófico? Um pesadelo de proporções incomuns, certamente, que acontece com notáveis consistência e detalhes — mas um miasma, todavia, separado da realidade? Ou, como saber que não caí nas artimanhas de um demônio maligno, no intento de enganar-me?*

> *Ou, talvez, mesmo de um médico maligno. Que haja recuperado meu cérebro após algum terrível acidente e agora mantém-no suspenso em uma cuba com produtos químicos como parte de um macabro experimento médico? Como saber que tudo que estou vivenciando não é, na verdade, "dado sensorial" inventado, alimentando meu pobre e velho cérebro em uma cuba por meio de fios coloridos: roxo para audição, preto para tato, amarelo para paladar, azul para visão...?*

Bem alarmante, ninguém sabe, mas presume essas coisas. Porém Descartes resume a busca filosófica por algo melhor que isso — a busca pelo conhecimento verdadeiro.

Descartes estava longe de ser o primeiro a duvidar de tudo. Os antigos céticos gregos, que aborreciam Platão, especializaram-se em duvidar, e suas conclusões foram que não se pode estar certo de absolutamente nada. É por isso que são chamados de *céticos*.

Você pode pensar que nunca seria enganado por um demônio maligno nem por um médico. Mas esse é um passo muito curto entre vivenciar algo diretamente e indiretamente. Pegue as experiências lembradas, por exemplo. Quão reais são essas experiências?

## Penso, logo existo

Descartes é famoso porque, no momento em que ele parece ter reduzido todo o conhecimento humano a meras deduções otimistas e convenções, expõe dramaticamente que algo que ele diz é absolutamente confiável e certo — algo de que você pode realmente ter certeza. Esta provavelmente é a frase mais famosa da filosofia:

> *Penso, logo existo.*

## Dualismo

A segunda coisa pela qual Descartes é lembrado é o *dualismo*: ver o mundo como sendo feito de duas coisas — mente e matéria.

*Dualismo* é o jargão filosófico para ver o mundo como composto de duas coisas: Mente e Matéria.

Descartes pensava que todo mundo tinha uma mente e um corpo. Contudo, ele achava que os animais possuíam somente corpos — e chegou a dissecar alguns para testar sua teoria. Certamente, ele não encontrou mente nenhuma dentro. A Igreja gostou de sua abordagem, visto que se encaixava bem à ideia de almas. Havia, entretanto, um problema prático com a teoria. Se as mentes não possuem partes físicas, como podem ter efeitos físicos — como poderia minha mente pura dizer ao meu braço para virar a página?

# Lembrando o Papel da Memória

Todo mundo guarda lembranças — adesivos de rock ou termômetros feitos de conchas de resorts à beira-mar, como Blackpool e Bognor Regis, ou outras mais pessoais, como uma corda arrebentada da guitarra de Bob Dylan. Mas, acima de tudo, lembranças estão na forma de memória em sua cabeça.

Entretanto, como pode algo do passado, que não mais existe, continuar presente em nossa memória? No alvorecer da filosofia, estudiosos debateram essa questão. Platão descreveu a memória como um sistema de estoque feito de cera. Expandindo sua metáfora, Aristóteles alegou que a memória era feita de traços físicos das experiências, que, de certa forma as registrava e representava. Similarmente, filósofos empiristas britânicos (veja o Capítulo 7) como John Locke e David Hume pensavam na memória como um estoque de ideias copiadas de impressões anteriores. Hume insistia que as memórias diferiam tanto das impressões perceptuais como das ideias puramente imaginárias apenas em seu grau de vivacidade. E é a visão de Hume que continua dominante até hoje.

## Usando a mente como estoque

Embora os detalhes exatos dessa visão de estoque tradicional estejam constantemente sendo modificados para ir ao encontro de resultados da pesquisa neurocientífica, a maioria dos filósofos e cientistas cognitivos compartilharam da abordagem geral. Por exemplo, de acordo com o psicólogo gestáltico Wolfgang Köhler (1887–1967) e o renomado neurocientista António Damasio (1944–), nossas experiências são armazenadas em nosso cérebro como traços fisiológicos codificados. Isto é, nossas memórias são armazenadas fisicamente e indexadas como "representações neurais" em algum ponto na parte posterior do cérebro. Quando você se lembra de algo, seu cérebro procura-o no índice, então decodifica-o e recupera o dado memorial armazenado.

Nos séculos XIX e XX, Bertrand Russell (1872–1970) e William James (1842–1910) tentaram expandir a teoria de Aristóteles e Hume, sugerindo que o imaginário é uma condição necessária, mas não suficiente, para a memória — deixando um mistério sobre o que seria a outra parte. O aluno de Russell, Wittgenstein, e outros wittgensteinianos posteriores discutiram as suposições por trás de toda essa abordagem. Eles defendiam que era uma ilusão pensar que poderia existir uma imagem que contivesse sua interpretação em si mesma. Fazê-lo seria como sugerir que uma flecha aponta somente porque você a conecta mentalmente a uma imagem dela.

Wittgenstein sempre discordou do, por vezes seu supervisor, Bertrand Russell, mas, neste caso, ele, com certeza, está certo. Pegue as lembranças de Bognor Regis e do show de Bob Dylan, por exemplo. Adesivos de rock não parecem cidades costeiras, nem cordas de guitarra arrebentadas fazem qualquer som, muito menos como um músico. Ainda assim, em sua mente, uma aponta alegremente para a outra.

Nada a respeito de uma imagem complexa (ou estado) poderia fazê-la referir a um único estado de atividades. Mesmo que uma imagem mental acompanhe, digamos, uma xícara de café, não pode explicá-la, porque você, por sua vez, teria que reconhecer que ambas estão realmente conectadas.

# Examinando questões de identidade

O que torna algo, algo? O que faz de mim eu, ou o navio de Teseu o navio de Teseu — e não outra coisa? Questões de identidade, especialmente identidade pessoal, preocuparam filósofos no decorrer dos séculos e continuam a levantar novos problemas hoje em dia, à medida que os avanços na medicina criam ainda mais possibilidades e, com elas, perguntas.

No diálogo de Platão em *A República* e no *Banquete*, apenas formas imateriais divinas nunca alteram a si mesmas, porque são completas e perfeitas. Tudo o mais, inclusive pessoas, está em constante mudança, tanto no espaço como no tempo.

Apesar dessa realidade física, a ideia de que cada pessoa tem uma identidade fixa é central a sistemas de ética, lei, medicina e mesmo nas interações cotidianas pessoais e sociais. Mas o que em uma pessoa permanece o mesmo?

No decorrer dos séculos, os filósofos sempre retornaram ao problema, focando em diferentes aspectos. Alguns encontraram identidade na natureza dos nomes; outros na identidade espacial; outros ainda discerniram-no nas almas. Alguns se perguntaram a respeito dos elementos essenciais do corpo; afinal, os cientistas dizem que nosso código genético, ou DNA, sempre permanece o mesmo. Muitos ponderaram, de uma forma ou outra, acerca da natureza do cérebro, da mente, consciência, memória e experiência.

Experiências de pensamento clássicas usadas para explorar a questão incluem:

- ✔ O Navio de Teseu (em que um navio é gradualmente substituído, tábua por tábua, até que nem uma única parte física dele continue a mesma).

- ✔ O debate medieval sobre a sobrevivência da alma que levou à experiência mental de Tomás de Aquino, da família de canibais que parecem consistir dos átomos de pessoas que precisam deles para entrar no céu.

O *Ensaio Acerca do Entendimento Humano* (1690), de John Locke, inclui um dos primeiros tipos de troca de corpo, nesse caso entre um príncipe e um sapateiro; mas você pode fazer melhor do que isso se imaginar uma máquina de transferência total de corpo e alma.

Mas as questões não são somente teóricas. Hoje em dia, a manipulação genética, biotecnologia, cirurgia ou drogas afetam sutilmente a identidade pessoal. As pessoas, às vezes, submetem-se a alterações dramáticas, incluindo mudanças de sexo e colocação de partes biônicas ou transplantadas (inclusive partes de animais). Cientistas loucos alegremente misturam diferentes espécies de animais em experiências *quiméricas* (isto é, aqueles criados por imaginações extremamente fantasiosas), criando monstruosidades patéticas e desesperadas.

## Usando máquinas de transferência de mente

São abundantes as histórias de transferência de corpo (mente) — são um misto de folclores e ficção científica, não apenas filosofia. Mesmo Aristóteles ponderou sobre a essência de Sócrates e Platão, perguntando-se se poderiam ser definitivamente a mesma coisa, e John Locke usou aquele conto pioneiro do príncipe e do sapateiro que acordaram e descobriram que haviam trocado de corpos para mostrar que a identidade tem realmente mais a ver com características mentais do que com as físicas.

Mas pegue um caso mais recente de meu próprio livro, *Wittgenstein's Beetle and Other Classic Thought Experiments* (Blackwell, 2004, A Abelha de Wittgenstein e Outras Experiências Mentais Clássicas, em tradução livre), de Dr. Gibb — um acadêmico chato, feio e engomadinho que descobriu a existência de uma "máquina de transferência de corpo" no estacionamento da faculdade de ciências. Após algumas pesquisas por almas, ele decide tentar. Entra em uma cabine e transfere vários elementos de suas capacidades mentais para Steve — um aluno seu de pós-graduação bonito e, francamente, não muito brilhante —, que está na segunda cabine.

Steve acha que irá se beneficiar por ter algumas das capacidades de seu tutor e o conhecimento implantado nele e fica muito animado. Mas, na realidade, Gibb tem intenções mais sinistras. Ele quer tomar todo o corpo de seu aluno, reprogramando-o com seus atributos mentais, e ao mesmo tempo transferir a mente do pobre Steve para seu cachorro decrépito. Entre as opções piscando no painel de controle estão a de transferir todas as suas capacidades, todas as suas memórias e mesmo todas as suas preferências pessoais e idiossincrasias.

Em um lapso maligno, para piorar as coisas, Gibb digita em detalhes para quem a conta do processo deve ir depois. Como a conta é de vários milhões, isso não é brincadeira. É claro que o pobre Steve não pode pagá-la — ele pode acabar indo para a prisão por não conseguir pagar.

Agora Gibb é um tremendo canalha: ele quer fazer essa coisa egoísta. Ele imediatamente começa a digitar o nome de Steve e endereço da faculdade. Mas, depois, ele pausa. Se está *se* transferindo para o corpo de Steve, ele não deveria enviar a conta para o Gibb velho, que, em breve, terá os pensamentos de Steve, em vez do novo no corpo de Steve?

Sendo isso apenas uma experiência mental, para decidir quem é quem, você pode imaginar várias possibilidades. Suponha, por exemplo, que Gibb escolheu transferir todas as suas memórias, capacidades e personalidade. Nesse caso, a experiência mental pode fazer você pensar que é astucioso, para não dizer antiético, ele enviar a conta (e, consequentemente, a sentença de prisão) para o velho e decrépito "Gibb", que tem as memórias e habilidades do pobre Steve. Enquanto isso, o Gibb real ficaria livre no corpo de Steve. Tal abordagem encaixa-se na intuição de que a identidade pessoal realmente tem a ver com atributos mentais, não físicos. Então, isso está claro.

Contudo, o que você pensaria se a cabine *desse defeito* após enviar os atributos mentais de Gibb para Steve, deixando-os ainda intactos no Gibb original? Ou (pior ainda) se ela simplesmente *apagasse* todos os atributos mentais de Gibb, deixando Steve desapontado por não obter nenhuma das capacidades de seu tutor, que, de outra forma, estariam intactas? Então você pode ter certeza de que um Gibb real existia, um que agora é definido apenas por sua casca física e que agora seria duplamente infeliz por acabar na bancarrota por conta do processo.

## *Ouvindo as histórias da mente subconsciente*

No final do século XIX, as pessoas geralmente entendiam distúrbios mentais em termos *positivistas* como algo com raiz em um distúrbio do corpo. Positivismo significa olhar para o mundo por causas e efeitos mensuráveis e desconsiderar coisas intangíveis como o que as pessoas estavam pensando. O tratamento normalmente incluía ser posto em um sanatório e receber injeções de várias substâncias químicas. Entretanto, um médico austríaco, chamado Sigmund Freud, estava interessado em tratar a mente e compreender sua função.

Sigmund Freud (1856–1939) nasceu na Morávia, então parte do império austro-húngaro, em uma família etnicamente judia, mas não praticante, muito respeitável (isso tornou suas incursões posteriores nas fantasias sexuais altamente notáveis, para não dizer *infames*, é claro).

Quando Freud tinha quatro anos, sua família mudou-se para Viena e lá ele praticou como médico e permaneceu pela maior parte de sua vida. De fato, Freud sempre viu suas teorias como parte de uma tradição científica, empírica, mas também o fizeram Aristóteles e muitos outros que, agora, os estudiosos reconhecem como essencialmente filósofos. Freud considerava expandir a compreensão do ser humano, tanto o normal como o patológico (ou *doente*, como as pessoas agora evitam chamar).

### *Fantasias e o Complexo de Édipo*

Em uma famosa série de histórias de casos, Freud apresenta vários pacientes e seus sintomas e descreve o processo de falar por meio de memórias associadas, que normalmente se enraízam nos anos da primeira infância.

# O estranho caso de Anna O.

Na década de 1880, Freud e seu colega Josef Breuer trataram várias mulheres ricas de Viena usando hipnose. O mais conhecido desses casos é o de Anna O., uma jovem mulher que sofria de uma série de queixas físicas incapacitantes que pareciam não ter uma causa. Anna O. queixava-se de paralisias que às vezes eram tão severas que ela não conseguia andar. Em outros momentos, não conseguia falar em sua língua nativa, o alemão, mas apenas em uma variedade de línguas estrangeiras. Freud e Breuer trataram-na induzindo um estado hipnótico e então mergulhando em suas memórias mais profundas (não pela última vez, o tratamento de Anna O. teve que ser abruptamente interrompido, porque ela se apaixonou por seu analista!).

Mas, antes desse terrível resultado, o caso de Anna O. levou Freud a desenvolver a ideia de que se poderia tratar sintomas físicos e mentais da mesma forma, falando sobre eles — o que os psicanalistas chamam do conceito de cura pela fala (e o resto de nós chamamos de muito dinheiro!). Mas o significado filosófico está na ideia de que o eu está dividido em um eu consciente, racional e social, e um outro eu oculto, que habita um mundo interior paralelo fora da razão e do controle social e que o consciente do "dia a dia" está em constante batalha para reprimir.

A explicação de Freud para tudo isso foi de que os seres humanos são guiados pela *libido*, um poderoso impulso sexual. Ele observou em seus pacientes que eles podiam direcionar a libido a muitos objetos, o que às vezes levava a conflito interno. A tentativa de reprimir o que os pacientes achavam ser desejos proibidos poderia produzir sintomas.

Uma coisa que rapidamente atingiu Freud foi quantas pacientes mulheres lembravam de serem seduzidas por seus pais ou outras figuras masculinas da família. Por volta de 1897, Freud havia chegado a uma visão de que isso eram fantasias da primeira infância, memórias falsas, que essas experiências eram imaginárias e não reais. Freud descreveu essas fantasias como *complexo de Édipo*, segundo o mito grego no qual um filho mata seu pai e casa-se com a mãe, e argumentou que essa era uma fase pela qual todo mundo tem que passar. Não literalmente, entenda! Falando estritamente, o Complexo de Édipo é uma síndrome que meninos novos têm quando se apegam muito às suas mães e odeiam seus pais, enquanto as meninas têm seu próprio complexo — o Complexo de Electra —, quando se apaixonam pelo pai e odeiam a mãe. Até certo ponto, toda criança se apaixona por um dos pais, o de sexo oposto, e torna-se rival daquele do mesmo sexo. Quando tudo vai bem, isso é apenas uma fase e a criança supera esses sentimentos satisfatoriamente, chegando a uma abordagem equilibrada de ambos os pais e ambos os gêneros.

# Ego, egoísmo e egoístico

Para Sigmund Freud, a mente tem três partes: o *id*, o *ego* e o *superego*. O id tem apetites, mas não é racional; é o que Freud chamou originalmente de *inconsciente*. O superego, por outro lado, é a faculdade moral do corpo, é a consciência, capaz de atuar não só sobre os interesses do indivíduos, mas considerando um interesse idealizado ou geral. Porém, é o ego que fala de verdade com você; ele tem que tentar decidir entre duas predisposições opostas do id e do superego. É meio como o desenho de um bêbado olhando para uma garrafa de uísque enquanto balões de pensamento aparecem, um com um diabinho dizendo "Vá em frente — só um pouquinho não faz mal!" e outro dizendo "Lembre-se de sua promessa de nunca mais beber enquanto estiver de serviço!". De qualquer forma, em tudo isso o ego representa a posição de compromisso ditada pela prudência e pela responsabilidade.

Em ética, *egoísmo* (às vezes chamado de *egoísmo normativo* ou *egoísmo racional*, embora não faça diferença) é a visão que satisfazer a si mesmo é uma justificativa suficiente para escolher uma ação em detrimento de outra. Em *A República* de Platão, Trasímaco defende fortemente o egoísmo e, similarmente, o egoísmo é o princípio fundador do governo para Thomas Hobbes em *Leviatã*.

## O id, o ego e o superego

Mais adiante, Freud concluiu que isso era, na verdade, mais complicado do que ele havia imaginado e que, de fato, três elementos guiavam as pessoas:

- ✔ **O id:** A parte irracional e primitiva das emoções e da libido.
- ✔ **O ego:** A parte que tenta regular e controlar o id, que é o lado racional.
- ✔ **O superego:** Criado do senso de normas sociais e éticas do indivíduo. Como um diretor de escola rigoroso, o superego está focado em impedir e punir mau comportamento.

Freud concluiu que os estranhos sintomas de seus pacientes eram, na verdade, o resultado de um superego superpoderoso e intolerante tentando reprimir o id e o ego.

Em *A Interpretação dos Sonhos* (1900), Freud descreveu o mundo inconsciente do id. No inconsciente, não existe nenhuma lógica, mas tudo pode coexistir e seus desejos mais proibidos ditam as regras. O inconsciente revela-se em seus sonhos e por meio de movimentos da língua. A mente consciente tenta reprimir desejos que o superego considera amorais ou socialmente não permitidos, mas o inconsciente revela-se de forma distorcida: em símbolos que você tem que decodificar e interpretar.

### As ideias de Freud e o futuro

As ideias de Freud foram muito influentes no conceito moderno do eu humano e de como a mente humana funciona. Suas teorias entraram na linguagem comum, e seus conceitos — as diferentes partes da mente e os mundos conflitantes de desejo e demandas morais e sociais — moldam o conceito moderno do eu. Mas é claro que toda ação tem uma reação contrária e, na tradição da ciência empírica, o colega vienense de Freud, Karl Popper, fez uma crítica devastadora à psicanálise. Popper, um filósofo com interesse particular no funcionamento da ciência, reclamou que as ideias de Freud e da psicanálise não atendiam a qualquer critério científico e não possuíam base objetiva, mas eram meramente assertivas que não podiam ser provadas.

A divisão entre a realidade objetiva e mensurável e o mundo subjetivo e mutante do eu, observada por Platão muito tempo antes, continua. E, se a neurociência, com suas máquinas sofisticadas capazes de mostrar a atividade elétrica do cérebro, é atualmente celebrada por alguns como uma nova forma de, finalmente, definir o que determina a personalidade e o comportamento, o trabalho de Freud lembra que a mente humana é cheia de contradições.

### William James e o consciente

Outro filósofo com um profundo interesse em como a mente funciona é William James (1842–1910), que tem uma árvore genealógica interessante (e possivelmente confusa), sendo filho de Henry James, o filósofo religioso, e irmão de outro Henry James, o novelista. Ele próprio era filósofo e psicólogo, deu aula em Harvard, publicando *Princípios da Psicologia* (1890), um relato de como o cérebro se relaciona com a mente, ou com o consciente.

James pegou a visão de Darwin, de que o consciente tem uma origem e um propósito evolutivo; ele desenvolveu a noção de que a consciência é um estado transitório do cérebro que este continuamente destrói e renova. Isso é o que se tornou o famoso *fluxo de consciência*.

Uma das ideias influentes de William James é a distinção entre o *eu* e o *mim*. James diz que o *eu* é o pensador e o *mim* é feito do *mim material*, que se preocupa essencialmente com os interesses do corpo, e do *mim social*, que se preocupa com como os outros o percebem em situações sociais. A identidade pessoal consiste do *eu* lembrando-se das demandas de vários *mins*. Nesse sentido, James é um *fenomenologista*: ele acredita que estados mentais se baseiam em processos físicos. Contudo, ele faz uma exceção. Ele espera que o livre-arbítrio seja, de fato, livre, argumentando que o *eu* é capaz de escolher livremente os pensamentos sobre os quais quer pensar.

# Entendendo o inconsciente

Carl Jung (1875–1961) nasceu em Kesswill, Suíça, e morreu em Zurique. Ele foi o pai fundador da psicologia analítica. Ele conheceu Freud em Viena, em 1907, e inicialmente colaborou com ele. Jung foi presidente da Sociedade Psicanalítica Internacional de 1911 a 1914, mas tornou-se cada vez mais crítico aos métodos de Freud. Eles romperam completamente em 1913, após a publicação de *Psicologia do Inconsciente,* de Jung.

Jung assume uma visão muito positiva da mente e enxerga a psique como um sistema autorregulado e criativo, lutando por uma identidade individual, que foi chamada de *individuação.* Os sonhos fornecem conse-

lhos práticos do inconsciente ao consciente, auxiliando no alcance da individuação. Em *Homem Moderno à Procura de uma Alma,* Jung sugere que o mundo moderno causa alienação, separando o homem de suas raízes, que são essenciais para o crescimento psicológico e, consequentemente, para a satisfação. Isso tem resultado em níveis de depressão, desespero e sofrimento sem precedentes. A humanidade deve entender seus símbolos e permitir que eles informem o desenvolvimento criativo da mente consciente. Por essa razão, Jung colocou grande ênfase no sonho para permitir que o inconsciente se comunique com a mente consciente. Isso é um processo natural.

# O que Acontece Quando o Cérebro Erra?

O neurologista e escritor Oliver Sacks descreveu como certos tipos de danos cerebrais resultam em uma memória acentuada, de fato, a capacidade extraordinária de lembrar-se, dia a dia, de cada evento que o indivíduo vivenciou. Ele supõe disso que o cérebro do indivíduo saudável contém um registro completo de tudo que ele vivenciou desde o nascimento, mas, misericordiosamente, a maior parte dele é inacessível à nossa mente consciente.

Mas se você não consegue se lembrar de nada além dos últimos minutos, então pode ser mais sério. Pois, à medida que você perde contato com seu passado, não pode funcionar no presente.

## Uma experiência pessoal de perda de memória

Uma vez eu sofri um acidente de bicicleta. Bati com a cabeça e fiquei inconsciente por, aproximadamente, meia hora — além de ter sofrido outras lesões terríveis. Levou em torno de um mês para eu ficar bem o suficiente para caminhar pela casa novamente — mas isso foi apenas a recuperação das lesões físicas visíveis. Acontece que os efeitos mentais, invisíveis, duraram muito mais. Na verdade, havia perdido a capacidade de me lembrar de coisas novas que aconteciam. Eu conseguia lembrar da minha infância, mas não o que havia acontecido ontem. Eu não conseguia sequer lembrar por que estava machucado, então, todo dia minha família tinha que explicar as mesmas coisas para mim. A experiência apoiou a teoria de que a mente é um tipo de estoque, que está dividido em duas partes — uma parte de memórias de curto prazo e uma parte permanente, organizada, de longo prazo. No meu caso, o cérebro estava guardando eventos na memória de curto prazo, então, arquivando-as incorretamente e, assim, perdendo-as.

Depois de aproximadamente seis semanas, meu sistema de arquivamento, de alguma forma, se corrigiu e pude lembrar novamente. Tive sorte. Mas outros não têm.

## Dr. Sacks e seus contos curiosos

Em *O Homem que Confundiu sua Esposa com um Chapéu* (Companhia das Letras, 1985), um relato fascinante de vários tipos de desastres que podem afetar o cérebro, Dr. Sacks descreve o caso de uma pessoa com a memória comprometida, Jimmie, "o marinheiro perdido", um homem nos seus sessenta anos cuja memória apagou quaisquer lembranças de eventos ocorridos após seus 30 anos. Jimmie fica continuamente chocado com as mudanças ao seu redor, tanto no mundo físico quanto, estarrecedoramente, nas pessoas que ele conhecia (quando ele as reconhece). "Acho que algumas pessoas envelhecem rápido", ele diz em uma tentativa de explicação.

Dr. Sacks tenta substituir a falha da memória de Jimmy, oferecendo a ele um sistema simples de cópia de segurança — um bloco de notas. Jimmie escreve os eventos em seu diário e, então, Dr. Sacks pode pedir para que ele os relembre. Quão bem isso funciona? Não muito bem. Inicialmente, tais truques servem para "dar um empurrãozinho" na memória. Mas Jimmie simplesmente não reconhece o que ele mesmo escreveu. "Eu escrevi isso?", ele pergunta, e mais "Eu fiz isso?". Quando Dr. Sacks pergunta a Jimmie como ele está se sentindo, a resposta é bem triste. Ele diz: "Como me sinto? Não posso dizer que me sinto mal. Mas não posso dizer que me sinto bem. Não posso dizer que sinto qualquer coisa". E coça a cabeça confuso.

O paciente de Dr. Sacks está em mau estado; perdido em um mundo de dez minutos, ele mal se sente vivo! Mas existe um lampejo de esperança nesse caso. Sacks consulta uma passagem de sua bíblia profissional, *Neuropsicologia da Memória*, de A. R. Luria, que diz:

> *Mas o homem não consiste apenas de memória. Ele tem sentimento, vontade, sensibilidades, ser moral — assunto do qual a neuropsicologia não pode falar. E é aqui, além do reino da psicologia impessoal, que se pode encontrar meios de tocá-lo e mudá-lo.*

E, de fato, Dr. Sacks descobre que, quando Jimmie está cantando, ou rezando na capela, ou quando está jogando certos jogos ou resolvendo passatempos desafiadores, ele se torna uma pessoa diferente, mais completa. Desde que esteja plenamente ocupado com o presente, sua perda de memória para de aborrecê-lo. Mas é claro que ele não pode passar todo o tempo rezando ou resolvendo passatempos...

A excelente "cura" de Dr. Sacks é dar o jardim do hospital para Jimmie cuidar. Uma vez lá, Jimmie começa a ter um bom progresso. A princípio, todo dia o jardim é novo para ele e ele tem que redescobri-lo por inteiro, mas, depois de algum tempo, ele começa a lembrar e consegue construir planos e estratégias para cuidar dele. Como Sacks coloca, Jimmie está perdido no espaço-tempo, mas alocado no que ele chama de *tempo intencional*. Embora Jimmie não consiga organizar as memórias no tempo e no espaço, ele pode criar um tipo de mundo de memória, baseado em sentimentos estéticos, religiosos, morais e dramáticos.

---

# O cheiro de café — de novo!

Dr. Sacks também descreve o caso de um homem cujo olfato está irrecuperavelmente destruído. O olfato é um sentido sutil que afeta o dia a dia muito mais do que se possa pensar. O interessante sobre este caso é, contudo, não o quanto ele sofre e lida com a perda, mas que um dia ele pega uma bebida e sente aquele rico aroma do café novamente. O mesmo milagre acontece quando ele pega seu cachimbo e enche-o de tabaco.

Mas os fatos médicos permanecem inalterados. Seu nariz conseguia sentir tanto cheiro quanto seu ouvido. Os aromas que ele estava sentindo estavam totalmente em sua mente, mas não imaginados exatamente. Eram experiências prévias que sua mente subconsciente estava fielmente reproduzindo no momento certo.

# A filosofia encontra a neurociência

Muitas crianças pequenas não conseguem genuinamente diferenciar algo que elas inventaram de algo que realmente existe ou aconteceu (os professores sabem que isso torna as crianças testemunhas não confiáveis, não que isso diga respeito a suas atividades). Isso permite-lhes ter amigos imaginários, festas imaginárias e, claro, vidas imaginárias. Contudo, essa charmosa característica das crianças tem uma infeliz companhia sombria no mundo adulto dos distúrbios cerebrais.

Paul Broks, um neurocientista com sede na fria cidade de Plymouth, no Reino Unido, descreve em seu livro filosófico-psicológico, *Into the Silent Islands* (Atlantic Books, 2004, Na Ilha Silenciosa, tradução livre), uma paciente. Quando ele pergunta à moça "você sabe onde está?", ela responde que está na exótica Maiorca e desabotoa o casaco por causa do calor. "Se eu fosse você, continuaria com ele", Broks diz à sua paciente de forma bem seca. Ele percebe que o cérebro de sua paciente havia registrado a imagem em um cartão-postal da pequena ilha tropical que estava sobre sua mesa e está agora agitadamente criando uma rede de conexões completamente falsas com a informação, confundindo eventos no mundo mental privado com eventos no mundo externo público.

## Vida no mundo real

Apenas no mundo real, as ações têm efeitos demonstráveis e consequências tangíveis, como o amigo do bispo Berkeley tentou demonstrar chutando uma pedra de verdade. Contudo, *real* é uma palavra problemática. O bispo Berkeley era insistente em que o que é real no mundo não são as pedras, mas os pensamentos. O mundo material, ele diz, existe apenas em nossas mentes. Você supõe que as imagens que tem na mente, como as sensações aparentemente involuntárias que o acometem (por exemplo, se a pedra for muito grande ou se o sapato for muito pequeno) foram causadas por uma cadeia mecânica de eventos que começam pela matéria física, são convertidas por meios eletroquímicos através de vários sentidos e terminam como uma representação mental organizada em sua cabeça. Mas, Berkeley diz, por que supor isso? Não seria muito mais simples dizer que o que você tem em seu mundo mental é real e o que pensa que pode corresponder a isso lá fora é imaginário?

Uma grande parte da resposta a esse mistério de "quem você é" é que você cria em sua cabeça uma história de vida, uma narrativa interna cuja continuidade ou sentido é sua vida. Você pode dizer que essa narrativa é você, é sua identidade (os existencialistas falam muito disso — veja o Capítulo 12).

Biologicamente falando, as pessoas não são muito diferentes. São as narrativas pessoais que realmente dão identidades distintas. As histórias de vida de algumas pessoas são cheias de contos de azar e repressão, fardos impostos e oportunidades perdidas. Outras são cheias de oportunidades especiais, habilidades excepcionais e boa sorte. Se as histórias "reais" estavam muito distantes — ou mesmo invertidas — não tem importância. Tais narrativas têm sua própria lógica. O indivíduo exerce uma função determinada por sua história de vida, não por um fato cru histórico ou físico.

## *Romantismo*

O romantismo é notavelmente difícil de definir, tanto como movimento histórico quanto como escola de pensamento. Ele não tem um ponto de início ou fim definitivos, mas sua influência é ampla. Escritores, pintores, músicos e filósofos foram influenciados pelos ideais românticos.

Durante o século XVIII, a Europa vivenciou a Era do Iluminismo, na qual muitos intelectuais começaram a sentir que os humanos estavam aproximando-se de saber tudo que havia para se saber no mundo científico. Contudo, esse intenso foco na descoberta científica objetiva também fez com que as pessoas se sentissem pequenas e desimportantes, deixadas sem propósito ou desígnio. Este último sentimento levou um grupo pequeno e oculto de antirracionalistas a criar o que, desde então, ficou conhecido como Movimento Romântico.

*Romantismo*, no sentido mais geral, tira a ênfase da razão objetiva e coloca-a junto das emoções, intuição, natureza, fé ou outros conceitos "irracionais". Mesmo os gregos antigos fizeram isso. Aristóteles, por exemplo, dedica o Livro VIII de *Ética a Nicômaco* à discussão da amizade e Platão devota todo o seu *Banquete* a uma longa discussão acerca da natureza do amor. Contudo, o movimento romântico do século XVIII é radical em sua rejeição à racionalidade. Embora Platão e Aristóteles defendam que o papel próprio da razão está no controle das paixões irracionais, os verdadeiros românticos invertem esses papéis.

Um dos grandes filósofos românticos foi o excêntrico franco-suíço Jean-Jacques Rousseau, que escreve em aclamação à glória do "homem natural", da superioridade do "nobre selvagem" e contra a corrupção da modernidade e da ciência. John Stuart Mill também é frequentemente considerado um filósofo romântico devido ao papel central da felicidade em sua ética. Mill, que se mostrou secamente lógico, posteriormente influenciou enormemente poetas românticos como Wordsworth e Coleridge. Mas o filósofo mais romântico de todos é, provavelmente, Søren Kierkegaard. Em seu livro *Temor e Tremor*, Kierkegaard defende que há três maneiras básicas de existir; dessas, a mais alta que se pode atingir é apenas por meio de um grande salto de fé plenamente irracional.

Todavia, como Travis Rieder recentemente colocou, o romantismo filosófico nunca se tornou mais do que um soluço na história da filosofia ocidental. A dura realidade tem seu jeito de se impor.

# Capítulo 11

# Interpretando a Linguagem

### Neste Capítulo

▶ Olhando o estranho papel das palavras em nossos pensamentos

▶ Fuçando os trabalhos dos maiores cérebros do século XX para tornar a linguagem mais lógica

▶ Ponderando sobre as palavras mais sutis dos índios Hopi

*Eu realmente acredito que as línguas são os melhores espelhos da mente humana e que uma análise precisa dos significados das palavras nos diria mais do que qualquer outra coisa a respeito das operações da compreensão.*

– Leibniz

**T**odos os filósofos, mais cedo ou mais tarde, têm que abordar duas questões. A primeira é: qual a relação dos pensamentos na mente com as palavras que as pessoas utilizam para expressá-los? E a segunda: qual é a relação das palavras como as pessoas as expressam com as coisas no mundo?

Em todos os sistemas filosóficos, com exceção, talvez, daqueles ligeiramente suspeitos baseados em meditação, as palavras e a linguagem são a ligação entre a mente e a matéria ou a barreira separando-as.

Este capítulo é uma tentativa de mostrar como os filósofos investigaram o enigma das palavras e da linguagem no passar dos séculos e um resumo dos últimos pensamentos na área, por se relacionar a muitos aspectos da vida moderna, da computação aos direitos dos animais.

O escritor britânico do século XX, George Orwell (o que inventou o Grande Irmão — *Big Brother* — e alerta sobre a manipulação do governo) ficou perplexo com o abuso da língua que ele via ao seu redor. Escrevendo em seu popular livro de 1946 *Política e a Língua Inglesa*, ele diz:

> *Quando se observa algum escroque cansado no púlpito mecanicamente repetindo frases conhecidas — atrocidades bestiais, tortura, tirania sangrenta, povos livres do mundo, caminhar ombro a ombro — frequentemente se têm sensações curiosas de que não se está observando um ser humano, mas um tipo de boneco: uma sensação que repentinamente fica mais forte em momentos que a luz atinge os espetáculos do orador e transforma-os em discos em branco que parecem não ter olhos por trás deles. E isso não é uma completa fantasia. Um orador que utiliza esse tipo de fraseologia já percorreu um longo caminho em direção a fazer de si uma máquina. Os ruídos apropriados saem de sua laringe; mas seu cérebro não está envolvido, como estaria se ele estivesse escolhendo as palavras por conta própria.*

# Desconstruindo a Linguagem

A linguagem é filosofia. Ela tanto é o meio que devemos usar para conduzir o estudo como o assunto deste estudo.

E, assim como alguns filósofos buscaram tornar o mundo apenas o que se sente, outros tentaram reduzir as ideias a apenas palavras que se usam. Mas, para muitos outros filósofos, o problema da linguagem é que ela é imprecisa; então, um tema perene na filosofia foi a busca por formas melhores e mais lógicas de exprimir achados. Essa foi a missão de Leibniz, Russell, Frege, os positivistas lógicos e Wittgenstein, para mencionar apenas alguns.

Muitos filósofos do século XX, como G. E. Moore e J. L. Austin (que escreveu um livro chamado *Como Fazer Coisas com Palavras*, que tomou muitas palavras para fazer muito pouco...), investigaram o jogo das palavras, contrastando o uso corriqueiro com outros filosóficos supostamente mais rigorosos. Outros (como Suzanne Langer ou Paul Ricoeur) exploraram o uso da metáfora, que, de muitas formas, é a essência da língua, oferecendo significado por meio do uso de símbolos. Na realidade, muitas palavras, mesmo as mais abstratas, derivam-se originalmente de outras que designam coisas muito tangíveis, comuns.

Nos anos mais recentes, as pessoas também têm estado muito interessadas na forma como as palavras transmitem preconceitos, como racismo, idadismo, sexismo e mesmo especismo. *Especismo*, em linguagem, envolve o uso de palavras ou frases que tornam a exploração animal aceitável. Não muitos de nós pensamos sobre isso, mas, uma vez que se começa a procurar, há muitos casos. Por exemplo, as pessoas frequentemente utilizam o termo *animais* para se referir a *animais não humanos*, embora, literalmente, os humanos sejam animais. Dessa forma, as pessoas distanciam-se de seus irmão animais — e à custa dos animais!

Propagandistas podem torcer as palavras, reforçando preconceitos ou minimizando o significado de ações por meio de eufemismos; os resultados disso foram vistos de tempos em tempos nas piores atrocidades da história humana. Hitler e seu chefe de propaganda Goebbels dão um obscuro exemplo disso. Em sua autobiografia, *Mein Kampf*, que é cheia de tiradas longas, divagantes e cheias de ódio, há também uma sofisticada análise do uso da propaganda, em que Hitler diz "Palavras constroem pontes para regiões inexploradas" e prossegue explicando como ele utilizou sua aptidão com palavras para construir e inflamar a opinião pública contra aqueles que ele chama de judeus e democratas sociais.

## Como criar palavras a partir de coisas

O estudo da origem das palavras lança luz sobre como as pessoas tanto usam como desenvolvem a linguagem. Muitas palavras parecem começar bem literais e então tornam-se cada vez mais abstratas. *Religião*, por exemplo, deriva-se de um termo em latim para amarrar as pessoas com cordas (*ligature*).

Outro caso curioso é o da palavra *assassino*, que pode ser utilizada para descrever um certo tipo de matador politicamente motivado. A palavra deriva do caso histórico de uma certa seita religiosa que costumava matar as pessoas enquanto estavam sob influência de haxixe. A palavra para quem fuma haxixe é *hashashin*.

Há também a palavra da língua inglesa *hazard*, que significa algo perigoso. Ela vem do termo árabe *al zahar*, que simplesmente significa *dado*. Da mesma forma, a palavra *dado* em inglês adquiriu um uso a mais, como verbo: a frase *dicing with death* ("dadeando" — jogando dados — com a morte) significa fazer algo arriscado.

Finalmente, a palavra *importante* deriva-se diretamente da atividade comercial, *importar* e *exportar*. A implicação é que algo importado é digno de nota e interessante.

Em *Política e a Língua Inglesa*, Orwell diz o seguinte a respeito do uso do eufemismo por políticos:

> *Em nossa época, o discurso e a escrita política são grandemente a defesa do indefensável. Coisas como a continuação do controle britânico na Índia, as remoções e deportações na Rússia, o lançamento de bombas atômicas no Japão podem, de fato, ser defendidas, mas apenas por argumentos que são brutais demais para que as pessoas os encarem e que não se enquadram com as metas professadas de partidos políticos. Assim, a linguagem política consiste grandemente de eufemismo, petição de princípio e vagueza absolutamente obscura. Vilas indefesas são bombardeadas pelo ar, os habitantes retirados das zonas rurais, o gado é metralhado, as cabanas postas em chamas com balas incendiárias: isso é chamado de pacificação. Milhões de camponeses têm suas fazendas roubadas e são levados a caminhar penosamente ao longo das estradas com não mais do que aquilo que conseguem carregar: isso é chamado de transferência de população ou retificação de fronteiras.*

Mas essas preocupações com a linguagem não são as mais filosóficas.

## Conversando com os gregos antigos

Os gregos antigos preocupavam-se com o problema particular do que eles chamavam de *universais*, ou descobrir como exatamente uma palavra pode descrever todo o grupo de coisas. Os gregos também investigaram como as pessoas reúnem palavras em frases e orações, e, mais importante, como se poderia utilizar as palavras corretamente para fazer alegações sobre o mundo.

Universais são termos como *dourado* ou *quente*. A palavra *Sócrates* pode ser universal também, se você quiser usá-la assim. Por exemplo, você pode dizer que Zenon Stavrinides, o filósofo contemporâneo, é o Sócrates do norte.

Platão descreve o filósofo sofista Górgias como aquele que levantou a muito importante dúvida filosófica sobre a lacuna entre as palavras e as ideias. Górgias diz que pedir para alguém pensar em, digamos, um cachorro fofinho (este *não* é o exemplo deles, por falar nisso) não significa que ele realmente pensará em uma coisa fofinha ou em uma coisa canina — menos ainda que seja fofinha e canina ao mesmo tempo. Por exemplo, ele pode achar que a palavra "fofinho" signifique acima do peso e pensar em um cachorro gordo, ou, pior ainda, pode considerar cachorros tipos de lobos e, na verdade, visualizar um lobo fofinho. Para não esquecer que você — quem perguntou — pode ter utilizado a palavra errada desde o começo. Você pode ter querido dizer não *fofinho*, mas *peludinho*, e misturou as palavras. Todo mundo faz isso. Isso mostra como a palavra e a ideia em sua cabeça não são uma e a mesma coisa. Ou são? Alguns psicólogos dizem que uma escolha aparentemente errônea de uma palavra revela o que realmente está se passando em sua cabeça. Se alguém em uma livraria disser "Você tem alguma dobra sofisticada?", quando na verdade queria dizer "Você tem alguma *obra* sofisticada?", alguns especialistas dizem que isso significa que essa pessoa estava pensando em (e querendo) mais livros (de filosofia?)...

Em outro dos diálogos de Platão, Crátilo discute com Sócrates o que ficou conhecido como *teoria da correspondência* — a ideia de que originalmente qualquer palavra seja arbitrária, assim como escolher nomes para novos bebês, novos planetas ou novas espécies (tudo bem, eu sei que em muitos casos a escolha não é arbitrária, mas pensada cuidadosamente); certamente, o uso do rótulo após ela tornar-se estabelecida é tudo, menos arbitrário. Se você chamar seu bebê de João, na próxima vez que levá-lo ao médico quer ter certeza de que seja o seu bebê, o bebê João, que retorne, não algum outro bebê que se chamava Samantha, ou Eustácio, ou Jéssica. Ou, mais uma vez, o rótulo *cachorro escocês* aplica-se apenas a certos animais. Se você quiser adotar um cachorro escocês no abrigo local, não vai querer que eles lhe entreguem um doberman ou um pitbull, dizendo que é apenas arbitrário e convencional você por acaso chamar diferentes tipos de cachorros. Pode até ser arbitrário, mas também importa.

Platão achava que as palavras eram, na verdade, sinais ou símbolos para as *Formas* — objetos ideais ou exemplos de tudo (nós abordamos essa estranha, mas importante, teoria no Capítulo 2). Mas, logo em seguida, Aristóteles queixou-se de que Formas celestiais deveriam incorporar a essência de objetos mundanos — isto é, todos os cachorros, de escoceses a dobermans pinschers, participam da Forma do Cachorro (como Platão coloca); então, tudo que Platão fez foi criar uma coisa com certas propriedades que, por sua vez, têm que ser explicadas. O que a Forma do Cachorro e o cachorro terreno têm em comum, ele pergunta-se. Todavia, certamente isso deixa passar a sutileza da teoria de Platão, porque as Formas não são realmente coisas, mas essências. A ideia é a de que todos os cachorros do mundo compartilham a propriedade de serem cães, ou são cães, para dizer de forma mais simples. Fim do problema, graças ao uso das palavras. Bem, talvez...

# Teoria da suposição

William de Okham (1285–1347), apelidado de o Médico Mais que Sutil, foi um monge franciscano que nasceu perto de Guildford, na Inglaterra, mas que trabalhou principalmente próximo a Oxford. Ele foi imortalizado pelo poder da linguagem: a Navalha de Ockham recebeu seu nome. Não se trata de uma navalha de cortar cabelo, mas da regra de raciocínio também conhecida como *técnica da parcimônia*. Colocando de forma simples, a regra diz que, dada uma gama de possíveis explicações, deve-se escolher a mais simples. Mais pessoas deveriam escutar isso!

A abordagem faz um contraste com aqueles a partir de Aristóteles, que gostam de gerar novas categorias e distinções. Mas o aspecto da navalha que nos diz respeito é a abordagem de Okham para o *nominalismo*, ou questões acerca do uso apropriado da linguagem (um *nominalista* é uma pessoa que acha que o que os cachorros têm em comum é apenas o uso da palavra — isto é, que são chamados de cachorros).

A contribuição de Okham foi criar uma distinção entre palavras sobre palavras e palavras que apontam para palavras. Sua conclusão é de que muitos erros filosóficos surgem devido à má compreensão da linguagem. Grandiosos termos filosóficos são os piores culpados, em sua visão. Por exemplo, tentar pensar nos seres humanos em geral leva as pessoas a usarem a palavra *humanidade* e, então, os filósofos supõem que *humanidade* é uma qualidade que todas as pessoas possuem.

Pare aí!, diz Okham, brandindo sua navalha. Para ele, em contrapartida, a palavra *humanidade* é meramente um tipo de marcador mental que se aplica a todas as pessoas que você conhece ou de quem ouviu falar menos suas outras características (específicas, individuais, coletivas). Dessa forma, a teoria de Okham propõe-se a explicar como as palavras que se usa em uma frase, que ele chama de *termos*, referem-se às coisas. Infelizmente não é por isso que a teoria é também chamada de *teoria da suposição*, ao contrário, esse rótulo está atado, por assim dizer, porque originalmente, em latim, a palavra *suposição* significa *apoiando* e se aproxima da referência em português (em latim, *supponere*, ou colocar alguma coisa sob outra, para servir de apoio). (Pense em teoria de apoio.)

Okham teve grande influência na teorização de outros filósofos ingleses — como Thomas Hobbes e John Locke — sobre a linguagem. Por todo seu trabalho afincado sobre isso (e outros assuntos), ele foi convocado pelo papa em 1324, não para uma boa conversa, mas para encarar acusações de heresia! Outras diferenças com a Igreja pouco depois levaram esta a excomungá-lo.

Ser cão, nesse sentido, embora seja útil, ainda é claramente abstrato. As Formas de Platão não existem no sentido normal. Então, os filósofos, dos céticos gregos em diante, buscaram descartar essas entidades inventadas — criações metafísicas — e atêm-se a um universo mais simples, composto de apenas palavras e coisas. Palavras são rótulos colados nas coisas, e as ideias não entram aí. Faz sentido. Mas esse truque resolve o problema? Não mesmo, porque o problema com a abordagem é que as palavras perdem seus significados. Então, no século XVII, os filósofos retomaram a noção de *signos* de Aristóteles: tornar as palavras signos para ideias e as ideias em si, signos para coisas.

Isso segue em um círculo contínuo (como a filosofia sempre faz) e bem fútil.

## Construindo o estruturalismo

O estudo sistemático da linguagem e seu papel nas sociedades floresceram em uma disciplina quase científica no século XIX. A figura fundadora da disciplina foi o linguista suíço Ferdinand de Saussure (1857–1913). Saussure disse que a língua era um sistema de signos que eram, em si, completamente arbitrários.

Contudo, o trabalho de Ferdinand de Saussure só se tornou realmente uma tendência na segunda metade do século XX (aqueles loucos anos 1960!), quando um belo novo ismo, o estruturalismo, decolou (confusamente, muitas pessoas o chamam de estudo da estrutura de linguagem *semiótica*, em vez de estruturalismo! Esse foi o termo preferido do filósofo americano Charles Pierce).

A ideia original de Saussure era a de que é a estrutura da língua, em oposição às regras da lógica, que explica como se pensa e se fala. Sua noção de *signo* e da língua como um sistema, chamada de *semiologia*, ressuscitou uma distinção mais antiga entre a estrutura da língua, que agora ele chama de *langue*, e manifestações da língua, chamadas *parole*. O jogo de xadrez é uma forma de ilustrar isso: as regras só existem abstratamente, mas seu incorporamento é um jogo em particular. Da mesma forma, a língua é um sistema de signos que as pessoas usam para expressar ideias — comparável à escrita, à linguagem de sinais para pessoas surdas e rituais simbólicos. O signo, é claro, é arbitrário. É apenas um sistema que dá aos signos seus significados.

No século XX, o filósofo e antropólogo francês Claude Levi-Strauss redescobriu a linguística estrutural e aplicou-a à cultura como um todo, como antropólogo. Ele acreditava que, por a língua ser uma característica distintiva da humanidade, ela também definia fenômeno cultural. Se falamos de humanidade, falamos de linguagem; e se falamos de linguagem, falamos de sociedade. Os estruturalistas olharam abaixo da superfície das palavras para descobrir o sistema significante oculto — a *langue*. Todos os problemas filosóficos tornaram-se problemas de análise de sistemas de signos que estruturavam o mundo.

ÓTIMA IDEIA

## Um sistema de signos

A ideia central da teoria de Ferdinand de Saussure é que o significado das palavras e frases tem mais a ver com a relação com outras palavras e frases do que com algo fora do *sistema* — digamos, objetos ou acontecimentos do mundo. Ele insiste, em oposição, na arbitrariedade do signo. Palavras são símbolos, como sinais de trânsito são símbolos. Seu significado vem de sua função no sistema ou jogo de linguagem (que se saiba, você não deve levar essa comparação muito longe; sinais de trânsito não são inteiramente arbitrários ou, mesmo que sejam, é melhor não tratá-los dessa forma). Saussure defende que existe uma língua nas mentes de seus usuários, mas que é, por sua vez, "bem independente do indivíduo, essencialmente social; pressupõe a coletividade".

Os estruturalistas explicaram o mundo à nossa volta dizendo que as pessoas separam o continuum do espaço e do tempo, com o qual estão rodeados em segmentos, de forma que estejam predispostos a pensar no ambiente de certas formas. Por exemplo, as pessoas estão habituadas a enxergar o mundo como consistindo de várias coisas separadas que pertencem a classes nomeadas e tirar um sentido da mudança, vendo um fluxo monodirecional de tempo carregando-as (com eventos) suave e inexoravelmente do passado para o futuro.

Outro filósofo francês do século XX, Michel Foucault, desenvolveu a abordagem defendendo que o poder opera por meio de estruturas sociais complexas, incorporando a visão de que o conhecimento e a verdade estavam longe de serem fixos, estavam constantemente mudando. Ele foi, em alguns aspectos, o primeiro pós-estruturalista.

Posteriormente, o um pouco mais jovem contemporâneo francês de Foucault, Jacques Derrida, tentou derrubar o edifício do estruturalismo quando escreveu que suas criações eram meramente imaginários metafísicos. Buscar uma ciência dos signos, tentar tirar um sentido da relação entre palavras e coisas, era irrelevante, ele disse, como a sugestão de Descartes (feita para explicar como a mente pode influenciar a matéria quando as duas coisas não têm absolutamente nada em comum) de que o corpo e alma caminham juntos como dois relógios sincronizados. Derrida prossegue queixando-se de que a forma como os filósofos usaram conceitos historicamente e as alegações da filosofia para lutar com a verdade são pretensas. Todo o exercício, ele diz, não era nada além de lero-lero — nada mais do que uma forma de fazer coisas com palavras.

# Confiando na gramática

A filosofia da linguagem começa convencionalmente com a discussão dos gregos antigos (eu também fiz isso!); porém, o primeiro tratamento filosófico da questão provavelmente vem não da tradição ocidental, mas da oriental. Já em 380 a.C. toda uma escola dos primeiros lógicos tinha interesse na relação entre a linguagem e a realidade, que era conhecida como Escola Chinesa de Nomes. E (como eu menciono no Capítulo 6) o célebre pensador Chuang Tzu certa vez comparou a linguagem a uma rede de pesca que tenta capturar significados (visto que as palavras individuais são inúteis, elas adquirem significados apenas em contexto e na combinação com outras) e perguntou se existem quaisquer diferenças entre "piadinhos de bebês pássaros" e as palavras das pessoas.

Ainda outro filósofo chinês, Kung-Sun Lung (cerca de 320–250 a.C.), argumentou que um cavalo branco não é um cavalo, dizendo que a palavra "cavalo" denota a forma, e "branco" denota a cor:

> O que denota a cor não denota a forma. Portanto, um cavalo branco não é um cavalo.

Do que ele está falando? Bem, Kung-Sun Lung, então, explica que ele quer dizer que, se um cavaleiro pede um cavalo, seu escudeiro trará um branco, ou um amarelo, ou um preto. Contudo, se ele pedir um cavalo branco, então seu escudeiro não trará nem um cavalo amarelo, nem um preto. Isso prova, Kung-Sun Lung diz, que um cavalo branco não é um cavalo, porque se fosse, então qualquer que fosse o que o escudeiro trouxesse teria que ser o mesmo.

Antigos filósofos indianos também estavam confusos com o papel das palavras. A *Gramática Sânscrita* de Panini (cerca de 350 a.C.) e o *Patanjali*, 200 anos depois, foram especialmente as primeiras tentativas de se estabelecer regras para o uso da língua. Mas é com o filósofo budista Nagarjuna (que viveu por volta de 150–250 d.C.) que o debate indiano torna-se mais verdadeiramente filosófico. Uma das ideias de Nagarjuna foi a de que a linguagem não se refere a coisas, mas é autorreferencial. Por exemplo, dizer que "Filosofia é difícil" é *tautológico* (isto é, algo que diz a mesma coisa duas vezes), pois, sem a referência à filosofia, o ato de ser difícil não ocorre e, da mesma forma, se você tirar a propriedade de ser difícil da filosofia, ela já não é mais o mesmo tipo de assunto!

## Semântica e semiótica

*Semântica* é o estudo dos signos linguísticos, particularmente a interpretação das frases e das palavras das linguagens. Em *Fundamentos da Teoria dos Signos* (1938), o filósofo americano Charles Morris dividiu o estudo da relação entre os signos em três partes: o estudo da relação de signos com outros signos, que tem a ver com a *sintaxe*, comunicação ou a relação dos signos com seus usuários, que é a *pragmática*, e a relação dos signos com as coisas que representam, que é a semântica.

Semiótica é a teoria geral que cuida dos signos, neste caso, distinguindo ícones, como imagens que parecem o que elas devem representar (típico de sinais de trânsito que indicam o deslizamento de terra e assim por diante), sinais naturais (como nuvens cinzas significando chuva) e sinais convencionais (como o trevo de quatro folhas significando boa sorte).

## *Fazendo jogos de palavras*

Os filósofos, há muito tempo, brincam com a linguagem, esperando tirar sentido dela ou mesmo remodelá-la em algo melhor. Duas das tentativas mais diligentes nesse sentido foram feitas, respectivamente, por Gottfried Leibniz e (alguns séculos depois) Bertrand Russell, que achavam possível e desejável construir uma linguagem artificial para exibir melhor a forma lógica dos argumentos.

### *Russell e a linguagem artificial*

Bertrand Russell, que achava possível e desejável construir uma linguagem artificial para exibir melhor a forma lógica dos argumentos.

Em uma época em que os cientistas estavam falando muito sobre criar tipos de compostos (principalmente plásticos, infelizmente) a partir de elementos químicos, Russell falava de criar proposições moleculares de átomos lógicos e Leibniz já havia passado várias décadas felizes descrevendo possíveis arranjos complexos de suas mônadas. Como parte disso, Leibniz explicou que as mônadas, como os "átomos", não existem *realmente*, mas devem ser postuladas, feitas, pelo menos na lógica, para explicar a realidade e entender a significância da linguagem.

Russell, contudo, alertou contra esse grandioso "sistema de construção" e preferiu enfatizar a necessidade de identificar a estrutura lógica da língua e as formas confusas nas quais ela poderia diferenciar da gramática. Por exemplo, de quantas formas o *é* pode ser usado? Russell disse que era uma desgraça se usasse-se o *é* em mais de uma forma. Muito melhor, ele pensou, dividir todas as formas diferentes de utilizar o verbo mais importante. Ele organizadamente lista vários usos diferentes (embora sua lista seja ligeiramente diferente daquelas de especialistas filosóficos anteriores, como a de Aristóteles, de Aquino, de Duns Escoto...). Quantas listas podem ser feitas das maneiras como as pessoas usam o *é*?! De qualquer forma, tendo anunciado firmemente a necessidade de separar os estranhos modos como as pessoas podem realmente utilizar as palavras e a linguagem, Russell nunca seguiu sua ideia. Porém, a ideia, sim, tornou-se, posteriormente, o projeto de um aluno de doutorado, Wittgenstein (veja a seção a seguir).

## Wittgenstein e os jogos de linguagem

Na realidade, foi Wittgenstein, em suas aulas em Cambridge, em meados do século XX, que empregou pela primeira vez, aparentemente, o termo *jogos de linguagem*. É claro que na época não eram jogos de verdade, mas meramente formas filosoficamente curiosas de as pessoas usarem a linguagem. Os exemplos preferidos de Wittgenstein eram coisas como "dar ordens" e "pedir, agradecer, maldizer, cumprimentar, rezar" (como ele coloca em seu livro *Investigações Filosóficas*, 1953). Então por que chamar isso de jogos de linguagem? Ah, mas o termo quer dizer "destacar que *falar uma língua é parte de uma atividade*", Wittgenstein explica. Nem sempre as palavras fazem a mesma coisa ou têm o mesmo propósito. Nem apenas transmitem pensamentos passivamente de uma mente à próxima, como pensamentos sobre o clima, o tempo ou os últimos resultados do críquete.

Um pequeno exemplo de como as palavras não necessariamente significam uma coisa foi proposto por outro professor de filosofia britânico, altamente influenciado por Wittgenstein, chamado Peter Geach (1916–2013). Geach foi, na verdade, uma metade de um raro casal filosófico, com Elizabeth Anscombe (1919–2001, também conhecida como G.E.M. Anscombe), cuja obra filosófica (de iniciativa dela) incluiu destruir os documentos de Wittgenstein para ocultar sua homossexualidade. Geach, contudo, tem uma influência mais direta na filosofia britânica, no sentido em que ele produziu livros abomináveis e artigos travestidos de linguagem técnica, como *Referência e Generalidade* (1962), no qual procurou demonstrar que a palavra *todo* em afirmações como "todo cachorro tem quatro patas" não se refere a um cachorro em especial. Qual cachorro?, você pode se perguntar. Por que o *todo cachorro*, que alguns poderiam achar que de outra forma teria essa característica interessante?

## Estruturas linguísticas

Rudolf Carnap (1891–1970) foi um aluno de Frege, o lógico preocupado com as questões de sentido e referência, e um influente membro do chamado Círculo de Viena nos anos 1930. Seu tema particular foi o de que as discordâncias filosóficas eram na realidade produzidas por diferenças entre estruturas linguísticas. Sua abordagem é às vezes chamada de *empirismo lógico* e suas ideias apareceram em *Der logische Aufbau der Welt* (*A Estrutura Lógica do Mundo*, 1928).

Rudolf acreditava firmemente que as pessoas poderiam discutir racionalmente questões em matemática e lógica e obter respostas verdadeiras objetivamente, mas, fora dessas áreas, apenas os métodos da observação científica eram úteis. Contudo, ele reconheceu que mesmo lógicos e matemáticos baseiam-se em suposições que não podem ser justificadas por nada mais rigoroso que o julgamento da praticidade ou expediente e que também a ciência tem suas suposições. Em *A Sintaxe Lógica da Linguagem* (1934), ele explica que "não é responsabilidade nossa estabelecer proibições, mas chegar a convenções".

# Conduzindo Investigações Filosóficas com Wittgenstein

A posição de Wittgenstein na filosofia da linguagem é bem grandiosa; pelo menos, se você ler livros escritos por seus colegas de Oxbridge, no Reino Unido. Isso talvez se dê porque sua posição não é bem clara ou, para ser mais preciso, é totalmente incoerente e contraditória.

Em princípio, como diz seu livro *Tractatus*, deveria ser possível construir uma nova linguagem logicamente rigorosa. É claro que essa nova linguagem não lidará com muitos assuntos, porque, como ele (famosamente) diz no livro, "onde um não pode falar, outro deve ficar em silêncio" e:

> *A maioria das proposições e questões que foram escritas sobre assuntos filosóficos não é falsa, mas sem sentido. Portanto, nós não podemos responder perguntas desse tipo de jeito nenhum, mas apenas dizer que são sem sentido. A maioria das questões e proposições dos filósofos resulta do fato de que nós não entendemos a lógica de nossa linguagem.*

Esse é o tipo de linguagem que diz que filósofos posteriores deram a Wittgenstein o crédito de ser a inspiração e um dos líderes do Círculo de Viena — o grupo informal de filósofos do entre guerras que se dedicava a tornar a razão filosófica tão lógica e científica quanto possível. Mas isso é um mito. Wittgenstein era um jovem zé-ninguém à época e, de qualquer forma, acreditava firmemente que existia uma realidade superior, mística, que nem a linguagem, nem a lógica poderiam alcançar.

Em parte por conta dessas crenças, após publicar *Tractatus*, sua juvenil receita para colocar o mundo em uma bela estrutura lógica, Wittgenstein tentou deixar a filosofia. Mas, certamente, após alguns anos, ele retornou, assumindo uma cadeira em Cambridge. E, embora ele não tenha se comprometido novamente a lançar nada, muitas de suas anotações, comentários e aulas foram posteriormente compiladas e publicadas. É nesse material que Wittgenstein descreve a linguagem como uma série de jogos linguísticos interligados, em que as palavras e frases podem atuar de várias formas diferentes e sutis: como ações, símbolos e comandos. Palavras, ele diz (tomando emprestado, sem conhecimento, como era seu estilo, do grande estruturalista suíço Ferdinand de Saussure), são como peças em um jogo de xadrez, assumindo seu significado apenas no contexto do jogo.

Isso é uma reviravolta. Em um aparte em *Investigações Filosóficas*, Wittgenstein pesarosamente reconhece:

> *É interessante comparar a multiplicidade de ferramentas na linguagem e das formas como são usadas, a multiplicidade dos tipos de palavra e frase com que os lógicos falaram sobre a estrutura da linguagem (inclusive o autor de Tractatus Logico-Philosophicus).*

# Mexendo em Termos de Cores com Pinker

Em tudo isso, filósofos como Ferdinand de Saussure e Wittgenstein estavam tentando libertar-se da antiga suposição de que a língua meramente se seguia ao pensamento, o que, por sua vez, dependia de leis da lógica ou razão, que deveriam ser as mesmas para todos, não importa que linguagem usasse. Foi essa convicção que mantinha Russell lutando com a tarefa de produzir o que ele chamava de fundamento lógico.

Mas você pode olhar as coisas de outra forma e deixar a linguagem bem desimportante e, em contrapartida, tentar conectar pensamentos à realidade — direta.

Um passo à frente, então, Steven Pinker, um filósofo contemporâneo que normalmente se descreve mais como um cientista cognitivo (bem ciente do poder da linguagem!), explica, em seu livro *Instinto da Linguagem*, que a ideia de que o pensamento é o mesmo que a linguagem é um exemplo do que se pode chamar de absurdo convencional. Pinker, proveitosamente, esboça a ciência (negligenciando o papel da consciência, na qual os cientistas cognitivos não acreditam):

> *...as células do olho são conectadas a neurônios de uma forma que faz com que estes reajam [a certas cores]. Não importa quão influente a linguagem possa ser, seria um disparate para um fisiologista que ela pudesse atingir a retina e reconectar as células ganglionares.*

E Pinker novamente:

> *A ideia de que a linguagem modela o pensamento era plausível quando os cientistas não sabiam como o pensamento funciona ou mesmo como estudá-lo. Agora que cientistas cognitivos sabem como pensar sobre o pensamento...*

A hipótese do professor Pinker é de que o cérebro humano funciona como um tipo de computador, uma máquina de processamento de símbolos que converte dados, sejam linguísticos ou sensoriais, de acordo com regras predeterminadas, conectadas biologicamente.

> *No cérebro pode haver três grupos de neurônios, um usado para representar o indivíduo de que trata a proposição (Sócrates, Rod Stewart e assim por diante), um para representar a relação lógica da proposição (é um, não é, parece e assim por diante) e um para representar a classe ou tipo em que o indivíduo está sendo caracterizado (homens, cães, galinhas e assim por diante). Cada conceito corresponderia à ativação de um neurônio em particular; por exemplo, no primeiro grupo de neurônios, o quinto neurônio poderia ser ativado para representar Sócrates, e o décimo sétimo para representar Aristóteles; no terceiro grupo, o oitavo neurônio poderia ser ativado para representar homens, e o décimo segundo para representar cães. O processador poderia ser uma rede de outros neurônios se alimentando desses grupos, conectados de tal forma que reproduzisse um padrão de ativação em um grupo de neurônios em outro grupo... Com muitos milhares de representações e um conjunto de processadores um pouco mais sofisticados... você poderia ter um cérebro ou computador genuinamente inteligente.*

Isso, diz Pinker, é a:

> *...teoria "computacional" da mente. Nessa visão, realmente há uma cor vermelha codificada no cérebro (em "mentalês"), mesmo que a linguagem que as pessoas utilizem não a tenha.*

E agora Pinker joga sua carta coringa contra todas aquelas teorias rivais, que tentam colocar uma barreira linguística entre pensamentos na cabeça e dados sensoriais sendo recebidos. Sua arma secreta contra tudo isso é o que ele chama de "A experiência irrefutável conduzida nas montanhas de Nova Guiné por Eleanor Rosch", em 1972.

### Brincando com cores

Então, vamos para as montanhas de Nova Guiné. E lá, o povo Dani, como Eleanor Rosch descobriu, tem apenas dois termos para cor. Há *mola* para cores vivas e quentes e *mili* para cores escuras e frias. Visto que os tribais só reconhecem essas duas cores, algumas pessoas ficam tentadas a referir-se a elas simplesmente como "preto e branco", como o próprio professor Pinker as chama. Contudo, a professora Rosch descobriu que os danis eram bons em diferenciar o espectro de cores em testes; então, parecia que sua falta de palavras para cores era irrelevante para sua percepção. Fim da história, até onde Rosch está preocupada. Mas não tão rápido! Pois mesmo a pesquisa de Rosch deixou a desejar. Metodologicamente, seus testes, que envolviam parear cores em tabelas, parecem ter sido inadvertidamente enviesados precisamente na direção das cores típicas das categorias de um falante da língua portuguesa — azul, vermelho, verde e assim por diante —, sobrepondo-se aos tons distribuídos em volta deles. Então, o teste foi tão complicado que meros 20 por cento dos danis conseguiu completá-lo.

Na realidade, pareceu bem o contrário. As percepções das pessoas são influenciadas por seus vocabulários — e sua estrutura linguística.

# Investigando as Causas de Incêndios com Benjamin Whorf

Benjamin Lee Whorf nasceu em Winthrop, Massachusetts, em 24 de abril de 1897, o mais velho de três meninos. Seu pai, Harry Whorf, foi evidentemente um pouco polímata cultural, ganhando a vida como artista comercial, autor, fotógrafo, cenógrafo e dramaturgo. Sua mãe, Sarah, encorajou Benjamin em "um grande senso de maravilhamento" com o universo, como colocou seu biógrafo, Trager. O jovem Benjamin era fascinado por criptogramas e desafios e lia muito sobre botânica, astrologia, história mexicana, arqueologia maia e fotografia. Na vida adulta, ele entrou na antropologia por meio de uma rota incomum da física e muitas outras coisas de nome complicado, como sincronicidade junguiana, teoria de sistemas, psicologia da gestalt (com seu anteprojeto e sua experiência) e, sobretudo, a linguística.

Mas Whorf só conseguia seguir seus estudos nas horas vagas e em viagens de ônibus. Pois seu trabalho era bem mundano — investigador e engenheiro em uma empresa de seguro contra incêndios. Entretanto, o tempo no trabalho não era ,de forma alguma, desperdiçado. Dentro de seu trabalho, cruzou com muitos exemplos do que, posteriormente, enxergaria como a linguagem influenciando padrões de pensamento, e sua teoria linguística apareceu em diversos artigos influentes em torno do assunto prevenção de incêndio. As pessoas, ele observou no primeiro deles, tendiam a ser descuidadas na proximidade de tambores vazios de gasolina e tambores vazios de petróleo, mas igualmente cheios de vapores mais explosivos do que o líquido. Ele notou como as pessoas eram complacentes com águas residuais industriais e um composto à base de calcário (*spun limestone*), ambos, novamente, inflamáveis e perigosos, a despeito da inofensividade que as palavras *água* e *pedra* (*stone*) transmitem.

Seu livro *Linguagem, Pensamento e Realidade* não tem um título muito interessante e, de muitas formas, o assunto de Benjamin Whorf não é muito promissor, sendo sobre a estrutura e a natureza da linguagem. Mas, em poucas palavras, eis a essência da filosofia, a estranha, imprecisa, porém absolutamente crucial, forma em que as três coisas se relacionam. Lembre-se de que o grande filósofo chinês Chuang Tzu mostra-a muito gentilmente em um de seus apartes metafóricos — a linguagem, ele disse, é como uma rede de pesca jogada nas águas da realidade, útil para pescar "significados". Pensamentos, conceitos são peixes escorregadios, e nós precisamos da rede da linguagem para capturá-los. Mas a própria rede é um meio para um fim.

A filosofia chinesa antiga não é muito conceituada na filosofia acadêmica, muitas vezes eu perdi por número de votos sobre sua relevância e importância em discussões com filósofos. A obra de Benjamin Whorf, que nunca foi um acadêmico de verdade, mas meramente um investigador em uma companhia de seguro contra incêndio, também não é. Essas pessoas, é claro, não produzem teorias importantes, então as ideias de Benjamin Whorf não são levadas muito a sério. Sua grande ideia, entretanto, que ele chamou de Princípio da Relatividade Linguística, foi renomeada (e, assim, recebeu novo crédito) por seu supervisor acadêmico, Edward Sapir, como Hipótese Sapir-Whorf. Quantos estudantes de graduação tiveram suas ideias tomadas por professores? Mas, na realidade, eu não acredito que Sapir particularmente quisesse fazer isso; era, provavelmente, mais um tipo de preconceito institucional de que um certo tipo de pessoa terá ideias muito importantes e distorcer o mundo para encaixar essa suposição. Benjamin Whorf não se adequava à imagem de professor de filosofia, então seus trabalhos não poderiam ter sido muito importantes. Sua ideia, entretanto, foi de algum interesse; logo, deve ter sido por conta de outra pessoa. E, assim, deve-se renomear a ideia. Lá se vai o Princípio da Relatividade Linguística e vem em seu lugar a Hipótese Sapir-Whorf.

Agora a coisa legal (ainda que levemente irônica) sobre tudo isso é que ilustra exatamente o que Whorf queria mostrar: que o mundo é construído em torno dos termos que as pessoas usam. As pessoas fazem isso o tempo todo — quando se diz "forças aliadas minimizaram danos colaterais", ou o "Primeiro Ministro divulgou as reformas na cidade de Londres" não se descreve qualquer coisa objetivamente, mas transmite-se toda uma série de suposições psicológicas e culturais. Essa foi a ideia que Whorf transmitiu muito elegantemente.

# *Encontrando Relatividade Linguística entre os Índios Hopi*

Em seu livro (bem, não estritamente falando seu livro, mas meramente uma compilação tardia de seus ensaios feita em nome dele), Whorf examina as estruturas linguísticas dos índios americanos. Ele usa as estruturas deles para ilustrar sua ideia (que não se origina com as línguas indígenas, mas com seu trabalho investigando as causas de incêndios) de que as pessoas dissecam a natureza por linhas traçadas por suas línguas nativas. Ele diz:

> *As categorias e tipos que isolamos do mundo dos fenômenos não as encontramos lá, porque eles encaram cada observador fixamente; ao contrário, o mundo é apresentado em um fluxo caleidoscópico de impressões, que devem ser organizadas por nossas mentes — e isso significa grandemente pelos sistemas linguísticos em nossas mentes. Nós separamos a natureza, organizamo-la em conceitos e atribuímos a ela significados nesse ínterim, em grande medida porque somos partes em um acordo que está conectado à nossa comunidade de fala e é codificado em padrões de nossa língua.*

O acordo é, claro, "implícito e não declarado", Whorf continua, mas "seus termos são absolutamente obrigatórios; nós não podemos falar de forma alguma a menos que nos inscrevamos na organização e na classificação de dados que o acordo decreta".

---

## Garantindo que todos os mundos sejam relativos

Benjamin Whorf não inventou a ideia da relatividade linguística, que não é, propriamente dita, uma ideia particularmente nova. Na verdade, é bem antiga, mais antiga que a variedade na física, remontando ao fundador da linguística do século XIX, barão Wilhelm von Humboldt, na Alemanha. O próprio barão via o pensamento como sendo completamente impossível sem a linguagem e que esta determinava totalmente o pensamento (não é de forma alguma a posição de Whorf). A teoria de von Humboldt ganhou nova vida após a demonstração da relatividade do espaço e tempo, de Einstein. O próprio Einstein citou a teoria de von Humboldt em um programa de rádio.

Essa, então, é a teoria e é apoiada por uma riqueza de exemplos fascinantes e pesquisa escrupulosa. É curioso, portanto, que o trabalho de Whorf seja universalmente desconsiderado. Em filosofia, como observei na seção anterior, ele é excluído do panteão; dentro da disciplina nominal da linguística de Whorf, Noam Chomsky descreve seu trabalho como "completamente prematuro" e "desprovido de precisão e 'popularizadores'", e Stephen Pinker explica que a ideia de Whorf de que o pensamento é o mesmo que a linguagem (não que seja isso que Whorf diz, é claro) é um exemplo do que "pode ser chamado de um absurdo convencional".

Em outro de seus ensaios, Whorf acrescenta:

> *Na visão [dos] hopi, o tempo desaparece e o espaço é alterado, de forma que não seja mais o espaço homogêneo e instantâneo atemporal de nossa suposta intuição ou da clássica mecânica newtoniana. Ao mesmo tempo, novos conceitos e abstrações fluem na imagem, assumindo a tarefa de descrever o universo sem uma referência como o tempo ou o espaço — abstrações para as quais faltam à nossa língua termos adequados. Essas abstrações... indubitavelmente parecerão para nós como psicológicas ou místicas em caráter...*

# Desconstruindo a Linguagem Novamente com Derrida

Jacques Derrida nasceu em Algiers e, após algumas transições educacionais conturbadas, acabou na elitista École Normal Superieur, em Paris, onde também lecionou. Seu livro sobre o filósofo existencialista alemão Edmund Husserl, *Voz e Fenômeno* (1967), estabelece a maioria de suas ideias, inclusive sua noção de desconstrução. A década de 1960 (pense no poder das flores e os hippies) foi uma época muito boa para que acadêmicos aderissem à reviravolta das estruturas convencionais, se tal radicalismo, talvez, não estivesse um pouco antiquado. De qualquer forma, os *desconstrucionistas* são radicais intelectuais que dizem que devem ser jogados fora todos os frutos da filosofia: epistemologia, metafísica, ética — toda a caixa de maçãs. Afinal, são produtos de uma visão de mundo com raízes em "falsas oposições", como a científica de é/não é, o tempo cronológico passado/futuro e a ética do bom/ruim. Derrida explica que, juntas, todas as alegações e contra-alegações de outros pensadores e filósofos, teorias e achados não passam de elaborados jogos de palavra. Eles vêm brincando, como ele coloca, de lero-lero conosco. Lero-lero, ei! Isso significa fazer bagunça com palavras... Não é permitido.

Em oposição, a desconstrução preocupa-se com a categoria que chama de *totalmente outra* e em impedir a *violenta exclusão da alteridade*.

Derrida toma o projeto de Ferdinand de Saussure para descrever o funcionamento da linguagem e o desconstrói para mostrar que, na busca por uma lista de distinções entre a escrita e a fala, o pai do estruturalismo inadvertidamente produziu uma — é arbitrária na forma, material e relativa — que se aplica tanto à fala quanto à escrita. A diferença entre a fala e a escrita é, assim, revelada como nada mais que uma ilusão filosófica (veja como a desconstrução astuciosamente toma as suposições ocultas em um texto e põem-nas contra elas mesmas).

Derrida, então, tenta desenvolver uma suposta concepção radicalmente diferente da linguagem que começa de algo bem alarmante, chamado "irredutibilidade da diferença para a identidade", daí trazendo uma concepção correspondentemente diferente de responsabilidade ética e política.

Seguindo sua bem-sucedida desconstrução da distinção de fala/escrita, ele procura destruir aquela de alma/corpo de Descartes (veja o Capítulo 5), para derrubar a diferença entre as coisas que a mente sabe e as coisas que os sentidos sabem e para rejeitar distinções entre literal e metafórico, criações naturais e culturais, masculino e feminino e mais.

Outro filósofo do século XX que lutou dolorosamente com o existencialismo foi Martin Heidegger, que, assim como foi um dos protegidos de Husserl, também foi uma grande influência para muitos intelectuais franceses, inclusive Derrida. Em particular, de Heidegger, Derrida também tira a noção de presença. Ele diz que a tarefa central da filosofia é destruir essa noção. As pegadas de Heidegger também estão no conceito de ser e na diferença entre seres e ser, que ele chama de diferença *ôntico*-ontológica e descreve em extensão heroica em um livro chamado *Identidade e Diferença*.

# Qual a diferença entre *différance* e *différence*?

Há muita competição entre filósofos para criar novos termos de nome complicado. Mas foi Edmund Husserl, contudo, que criou um dos "grandões" — o termo de sonoridade alarmante *fenomenologia transcendental*, observando que:

> *Razão é o logos que é produzido na história. Ela transpassa o ser, tendo a si própria em vista, para parecer para si mesma, isto é, para afirmar e ouvir a si mesma como logos... Ao emergir de si mesma, ouvir a si mesma falar constitui-se como a história da razão como um desvio da escrita. Assim, ela difere de si mesma para reapropriar a si mesma.*

E você achava que a linguagem tinha a tudo a ver com comunicação! Tem a ver com feitiço. De qualquer forma, essa é a origem de *différance*, o trocadilho preferido de Derrida, assumindo os dois sentidos, de *diferir* em posição (no espaço) e *deferir* ou ceder com o tempo — isto é, *defer*-ência (qual a diferença entre différance e différence, como no título do box, aliás? Não há uma! É apenas "lero-lero"...).

Derrida não é realmente um grande filósofo; na verdade, ele é ruim. Mas, ei, um monte de gente estuda-o, então vamos ter um gostinho do seu tipo de filosofia.

Em *Gramatologia*, ele diz:

> *Todos os dualismos, todas as teorias da imortalidade da alma ou do espírito, bem como monismos, espiritualistas ou materialistas, dialéticos ou vulgares, são o tema único da metafísica cuja história inteira foi compelida a lutar em direção à redução do traço. A subordinação do traço à plena presença resumida nos logos, a humildade de escrever sob uma fala sonhando com plenitude, assim são os gestos exigidos por uma ontoteologia determinando o significado arqueológico ou escatológico do ser, como presença, como parousia, como a vida sem différance: outro nome para morte, metonímia histórica onde o nome de Deus detém a morte.*

É um grande jogo para Derrida, e ele não se faz de rogado a esse respeito, admitindo não só inventar palavras novas quando quer, mas utilizando as existentes de forma que ninguém mais o faz. É isso que se chama "Humpty Dumptying" às vezes — inspirado no grande ovo parado na parede em *Alice no País das Maravilhas* — e diz firmemente que as palavras significam o que ele quiser que elas signifiquem. Que se saiba, Derrida não considera que faz isso. Em *Semiologia* e *Gramatologia*, ele retorna às suas velhas raízes estruturalistas, admitindo que as palavras são uma rede interligada ou tapeçaria — ou, como ele coloca (novamente com trocadilho!), têxtil.

> *A função de diferenças supõe, em efeito, sínteses e referentes que proíbem, a qualquer momento ou em qualquer sentido, que um elemento simples esteja presente em si ou de si, referindo-se apenas a si. Seja na ordem do discurso falado ou escrito, nenhum elemento pode atuar como signo sem se referir a outro elemento que, em si, não esteja simplesmente presente... Essa interligação, esse têxtil, é o texto produzido apenas na transformação de outro texto. Nada, nem entre os elementos, nem entre o sistema, está em qualquer lugar simplesmente presente ou ausente. Há, em todos os lugares, diferenças e traços de traços.*

De fato, Derrida defende que não pode haver significado, visto que nada é fixo dentro da grande rede da linguagem, ou mesmo vida e percepção. Tudo é miragem ou, pior, um tipo de "poeira fina" residual deixada para trás pela destilação de suposições político-sexuais — termos carregados como *é* em oposição a *não é*, ou *mim* que se opõe a *ti*. Devemos destruir a rede de palavras!

Confuso? O que exatamente Derrida está dizendo? Ninguém sabe, nem mesmo o próprio Derrida. Ele certa vez declarou, em sua "Carta a um Amigo Japonês", que nunca é possível dizer que a desconstrução "é isso e aquilo" ou "a desconstrução não é isso nem aquilo", pois a construção da oração já seria falsa.

Um tradutor, Alan Bass, que pode ser visto como um entusiasta, diz que Derrida é "difícil de ler". Não só por virtude de seu estilo, mas também porque "ele deseja seriamente desafiar as ideias que governam a forma como nós lemos... Algumas das dificuldades podem ser resolvidas alertando o leitor".

# Parte IV

# Explorando a Mente, a Consciência e a Moralidade

"As pessoas sempre perguntam ao Darren por que ele se tornou budista."

## Nesta parte...

Agora nós estamos começando a chegar no ponto. O que exatamente acontece em nossas cabeças? Como teorias médicas sobre os cérebros humanos encaixam-se em teorias filosóficas sobre mentes desincorporadas? O que neste mundo poderia ser essa força que nós, agora, descobrimos manipular pessoas ao nosso redor como marionetes? Somado a isso, quem teria pensado em arranjar o mundo assim, pelo amor de Deus? Todas essas grandes questões, de valores pessoais a julgamentos políticos e mecanismos ocultos da economia e da vida social, são expostas, reveladas e explicadas aqui.

Bem, talvez isso esteja indo longe demais, mas vamos começar assim mesmo.

# Capítulo 12

# Explorando a Estranha Noção de Mente

*Neste Capítulo*

▶ Acordando para as diferentes formas de estar acordado

▶ Refletindo sobre refletir

▶ Sendo apresentado ao outro

*A mente é o atributo dos deuses e de muito poucos homens.*

– Platão

**M**ente é uma coisa esquisita quando se pensa a respeito. Você tem certeza de que possui uma mente e pode usá-la, mas e quanto às pessoas ao nosso redor? E quanto aos animais, plantas e pedras? Se você acredita que plantas e pedras não possuem mentes, então em que ponto da escala evolucionária os humanos começaram a pensar? Se seres humanos evoluíram de formas mais simples de vida, tais formas possuem mentes, também?

Neste capítulo, observamos questões estonteantes como o que queremos dizer por "pensar". É algo que os computadores fazem? E quanto àquela sensação geral de existência que parece que todos nós temos – uma coisa chamada "consciência"? Pode-se ser consciente sem, exatamente, pensar, mas pode-se estar vivo sem ser consciente? Esses são os tipos de questões que este capítulo irá desenvolver.

# Tentando Entender a Filosofia da Mente

Segundo uma antiga escola de filósofos conhecidos como *pampsiquistas*, até as pedras têm mentes, e a única coisa diferente nos humanos é que, com o passar dos anos, eles ficaram cada vez mais complexos, e o que uma vez foram mentes simples desenvolveram-se até as atuais, ligeiramente mais impressionantes.

DETONADOR DE JARGÃO

# Consciência

Descartes deixou um legado de consciência como característica crucial do conhecimento, mas também o problema de se essa coisa crucial era um fenômeno mental ou físico. Certamente a consciência é algo difícil de definir. Parece haver algum sentido na noção, mas é uma forma de fala interna ou, meramente, uma série de reações automáticas a estímulos? O próprio Descartes tornou todos os processos das atividades mentais humanas da alma, e, daí, parte de ser consciente, e todas as atividades animais em reações inconscientes pré-programadas de máquinas. Porém não ofereceu boas razões para essa separação e, hoje em dia, tais análises (embora amplamente adotadas) parecem superficiais.

A questão-chave para a filosofia da mente (como é chamada) não é o estudo prático de como a mente funciona (que os estudiosos agora separam como *psicologia*), mas se algo merece o nome de qualquer forma. Se há um sentido nesse termo, então, quando eu digo "eu acho que posso ver o sol aparecendo", não relato meramente alguma sensação de fótons ou seja lá o que esteja chegando aos meus olhos, mas um evento mental. Ainda assim, as duas coisas estão ligadas. Isso causou muita angústia aos filósofos no decorrer dos séculos.

Olhando a questão pela outra perspectiva, como era, os filósofos consideraram o que resta quando se separa a mente de todas as suas fontes de informação sensorial. Se você estiver meramente processando informação sensorial em sua mente e alcançar um ponto em que isso pare (talvez após um acidente terrível, e vamos levar em conta também que nós tenhamos perdido a memória), pareceria que não resta muito para a mente seguir em frente em qualquer sentido. De forma bastante sinistra, os médicos talvez tenham que julgar se há algo que mereça ser chamado de *mente* ou *estar vivo* com vítimas de coma quando precisam decidir quando desligar as máquinas de manutenção da vida.

Hoje em dia, os filósofos da mente também abordam questões levantadas pelos diferentes tipos de conteúdos que os fenômenos mentais podem incluir, como dores e coceiras; ou ver cores e cheirar flores; ou as impressões deixadas depois de imagens e sonhos e assim por diante. Eles também questionam a respeito dos diferentes tipos de pensamentos envolvidos em processos mentais, como acreditar, ter esperança ou (mais importante de todos para muitas pessoas!) querer. Esses processos mentais são muito mais sutis do que a maioria dos processos sensoriais. Como os psicólogos sabem, as ações das pessoas são impulsionadas por um misto de motivações, e as pessoas nem sempre estão plenamente conscientes dessas motivações. O filósofo político (e agitador) Friedrich Engels observou isso em uma carta para um de seus amigos, escrevendo que "ideologia é um processo alcançado pelo chamado pensador, mas com uma consciência falsa. As verdadeiras forças motivadoras, compelindo-o, permanecem desconhecidas para ele; de outra forma, simplesmente não seria um processo ideológico". Em um certo sentido, todas as consciências são falsas.

# Testando o Problema de Pesky de Outras Mentes

Aquela citação de Platão (que abre o capítulo) é apenas uma de duas visões diferentes que o mestre tinha da "mente". Nós podemos supor que ele mudou de ideia! Mas, na realidade, Platão é cheio de afirmações muito profundas que se contradizem. Talvez por isso que sejam tão profundas. No diálogo chamado *Timeu*, Platão parece pensar que a característica das mentes é conter conhecimento. É por isso que são os deuses os verdadeiros possuidores de mentes.

A outra forma de pensar as mentes, contudo, é como coisas que meramente sentem impressões, que "põem tudo em ordem e organizam as coisas da melhor forma", como Platão coloca em outro diálogo, chamado *Fédon*. É a essa visão que o contemporâneo mais jovem de Platão e meio que aluno (ele tenta discordar de Platão em tudo, lembre-se), Aristóteles, apega-se. De fato, Aristóteles torna a mente um tipo de órgão sensorial: como o ouvido é a parte do corpo que escuta, a mente é a parte que recebe "essências". Por exemplo, quando você olha para um tomate vermelho, seu olho vê a cor e seus dedos sentem a forma, mas é sua mente que vê o verdadeiro tomate.

No último livro *De Anima*, que não significa "dos animais", mas "forças que dão ânimo (ou algo assim), Aristóteles escreve:

> *A mente, como temos descrito, é o que é por virtude de tornar-se todas as coisas, enquanto há outra que é o que é pela virtude de fazer todas as coisas: isso é um tipo de estado positivo, como a luz; pois, em um sentido, a luz torna cores potenciais em cores de fato. A mente nesse sentido é inseparável, impassível, não mista... Quando a mente é libertada de suas condições presentes, ela aparece somente como é e nada mais; isso, por si só, é imortal e eterno (nós, no entanto, não nos lembramos de suas atividades prévias, pois, enquanto a mente nesse sentido é impassível, a mente passível é destrutível) e, sem isso, nada pensa.*

Essa passagem causou muitos problemas a tradutores posteriores e comentaristas. Dan O'Connor, um dos últimos, diz que é justo dizer que ninguém sabe o que isso significa. Mas São Tomás de Aquino identificou a mente, como descrito por Aristóteles, como a alma imortal cristã, e outros disseram que a noção de mente de Aristóteles é Deus. Naturalmente, ninguém concorda com qualquer um, mas o tema parece bom quando jogado em conversas.

## *Examinando a mente com mais conforto, um tempo depois*

O próximo grande passo na filosofia da mente foi dado por René Descartes. Então, pule para quase 2.000 anos depois e sua pequena fornalha na França. Infelizmente, o resultado final da ponderação de Descartes foi deixar a mente e o corpo completamente separados, o que criou dois problemas terríveis para filósofos subsequentes:

- ✔ Como saber que outras pessoas — quanto mais animais, plantas e tudo mais — têm pensamentos ou sentimentos? Isso é normalmente chamado de *problema das outras mentes*.

- ✔ Como alguém pode ser afetado por outrem? Como minha mente pode falar à minha boca para dizer "por favor, passe a mostarda" sem possuir algum mecanismo físico — digamos, sinais elétricos — para fazê-lo?

Mas Descartes não permite que a mente crie pequenos sinais elétricos ou qualquer outra coisa física. Ela tem que ser, é claro, mente pura, pensamento puro. Uma coisa boa a esse respeito, para Descartes e muitos religiosos, é que a mente pode sobreviver à morte do corpo. De fato, sendo inteiramente não física, ela dificilmente pode fazer de outra forma.

A ideia de Descartes, no final das contas, é que se se pode ter certeza de alguma coisa é de que "há pensamentos", e esses pensamentos aparecem em uma mente, que ele presumiu (incorretamente, a maioria dos filósofos acha) ser a mente dele. Assim, aqui está outro problema da mente. Se tudo que se pode saber são os pensamentos em sua própria cabeça (como parece), então como saber se a pessoa que reage àquele pedido feito acima ("Por favor, passe a mostarda") também tem uma mente, descodificou as ondas de som em pensamentos e, depois, optou (livremente também) por passar a mostarda? Como saber se a outra pessoa que reage não é, na verdade, apenas uma máquina que responde passivamente, quimicamente ou qualquer coisa a estímulos físicos?

Na época de Descartes, ele ofereceu um exemplo de um complicado mecanismo de relógio disfarçado de computador, mas hoje em dia pode ser usado um exemplo muito mais plausível — um computador em uma sala (veja em seção posterior "Fazendo computadores realizarem testes na Sala Chinesa"). Como saber se todo mundo ao seu redor não é um computador complicado? Na verdade, não se sabe, e vários cientistas de fato acham que todos nós somos somente máquinas complicadas. Lá se vai a mente pela janela!

Mas não é o que parece. Você realmente pensa que pensa e, se o faz, por que não outras pessoas também o fazem? É por isso que outros filósofos, como Espinoza, concluíram que a melhor forma de resolver as contradições nisso tudo era tornar tudo mente e tudo eterno. As pedras e sua tia Sandra são ambas aspectos da mente, assim como Deus: tudo feito exatamente da mesma coisa.

Na realidade, Espinoza defendia que a mente e a matéria (ou em sua terminologia, pensamento e extensão) eram aspectos de Substância, que ele também chama de "Deus" ou "Natureza". Essa teoria recebeu seu próprio nome — a Teoria do Duplo Aspecto. Sai o dualismo, entra o duplo aspecto!

## *Encontrando o outro misterioso*

Uma razão que os filósofos viram para pensar que outras pessoas são como você e têm mentes e pensamentos como você é simplesmente que as outras pessoas se comportam como você. Ponha um chocolate no pires de chá de seu amigo e ele irá devorá-lo. Cutuque alguém nas costas e ele reclamará. Outras pessoas agem como você; logo, elas provavelmente são o mesmo tipo de coisa que você. Isso é normalmente chamado de *argumento da analogia*. Muitas pessoas se contentam em deixar esse argumento encerrar o assunto das "outras mentes". Se quer saber, meu cachorro age assim também. Ponha um chocolate em sua cumbuca e ele irá devorá-lo. Cutuque-o nas costas e ele reclamará! Mas muito poucas pessoas têm certeza de que cachorros e pessoas pensam da mesma forma. Descartes certamente não pensava, insistindo que a analogia certa para fazer com cachorros era a com relógio mecânico — não pessoas!

Isso me leva a uma das poucas piadas que existem na filosofia, que é o argumento behaviorista para a existência de outras mentes. O *behaviorismo* é uma teoria psicológica que diz que a única medida ou, devemos dizer, a única medida significativa para se ter certeza do que se passa na mente de outra pessoa é vendo o que essa pessoa faz. Então um convidado que veio para o jantar pode dizer que gosta de sua surpresa de couve-flor, em termos convencionais, relatando a visão de sua mente — mas, se na realidade ele deixá-la no canto do prato sem comê-la, é melhor ter uma abordagem behaviorista e dizer que não gostou do seu prato especial. Os behavioristas sempre foram astutos em tentar experiências cruéis, especialmente com animais, então você pode seguir aquele estilo de investigação filosófica forçando seu convidado a comer a couve-flor. Se o convidado ficar, então, enjoado, você pode dizer que isso confirma que ele, na verdade, não gostou, apesar de ter dito o contrário (sem dúvida em um esforço tolo de ser educado).

Mas essa não é a piada; aqui está ela: dois behavioristas fazem sexo (é claro que os behavioristas não "fazem amor"). Depois, o primeiro behaviorista diz "Isso foi ótimo para você — como foi para mim?". Entendeu? (o behaviorista tenta descobrir como as pessoas pensam observando reações/comportamento).

Muitas pessoas criticam o behaviorismo. Essas pessoas certamente percebem que estar com dor envolve, bem, sentir dor e que há uma diferença entre ter uma dor de dente e meramente querer sair do trabalho mais cedo. Isso é o que o filósofo britânico John Stuart Mill escreveu sobre o assunto em *Exame da Filosofia de Sir William Hamilton* (1889):

> *Eu concluo que outros humanos têm sentimentos como eu, porque, primeiro, eles têm corpo como eu, o que eu sei, em meu próprio caso, que é a condição antecedente aos sentimentos e porque, em segundo lugar, eles exibem atos e outros sinais externos, que ,em meu próprio caso, sei por experiência que são causados por sentimentos.*

> *Estou consciente por mim mesmo de uma série de fatos conectados por uma sequência uniforme, da qual o começo é a modificação de meu corpo, o meio são os sentimentos e o fim são comportamentos externos. No caso de outros seres humanos, tenho a evidência de meus sentidos para a primeira e a última ligação da série, mas não para a intermediária. Eu acho, entretanto, que a sequência entre a primeira e a última é tão regular e constante naqueles outros casos quanto é no meu. No meu próprio caso, sei que a primeira ligação produz a última por meio da intermediária, e não poderia produzi-la sem esta.*

> *A experiência, portanto, obriga-me a concluir que deve haver uma ligação intermediária, que pode ser a mesma nos outros como é em mim ou diferente: eu devo acreditar por estar vivo ou por ser autômata e, acreditando que estão vivos, isto é, apoiando que a ligação seja da mesma natureza daquela que eu vivencio, e que em todos os outros aspectos é similar, eu ponho outros seres humanos, como fenômenos, sob a mesma generalização que eu sei por experiência que são a verdadeira teoria de minha própria existência.*

Mill era tanto lógico como economista, então seu relato é um tanto seco. No continente europeu, as pessoas tinham uma visão mais nuançada do que poderia se passar nas mentes de outras.

Na filosofia europeia moderna (um termo que não possui um conteúdo particular, mas certamente inclui ideias desconcertantes e obscuras como as do desconcertante e obscuro Edmund Husserl), o *outro* é todo mundo exceto você, o *ego*. O filósofo francês do século XX, Emmanuel Levinas, defende que toda a ética se encontra no respeito à "alteridade do outro". Ele escreve em *Totalidade e Infinito* (1961):

> *O outro absoluto é o Outro. Ele e eu não formamos um número. A coletividade em que eu digo "você" ou "nós" não é plural de "eu".*

## Fazendo computadores realizarem testes na Sala Chinesa

Uma das melhores experiências de pensamento da filosofia é aquela da Sala Chinesa, proposta pelo filósofo americano contemporâneo John Searle. Na verdade, a ideia por trás da experiência não é de Searle, mas do célebre quebrador de código britânico da Segunda Guerra Mundial, Alan Turing, que desenvolveu os primeiros verdadeiros comparadores e sugeriu que, quando não se pode distinguir a diferença, após um questionário prolongado, entre falar com uma máquina ou com um ser humano, deve-se considerar que tal máquina possui inteligência.

O teste, originalmente chamado de "Teste de Turing", em que computadores estão em uma sala, pessoas em outra e um terceiro grupo de testadores humanos em outra, é comumente conduzido hoje em dia. Os testadores podem comunicar-se com as outras pessoas ou com os computadores apenas digitando as perguntas em teclados. Visto que, após um período pensando em perguntas e discutindo pontos de vistas, os testadores não conseguem distinguir computador de humano, deve-se admitir que o computador possui inteligência.

Searle, contudo, não queria admitir qualquer coisa a computadores de forma alguma, então acrescentou o aspecto chinês, que na realidade não ajuda muito, porque *muralhas chinesas* significam barreiras imaginárias à comunicação com o propósito de privacidade. Por exemplo, você pode fingir que existe um Muralha da China em um banco, entre as mesas dos negociadores de ações e as dos reguladores.

De qualquer forma, a experiência da Sala Chinesa ainda trata basicamente de computadores — não de chineses, nem de muralhas, nem de salas. Dito isso, a versão de John Searle começa com ele oferecendo-se para ser trancado na sala imaginária com uma pilha de ideogramas chineses. Searle, então, pede para você imaginar o que aconteceria se, de tempos em tempos, alguém fora da sala colocasse perguntas em chinês na caixa de correspondências para que ele escolhesse e retornasse respostas.

Searle começa seu relato dizendo que ele "não sabe nada de chinês, seja escrito ou falado" e que, para ele, "a escrita chinesa é só um monte de rabisco sem significado". Então você pode esperar que suas respostas às perguntas em chinês sejam apenas tentativa e erro. Mas agora suponha que, à medida que acontece, algumas instruções são coladas na parede, escritas em português, que explicam precisamente qual ideograma colocar de volta, não importa qual seja entregue para ele. Agora, quando alguém põe uma pergunta na caixa de correspondência, um momento depois Searle pode devolver a resposta correta. E, para a pessoa fora da sala, pode certamente parecer que a pessoa dentro da sala tanto entende chinês como entende as perguntas.

Todavia, as aparências, nesse caso, podem ser enganosas, ou, pelo menos, é isso que Searle quer que você conclua. Sua meta é provar que tal pessoa em tal sala não entende chinês. É por isso que ele começou a experiência dizendo que "não sabe nada de chinês, seja escrito ou falado". Parece uma boa forma de ganhar uma discussão!

E, visto que os computadores operam de forma análoga, Searle, então, prosseguiu dizendo que não é muito preciso dizer que computadores são inteligentes ou que entendem coisas, mesmo que produzam respostas aparentemente inteligentes.

Então o experimento mostra que computadores não pensam — que não são parte de um misterioso outro? A experiência é bem convincente em mostrar que a pessoa na sala não entende chinês. No entanto, como Searle coloca: "do ponto de vista externo — isto é, do ponto de vista de alguém fora da sala onde estou trancado — minhas respostas às perguntas são absolutamente indistinguíveis daquelas de falantes nativos de chinês".

Mas o que parece que o professor Searle esqueceu é que não é tanto que a pessoa dentro da sala parece saber chinês, mas que todo o sistema — pessoa na sala, conjunto de símbolos em cartões, mais instruções coladas na parede — dá a impressão de entender chinês. E isso é muito mais plausível. Afinal, quem quer que tenha escrito as instruções entendia chinês.

O que parece mais provável de ter acontecido nesse exemplo é que o conhecimento do autor das instruções foi transferido, por meio de regras escritas, para a pessoa na sala. Se a configuração for então substituída por um computador, programado com as regras, assim sendo, o conhecimento do falante de chinês foi transferido, pelo menos em alguns casos, para a máquina. Visto dessa maneira, é muito mais difícil para Searle, ou qualquer outra pessoa, negar que o computador possui algum conhecimento ou entendimento. Até porque hoje em dia você pode ser tratado em hospitais, receber conselhos de carreira ou saber onde escavar para encontrar ouro, em quem jogar bombas, ou seja, o que for, por computadores executando "sistemas especializados" de regras e procedimentos retirados do conhecimento humano.

## Inteligência altamente artificial

Na década de 1960, Joseph Weizenbaum, um pesquisador de inteligência artificial no Instituto de Tecnologia de Massachusetts (MIT), desenvolveu alguns programas que aceitavam linguagem natural de um usuário, que digitava em uma máquina de escrever e respondia com o que parecia ser uma linguagem natural por meio de uma impressora. O mais célebre desses programas foi o Eliza, que foi modelado com base na psicoterapia. Eliza geralmente retornava o que quer que as pessoas digitassem em uma ordem ligeiramente diferente, talvez tendo selecionado uma palavra-chave. Embora o programa fosse simples, ele tornou-se muito popular. Os psiquiatras adotaram-no como a base para sessões de terapia reais. Os usuários tornaram-se apegados e dependentes de Eliza, e os aficionados por computadores citavam-na como exemplo de como computadores poderiam aprender a "falar".

Após essa experiência, Weizenbaum concluiu que computadores não deveriam ser autorizados a dar respostas que parecessem humanas. "O que eu não havia percebido é que uma exposição extremamente curta a um programa de computador relativamente simples poderia induzir um poderoso pensamento ilusório em pessoas normais", ele observou tristemente. Esse alerta, que tem mais a ver com a psicologia humana do que com qualquer outra coisa, todavia teve pouco efeito.

Wizenbaum descreve tudo isso em um artigo de 1964, chamado "Contra o Imperialismo da Razão Instrumental". As respostas puramente aleatórias de sim e não para um paciente plenamente consciente, diz Weizenbaum, são interpretadas como pensamento profundo, refletindo a aura que o computador possui para muitos. Weizenbaum esperava demonstrar que os computadores pareciam falar sem compreensão do conteúdo do que diziam. Esse foi um debate conduzido a partir do desafio da Segunda Guerra Mundial de Alan Turing a pesquisadores que, quando não se pode dizer a diferença, após um questionário prolongado, entre se está se falando com uma máquina ou um ser humano, deve-se considerar que a máquina tem inteligência.

Filósofos como John Searle (veja a seção anterior) buscaram oferecer razões para não dar a meras máquinas coisas tão boas, mas a vitória do computador na mente do público reflete-se pelo hábito (observado pelo pedagogo e psicólogo Jerome Bruner) das pessoas de compararem-se cada vez mais a máquinas processadoras de informações. As pessoas imaginam os dados entrando em sua unidade de processamento, o cérebro, que os separa em várias partes da memória e manipula-as seguindo regras internas — do mesmo jeito que fazem os computadores! Desde o início da década de 1980, um pôster do governo britânico mostrava o ser humano como tendo uma memória de 2.048.000 kilobytes (isso é só dois megabytes — aproximadamente uma música em um iPod — mas na época parecia muita coisa!).

Tentativas de criar verdadeiras "máquinas pensantes" originalmente seguiram uma abordagem "de cima para baixo", usando complexas regras programadas, muito como resultado da influência de Marvin Minsky e Seymour Papert nos EUA. Sua influência no final da década de 1960, ridicularizando as tentativas de modelar sistemas biológicos para fazer com que computadores imitassem a arquitetura física e biológica do cérebro, junto com hardwares disponíveis, resultou na nova ciência da *inteligência artificial* tentando a emulação de características do raciocínio humano.

### Redes neurais

Não muito depois, entretanto, a inteligência artificial (veja a seção anterior) abandonou a abordagem baseada em regras organizadas por uma mais irracional, orgânica.

*Redes neurais* tornaram-se muito mais elegantes, como seus advogados fazendo alegações magníficas de seus poderes. Uma rede neural é uma série de elementos processadores simples baseados em chips de memória, conectados uns aos outros e a vários "inputs" e "outputs". As informações são inseridas nesses inputs e a atividade resultante é monitorada. As relações entre as partes são "mexidas" até que certos inputs sempre produzam um output desejado. Dessa forma, diz-se que a rede neural "aprende". A primeira rede neural comercial, construída por Igor Aleskander e outros em Londres, foi empregada com sucesso encontrando componentes defeituosos em linhas de produção e distinguindo cédulas em bancos. Sistemas de inteligência artificial baseados em regras foram, em contraste, muito mal no reconhecimento de formas e padrões.

Certamente parece que os computadores podem, agora, ser inteligentes afinal, se por *inteligente* queira-se dizer capaz de responder perguntas traiçoeiras; mas o filósofo contemporâneo (ou "cientista cognitivo", se preferir) Marvin Minsky alegou, em nome dos humanos, que falta aos computadores bom senso. Ou, colocando de outra forma, os computadores são bons em pensar precisamente, mas apenas os humanos são bons em pensar abstratamente.

# Explorando o Existencialismo com o Fantasma na Máquina de Ryle

Gilbert Ryle usou a expressão "fantasma na máquina", em seu livro *O Conceito de Mente* (1949), como parte de seu ataque ao que ele chamou de "mito" de Descartes — isto é, a visão de que a mente é um tipo de fantasma misteriosamente enterrado em uma máquina (o corpo físico), com todos os problemas lógicos e existenciais que ela traz consigo (existencial no sentido de que o fantasma de Descartes habita um universo diferente do corpóreo). Isso, o professor Ryle sobriamente alertou, é um *erro de categoria*; ou seja, o erro de tratar algo como se pertencesse a uma categoria quando, na realidade, pertence à outra. Perguntar como a mente pode influenciar o corpo é como perguntar qual é a cor do número 5. A pergunta resulta de um mal-entendido anterior e de confusão da questão. Nós podemos simpatizar com Ryle aí!

Ryle defendia que as noções tradicionais de vontade, imaginação, percepção, pensamento e assim por diante estão todas contaminadas pelo *cartesianismo* (em particular, a visão de que há dois tipos diferentes de coisas no universo — mente e matéria) e deve-se alijar esse "fantasma na máquina" por um tipo de modelo behaviorista de como a mente funciona. É, ele diz, um tipo de erro de categoria tratar fenômenos mentais da mesma forma que se tratam fenômenos físicos — ações não são feitas das duas partes que Descartes propõe, a ideia mental e a ação física, mas são apenas uma parte: comportamento (*behaviour*).

Ryle, como muitos de seus contemporâneos, viu-se manipulando as ferramentas da análise lógica para resolver e esclarecer todas as outras questões filosóficas, à maneira do celebrado iconoclasta e rebelde filosófico da Universidade de Cambridge, Wittgenstein.

## Atendo-se ao seu senso de identidade pessoal

Então, quem é você? A sua mente é sua ou de outra pessoa? Talvez os demais tenham mentes de fato e as pessoas sejam apenas um tipo de automação — como Searle em sua sala chinesa trancada (veja seção anterior, "Fazendo computadores realizarem testes na Sala Chinesa") —, respondendo às suas necessidades. Ridículo? Sim, mas, como ideia, teve uma atração considerável no continente (particularmente na França e na Alemanha).

### Sentindo-se existencial novamente

Uma das escolas mais extravagantes da filosofia recente, os *existencialistas*, acusa de fingimento aqueles que não estão em seu campo, ou de não serem verdadeiros em seus próprios eus e de exibir má-fé. O francês antenado, Jean Paul Sartre (1905–1980) zomba da burguesia com seus confortáveis sensos de dever; homossexuais que fingem ser heterossexuais e, o mais famoso de todos, garçons que se apressam. Todas essas pessoas, ele diz, são escravas da percepção das outras — com medo da consideração do outro e, assim, exibindo *má*-fé —, não sendo verdadeiras consigo mesmas, mas deixando que outras pessoas decidam para elas como devem ser.

Saiba que Sartre, assim como seu mentor, Karl Marx, sempre foi um homem de letras, não um homem de ação. Criado na França rural, Jean Paul descreve-se como tendo passado a maior parte de sua infância na biblioteca de seu avô e sua adolescência em faculdades de elite da França, emergindo apenas para se tornar professor.

Quando a Segunda Guerra Mundial chegou e interrompeu sua intelectualização, Sartre tornou-se meteorologista no exército e, quando a França se rendeu aos nazistas vitoriosos, viu-se prisioneiro de guerra, embora com uma correia longa que lhe permitia liberdade para organizar sua primeira peça e mesmo o retorno à filosofia. Quando a guerra terminou, ele decidiu abandonar a vida de professor e escolheu ser escritor e intelectual.

A filosofia de Sartre é característica de todos os existencialistas em enfatizar o uso da imaginação. Sartre diz que somente no processo de exercitar a imaginação — imaginando o que poderia ser — que se é verdadeiramente livre.

Ele enfatiza o que *não é* acima do que *é*, sendo este último uma tarefa meio que prosaica, consistindo dos tipos de fatos que os cientistas examinam, enquanto *o que não é* é realmente muito mais interessante. Em *O Ser e o Nada* (1943), ele resume sua visão (se é que "resumir" é em algum momento uma palavra apropriada para a escrita existencialista) assim:

> *A Natureza da consciência é simultaneamente ser o que não é e não ser o que é. E é aí que nossa busca por identidade, identidade pessoal, chega a um fim. Nós existimos, sim, mas o importante é como "nos definimos"?*

E, para ilustrar o significado dessa pergunta, Sartre dá seu famoso exemplo do garçom:

*Seu movimento é rápido e adiantado, um pouco preciso demais, um pouco rápido demais. Ele vem em direção aos fregueses com um passo um tanto rápido demais. Ele inclina-se um pouco ansiosamente demais; sua voz, seus olhos expressam um interesse um pouco solícito demais ao pedido do cliente. Finalmente ele retorna, tentando imitar em seu caminhar a rigidez inflexível de algum tipo de autômata enquanto carrega sua bandeja com a despreocupação de quem caminha na corda bamba, colocando-a em um equilíbrio perpetuamente instável, perpetuamente quebrado que ele perpetuamente restabelece por um leve movimento da mão e do braço.*

Essa passagem é um tanto esnobe para o meu gosto (desdenhando dos trabalhadores?), mas as pessoas frequentemente a aclamam como se oferecesse a luz para a consciência, e certamente é parte do que tornou o nome de Sartre o de um pensador original. Mas algumas pessoas acham que ele mesmo estava mostrando um pouco de má-fé quando alegou ter pensado nessa ideia.

## Tomando emprestado de Simone de Beauvoir

Curiosamente, outro livro que saiu em 1943, *Ela Veio para Ficar*, foi da companheira e confidente intelectual de vida inteira de Sartre, Simone de Beauvoir, e ela também descreve vários tipos de consciências, em termos muito similares aos de Sartre.

O livro muito menos conhecido de Simone de Beauvoir oferece descrições existencialistas clássicas de como é caminhar por um teatro vazio (o palco, as paredes, as cadeiras, incapazes de vir à vida até que haja um público) ou observar uma mulher em um restaurante ignorar o fato de que seu companheiro começou a apertar seu braço ("Ela fica lá, esquecida, ignorada, a mão do homem estava apertando um pedaço de carne que já não pertencia a ninguém") — bem como esta:

*"É quase impossível acreditar que outras pessoas são seres conscientes, cientes de seus próprios sentimentos internos, como nós mesmos somos cientes dos nossos", disse Françoise. "Para mim, é terrível quando o compreendemos. Temos a impressão de não mais sermos nada senão uma fábula da mente de outro alguém."*

Parece que alguém andou copiando alguém! E Simone de Beauvoir escreveu seu livro anos antes do de seu parceiro (mesmo que ainda não tivesse sido publicado). Que bonito! Na verdade, Sartre chega a registrar em seu diário como Beauvoir teve que corrigi-lo várias vezes por seu entendimento atrapalhado da filosofia. Se você já se perguntou por que todos os "filósofos famosos" são homens, este é um exemplo de como esse fato estranho acontece. Sartre simplesmente tomou todas as ideias de Beauvoir emprestadas e utilizou-as sem reconhecimento em seu próprio trabalho (se você estiver interessado no relacionamento filosófico, veja o relato de Kate e Howard Fullbrooks, de 1994, *Simone de Beauvoir and Jean-Paul Sartre*).

Outra explicação para que Simone de Beauvoir tenha generosamente emprestado todas as suas ideias para seu parceiro pode ser de que ela, diferentemente de Sartre, reconhecia suas fontes. Ela estava ciente de que muitos elementos do existencialismo não eram novos, mas, ao contrário, vinham da tradição filosófica oriental. E, o mais importante, aquela noção essencial existencialista do outro.

Pegue o budismo, por exemplo. Quando se trata de pensar "no outro", o ponto de vista budista tende, como o comentarista James Whitehill colocou, em matéria de eu e comunidade, a ser "biocêntrico e ecológico". Bio quê? Abraçar árvore, verdinho, amorzinho. Ou, como ele continua, o budismo não começa com o "eu substancial, separável e distintivo" tanto da filosofia como da religião ocidental. Dito isso, o posterior desenvolvimento de Beauvoir da noção para classificar a mulher como "o outro" em uma sociedade dominada pelo homem foi, e continuou sendo, dela mesma.

# *Descobrindo a Vontade para Filosofar*

Tradicionalmente, como os professores de filosofia gostam de dizer (para reassegurar os nativos), *a vontade* é um tipo de faculdade mental, ou atributo da mente, com a útil capacidade de tomar decisões, escolher, decidir e inventar. Além do mais, os filósofos (tradicionalmente) viam essa faculdade como sendo peculiarmente humana — como se animais não pudessem tomar decisões ou ter ideias!

A razão pela qual os filósofos achavam que a vontade deve ser peculiar aos humanos era que as atividades como decidir e ter uma ideia pareciam envolver a criação de algo novo e escapar de restrições tanto do que foi quanto do que é atualmente. Então não é de se espantar que Immanuel Kant (veja o Capítulo 5) tenha enfatizado a importância da vontade em seus escritos sobre certo e errado, dizendo que são o que suas ações dizem sobre suas intenções que importam, não as consequências de suas ações. Diga isso a uma pessoa que você atropelou enquanto corria com o carro para ajudar na quermesse da igreja! De qualquer forma, felizmente, a filosofia da vontade foi auxiliada, logo depois de Kant fazer sua pequena contribuição, por outro filósofo alemão, Schopenhauer, que nasceu em meio a uma era peculiarmente frutífera para a filosofia alemã (os inimigos de Schopenhauer eram mais velhos e melhores: Immanuel Kant, que viveu de 1724 a 1804; Georg Hegel, 1770–1831 e Johan Fichte, 1762–1814; o próprio Schopenhauer viveu de 1788 a 1860).

Então o que é esse negócio que nós chamamos de *vontade*? É volição, instinto, desejo — chame do que você tiver, er..., vontade —, a força básica que direciona a vida. Não há nada por trás disso — nenhuma estratégia, nenhuma razão, nenhum propósito. A vontade está fora do espaço e do tempo; afinal, ela os cria, cria regularidades, aparências. A vontade é primária, ela varre a percepção diante de si, dita todas as ações. Ela até mesmo direciona a evolução, e não o contrário, como Darwin supunha. Schopenhauer inclusive diz que os animais refletem sua vontade em suas formas — a timidez do coelho torna-se física por meio das grandes orelhas, sempre prontas para detectar o menor sinal de ameaça. Similarmente, o cruel bico do falcão e suas garras refletem seu constante desejo por destroçar outras criaturas.

A vontade também é irracional; ela pode criar a razão, mas de nenhuma forma é atrelada a ela. Tanto a vontade de viver como a vontade de ter filhos são irracionais, um ponto que ele ilustra com referência a um tipo de formiga particularmente terrível que vive na Austrália, que adora um canibalismo, especialmente depois do sexo. A mensagem da formiga da Austrália — e de Schopenhauer — é que a vida é insignificante, que a realidade é que o nascimento deve rapidamente levar à morte, e a única atividade útil entre uma e a outra parece ser produzir filhos que possam, então, repetir o ciclo — não que isso dê ao ciclo muito propósito.

De qualquer forma, para Schopenhauer, apenas a vontade existe. Ela precede e sucede o indivíduo — é indestrutível. Na realidade, existe um elemento de livre-arbítrio, que surge nos atos que se escolhem livremente, entre comer outras formigas ou fazer sexo. Mas deve-se descobrir quais escolhas foram feitas, um ponto que os existencialistas franceses e alemães repetiram posteriormente (Schopenhauer queixa-se de que a valiosa tentativa de Kant de demonstrar que as pessoas são fins em si mesmas é mero egotismo). Os humanos, Schopenhauer amargamente conclui, são como tantas moscas de maio — criadas um dia e mortas no próximo, deixando apenas seus ovos. A natureza tem usos apenas para espécies, não para indivíduos e, na realidade (pergunte aos dinossauros), frequentemente nem mesmo para as espécies.

Em um tom mais positivo, até mesmo a morte é uma ilusão. Schopenhauer também escreve sobre a necessidade de penetrar o "véu de Maya" para ver a realidade comum da vontade, que é o *Maharakya*, ou "Grande Mundo", sabedoria hindu (Schopenhauer é um dos pouquíssimos filósofos a usar igualmente referências a obras orientais como ocidentais). É por isso que a dor é a norma e a felicidade, a exceção. É do budismo também que vem sua solução: nada. Nada é exatamente o melhor que se pode obter. *Nada*, afinal, é o significado literal de *nirvana*, que é o que os budistas dizem que todos buscam.

Em seu ensaio, *Da Vaidade da Existência*, Schopenhauer explica:

> *A vaidade da existência é revelada na forma plena que a existência assume: na infinitude do tempo e do espaço contrastada com a finitude do indivíduo em ambos; no presente fugidio como a única forma em que a realidade existe; na contingência e na relatividade de todas as coisas em contínuo tornarem-se sem ser; no desejo contínuo sem satisfação; na contínua frustração de lutar em que a vida consiste. O tempo e aquela probabilidade de todas as coisas existindo no tempo que o próprio tempo faz são simplesmente a forma sob a qual a vontade de viver, que, como coisa em si, é imperecível, revela a si mesma a vaidade de lutar. Tempo é aquilo por cuja virtude tudo se torna nada em nossas mãos e perde todo valor real.*

Não é difícil ver que esse tipo de vontade que busca preservar a si própria por meio da reprodução é muito parecido com as ideias da biologia moderna sobre como a genética direciona o comportamento. Contudo, a originalidade de Schopenhauer está perdida e esquecida. E, hoje em dia, as pessoas atribuem a ideia de um gene egoísta ao brilhantismo de cientistas como Richard Dawkins e a ideia de "vontade de potência" aos desvarios de Nietzsche; e a noção encapsulada no título do livro de Schopenhauer de um mundo criado pela vontade é removida e transplantada no vaso ornamental da filosofia existencialista.

Quanto àquele furto intelectual, Schopenhauer tenta oferecer uma perspectiva mais filosófica. Em seu livro *O Mundo como Vontade e Representação*, ele escreve:

> *A Terra gira do dia para a noite; o indivíduo morre; mas o próprio sol queima sem interrupção, um eterno meio-dia. A vida é certa para a vontade de viver; a forma da vida é o eterno presente; não importa como os indivíduos, o fenomênico da Ideia, surgem e esvaem-se com o tempo, como sonhos fugazes.*

## Encontrando a vontade de viver na filosofia francesa

O filósofo do século XX Levinas oferece uma imagem mais calorosa, mais pessoal e até com mais propósito do espírito e da motivação humanos que Schopenhauer. Levinas aponta para um sentido mais sutil do outro, "a irredutível estranheza do Outro". Seres humanos passam uma grande parte de suas vidas procurando outra pessoa — os behavioristas dizem que as pessoas procuram alguém para fazer sexo, mas outros dizem que estão procurando sua outra metade perdida para se tornarem plenas (o laço entre duas pessoas é mais complexo e duradouro do que o sexual...). "Mesmo antes de eu notar a cor de seus olhos, a Outra silenciosamente comanda que não a machuque, nem a force a conformar-se com a imagem que tenho dela", diz Levinas.

Ao descrever o "encontro com Outra", Levinas emprega a palavra *transcendência* — mas não no sentido clássico desse termo. Levinas não quer dizer que transcende o mundo cotidiano para uma suposta realidade separada, mais perfeita, mas pretende, ao contrário, destacar a força transformadora que o outro pode ter sobre você. Seu parceiro ajuda-o a elevar-se acima do que você poderia ser de outra forma.

## A ética como o encontro com o outro

De acordo com Descartes, todo mundo tem a ideia do infinito dentro de si. Ele faz disso a prova da existência de Deus, dizendo que, como criaturas finitas, os humanos não podem conceber o infinito em si mesmos. Apenas alguma entidade igualmente infinita poderia contar com essa ideia (logo, Deus existe). Na versão de Levinas desse argumento, o divino vem à mente sempre que se é confrontado pela inquietante presença do outro. Em todos os seus encontros com o outro, encontra-se a sensação esquisita de que algo, uma presença infinita que não a sua nem deste mundo (como o filósofo britânico contemporâneo John Caruana colocou-o), efetivamente desloca seu centro de atenção. "Dessa forma, a capacidade inexorável do Outro para me chamar a uma questão insinua o divino sem mesmo pô-lo como tal", diz Caruana. É claro que, botando o pé no chão por um momento ao estilo de Schopenhauer, outras pessoas podem ter o efeito inverso e arrastar pessoas de outras formas boas para seu próprio nível desgraçado e vil.

Mas esse pensamento parece não ter ocorrido a Levinas. Ao contrário, ele passou a melhor parte de sua carreira descrevendo a ética como "provocação do Outro", querendo dizer que é a consideração com o outro que inspira as pessoas a, em algum momento, desenvolver e conceber costumes, leis e teorias morais. Por *Outro*, Levinas quer dizer, novamente na frase de Caruana, "a pessoa singularmente única que fica em frente a mim à guisa de amiga ou amante decepcionada, uma criança dependente, uma estranha no meio de mim que procura orientação", ou mesmo o sem-teto deitado na calçada pelo qual você passa. Somente o Outro, Levinas argumenta, tem o poder de, pessoalmente, obrigá-lo.

Levinas diz que relatos convencionais de ética dão o poder da obrigação a uma força impessoal — para Platão é o *Bem*, a *Forma das Formas*, e para Kant é o *Imperativo Categórico*. Mas Levinas defende que as ideias e os princípios, embora sublimes e nobres, não possuem a força imaginada para eles pelo comportamento. Os princípios são simplesmente abstratos e genéricos demais para mudar o comportamento humano. Em vez disso, ele toma a presença do Outro, aquela estranha sensação de ser observado ou de que estão pensando em você. O que acontece em nossa mente depende do que acontece nas mentes de outras pessoas!

# Capítulo 13

# Olhando a Ética e a Moralidade

*Dizer que a felicidade é um bem maior parece uma banalidade.*

– Aristóteles

O estudo do bem e do mal, como Platão não tinha dúvida e filósofos políticos como Marx insistem que deveria ser, é essencialmente um estudo prático. *Ética* diz respeito a regular comportamento, tanto ações individuais como atividades mais gerais, tudo isso significa entrar no reino político. Muitas pessoas acham que os políticos deveriam ficar longe da ética, mas essa visão é ingênua. As leis baseiam-se essencialmente nas percepções de certo e errado e, no final das contas, são os políticos que as fazem. Como eles chegam às leis é frequentemente bem complicado e, certamente, tanto especialistas filosóficos como religiosos (assim como o já normal interesse econômico) exercem uma função.

Na maior parte do tempo, para a maioria das pessoas, é o poder, na forma da lei, que faz o correto. Pegue relações sexuais íntimas, por exemplo. O governo de Sua Majestade (o Reino Unido) tem visões muito claras sobre esse assunto. Ninguém deve ter mais do que um cônjuge e existem limites estritos de idade — isto é, idade mínima! —, para não esquecer sexo com animais ou em lugares públicos, muito menos em troca de uma quantia em dinheiro. Não poderia ser mais claro, não é? E apenas seguir as leis poupa muitos problemas às pessoas, porque elas não precisam retornar aos primeiros princípios. Era isso que os cidadãos alemães de bem (e franceses e outros também!) pensavam quando a lei dizia-lhes para entregar quaisquer vizinhos judeus que eles soubessem estarem escondidos no sótão para a Gestapo, a fim de que fossem transportados a um campo de concentração para "processamento"...

Mas a lei não é bem, de fato, um guia para separar o certo do errado por muitas boas razões. Uma é que a lei varia. Em alguns países, por exemplo, pode-se ter vários cônjuges e homens podem ter crianças como esposas. No Reino Unido, as relações homossexuais são um direito humano, mas em outros países você pode ser executado por ter um parceiro do mesmo sexo. Em alguns países, o Estado organiza a prostituição como um serviço público, como plano odontológico ou noites de bingo; em outros, a prostituição é considerada um mal indizível e punida com prisão. E tem mais, o que é errado em um lugar em uma época frequentemente muda com a tendência ou a circunstância, como (por exemplo) as leis sobre a homossexualidade mudaram no Reino Unido. Em muitas áreas da vida humana, a lei é menos a coisa que decide o que é certo e errado e mais uma reflexão a respeito de atitudes predominantes. Na Alemanha nazista, a lei refletia um preconceito amplamente espalhado contra o povo judeu, homossexuais e ciganos, sem mencionar as visões "nazi" da nova (mas eleita democraticamente, não se esqueça!) liderança alemã. Então, em ética, a referência a códigos legais não é geralmente muito esclarecedora.

Então, neste capítulo, eu começo com as alegações dos sujeitos religiosos de terem encontrado um atalho para o conhecimento do certo e errado — porque eles têm livros baseados na palavra de Deus. Em seguida, eu abordo algumas perspectivas "radicais" sobre moralidade, como a visão de Nietzsche de que todos as possuem às avessas (menos ele), porque o que chamam de certo é "errado" e o que chamam de ruim é "bom"! Depois pegamos algumas partes da tentativa de tornar a ética científica e, finalmente, tentamos modernizar a ética — aplicando-a a árvores e animais. Bem, por que não?

# O que Deus Faria?

Há rumores de que o ex-vice-presidente americano Al Gore tinha um bloco de madeira em seu gabinete na Casa Branca com a inscrição *WWGD*, acrônimo da frase "O que Deus faria?" (em inglês, *What Would God do?*). Isso apesar do fato de que, nos EUA, a religião e a política devem — está escrito lá na constituição americana — ficar bem longe uma da outra. Alguma esperança!

A realidade é que todos aqueles textos religiosos antigos — a Torá judaica, a Bíblia cristã e o Corão muçulmano — não falam só de céu e vida após a morte, mas também tentam estipular o modo correto de se comportar para todos os estágios da vida e, como um estado totalitário, aliam esse "conselho" a ameaças e punições terríveis. Infelizmente, existem duas importantes fraquezas lógicas em todas as tentativas de basear a moral em um texto religioso:

- ✔ **Uma delas é que os textos não concordam:** Seja entre eles ou dentro deles. A Bíblia, por exemplo, contém muitas instruções para que os crentes exterminem impiedosamente seus rivais — homens, mulheres e crianças inclusive —, juntamente a regras para perdoar e amar seus inimigos!

- ✔ **O que os filósofos chamam de *Dilema de Eutífron*:** Esse problema aparece em uma das peças de Platão, em que um sujeito chamado Eutífron está pensando em processar seu pai para, como ele coloca (para o horror de Sócrates), agradar aos deuses. Isso leva Sócrates a fazer a pergunta simples, mas profunda: algo é bom porque os deuses dizem que é bom (caso em que os deuses podem dizer que absolutamente qualquer coisa é boa e as pessoas devem aceitá-lo) ou os deuses dizem que as coisas são boas porque eles veem que são boas? Deuses, você pode supor, seriam bons julgadores para tais coisas, mas, se ainda é isso que torna as coisas certas e não erradas, ter a aprovação dos deuses não oferece nenhuma explicação do *porquê* de uma coisa ser boa ou não.

De fato, os textos religiosos não são melhores do que códigos legais para oferecer uma explicação apropriada do porquê de algo ser certo ou errado. Você deve, é claro, levar em conta o que consideram fé. Então, por razões reais, o mundo precisa de filósofos. Mas nem eles conseguem concordar na possibilidade de um insight mais profundo. Aliás, alguns filósofos ainda acham que Deus definitivamente decide o certo e o errado — aliás, sujeitos religiosos admitem otimisticamente que a necessidade humana pela política para haver uma diferença entre certo e errado, aliada ao fato de que a filosofia não oferece uma, nos dá uma razão para supor que Deus existe. Outros, contudo (sem dúvida detectando a fraqueza no último argumento!), tentam basear seu sistema ético na lógica e outros, ainda, em um tipo de matemática baseada no cálculo das consequências de qualquer ação. E, é claro, outros filósofos dizem que a noção de certo e errado ou é uma ficção ou apenas uma questão de aplicar gostos pessoais.

# Ética islâmica

O islã é a abordagem abrangente para o viver, cobrindo todos os aspectos tanto da vida individual como da social. Um texto conhecido como *Corão* (que se originou por volta do ano 700) é reverenciado pelos muçulmanos como a palavra literal de Deus, suplantando todas as revelações anteriores, como a Bíblia. Ele proíbe a jogatina, o consumo de sangue animal, alimentos oferecidos para deuses e ídolos pagãos, porco e álcool e também comer carniça. Ele descreve extensamente a punição no inferno e a recompensa no paraíso. A *Sharia*, ou lei islâmica, é cruel e parece bárbara. A penalidade para um furto habitual pode ser a perda da mão, para sexo pré-marital pode ser 100 chicotadas em público, para o adultério pode ser a morte.

Na sociedade tradicional islâmica, não existe distinção entre material e espiritual, ou religioso e político, e alguns muçulmanos veem até o ato mais diminuto como estando sujeito à guia de especialistas éticos que são, por definição, líderes religiosos.

A única flexibilidade no sistema é o fato de que ele subdivide bom (*hasan*) e mau (*qibih*) em várias categorias: imperativa, recomendada, permitida e proibida. O Corão diz que o propósito de tudo isso é capacitar as pessoas a melhorarem a si mesmas. Os humanos são vistos como "uma fonte de potencialidade", não suficiente como são, mas, pelo menos, não "caídos", como nas histórias cristãs do Jardim do Éden, de Caim e Abel e de Noé e o dilúvio.

Existem muitas formas "moderadas" do islã, e muitos muçulmanos restringem suas crenças religiosas às suas vidas pessoais e espirituais — não permitindo ditar suas relações com outros em sua família, muito menos na sociedade. Contudo, os fundamentalistas islâmicos alegam autoridade religiosa para coisas que de outra forma pareceriam bem erradas, como apedrejar pessoas até a morte por andarem de mãos dadas ou ouvirem música pop, como aconteceu em países como Afeganistão e Somália em anos recentes sob governos fundamentalistas.

---

Entre os melhores esforços dos filósofos estiveram regras famosas como:

- ✔ **A dos utilitaristas:** Esta diz que a coisa correta a se fazer é toda diretriz (ou ação) que leve a maior felicidade para o maior número de pessoas. Isso é o que se ouve frequentemente os políticos dizerem hoje em dia, mas é, na verdade, uma história filosófica muito antiga e não é, particularmente, persuasiva.

- ✔ **A hobbesiana:** De Thomas Hobbes. Ela diz que certo é tudo que os indivíduos mais poderosos dizem que é certo.

- ✔ **A kantiana:** De Kant. Esta é a preferida dos filósofos. Ela diz que se deve sempre agir como se suas ações seguissem uma lei universal. Isso, o *imperativo categórico*, exclui pedir dinheiro emprestado e não devolver, mas permite que as pessoas cometam suicídio.

Eu abordo todas elas — em detalhes livres de jargões — em uma seção posterior, "Entendendo as Principais Teorias Éticas".

Um ideal similar esconde-se por trás da obra do filósofo do século XX John Rawls, expondo os méritos para que a criação de diretrizes aconteçam por trás de um *véu de ignorância* (isto é, certificando-se de que as pessoas tomem decisões ignorando como essas decisões irão afetá-las pessoalmente, ou seus parceiros, assim garantindo que ajam no interesse de todos e não de apenas alguns poucos). Como Kant, John Rawls procura remover os efeitos distorcidos do interesse próprio da tomada de decisão. Parece sensato? Ainda assim, estranhamente, uma teoria alternativa, levada adiante pelo filósofo escocês do século XVIII Adam Smith, torna o egoísmo a chave para a sociedade. Smith, que era o que hoje se chamaria de economista, diz que o egoísmo é bom! Ele aponta que é o mecanismo que permite que sociedades complexas organizem suas tarefas de uma forma que tanto gere a maior riqueza como crie, consequentemente, as maiores oportunidades para os cidadãos. Parece complicado? Contraditório? Isso é ética.

# Apontando a Diferença entre Certo e Errado

Não é de se espantar que alguns filósofos digam que a coisa certa a se fazer não existe, e um ou outro, como o filósofo iconoclasta alemão Friedrich Nietzsche (1844–1900), chegou ao ponto de dizer que se deve fazer tudo que todos os outros acham errado. De fato, Nietzsche declarou-se o primeiro imoralista do mundo e tentou revalorizar todos os valores, começando por desmascarar o cristianismo como um plano para desapoderar grandes homens como ele mesmo (bem, a teoria era dele, então ele poderia fazer o que quisesse). Seu objetivo, ele escreveu, era literalmente tornar o bom, ruim. Infelizmente para ele, se não para o resto do mundo, ele não conseguiu finalizar sua tarefa. Em 1889, aos 45 anos (que é quase a minha idade, embora a idade e as inclinações à filosofia sejam as únicas coisas que temos em comum, espero), ele desceu para um mundo crepuscular próprio, nunca emergindo da loucura.

# Assim falou Nietzsche

O filósofo alemão Nietzsche é o *enfant terrible* da filosofia. Eis o que ele tem a dizer sobre Deus:

Em seu livro chamado *Assim Falou Zaratustra*, um louco carregando uma lanterna anuncia que "Deus está morto". "Aonde foi Deus?", ele grita. "Dir-lhe-ei. Nós matamo-lo — você e eu. Nós todos somos seu assassino."

E, em outro livro, *O Anticristo*, Nietzsche pergunta "O que é o bom?", antes de responder "Tudo que aumenta a sensação de poder, o desejo por poder, o próprio poder no homem. O que é mau? Tudo que vem da fraqueza".

Quanto à própria visão de Nietzsche a respeito de si mesmo, no capítulo de conclusão de seu livro chamado *Ecce Homo*, em uma seção chamada modestamente de "Por que Eu Sou o Destino", ele escreve:

> Eu conheço meu destino. Um dia haverá associada ao meu nome uma compilação de algo assombroso — de uma crise como nenhuma outra antes na terra, da mais profunda colisão da consciência, de uma decisão evocada contra tudo em que até então se acreditava que era exigida, santificada. Eu não sou um homem, eu sou dinamite.

Friedrich Nietzsche era contra a moralidade, considerando-a uma tendência desagradável — meio que uma forma de fraqueza. Ele preferia o que chamou de *antimoralidade*, em que um grande homem (e tinha que ser um homem) desfrutasse de seu poder plenamente, livre de noções sombrias de responsabilidade, dever e piedade, mais ainda (de todas as coisas) de ser "bom". Afinal, como Nietzsche coloca:

> ...no conceito do homem bom, a causa [é] feita com tudo que é fraco, doente, mal constituído, sofrível em si, tudo que deveria perecer — a lei da seleção cruzada, um ideal feito da oposição ao orgulhoso e bem constituído, ao homem afirmativo, ao homem certo do futuro e garantindo o futuro.

Há uma leitura bastante simplista da teoria de Darwin acerca da evolução em que espécies pobremente constituídas devem ser descartadas, sendo comidas pelas bem constituídas. E de muitas formas, para todos seus fãs filosóficos, Nietzsche não é tão original assim. Sua teoria é, na verdade, apenas um ataque à moralidade cristã, e muitos outros antes dele (não menos Thomas Hobbes) haviam observado que "o poder em algum sentido é certo". A prosa bizarra de Nietzsche proclamando que ele, pelo menos, havia transcendido todos os outros valores exagera seu radicalismo, porque ele havia apenas invertido os convencionais.

Nietzsche escreveu que não se encontra o objetivo da humanidade em alguma estratégia ou processo geral, como maximizar a felicidade, mas nas atividades de suas "espécies superiores". Esses homens (e apenas homens) transcendem à história e não estão amarrados a nenhuma lei, senão a de seu próprio prazer. Ele diz: "O homem que não pertenceria à massa só precisaria parar de se sentir confortável consigo próprio; ele deveria seguir sua consciência que lhe grita: 'Seja você mesmo!'. Você não é realmente tudo o que faz, pensa e deseja agora". Esse tipo de coisa tem sido muito popular na filosofia da França e da Alemanha desde então.

Os escritos de Nietzsche são parte prosa, parte poesia, com um toque de filosofia. Sempre egocêntrico, ele ficou clinicamente louco em 1889. Sua literatura não é incrivelmente boa — mesmo que muitos filósofos achem que é. Nem seu pensamento é boa filosofia (outros discordam, é claro) — mesmo que muitos alheios à filosofia achem que é. No entanto, Nietzsche é importante na ética por oferecer uma posição alternativa àquela usual, bem carola.

# Esfregando o anel de Giges

A maioria dos filósofos vê sua tarefa como sendo a de levar as pessoas à virtude e à bondade. A maioria deles, como Platão e Aristóteles, assume que isso também é do interesse a longo prazo de todos. Mesmo assim, Platão pergunta-se, se alguém fizesse algo errado sem ser importunado, as pessoas perderiam o interesse por fazer a coisa certa e prefeririam a ganância e o egoísmo. Em seu livro *A República*, o personagem Glauco conta a história de Giges, um pastor que descobre um anel mágico que torna seu dono invisível quando esfregado. A história, que é parte de uma discussão mais ampla sobre a sociedade, é uma forma de explorar a questão de se o conceito de certo e errado é mais do que um senso de autopreservação e medo das consequências de ser pego.

Glauco usa a história como forma de ilustrar sua visão de que a origem do certo e do errado tem mais a ver com interesse próprio puramente do que com algo maior. Glauco diz que a virtude é simplesmente um compromisso entre fazer o que é mais desejável, que é fazer o errado sem ser punido, e o mais indesejável, que é sofrer com o errado e não poder fazer nada a esse respeito. Nesse sentido, a história do anel de Giges também é uma história de *contrato social*, o acordo imaginário que os cidadãos assinam trocando liberdade por segurança.

Glauco está certo? Certamente, Platão coloca Sócrates argumentando vigorosamente contra a visão de Glauco, dizendo que qualquer indivíduo que se permita agir mal sofrerá uma pena pesada em termos de perda de sua própria harmonia e equilíbrio internos. A ideia-chave de Platão é, de fato, que fazer o que é errado como indivíduo é parecido com permitir que o Estado seja mal administrado — tanto o indivíduo quanto a sociedade desmoronam da mesma forma. Alguém como Giges, ele alerta (ou espera?!), logo ficará corrompido pelos seus excessos e perderá

*(Continua)*

*(Continuação)*

os benefícios espirituais do caminho moral que ele (presumivelmente) costumava seguir quando não passava de um mero pastor.

Se quer saber, eu certamente me deparo com um monte de gente egoísta, gananciosa e simplesmente vil que não parece ligar de perder seus benefícios espirituais, então a resposta de Sócrates não é muito convincente. Mas isso é olhar para a questão como um conselho a um indivíduo. Visto que os gregos consideravam a comunidade mais importante que o indivíduo, o argumento de Platão de manter um equilíbrio e harmonia internos pode ter sido mais persuasivo. As sociedades que se fiam em trapaça, pilhagem, métodos gerais de curto prazo para alcançar a felicidade parecem que em algum momento pagam o preço. Er... não pagam?

## Alcançando o equilíbrio na China Antiga

A maioria dos filósofos vê a vida ética como uma vida equilibrada e oferece algum tipo de harmonia interna como um argumento irrefutável àqueles tentados pelas aparentes atrações de um caminho antiético. Não são só os hippies da Nova Era que acham que tudo é interligado e a saúde de uma pessoa é muito mais do que uma máquina biológica.

Os alertas de Platão em seus livros sobre os perigos do excesso e da ganância ecoam na abordagem do Imperador Amarelo da China Antiga também. As filosofias orientais são geralmente claras em sua ênfase no alcance do equilíbrio. O imperador enfatizou a necessidade de moderação e equilíbrio e assumiu a visão de que, se as pessoas comportavam-se mal, era porque haviam ficado doentes ou, mais precisamente, desequilibradas. É claro que esse ponto de vista está muito em voga hoje em dia. Por exemplo, as pessoas falam de alguém que é particularmente mau como tendo uma "mente doente".

## Conseguindo apenas um pouco de justiça

A justiça encontra-se tradicionalmente no cerne da ética, mas pode ser deslocada deste trono, como os utilitaristas resolveram fazer no século XIX. De fato, para muitos éticos práticos, a justiça de hoje deve diferir da *utilidade* (um cálculo do que é mais útil) na criação de políticas. Os médicos tomam decisões a respeito da doação de órgãos, por exemplo, com base em quantos anos eles esperam que um paciente receptor viva, em vez de com base em quão valiosa ou nobre socialmente eles esperam que a vida daquela pessoa seja. Frequentemente a busca por justiça hoje em dia tende a ser em tribunais; de fato, estes, em certo sentido, usurparam o termo. Mas a justiça legal é apenas uma aplicação da lei, e as leis foram escritas por seres humanos atuando com um senso de... justiça.

Filosoficamente falando, pode-se resumir facilmente *justiça* em "para cada um o seu" — você recebe o que merece. Mas como decidir o que alguém merece? Todos acham que merecem mais do que têm, e pelo menos alguns deles devem estar errados! Os advogados preocupam-se com a *justiça corretiva*, que é a punição, mas os filósofos morais estão geralmente mais preocupados com a *justiça distributiva*, que é um cálculo complicado de leis, direitos e felicidade.

O livro mais influente de Platão, *A República*, preocupa-se principalmente com a natureza da justiça, porque Platão enxerga a justiça como, basicamente, um assunto para os Estados ou repúblicas. Além disso, Platão diz que se pode ver a justiça mais facilmente quando se considera o organismo maior (uma comunidade ou cidade) do que o menor (o indivíduo). E Platão defende que, visto que a justiça é essencialmente aquilo que se segue a ter tudo bem organizado e harmonioso, então, é melhor deixar os filósofos governarem a cidade e encarregarem-se dos "vigorosos" (a polícia e o exército), que, por sua vez, devem impedir que as massas se deixem levar por sua tendência natural a digladiarem-se por conta de bens materiais.

## *Tomando decisões de vida ou morte*

A ética não diz respeito somente a controlar o sistema de coleta de lixo da cidade. Ela diz respeito a matar ou não pessoas e salvar ou não vidas. Em anos recentes, políticos agindo de acordo com seu senso do que é certo (ou, no mínimo, o que não é claramente errado) decidiram matar dezenas, se não centenas, de milhares de civis totalmente inocentes — pessoas como eu e você — em países como Ruanda (onde o governo decidiu tentar eliminar um grupo étnico rival), no Líbano (onde os israelitas quiseram dar um exemplo do que acontece a países que permitem que terroristas atuem) e no Iraque e Afeganistão (onde os Estados Unidos e a Grã-Bretanha disseram estar "introduzindo democracia"!).

E um tema antigo na filosofia é aquele da *guerra justa*, não tanto a guerra justificada. O princípio parece ser o de que se deve entrar em uma guerra somente quando se tem uma boa razão. Obrigado, filósofos! Efetivamente, o que os alemães chamam de *real politk* (política prática) dita as regras nas relações internacionais. Mas dentro dos países, também, as pessoas precisam tomar decisões inevitáveis de "vida ou morte", como àquelas acerca da eutanásia, uma palavra do grego que significa "boa morte", que é normalmente traduzida como "morte de misericórdia". Existem três tipos de eutanásia:

> ✔ **Voluntária:** Quando alguém, talvez uma pessoa com uma doença crônica, pede drogas para ajudá-la a morrer.
>
> ✔ **Não voluntária:** Por exemplo, quando os médicos desligam o aparelho de manutenção da vida.
>
> ✔ **Involuntária:** Quando o sujeito não concorda que é hora de morrer e pode dizer isso! As pessoas normalmente descrevem isso como assassinato.

As considerações relacionadas à eutanásia são:

> ✔ O bem-estar do indivíduo (*beneficência*).
>
> ✔ Interesse social. Cálculos utilitaristas rotineiros, se não mais fáceis, feitos em unidades de terapia intensiva de hospitais modernos — um velho de quem ninguém vai sentir falta pode não ter o mesmo tratamento que uma jovem exuberante personalidade da TV!
>
> ✔ O princípio do respeito à autonomia.
>
> ✔ A necessidade de consentimento informado (se apenas de parentes).
>
> ✔ O princípio da "inviolabilidade" da vida.

Hoje em dia, alguns países oferecem eutanásia (sob circunstâncias cuidadosamente controladas) aos seus cidadãos — notoriamente, o governo da Holanda.

## *Olhando práticas de negócio*

A ética do negócio é um grande negócio, e isso justifica a inclusão do assunto aqui.

Para tomar emprestados alguns jargões da economia, a *ética do micronegócio* observa a correta (a justa) administração e organização de empresas comerciais: práticas de trabalho, questões de recrutamento, estilos de administração, contabilidade financeira e assim por diante, bem como os efeitos das decisões individuais dessas empresas nos fornecedores e no ambiente.

A *ética do macronegócio* considera noções de livre-arbítrio e da racionalidade, bem como as determinações dos direitos humanos, em contraste com a forma de utilitarismo conhecida em economia pelo imponente nome de *eficiência à Pareto*, que é simplesmente a tentativa de organizar o mundo de forma que o máximo de pessoas possível fique satisfeita.

Adam Smith (1723–1790) é muito mais um filósofo radical do que geralmente recebe os créditos. Filósofos anteriores, como Platão e John Locke, achavam que as pessoas deveriam basear a sociedade no altruísmo, ou, pelo menos, na supressão do egoísmo. Thomas Hobbes, escrevendo na Inglaterra do século XVII, via o egoísmo como o grande problema que o Estado deveria combater. Mas não para Adam Smith. Ele achava que a sociedade era determinada por uma força totalmente maior, não humana — a economia. Suas duas grandes obras são *A Riqueza das Nações* (publicado no mesmo ano da declaração da independência norte-americana — 1776) e *Sentimentos Morais*. As obras dizem que todo comportamento moral depende da interação social e começa da observação de cada pessoa por outra. Preservar a justiça torna-se a tarefa essencial dos governos, mesmo que deixem as forças econômicas livres.

Hoje em dia, grandes empresas frequentemente têm códigos de ética, que contêm coisas como "é errado dizer ao público que o azeite de oliva está sendo produzido com anticongelante" ou "é certo delatar seu colega se ele estiver assistindo vídeos despudorados na internet durante seu horário de almoço". Para gerentes e chefes, essas regras éticas adicionais para seus funcionários podem ser uma poderosa ferramenta de controle, porque, diferentes das regras e procedimentos comuns para conduzir um negócio, as regras são cinzas — estão abertas a discussão e afetadas pelo contexto e o detalhe. Os funcionários podem não estar bem certos do que devem fazer, e o código pode, na verdade, minar sua autonomia e a confiança como indivíduos julgadores de suas próprias ações. Sanções e punições podem então seguir-se de supostas quebras das diretrizes éticas.

Contudo, os códigos não parecem ser bons para impedir práticas de negócio escusas em níveis altos. Por exemplo, quando a terceira maior corporação dos EUA, a Enron, implodiu em 2001, em meio a muita destruição de documentos internos, um inquérito oficial posterior descobriu que uma cultura de trapaça e fraude havia coexistido alegremente com uma das mais carolas e puritanas moralizações. O ético australiano contemporâneo Trevor Jordan diz que as pessoas dão muita ênfase às regras na ética corporativa e profissional e falam muito de estabelecer regimes éticos e dar poder a esses códigos. Em vez disso, ele diz, o que o mundo dos negócios precisa é de mais pessoas que façam a coisa certa, mesmo sem um livro ou manual de regras.

## *Separando a tortura*

A tortura é uma das poucas coisas que os governos do mundo concordaram em tornar ilegal. Desde as Convenções de Haia do século XX, a prática tornou-se ilegal. Não que os governos se apeguem à nova política de não usar tortura, é claro!

As pessoas geralmente favoreceram a prática de tortura com o passar das eras, divisando novas e horríveis formas dela. Porões sempre foram parte do processo também, engenhosamente construídos para destruir a vontade do prisioneiro. Considere este relato de uma notória prisão britânica, chamada Newgate (Londres), em que um par de suspeitos de serem ladrões de estrada recusava-se a responder as perguntas:

> ...eles foram enviados de volta para Newgate, para lá serem prensados até a morte; mas, quando eles entraram na sala de interrogatório, Phillips implorou para ser levado de volta para depor; um favor que foi concedido, embora pudesse ter-lhe sido negado: porém Spiggot foi colocado na prensa, onde continuou por uma hora e meia, com um peso de 160 quilos sobre seu corpo; mas com o acréscimo de mais 23 quilos ele, da mesma forma, pediu para depor.

Spiggot declarou-se inocente, porém isso bastou para que os encarregados prontamente condenassem os homens, sentenciassem-nos à morte e executassem-nos em 8 de fevereiro de 1720. O relato registra uma coisa curiosa sobre isso:

> Enquanto estava sob a sentença de morte, Phillips comportou-se da forma mais endurecida e abandonada; ele não prestou nenhuma atenção ao que o pastor lhe dizia e xingou ou cantou músicas enquanto outros prisioneiros se dedicavam a atos de devoção; e, perto do fim de sua vida, quando seus companheiros ficavam mais sérios, ele ficou mais perverso; e, ainda, quando se encontrava no local da execução, disse que não temia morrer, pois não tinha dúvidas de que iria para o céu.

Hoje, por "ladrões de estrada" leia-se "terroristas". De qualquer forma, depois de conseguirem confissões por meio de tortura, uma morte dolorosa era uma norma histórica, sendo a incineração o arranjo mais cruel e mais fácil.

A tortura ainda existe hoje em dia e em muitos países. Durante os "distúrbios" na Irlanda, no final do século passado, os britânicos tinham o hábito de torturar suspeitos em Ulster. E, como parte do que eles chamaram de Guerra Contra o Terror, após os ataques em Nova York, em 2001, o presidente dos EUA assinou um documento especial autorizando a utilização de tortura desde que não causasse (normalmente) grandes lesões nos órgãos ou morte, e as autoridades americanas refinaram métodos como privação de sono, espancamentos e humilhação sexual para uso em campos especiais espalhados pelo mundo. Filosoficamente, a questão é um dos argumentos utilitaristas contra abordagens rivais, notoriamente aquelas formuladas em termos dos direitos humanos.

## Olhando os três Rs da lei

Na aplicação da lei, a filosofia da punição é bem direta. Basicamente, existem apenas três justificativas éticas para ferir pessoas que devem ser punidas — os três Rs mais o elemento de dissuasão:

- ✔ **Reforma** é coisas como fazer um ladrão de carro fazer um curso de mecânica automotiva — a justificativa é ajudar o transgressor a tornar-se uma pessoa melhor.

- ✔ **Restituição** envolve forçar o criminoso a compensar o dano causado; tentar desfazer o dano e consertar as coisas. Não é uma resposta muito prática a muitos crimes, mesmo aqueles envolvendo dano à propriedade ou roubo de bens ou dinheiro, mas certamente é um tipo mínimo de justificativa para multas e serviço comunitário e similares.

- ✔ **Retribuição** reconhece o desejo de cidadãos que obedecem à lei de terem acesso aos criminosos. Crimes mais sérios tendem a ser impossíveis de serem desfeitos, apenas em termos dos danos emocionais e psicológicos às vítimas. Contudo, a punição que faz as pessoas pensarem duas vezes antes de cometerem o crime também é justificada sob certas medidas utilitaristas. Na Inglaterra do século XIX, o princípio de retribuição permitia que o público participasse do julgamento de seus concidadãos, tendo definitivamente o poder da vida ou da morte, e também que testemunhassem as execuções públicas.

Atualmente, muitos países rejeitaram o uso da pena de morte por tratar-se da violação de um dos direitos humanos mais fundamentais, que até mesmo ladrões de estrada possuem, porém, igualmente, países como a China e os EUA continuam a aplicar a pena — inclusive a crianças.

# Entendendo as Principais Teorias Éticas

Muito da ética gira em torno de três teorias:

- ✔ **Utilitarismo** é a mais fácil de entender — e a mais popular entre políticos democratas. O utilitarismo é onde as pessoas avaliam várias políticas com base em que a melhor será aquela que resulte na maior quantidade de votos ou a maior felicidade (excluir como aplicável).

- ✔ **Teorias de ética** baseiam-se em regras, que podem vir dos céus, por meio de mensageiros humanos, ou do céu filosófico por meio dos lógicos. A teoria filosófica mais importante, assim, é o imperativo categórico de Kant, que diz basicamente o oposto dos utilitaristas e insiste em que as pessoas têm uma obrigação de executar a ação correta, *independentemente* das consequências reais.

- ✔ **Ética da virtude** afirma que a ação correta é o que a pessoa virtuosa naturalmente faz, e que as pessoas podem tornar-se virtuosas, certificando-se de fazer sempre a coisa certa. Com as duas teorias anteriores cancelando uma à outra, não é de se espantar que filósofos profissionais recentes tenham dado preferência à antiga teoria da ética da virtude, derivada das noções de Aristóteles e Confúcio.

Leitores atentos terão percebido que todas essas teorias são um tanto circulares — elas meio que assumem o que é certo antes de dizer como a teoria ajudará a estabelecê-lo. Não é de se espantar, então, que os filósofos passem tanto tempo examinando suas teorias — e isso é uma prática conhecida como *metaética*.

## Separando ética e metaética

Uma das coisas que as pessoas acham mais confusas em ética filosófica é como exatamente ela é diferente da moralidade cotidiana. A despeito de numerosas tentativas para especificar a ética, a resposta é que não existe uma especificação.

*Ética* e *moralidade* são ambas palavras que as pessoas utilizam para descrever o estudo do certo e errado. Às vezes, as pessoas gostam de dizer que a ética lida com sistemas e moralidade, com ações individuais — mas, da mesma forma, às vezes, as pessoas falam de sistemas de moralidade e de um tipo particular de ética —, ética pessoal, de trabalho, de dever e assim por diante. Então poupe aborrecimento e apenas utilize os dois termos intercambiavelmente. Se alguém reclamar, aponte que a palavra ética vem do grego, *ethikos*, e a palavra moralidade vem do latim, *moralis*, e que originalmente Cícero tomou *moralis* como o equivalente em latim de *ethikos*.

A *ética* ocupa-se em encontrar a diretriz correta. Mas a *metaética* preocupa-se com as próprias teorias éticas — examiná-las criticamente e observar os principais conceitos delas, como o que as pessoas querem dizer com *bom*, afinal? Outro tópico que os filósofos discutem com frequência é a noção de livre-arbítrio — isto é, a ideia de que as pessoas são realmente responsáveis por suas ações.

O livre-arbítrio é uma ficção, e uma ficção muito útil, que diz que, quando você faz uma escolha, realmente a fez. Você escolheu realmente ficar lá de pé observando uma pessoa afogar-se no lago — ou não conseguiu ajudar por conta de sua natureza tímida? É claro que ninguém pode saber se essa liberdade é real ou apenas uma ilusão. Algumas pessoas — *deterministas* — dizem que cada decisão é, bem, determinada pelas circunstâncias, genes, química, até livros de Nietzsche ou seja lá o que for. Outras dizem que, visto que você é livre para fazer de outra forma, deveria ser responsabilizado por suas decisões e por seu comportamento, e que, mesmo que você não seja realmente livre — talvez apenas tenha nascido com um temperamento ruim! —, ainda deve ser tratado como se fosse.

Então por que o livre-arbítrio é uma ficção? Porque, para ser responsável por seu comportamento, você não só tem que tomar a decisão livremente, como tem que ser responsabilizado por ser o tipo de pessoa que, dadas todas as circunstâncias, tomará esse tipo de decisão. Você é responsabilizado, assim, por ter nascido covarde, ou preguiçoso, ou egoísta. Para tornar o livre-arbítrio possível, você deve ser responsabilizado por ser quem é. Em um tipo de sentido lógico, a responsabilidade é infinita. Kant diz que, embora ninguém possa entender como a liberdade humana é possível, deve-se aceitar que ela existe e que a liberdade pertence ao eu *noumenal* (não o físico do dia a dia), estando o mundo noumenal fora das regras comuns de causa e efeito.

## Pesando utilitarismo e consequencialismo

O princípio ético mais útil para considerar as consequências de ações é o utilitarismo — embora, em um sentido muito real, não seja de forma alguma um princípio ético. O utilitarismo é uma ideia velha. Ele está em um dos diálogos de Platão — aquele em que Protágoras sugere que, para se distinguir certo e errado é preciso pesar os prováveis prazeres e dores resultantes de uma política. Sua ideia é transformar a ética em um tipo de matemática, que os filósofos, às vezes, chamam de *cálculo hedônico* (*hedone,* em grego, significa prazer; a palavra *hedonista* ainda é comumente usada).

Fazer a coisa certa, igual a fazer a coisa mais prazerosa, era uma abordagem controversa mesmo à época. Por um lado, o respeitado astrônomo Eudoxo chegou ao ponto de dizer que o prazer era a única coisa boa e que todas as outras coisas que as pessoas consideravam boas eram valiosas apenas porque de alguma forma *aumentavam* a quantidade de prazer que alguém vivenciaria em algum lugar. Por outro lado, outro especialista antigo, Espeusipo, insistia em que o prazer e a dor eram dois lados da mesma coisa, e que essa coisa não era boa, mas má. Pense nisso! De fato, sua ideia (como outros estoicos) era a de que ser indiferente era bom.

# A falácia naturalista

G. E. Moore (1873–1958; George, para seus amigos) acusou outros filósofos de cometer algo que ele chamou de *falácia naturalista*, que é supor que certo e errado existem na natureza. Em vez disso, Moore achava que os valores morais eram derivados da lógica ou da intuição. Na natureza, não existe certo nem errado. Ele expõe essa visão em sua *magnum opus Principia Ethica*, onde também declara que a arte e o amor devem ser valores definidores do mundo não natural.

Mas, para os filósofos, normalmente o princípio utilitarista remonta ao pensador do século XVIII (e começo do XIX) Jeremy Bentham, dizendo que a ação correta é aquela que gera a maior felicidade ao maior número de pessoas. Bentham atuou como tutor de outro filósofo moral altamente influente, John Stuart Mill (1806–1873), que de fato adotou a filosofia dele para sua própria filosofia e rejeitou especialmente teorias morais alternativas para representar os interesses da classe dominante, não da justiça. Aqueles que ensinaram a virtude de uma vida de sacrifício, Mill escreveu, queriam que outros sacrificassem suas vidas para eles. Mill e Bentham dizem que as pessoas desejam ser felizes e que isso é. na verdade. a única coisa que desejam. Quando os desejos conflitam, os utilitaristas simplesmente pesam as consequências e decidem qual ação produz a maior felicidade.

Em contrapartida, Espeusipo poderia dizer que, visto que o prazer (e a dor) são igualmente ruins, o utilitarismo é uma forma de maximizar a quantidade de mal no mundo.

A maioria das pessoas realmente parece gostar do prazer. É por isso que os filósofos usam o utilitarismo tão frequentemente para justificar decisões práticas. Porém, Espeusipo e os estoicos provavelmente também estavam errados ao tentar livrar as pessoas da dor. A ideia de que a dor é sempre ruim e o prazer é sempre bom desaba diante de uma perspectiva ecológica. A dor é uma forma de a natureza dizer para você ir ao dentista, afinal de contas. Como um filósofo ambiental, J. Baird Callicott, recentemente colocou:

*Um mamífero vivo que nunca sentiu dor seria aquele que teve uma séria disfunção no sistema nervoso... a ideia de que a dor é má e deveria ser minimizada ou eliminada é uma noção primitiva, como aquela de um tirano que manda executar mensageiros portando notícias ruins na suposição de que assim o próprio bem-estar e segurança seriam melhorados.*

Outro filósofo contemporâneo, Joel Feinberg, argumentou no mesmo espírito:

> *Nunca se permitiu que a pergunta "Qual é o problema com a dor afinal?" fosse levantada. Então, eu levanto-a. Eu aqui declaro em toda sobriedade que não vejo nenhum problema na dor. É um método maravilhoso, desenvolvido pelo processo evolucionário, de transmitir importante informação orgânica.*

Quem está certo? Todo mundo ou aqueles filósofos esquisitos? Todavia, essas visões apelavam àquele biólogo especialista, Darwin, que apontou que a dor e a ansiedade são parte da vida e não podem ser removidas, da mesma forma que a morte, sem destruir todo o sistema natural. Se a natureza como um todo é boa, então a morte e a dor também são.

## *Não deixe de cumprir com seu dever*

Se alguns filósofos acham que a dor é boa, outros acham que a felicidade é ruim; ou, pelo menos, que aumentar a felicidade é uma forma de egoísmo e, portanto, uma motivação ruim. Por outro lado, para alguns filósofos, às vezes chamados *deontologistas*, boas intenções, às vezes, bastam. Seu líder é o professor de filosofia alemão gerador de jargão Immanuel Kant. É assim que ele expõe o pretexto para fazer algo *apesar* das consequências:

> *Mesmo que, por um destino especialmente infeliz ou por uma provisão mesquinha da madrasta natureza, essa vontade deva ser totalmente desprovida de poder para alcançar seu propósito, se com o maior dos esforços ainda não alcançasse nada e apenas a boa vontade restasse (não para ter certeza, como um mero desejo, mas como a união de todos os meios em nosso poder), ainda, como uma joia, teria sua própria luz, como algo que possui pleno valor em si mesmo. Sua utilidade ou proveito não aumenta nem diminui esse valor.*

Assim Kant pensou enquanto escrevia uma obra muito respeitada, chamada *Fundamentação da Metafísica dos Costumes* (1785). Ele expande sua teoria para o reino prático em um livro chamado *Crítica da Razão Prática* (1786). A moralidade, diz Kant, não está conectada às inclinações a que você está sujeito como resultado de sua natureza material, física. Seu dever é refletir sobre o que poderia ser um dever universal para qualquer agente racional — Deus inclusive.

Kant concebe a famosa fórmula do *imperativo categórico*. Essa é uma (como o *cogito,* de Descartes) daquelas ideias problemáticas de uma linha da filosofia que todo mundo repete respeitosamente, mas que na verdade não diz nada novo. De qualquer forma, aqui está ela. Tome nota.

*Aja somente por uma máxima que você possa, ao mesmo tempo, desejar que seja uma lei universal.*

Nessa fórmula, o que é crucial não é o sucesso do resultado de uma ação, mas a intenção. Isso não significa que as consequências sejam irrelevantes, porque elas identificam quais ações são (teoricamente) *universalizáveis* (poderiam ser realizadas por todos), mas consequências, no sentido de perguntar o que é mais útil, certamente não são desejadas. Um exemplo que Kant dá é de um mundo no qual a prática de fazer promessas falsas quando conveniente tenha se tornado uma lei universal. Porém, Kant aponta, em tal mundo, a instituição da promessa logo desabaria, porque ninguém confiaria na palavra de ninguém. Essa contradição significa que não é possível *universalizar* a ação em questão, de modo que se "demonstra" que a máxima de não fazer promessas falsas é moralmente obrigatória.

"A lei moral", escreveu Kant, "é uma lei de dever, ou coação moral". No sentido geral, os deveres são obrigações que vêm com uma função. Em ética, deveres são aquelas obrigações que uma pessoa de boa vontade sentiria. Kant tentou mostrar que todas eram, em algum sentido, demonstráveis logicamente. Ele achava que esse processo lógico começava na divisão do dever entre coisas ditadas pela lei e deveres ditados pela virtude, assim como na distinção entre ações realizadas por uma razão positiva e "tarefas negativas" — ações ditadas por um desejo de evitar fazer algo errado.

## O Imperativo Categórico

Kant ilustra seu belo imperativo com alguns exemplos. Um é o ato de tomar dinheiro emprestado, sem a intenção de pagar em tempo. Se todo mundo fizesse isso, Kant argumenta, então ninguém confiaria em mais ninguém e a instituição da promessa desabaria.

Quando as pessoas dizem que algo é errado, na verdade elas querem dizer que não tem lógica. Kant opunha-se totalmente a qualquer tentativa de introduzir alguma consideração dos efeitos das ações. Para ele, o fato de uma ação estar correta não dependia de seus resultados, mas apenas do princípio que a justificasse. Roubo, assassinato e não ajudar os outros são da mesma forma retirados como ilógicos e autocontraditórios. Esta última filosofia, "todo mundo busca o número um", de vida, Kant admite que é, estritamente falando, *universalizável*, mas ele sustenta que ainda envolve uma contradição, porque todo mundo, em um momento ou outro, precisa de ajuda.

Mais precisamente, um *dever* é uma ação que você deve obrigatoriamente executar, e ter uma *obrigação* é ter um tipo especial de necessidade (necessidade moral) de realizar certa ação. Então a palavra *dever* refere-se a uma ação, e a palavra *obrigação,* similarmente, representa o fato de uma necessidade moral para realizar uma ação.

A ética deontológica (em grego, *deon* para dever ou *dei* para "você precisa") preocupa-se com deveres e considera certos atos em si certos ou errados, não se levando em conta suas consequências.

Outro exemplo que Kant oferece (ele não é muito bom em desenvolvê-los, mas, pelo menos, tentou) é o do dilema encarado pelo servo leal que abre uma porta para um louco com uma faca que está à procura do seu mestre, na intenção de matá-lo. O dilema (pelo menos Kant acha) é que, se o homem da faca fizer uma pergunta, o servo não pode mentir para proteger seu mestre, porque mentir, como matar pessoas, é sempre ruim. Mentir para um assassino na porta a respeito do mestre estar em casa é moralmente proibido — mesmo que dizer a verdade coloque seu mestre em perigo mortal. É a esse ponto que a moralidade leva quando se é rigidamente lógico. Kant parece perceber a implausibilidade dessa orientação aqui. Então ele oferece mais argumentos bem inconvincentes para justificar que se diga a verdade para o homem da faca, como o de que se o mestre fosse morto porque, sem que o servo o soubesse, escapuliu pela porta dos fundos e deu de cara com o assassino, que estava indo para casa desapontado com a notícia de que sua vítima pretendida não estava, o servo poderia ser corretamente acusado de ser o responsável!

Kant opõe-se resolutamente a qualquer consideração de consequências, porque acha que isso torna cada pessoa uma calculista egoísta, em vez de verdadeiramente virtuosa.

De onde exatamente Kant tirou seu imperativo categórico (logicamente falando — socialmente falando, está lá na Bíblia) não é claro: ele meramente afirma-o em *Metafísica dos Costumes.* Aqui, ele explica que todo "ser racional" considera sua própria existência um fim em si. Por outro lado, as coisas que essas pessoas racionais querem (como torta de carne) são meios de satisfazer o desejo, mas os próprios desejos são um incômodo e:

> ...*as inclinações, elas mesmas sendo fontes de querer, estão tão longe de ter um valor absoluto pelo qual deveriam ser desejadas, que deve ser, ao contrário, desejo universal de cada ser racional ficar totalmente livre delas.*

Então, Kant prossegue ponderadamente, "se todo valor estivesse condicionado e, portanto, contingente, então não haveria um princípio prático supremo de razão". Melhor que isso é presumir que:

> *...há um princípio prático supremo... sendo retirado da concepção daquilo que é necessariamente um fim para todos, porque é um fim em si, constitui um princípio objetivo de vontade e pode, portanto, servir como lei prática universal. O fundamento desse princípio é: a natureza racional existe como um fim em si.*

A lei universal da prática moral, o imperativo prático, então é assim:

> *Então aja de forma a tratar a humanidade, seja em tua própria pessoa ou de qualquer outra, em cada caso como um fim, nunca somente como um meio.*

## Sendo virtuoso com Aristóteles

Uma diferença importante entre Aristóteles e Platão encontra-se em *Ética a Nicômaco*, onde Aristóteles começa com uma pesquisa de opiniões populares sobre o assunto do certo e errado para descobrir como as pessoas usam esses termos. Platão deixa bem claro seu desprezo por tal abordagem. Thomas Hobbes posteriormente disse que o método havia imediatamente desvirtuado Aristóteles, porque, procurando fundamentar a ética nos "apetites dos homens", ele havia escolhido uma medida pela qual, para Hobbes, não havia nenhuma lei e nenhuma distinção entre certo e errado. As sociedades, como os negócios, criam essas distinções e as pessoas aceitam-nas.

## Vida, liberdade e a busca pela eudemonia

Eudemonia? Felicidade, com certeza? É isso que se diz no preâmbulo da Declaração da Independência dos EUA pelo menos. Mas os pais fundadores tiraram sua ideia de que a felicidade era algo a que as pessoas tinham direito dos filósofos, que tinham em mente um tipo bem diferente de felicidade, que é especificada na palavra grega *eudaimonia*. Do grego, *eu* significa bom e *daimon* significa demônio (mas o tipo de demônio legal que tem o trabalho de cuidar das pessoas; talvez os ocidentais chamassem de anjo da guarda). As pessoas às vezes usam a palavra *felicidade* como uma abreviação de *eudemonia*, mas perde seu significado particular, que é: a felicidade aqui é plena e não meramente aquela felicidade transitória, ilusória que se tem, por exemplo, por meio dos sentidos. Para Platão, Aristóteles e Epicuro, *eudemonia* era o estado que se alcança apenas vivendo virtuosamente, o que parece obscuro, e é.

Nos diálogos de Platão, a fonte da bondade é a sabedoria, e ele descreve o bem como uma luz que revela a verdade. Ninguém faz o mal, diz Platão de forma a reassegurar, exceto por ignorância. Afinal, fazer algo errado torna quem o faz menos perfeito e menos harmonioso, e quem faria isso a si mesmo conscientemente? Aristóteles acrescenta que o caminho para a saúde ética é uma série de avaliações da opção do meio: não muito vinho, não muitos meninos escravos, nem, também, poucos canapés para os convidados ao jantar — como ele descreve em seu retrato do homem verdadeiramente virtuoso (Aristóteles despreza as mulheres e chama-as de um tipo de gado doméstico!) em sua célebre obra chamada *Ética a Nicômaco*:

> *Tal, então, é o homem magnificente; o homem que se dá ao excesso e é vulgar excede-se, como foi dito, gastando além do que é correto. Pois em pequenos objetos de dispêndio ele gasta muito e exibe uma ostentação de mau gosto; por exemplo, ele dá um jantar para amigos com as proporções de um banquete de casamento e, quando providencia o coro para uma comédia, leva-o ao palco vestido de púrpura, como fazem em Mégara. E tudo isso ele não fará pela honra, mas para ostentar sua riqueza e por achar que é admirado por isso; e onde deveria gastar muito, gasta pouco e vice-versa. O homem mesquinho, por outro lado, ficará aquém em tudo e, após gastar as maiores somas, estragará a beleza do resultado por uma ninharia, e o que quer que faça, hesitará e pensará em como pode gastar menos, e até isso lamentará, e achará que está fazendo tudo em uma escala maior do que deveria.*

Recentemente, parece que houve uma renovação de Aristóteles, e essa teoria é chamada em cursos de ética de *ética da virtude*. Essencialmente, a ideia é que é por meio da prática saudável do comportamento virtuoso que as pessoas se tornam virtuosas. A lição disso é (como os pais sabem) forçar as pessoas a serem virtuosas torna-as pessoas melhores... mais cedo ou mais tarde. Os filósofos gostam de tratar isso como um grande insight, diferente de outras teorias, mas na realidade essa noção é bem antiga, aparece, inclusive, nos diálogos de Platão. Ele foi roubado!

As tradições estoicas e orientais oferecem uma perspectiva ligeiramente diferente (como explorada, por exemplo, por Espinoza), de uma boa vida sendo um caso de adaptar-se e harmonizar-se com a natureza e os tempos, e ambas as abordagens tentam evitar a dualidade certo/errado da ética padrão ocidental, reconhecendo que tudo contém elementos tanto do bom quanto do mau. É por isso que separar o que é certo do que é errado pode ser tão difícil!

# Espalhando a felicidade

Uma das grandes ideias na filosofia é a de que a ação correta é o que aumenta a quantia de felicidade. Mas o que querem dizer com "felicidade" exatamente? Em *Ética a Nicômaco*, Aristóteles descreve sua ideia especial de "felicidade":

*A julgar pelas vidas que os homens levam, a maioria deles, e os homens do tipo mais vulgar parecem (não sem algum fundamento) identificar o bem, ou felicidade, com o prazer, que é a razão pela qual eles amam a vida de gozos. A felicidade, acima de tudo o mais, deve existir; por tal nós escolhemos sempre por nós mesmos e nunca por conta de algo mais, mas pela honra, prazer, razão, e cada virtude que escolhemos por ela mesma (pois, ainda que nada haja resultado dela, ainda devemos escolher cada uma), porém escolhemo-las também pela própria felicidade, julgando que por meio delas nós devemos ser felizes. A felicidade, por outro lado, ninguém a escolhe por conta disso, nem, em geral, por qualquer coisa senão por ela mesma.*

*A felicidade, portanto, não se encontra na diversão; seria de fato estranho se o fim fosse a diversão e alguém tivesse que passar por apuros e sofrer dificuldades a vida inteira para se divertir. E em cada chance uma pessoa — mesmo um escravo — pode desfrutar dos prazeres corpóreos, não menos que alguém superior; mas ninguém concede a um escravo sua porção de felicidade — a menos que ele conceda a si próprio uma porção na vida humana. Pois a felicidade não se encontra em tais ocupações, mas, como dissemos, em atividades virtuosas. Nós achamos que o prazer está atrelado à felicidade, mas a prática da sabedoria filosófica é reconhecidamente a mais prazerosa de todas as atividades virtuosas; em todos os eventos, pensa-se que a busca por ela oferece prazeres maravilhosos por sua pureza e duração e espera-se que aqueles que sabem passarão seu tempo mais agradavelmente que aqueles que questionam.*

## Todas as virtudes

O que é uma virtude? Literalmente, *virtude* é uma propriedade, mas não é tão real quanto potencial. O ópio, como bem se sabe, tem virtude dormitiva. E uma pessoa boa tem a virtude de ser amável com animais quando vê um animal pelo qual nutre afeto. Para os gregos antigos, uma pessoa virtuosa é como uma pá virtuosa, ou uma faca ou o que for. Assim como a pá tem que ser boa para sua função, que é cavar, uma pessoa virtuosa deve ser boa em sua função, que para Aristóteles era ser racional.

Lamentavelmente, nem todo mundo concorda a respeito das virtudes. No século XII, Moisés Maimônides, o rabino-filósofo hispano-norte-africano (1155–1204), aviso,. em seu *Guia dos Perplexos* (cerca de 1190), que a virtude é um meio de tornar-se bom seguindo um código religioso. E as virtudes a que Aristóteles atribuía tanta importância, como ser equilibrado, honrável, magnificente e assim por diante, para os estoicos, só eram valorosas na medida em que podiam auxiliar alguém a conquistar a harmonia com o mundo como ele é. Mesmo a diferença entre virtude e vício não é muito importante, porque ambos são estados intelectuais. O *vício* é o resultado de permitir um papel excessivo das paixões, levando a erros de julgamento.

Porém, posteriormente, as virtudes cristãs retornaram a algo não muito diferente das virtudes socráticas: justiça, prudência, temperança, fortitude, fé, esperança e caridade. Crucialmente, para Sócrates e os cristãos também, a virtude é verdadeiramente sua própria recompensa.

### O homem magnânimo

O homem magnânimo de Aristóteles, às vezes chamado de homem de alma grandiosa ou magnificente, é virtuoso no sentido de ser excelente em tudo que faz e tem orgulho disso também. Afinal, Aristóteles explica em *Ética a Nicômaco*:

> *...a grandeza em cada virtude pareceria ser característica de um homem orgulhoso. E seria mais descabido para um homem fugir do perigo, balançando seus braços ao lado de seu corpo, ou ser injusto para com outro; pois, com que fim ele deveria cometer atos desgraçados, ele para quem nada é grandioso?*

O homem magnânimo (que possui todas as virtudes) faz mais sentido, hoje em dia, se você lembrar que a palavra grega *virtude* (*arete*) descrevia uma qualidade relacionada a ser bom em fazer coisas. A palavra não se referia somente a intenções virtuosas, como as pessoas entendem-no hoje em dia (embora ainda haja uma ênfase compartilhada em "como ser" acima de "o que fazer"). Aristóteles esperava que qualquer homem virtuoso seria alto, bonito e forte também. As pessoas ainda respeitam esse valor cultural na celebração moderna dos campeões olímpicos. Em *Ética a Nicômaco*, Aristóteles o expõe assim:

> *Pensa-se que um passo lento é próprio de um homem orgulhoso, uma voz profunda e um discurso moderado; pois o homem que leva poucas coisas a sério provavelmente não se apressa, nem o homem que não pensa em nada grandioso para ficar animado, enquanto a voz aguda e caminhar rápido são os resultados de pressa e animação.*

Bem como um ganhador de medalha de ouro! O que me faz lembrar de parte da virtude para Aristóteles é encontrar o *meio dourado* em (quase) todas as coisas — nem demais, nem de menos. Na verdade, os filósofos orientais são mais radicais, dizendo que nada é totalmente ruim e nada é totalmente bom, mas Aristóteles admite que algumas coisas — a justiça, por exemplo — são sempre boas. O homem magnânimo enfurece-se do "jeito certo, no momento certo" e considera aqueles que objetivam a "ser agradável sem objetivo ulterior" obsequiosos, e os outros, irreconciliavelmente "rudes e briguentos".

Uma discussão sobre a estratégia do meio dourado aparece no Livro II de *Ética a Nicômaco*. A Tabela 13-1 representa a discussão (exceto, eu admito, pelas duas últimas linhas, que eu inventei).

| Tabela 13-1 | A Tabela de Cachinhos Dourados das Virtudes e dos Vícios | | |
|---|---|---|---|
| *Esfera de aplicabilidade* | *Demais* | *De menos* | *Na medida* |
| Medo | Precipitado | Covarde | Corajoso |
| Prazer | Libertino | Peixe morto | Moderado |
| Dispêndio | Esbanjador | Avarento | Generoso |
| Honra | Vão | Pusilânime | Magnânimo |
| Raiva | Irritável | Sem espírito | Paciente |
| Expressividade | Presunçoso | Humilde | Verdadeiro |
| Conversação | Tagarela | Grosso | Espirituoso |
| Habilidades sociais | Bajulador | Intratável | Amigável |
| Conduta social | Tímido | Desavergonhado | Modesto |
| Atitudes para com os outros | Invejoso | Malicioso | Elevado |
| Mingau | Muito quente | Muito frio | Morno |
| Livro de filosofia | Platão e Aristóteles | Os demais | As coisas de Martin Cohen |

Aristóteles continua a brincar com as palavras, da forma como Thomas Hobbes milhares de anos depois achou enlouquecedora, dizendo que a virtude possui duas partes: a intelectual, que é a parte racional da alma, e a moral, que é a parte irracional da alma. Então, a sabedoria e a prudência são racionais (intelectuais) e a generosidade e o autocontrole são morais (irracionais). Como sempre, nas taxionomias incansáveis de Aristóteles, ele subdivide a virtude ainda mais. A virtude intelectual consiste da *sofia*, que é a razão teórica (e de onde vem a palavra *filosofia*), e *phronesis*, que é a sabedoria prática.

O que Aristóteles quer dizer é que ser verdadeiramente virtuoso exige os dois tipos de intelectos: de outra forma, o bravo torna-se precipitado, e o generoso, esbanjador e perdulário.

## Sendo emocional com o relativismo, o emotivismo e a antimoralidade

A palavra *emoção* vem do latim, sendo que *e* significa sem, e *movere*, mover. Na filosofia moral, as emoções são importantes porque a noção de certo e errado liga-se às emoções de aprovação e desaprovação de alguma forma. A doutrina do *emotivismo* de fato alega que as duas coisas são intercambiáveis: isto é, dizer que algo é certo é apenas dizer que você tem uma sensação positiva em relação a isso, você gosta disso.

Aristóteles pensou que a emoção era, de fato, um tipo de movimento. Ele descreve a vergonha como movimento, ou impulso, por vingança acompanhado de dor, depois que se percebe o insulto ou desdém. Tanto Hume quanto Descartes caracterizaram as emoções como sentimentos, não muito diferentes da sensação de perceber o amarelo quando se vê a cor amarela, por exemplo. Mas, como Descartes enfatizou, as emoções possuem um tipo de resposta corporal adicional. William James e o psicólogo dinamarquês C. Lange levaram essa ideia além, para apontar que a emoção de tristeza torna-se simplesmente o paralelo mental teórico para exibir um comportamento corporal, como chorar, e sentir medo é o estado mental teórico paralelo a ter ficado pálido e começado a tremer. Assim, o sentimento é secundário ao comportamento.

### Relativismo

"O homem é a medida de todas as coisas", disse o filósofo sofista Protágoras (cerca de 481–420 a.C.), e isso é o coração do relativismo filosófico (os sofistas foram filósofos gregos antigos que perambulavam pela Grécia cobrando muito dinheiro por suas visões filosóficas, irritando Sócrates, que não cobrava nada). O que é bom para você pode não ser para mim se você for canibal e eu, vegetariano. O que é grande para você pode não ser para mim, se você for uma formiga e eu, um elefante. De fato, Protágoras preocupava-se particularmente com o último tipo de "relativismo perceptual", e Platão e muitos outros, desde então, buscaram, por todas as partes, exatamente esses tipos de verdades que são eternas e imutáveis.

Filosoficamente falando, *relativismo* é a doutrina que defende que julgamentos, posições e conclusões são relativos a culturas individuais, a situações divergentes e percepções diferenciadas. Ele nega a existência de critérios universais ou absolutos, defendendo em vez disso que o que se sabe e o que se há para saber é relativo aos seus gostos, experiências, culturas e atitudes. O relativismo substitui a variabilidade de pontos de vista das pessoas e os "mecanismos perceptuais" por *universais* — perspectivas e experiências que podem ser compartilhadas por todos — quando considera proposições morais e os reinos do conhecimento humano, incluindo a ciência. O relativismo vai desde sua versão forte, que mantém que todas as verdades são relativas, à sua versão mais limitada, que destaca e faz referência ao grande número de padrões divergentes em etiqueta e costume.

Até onde diz respeito à ética, o relativismo é a visão de que alegações morais não refletem verdades absolutas. Em vez disso, os relativistas insistem em que os julgamentos morais são produtos de costumes sociais, tendências culturais ou preferências pessoais. O relativismo veta um padrão único, objetivo pelo qual se possa avaliar uma alegação ética. Assim, segundo alguns relativistas, a visão de uma pessoa não possui mais verdade e não é melhor do que nenhuma outra; e é possível traçar posições morais ou reduzi-las a certos vieses culturais ou individuais.

Os antigos eram bem cientes do relativismo cultural. As *Histórias* de Heródoto, descrevendo a gama de costumes que ele encontrou em suas viagens, ainda os chocou. Similarmente, as pessoas hoje em dia questionam se o fato de a tribo cashibo na América do Sul, por exemplo, que considera essencial comer seus mortos, por conta de um sentimento religioso, diminui a visão de que em nossa cultura essa prática é considerada medonha. E mesmo que as culturas compartilhem um sentimento religioso, as expressões desse sentimento podem diferir amplamente.

Platão também cita Protágoras, dizendo: "As coisas existem para mim da forma como aparecem para mim; e as coisas existem para você da forma como aparecem para você".

### Ficando emocional

David Hume (1711–1776) é um tapeador da ética. "É um objeto de sentimento, não de razão!", ele caça. E, em seu *Tratado da Natureza Humana* (1740), ele expõe os seguintes pontos sobre o que pensar a respeito do fato de que, "quando você declara que qualquer ação ou caráter é vicioso, não quer dizer nada senão que, pela constituição de sua natureza, você tem a sensação ou sentimento de culpa pela contemplação disso". Vício e virtude são meramente qualidades que você vê nas coisas, assim como vê cores. Então as cores não são reais? Bah, apenas percepções na mente!

E, em *Sobre a Moral*, Livro III, Parte I, Hume acrescenta:

> *Eu não posso deixar de acrescentar a este raciocínio uma observação que pode, talvez, ser considerada de alguma importância. Em todo sistema de moralidade com o qual me deparei até aqui, sempre notei que o autor procede por algum tempo no modo ordinário de raciocinar e estabelece o ser de Deus ou faz observações acerca das tarefas humanas; quando, de repente, me surpreendo ao descobrir que, em vez das uniões de proposições, é e não é, não encontro proposições que não estejam conectadas a um deve e não deve. Essa mudança é imperceptível, mas é, contudo, de última consequência.*

Hume não foi o primeiro e, certamente, não foi o último a apontar isso. Em *Origin and Development of Moral Ideas* (Origem e Desenvolvimento das Ideias Morais, tradução livre, 1906), Edward Westermarck descreve a sociedade como um tipo de escola na qual "os homens aprendem a distinguir o certo do errado" (o diretor é o costume e as aulas são as mesmas para todos — cuidado, jovem Westermarck!). Ele alerta que a objetividade presumida dos julgamentos morais é uma "quimera" e não há uma coisa como verdade moral de forma alguma. Ele diz: "A razão definitiva para isso é que conceitos morais se baseiam em emoções e que o conteúdo de uma emoção fica completamente fora da categoria da verdade".

Similarmente, A. J. Ayer, apoiando os positivistas lógicos (veja o Capítulo 8), espantou os acadêmicos do século XX com a observação de que "conceitos éticos são pseudoconceitos" em *Linguagem, Verdade e Lógica* (1936). Wittgenstein compartilhou do tema:

> *...escrever ou falar de Ética ou religião [é]... correr contra os limites da linguagem. Essa corrida contra as paredes de nossa cela é perfeitamente, absolutamente sem esperança. Na medida em que a ética surge do desejo de dizer algo a respeito do significado definitivo da vida, do bem absoluto, do absolutamente valorizável, não pode ser ciência. O que ela diz não acrescenta nada ao nosso conhecimento em nenhum sentido.*

# Aplicando Ética a Casos Difíceis

Hipócrates de Cós (século V a.C.) foi um médico que defendeu que a epilepsia e outras doenças não eram resultado de espíritos maus ou deuses enfurecidos, mas deviam-se a causas naturais. Ele foi chamado de pai da medicina e "o mais sábio e maior praticante dessa arte". Hipócrates ensinou a santidade da vida e chamou outros médicos aos mais superiores padrões de conduta ética.

A antropóloga Margaret Mead notou que, no mundo primitivo, o médico e o feiticeiro tendiam a ser a mesma pessoa, ambos com o poder para matar ou para curar. Segundo Mead, o Juramento de Hipócrates foi um divisor de águas na civilização moderna, porque, pela primeira vez, criou uma separação completa entre a cura e a morte. O Juramento diz:

> *Eu juro por Apolo Médico, por Esculápio... que utilizarei tratamento para ajudar os doentes de acordo com minha capacidade e meu julgamento, mas nunca com a intenção de lesar ou fazer o mal. Não administrarei veneno a ninguém, quando pedido para fazê-lo, nem sugerirei tal caminho.*

Nenhum apoio aí à eutanásia. E similarmente continua:

> *Não darei a uma mulher um pessário para provocar aborto.*

Em todo caso, com Hipócrates a medicina emergiu como protótipo das profissões aprendidas.

## Quando é certo matar?

Matar bebês recém-nascidos (infanticídio) é algo que as pessoas costumavam achar certo. Até muito recentemente, apenas países isolados, como Egito e Camboja, possuíam costumes divergentes de que *todas* as crianças devem ser criadas. Normalmente eram bebês do sexo feminino que eram mortos, mas poderiam ser, como em Madagascar, qualquer criança nascida em um "dia azarado".

O filósofo romano Sêneca escreve sobre matar crianças "defeituosas" como uma ação sábia e prudente adequada para ser usada como política de referência.

Quando os islandeses aceitaram a orientação moral do cristianismo, insistiram em apenas duas exceções: eles poderiam continuar a comer cavalos e matar crianças. Curiosamente, a noção de que as crianças indesejadas no nascimento morriam pagãs teve um efeito maior na mudança da prática do que o mero fato de que as crianças assim tratadas morriam.

## Livrando-se de gente velha

Matar idosos era uma prática difundida até recentemente, mas nunca universal. A história de Heródoto sobre os massagetas, que cozinhavam seus idosos com carne e comiam a mistura, é, talvez, a mais conhecida a esse respeito, mas existem muitas outras histórias de embrulhar o estômago da mesma forma. Dizia-se que uma tribo às margens do rio Niger matava seus idosos, defumavam e pulverizavam os corpos, e, então, preparavam as cinzas em pequenos bolinhos com milho e água. Esses bolinhos medonhos eram mantidos por longos períodos como alimento básico.

Alguns dizem que as mortes refletiam a necessidade cruel da vida em condições severas, com histórias (como a dos inuítas da Baía de Hudson, que estrangulavam os idosos; os tupis do Brasil, que matavam os velhos que adoeciam e comiam o cadáver; ou os tobas do Paraguai, que tinham a reputação de enterrar seus idosos vivos) usadas para ilustrar tanto a necessidade como as boas intenções das tribos.

Contudo, tribos de índios americanas, como os poncas e os omahas, criaram um papel para os idosos e enfermos, deixando-os em casa, com provimentos, enquanto o resto da tribo caçava ou coletava. Os idosos vigiavam as plantações de milho e espantavam os pássaros, então eles tinham alguma utilidade, uma prática também encontrada entre os incas.

Comer pessoas não é errado como tal. Um canibal miranha explicou para os antropólogos Spix e Martius que:

> ...é tudo uma questão de hábito. Quando eu mato um inimigo, é melhor comê-lo do que desperdiçá-lo. Grandes caças são raras, porque não põem ovos como as tartarugas. O ruim não é ser comido, mas a morte...vocês brancos são frescos demais!

Se "matar bebês" agora não é permitido, não é graças aos filósofos, mas às mudanças na sociedade. O aborto continua sendo um assunto em que visões completamente diferentes se polarizam. Isso se dá, parcialmente, porque não é claro em que momento a vida começa — e isso também é parte do problema com o tratamento de pessoas muito, muito idosas. Em que ponto alguém "deixa de ser uma pessoa"? Novamente, os filósofos não conseguiram oferecer respostas simples.

## Separando o planeta

Outra constante histórica é o uso dos escravos, sejam escravos desde o nascimento, de conquista ou o que for. Aristóteles e Platão produziram justificativas para a escravidão centralizadas nas menores capacidades dos escravos, vistos como mais parecidos com animais. Tanto o cristianismo quanto o islamismo foram apologistas da prática, apesar de Maomé ter libertado seus próprios escravos e ensinado que todos os homens devem ser irmãos e tratados como iguais (é claro que as mulheres não estão incluídas nessa proclamação).

Hoje se encontram igrejas encabeçando mudanças sociais, lutando pelos direitos civis, a proteção do nascituro, o fim dos abusos contra os direitos humanos em outros países e assim por diante. Não foi sempre assim. Alguns dizem que, em questões como a dos direitos das mulheres e da escravidão humana, a religião impediu o progresso social. A Igreja do passado nunca considerou a escravidão um mal moral. As igrejas protestantes da Virgínia, Carolina do Sul e outros estados do sul dos EUA, na verdade, passaram resoluções a favor do tráfico de escravos humanos. As pessoas diziam que a escravidão humana era, por apontamento divino, uma instituição divina e não imoral, mas "fundamentada em direito".

Muitos versículos do Novo Testamento chamam à obediência e à subserviência por parte dos escravos (Colossenses 3:22–25; Efésios 6:5–9; I Pedro 2:18–25; Tito 2:9-10; I Timóteo 6:1–2) e as pessoas usavam esses versículos para justificar a escravidão. Muitas das parábolas de Jesus fazem referência a escravos, e a infame epístola de Paulo a Filemon trata de um escravo fugido que ele afirma categoricamente que deve retornar ao seu senhor. Além de Deuteronômio, no Antigo Testamento, que "Não entregarás ao seu senhor o escravo que tiver acolhido", os abolicionistas (pessoas que queriam que os governos abolissem a escravidão) tiveram que encontrar fontes não bíblicas para defender a natureza imoral da escravidão, uma história a levar em conta para aqueles que se deixam levar pela religião.

## Examinando a ética ambiental

Aldo Leopold (1887–1948) nasceu em Iowa. Ele desenvolveu um interesse por ornitologia e história natural e tornou-se o primeiro graduado em silvicultura dos EUA. Hoje em dia, as pessoas o consideram o pai da conservação da vida selvagem na América. Podemos resumir suas visões em: lobos devoradores de pessoas são bons e pessoas são ruins, embora pessoas devoradoras de lobos sejam um pouco menos. Apropriadamente ou não, ele morreu ajudando seus vizinhos a combater um incêndio florestal.

As visões convencionais da ética ambiental olham para as alterações provocadas pelos seres humanos no ambiente e se essas alterações são de interesse humano. Preocupações sobre mudanças climáticas, diminuição da camada de ozônio e poluição dos rios, mares e ar são essencialmente centradas nos humanos. Preocupações com a propensão humana a destruir os habitats e, com eles, espécies de animais e plantas são, às vezes, também colocados em termos de perda para os humanos — e se tal e tal planta contivessem a cura para o câncer? Como você se sentiria se não houvesse mais pandas para observar — mesmo que em jaulas? Frequentemente a degradação do ambiente é mais prosaica (como na maior parte das áreas onde as pessoas vivem — nenhum pássaro canoro, menos áreas verdes, mais barulho e fumaça de carros) e não é uma preocupação com o ambiente em si, mas com a capacidade das pessoas de proliferar em condições urbanas tão ruins. Outros éticos dizem que o interesse próprio, quando plenamente compreendido, leva inexoravelmente a um tipo de forma holística de respeitar não só outros humanos, mas toda criação. De qualquer forma, muito da ética ambiental ainda é o mesmo tipo de interesse próprio que em outras éticas.

Vista de uma perspectiva humana, então, a dominação da natureza é boa e as perigosas ou simplesmente inconvenientes atividades da natureza selvagem são ruins. É disso que os chamados *ecologistas profundos* insistem que as pessoas devem se afastar — aceitar que o que é bom para você não é necessariamente bom para a natureza e que você deveria começar a aplicar valores como liberdade e autonomia aos rios e animais e respeito ao próximo às árvores e montanhas.

Um primeiro passo em direção a uma preocupação mais ampla com o ambiente é considerar os interesses dos animais. A poluição dos habitats — talvez rios cheios de esgoto não tratado, ar cheio de partículas tóxicas de processos industriais, mares morrendo em decorrência de esgotamento agrícola —, bem como alterações mais sutis, mais difíceis de detectar, afetarão primeiramente os animais.

Secundariamente, o que as pessoas comem é profundo, pervasivo e fundamental. As atitudes das pessoas e toda sua abordagem à vida nascem do preenchimento de necessidades básicas. "Não há nada mais íntimo do que comer, mais simbólico da conexão da vida e mais misterioso", como um "verde" Paul Callicott escreveu.

## *Dando direitos aos animais*

Existem muitos tipos de direitos atualmente: direitos humanos, direitos das mulheres, direitos dos animais, direitos das árvores. Mas muitos deles não valem muita coisa. Ninguém parece concordar sobre eles. Filósofos passaram milênios tentando identificar exatamente o que são os direitos "reais", mas talvez Thomas Hobbes tenha chegado mais perto quando disse que apenas um direito existe: o direito fundamental à autopreservação. Disso, para ter certeza, ele tirou mais alguns direitos, inclusive o direito a permanecer em silêncio e mesmo o direito de fugir de batalhas, mas isso, por si só, causa problemas suficientes.

## Contra os direitos dos animais

De acordo com os filósofos americanos do século XX Donald Davidson (1917–2003) e John McDowell (1942–), os animais não possuem nenhum pensamento, crenças ou intenções. O raciocínio deles é de que não se pode dizer que uma criatura acredita (ou pensa, ou pretende etc.) em qualquer coisa a menos que possua uma linguagem plenamente desenvolvida. John McDowell vai além, acrescentando que os animais não têm experiência interna e, consequentemente, não se pode dizer que eles tenham uma subjetividade plenamente madura, mas apenas uma sensibilidade "perceptual protossubjetiva" ao ambiente. Uma quê? Pode chamar de "reação automática". McDowell está dizendo que os animais apenas reagem, como uma máquina complexa faria, às condições físicas variáveis.

Falando estritamente, ter direitos implica a capacidade de fazer alegações justificáveis, o que falta aos animais. Mais ainda, como um filósofo contemporâneo, Roger Scruton, argumentou, se os animais podem ter direitos legais, também faz sentido atribuir deveres legais a eles! Roger, contudo, é um entusiasta da caça a raposas, e você deve tomar seu argumento com um pouco de desdém; em todo caso, não é uma coisa nem outra, porque as pessoas podem fazer alegações em nome dos animais. As implicações de dar formalmente direitos aos animais são consideráveis. Obrigam as pessoas a reverem seus pensamentos a respeito da agricultura comercial, experimentos com animais, zoológicos, gestão da vida selvagem e o uso de animais em viagens, entretenimento e esporte.

Da história de Gênesis na Bíblia aos argumentos analíticos de Donald Davidson recentemente (veja o box anterior, "Contra os direitos animais"), o pensamento ocidental deu aos animais não humanos um status relativamente baixo. Alguns filósofos, mais notavelmente Descartes, até mesmo insistiram em que os animais são meras máquinas incapazes de ter sensação e percepção, menos ainda crença e emoção. A maioria, contudo, é feliz em admitir que os animais sentem dor, embora não atribuam a eles qualquer racionalidade com base em que eles não possuem uma língua. Isso tem consequências éticas potenciais, pois, de acordo com muitos sistemas de ética, se um ser deve ser objeto de preocupação moral, é necessário que possua racionalidade, no sentido de ser capaz de utilizar a razão abstrata. Contra essa visão, os utilitaristas como Jeremy Bentham e (recentemente) Peter Singer argumentaram que a senciência (ser capaz de sentir as coisas) é suficiente para considerar os animais dignos de consideração moral. Isso levou ao recente movimento de libertação animal, cujo objetivo é defender os interesses dos animais.

Outro pensador cuja filosofia coloca o poder da razão em primeiro lugar ao explicar o mundo, Baruch (Benedito) de Espinoza (1632–1673), admitiu que animais são seres sencientes, mas alegou que sua falta de racionalidade proibia-os de qualificarem-se como membros da comunidade moral. Essa visão não é diferente daquela do materialista Thomas Hobbes (1588–1679), que, como materialista, pensava que mesmo os seres humanos são essencialmente apenas objetos físicos e máquinas. Sua visão sombria da natureza humana (as pessoas são brutas e buscam poder) levou-o a acreditar que a moralidade só é construída quando seres humanos de força e inteligência aproximadamente iguais entram em acordos ou contratos sociais uns com os outros. As regras morais desses contratos garantem segurança mútua, e uma vida melhor é o que se segue. Se falta racionalidade aos animais (como acreditavam Hobbes e Espinoza), eles não podem entrar em acordos com pessoas (ou mesmo uns com os outros) e, consequentemente, continuam em um estado de guerra tanto com os humanos como com eles mesmos.

Os chamados filósofos empiristas (veja o Capítulo 7), como John Locke (1632–1704) e David Hume (1711–1776), achavam mais fácil dotar os animais não só de percepção e sensação, como também de algum grau de racionalidade, sustentando que não existia nenhum grande abismo entre humanos e animais. Eles compartilhavam essa crença com os filósofos chineses como Chu Hsi (1130–1200), bem como com os povos nativos americanos. Hume escreve que apenas os mais imbecis e ignorantes não reconhecem o pensamento e a razão nos animais.

Bertham não hesitou em acrescentar que um cavalo adulto ou cachorro são, além da comparação mais racional, razoáveis e até mais fáceis para se comunicar do que um bebê de um dia, ou uma semana, ou mesmo de um mês de idade. Isso não era porque ele achava que a racionalidade e a linguagem exercem um papel moral importante, mas, pelo contrário, porque queria mostrar que as intuições morais podem ser contaminadas por fatores não relacionados.

Uma pesquisa recente sobre a questão de se os animais possuem ou não o poder de cognição fez muito para combater a visão de que eles não têm pensamento nenhum. Cientistas comportamentais, como Marc Bekoff, têm evidências avançadas apoiando que os animais demonstram consciência, cognição, memória, inteligência, paixão, devoção, inveja, humor, raiva e mais.

## *Tomando o vegetarianismo*

O vegetarianismo — que vai de dietas humanas daqueles que só comem sementes e plantas àqueles que comem mel, ovos, leite e queijo e mesmo peixes e aves, mas não mamíferos — não é um assunto que tem muito espaço em enciclopédias padrão de filosofia, mesmo que as pessoas reconheçam que seja parte dos debates sobre os direitos dos animais. Contudo, ocupa uma posição central nas primeiras filosofias orientais e ocidentais, quando era frequentemente ligado ao conceito de reencarnação.

Plutarco, entretanto, foi um dos poucos escritores do mundo antigo a advogar o vegetarianismo por outras razões, em seu ensaio "Sobre Comer Carne", um clássico literário, não filosófico. Alertando que comer carne corrompe a moral, ele desafia os carnívoros, que insistem em que a natureza os fez para serem predadores, a matarem seus alimentos eles mesmos e comerem a carne crua com as próprias mãos.

> *"Oh, meu amigo homem!", exclamou Pitágoras. "Não poluam seus corpos com alimentos pecaminosos. Nós temos milho. Temos maçãs vergando os galhos das árvores com seu peso e uvas avolumando-se nos vinhedos. Há ervas adocicadas e vegetais que podem ser cozidos e amaciados no fogo. Nem lhe são negados leite e mel aromatizado de tomilho. A terra oferece-lhe um suprimento exuberante de riquezas, de alimentos inocentes, e oferece-lhe banquetes que não envolvem derramamento de sangue nem carnificina."*

### Uma breve história do carnivorismo

Nos dias de hoje, as pessoas estão acostumadas à ideia de comer carne, mas isso não quer dizer que a atividade seja muito antiga em termos evolucionários. Baron Cuvier, que estabeleceu as ciências da paleontologia e anatomia comparativa, escreveu:

> *O alimento natural do homem, julgando por sua estrutura, parece consistir principalmente de frutas, raízes e outras partes suculentas de vegetais. Suas mãos oferecem toda facilidade para colhê-los; sua mandíbula curta, mas moderadamente forte, por outro lado, e seus caninos sendo iguais apenas em tamanho aos outros dentes, junto com seus molares tuberculados, mal lhes permitiriam mastigar ervas ou devorar peixes se esses alimentos não fossem previamente preparados para cozinhar.*

Todavia, a dentição e eras de comportamento não são barreiras para uma mudança radical de dieta. Cavalos foram treinados para comer carne e ovelhas acostumaram-se tanto com isso a ponto de recusar grama.

A maioria das religiões do mundo considera matar e comer animais um estado natural da atividade humana. Em Gênesis, Deus deu aos humanos direitos absolutos sobre os animais. Esse Deus, parece, gostava de que se matassem, cozinhassem e temperassem os animais, especialmente cordeiros. O Templo em Jerusalém deve ter sido uma vasta casa de carnificina onde escorriam sangue e gordura derretida na Páscoa judia. O fedor de carne assada perdurava permanentemente no Templo, agradando tanto as narinas humanas quanto as divinas.

Zaratustra (Zoroastro), foi muito provavelmente, o iniciador do vegetarianismo. Ele viveu aproximadamente no sexto século antes de Cristo. Ele defendia que:

- ✔ A horticultura e criar e cuidar de animais são o que há de mais nobre na vida.

- ✔ Existem espíritos opostos do bem e do mal, e dar a vida ou condenar à não vida é o dualismo fundamental.

- ✔ Ar, água, fogo e terra são elementos puros que não devem ser nunca maculados.

Nesses princípios, Zaratustra baseou um estilo de vida vegetariano, abstêmio e pacifista, utilizando animais somente para transporte e irrigação de seu sagrado estado, plenamente horticultor, no Irã oriental, onde ele se estabeleceu após sair de sua Média nativa.

Na Bíblia, em Gênesis 1:29, Deus instrui:

> *Não mateis nem homens, nem feras, nem também o alimento que entrar em vossa boca. Pois, se comerdes alimento vivo, o mesmo estimular-vos-á, porém, se matardes vosso alimento, o alimento morto também matar-vos-á. Pois a vida vem somente da vida e a morte sempre vem da morte. Pois tudo que mata o próprio alimento mata vosso corpo também...E vossos corpos tornam-se o que vossos alimentos são, assim como vossos espíritos, igualmente, tornam-se o que vossos pensamentos são.*

Mas, é claro, Adão e Eva foram, então, expulsos do jardim do Éden um pouco depois na Bíblia, e o pensamento em Gênesis 1:29 foi silenciosamente esquecido. Na prática, o judaísmo, o cristianismo e o islamismo, todos, perpetuaram a noção do consumo de carne como o estado natural da humanidade.

Você pode encontrar uma ligação econômica entre o consumo de carne e a guerra na *República* de Platão. Platão registra um diálogo entre Sócrates e Glauco, em que Sócrates exalta a paz e a felicidade que vêm a pessoas que consomem uma dieta vegetariana. Os cidadãos, diz Sócrates, comerão uma refeição de cevada e farinha de trigo, fazendo "bolos nobres", bem como sal, azeitonas e queijo "para temperar", tudo servido em uma esteira de junco. Para a sobremesa, alguns mirtilos assados ou nozes, ou mesmo figos cozidos e raízes. Estes são os alimentos da paz e da boa saúde:

> *E com tal dieta espera-se que eles vivam em paz e com saúde até avançada idade e deixem uma vida semelhante aos seus filhos.*

O pupilo de Platão, Aristóteles, contudo, não gostava do vegetarianismo. Ele defendia que animais existiam para serem úteis à humanidade. Visto que, de muitas formas, se pode relacionar o pensamento de Aristóteles àquele da Bíblia e do Corão, sua filosofia foi a mais influente no desenvolvimento do primeiro islã, e, depois do cristianismo, durante a Idade Média.

## O que é certo é o que é natural

As pessoas frequentemente tendem a apoiar-se no senso do que é natural para dar suporte às suas visões do que é certo e errado. Elas dizem que dois homens fazerem sexo não é natural (na verdade, acontece que a homossexualidade também faz parte da atividade sexual de muitas espécies de animais), nem mulheres escreverem sobre filosofia, nem... Os argumentos, com frequência, são muito fracos. Mas pegue comer carne, o que parece ser bem natural.

Ainda, ambientalistas radicais imediatamente apontam que os carnívoros de hoje, ou, mais precisamente, os produtores de carne, são os poluidores industriais número um — contribuindo com metade da poluição das águas nos EUA, responsáveis pelo envenenamento de rios no mundo inteiro e mesmo pela morte lenta dos mares à medida que mangues desaparecem e os venenos acumulam-se. A águ, consumida por um gado de 500 quilos, seria suficiente para que um destróier flutuasse nela. São necessários quase 100 litros de água para se produzir 500 gramas de trigo, mas quase 10.000 litros para produzir a mesma quantidade de carne. Notavelmente, só a população de animais para consumo nos EUA hoje consome grãos e soja o suficiente para alimentar quase cinco vezes toda a população humana. Gados, porcos, galinhas, carneiros americanos e daí por diante comem até 90 por cento do trigo do país, 80 por cento do milho e 95 por cento da aveia. Se no Reino Unido muito do centeio que pode ser visto nas plantações acabam virando pão, menos de metade da produção agrícola nos Estados Unidos é para consumo humano. As pessoas utilizam a maior parte para criar animais para consumo. Ou lembre-se da crise da doença mão-pé em 2001 no Reino Unido. Essa doença não é fatal para vacas — é meio como uma gripe forte —, mas é para a exportação de carne. Então, ela levou o Primeiro Ministro a cancelar suas férias, todos os passeios públicos a serem fechados, um custo de $8 bilhões e — por último, mas não menos importante! — envolveu o abatimento maciço de mais de dez milhões de animais. O exército foi chamado para incinerar os corpos em grandes fossas. Isso teve efeitos amplos — na comunidade agrícola, na indústria turística, milhões de fazendas, ambiente e na qualidade de vida dos cidadãos. E quão natural é isso?

*O filósofo verde Aldo Leopold diz que: "Uma coisa é certa quando tende a preservar a integridade, a estabilidade e a beleza da comunidade biótica. De outra forma é errada".*

Leopold não só comia carne, como caçava também! Lobos e tudo mais! Mas, com certeza, não teria uma fazenda. Talvez um meio-termo, como diria Aristóteles, seja o caminho certo.

# Capítulo 14

# Filosofia Política

*Neste Capítulo*

▶ Escolhendo autoridade em detrimento da anarquia com Platão

▶ Desenvolvendo o totalitarismo com Hegel e os nazistas

▶ Combatendo o capitalismo com o marxismo

▶ Retornando a Hobbes e Rousseau para imaginar as primeiras sociedades humanas

*A pena que o homem bom cumpre por não se interessar por política é ser governado por homens piores que ele.*

– Platão

A filosofia política cobre todas as áreas da vida social, da família a atitudes e caráter psicológico das pessoas, até o Estado e as instituições e regras que as definem. Muitas questões polêmicas do que é hoje chamado de *ética aplicada* poderiam também entrar na filosofia política, como quais são os direitos das minorias religiosas em um Estado secular? Ou (igualmente importante) quais são os direitos dos ateus em um Estado religioso? Mulheres muçulmanas deveriam poder usar lenços cobrindo seus rostos em uma corte — mesmo que deem evidência? Em um Estado muçulmano, é razoável punir pessoas com valores diferentes por consumir álcool em suas casas? Ou considere as muitas opiniões diversas a respeito da morte. Aqui, o debate político é igualmente influenciado pela questão de se a punição capital (pena de morte) é justificada em alguma situação como é pelos argumentos de se o Estado deveria oferecer instalações para ajudar pessoas que querem se matar.

Contudo, tratar questões polêmicas em atividades correntes como filosofia deixa passar o que é mais importante sobre o assunto. Aqui, é uma forma de filosofia que "realmente faz o que tem que fazer", que realmente tenta — como Marx insistiu que os filósofos sempre deveriam fazer — mudar o mundo.

Então, neste capítulo, deixo as discussões sobre ética aplicada e os debates técnicos sobre as regras e instituições do governo para seus próprios livros e aprecio os ricos e glamourosos escritos dos grandes filósofos políticos, definindo suas teorias da sociedade humana.

# Conhecendo os Grandes Filósofos Políticos

Pessoas como Platão, Marx e Engels, Confúcio e Mao Tsé Tung foram *autoritaristas* entusiastas, o que significa que eles expõem sistemas políticos baseados em uma autoridade poderosa e onisciente. Depois, temos os *pragmáticos*. Estes são filósofos como Maquiavel, Hobbes e Jeremy Bentham, que defendem que os fins justificam os meios (uma forma de *pragmatismo*), e aqueles que confiam na natureza humana para ver que tudo dá certo em algum momento, como Jean Jacques Rousseau, John Locke e o próprio protegido de Bentham, John Stuart Mill.

Jeremy Bentham e John Stuart Mill criaram a política do liberalismo. *Liberais* são pessoas que têm certos princípios, sendo o mais importante o comprometimento com a proteção à liberdade individual. E, observar as grandes filosofias políticas da história também levanta muitas das questões da vida social — exigindo visões sobre os direitos e liberdades do cidadão, igualdade, bem-estar e economia, e questões sobre a origem da autoridade do governante e os limites do poder do Estado; sobre a desobediência civil, direitos trabalhistas e mudança revolucionária; e sobre os sistemas de voto e democracia.

# Escolhendo entre Autoridade e Anarquia: Platão

Platão, inquestionavelmente o mais famoso dos filósofos gregos antigos, na verdade começou como membro de uma família altamente distinta e sempre teve tanto os meios como a inclinação para ser um membro da elite governante. Sua perspectiva sobre a política é tanto elitista quanto autoritária — ele acha que as pessoas precisam ser organizadas por um especialista, uma autoridade. Sua mensagem é tão relevante atualmente como nunca (e tão problemática quanto). Como Honoré de Balzac (o dramaturgo francês que viveu nos anos após a revolução francesa) escreveu:

*A liberdade gera anarquia, anarquia leva ao despotismo e o despotismo traz a liberdade de volta. Milhões de seres humanos pereceram sem conseguir fazer nenhum desses sistemas triunfar.*

Durante a vida de Platão (427–348 a.C.), os cidadãos gregos (apenas os homens! E nada de escravos!) viviam em comunidades relativamente pequenas, chamadas cidades-estados. Eram pequenas o suficiente para que cada cidadão tivesse voz direta na forma como as coisas eram conduzidas — debater publicamente e, então, votar em grandes decisões, como quando começar uma guerra com os espartanos, assim como nas pequenas decisões, como quanto vinho oferecer em um estádio ou condenar o pobre e velho Sócrates à morte! Onde os cidadãos tinham essa função era chamado de *democracia*.

Platão tinha uma visão bastante turva sobre tais arranjos — muito antes de seus concidadãos atenienses terem votado pela execução de seu chefe, Sócrates, por espalhar ideias subversivas. Na opinião de Platão, a democracia era apenas uma forma de *anarquia* — a ausência de regras. E passou boa parte de sua vida tentando promover uma filosofia política muito diferente, caracterizada por muitas regras.

## Necessárias: Algumas boas Thatchers

O fato de Platão nunca ter governado — tendo que se contentar com dizer como ele conduziria as coisas em seu roteiro para a sociedade, o que nós conhecemos como *República* de Platão — deveu-se, ele queixou-se, à impossibilidade de encontrar outros para se juntar a ele e compartilhar o fardo do governo. Nesse ponto, ele foi meio como Margaret Thatcher, a primeira Primeira Ministra da Grã-Bretanha, na década de 1980, de quem diz-se ter comentado certa vez que precisava de apenas seis homens, bons e verdadeiros, para governar o Reino Unido, mas que nunca conseguia encontrar todos ao mesmo tempo. De qualquer modo, porque Platão achava que a falta de boas pessoas era um fator crítico, ele concluiu que a educação era a chave para a sociedade. Os governantes, em particular, precisavam de um treinamento especial, se fosse para ter o suficiente deles (pelo menos seis!), começando logo após nascer e só se "formando" 35 anos depois.

Não que Platão se encontrasse sem muitos bons assessores. Além do próprio Sócrates, muitos outros filósofos (ou pelo menos as ideias deles) rodearam Platão no desenvolvimento de sua república. Houve o conselho prévio de Parmênides (um de seus antecessores gregos) de que "a verdade deve ser eterna e imutável" e a observação enigmática de Heráclito (dizendo em pé em um rio) de que "tudo é um fluxo". Ambas as visões ajudaram a criar uma tradição na Grécia Antiga na qual as pessoas viam o mundo terreno, visível, como ilusório e impermanente e o mundo do intelecto e da verdade como muito melhor, sendo eterno e atemporal. Para Platão, a conclusão foi de que ele precisava desenvolver o Estado ideal, não adaptar e evoluir, mas ter uma estrutura fixa e inalterável, permanecendo alheio (talvez como Heráclito naquele rio) a toda a mudança e fluxo.

As ideias de Pitágoras também haviam causado uma forte impressão em Platão. Por exemplo, em uma época em que tais opiniões eram raras, Pitágoras (veja o Capítulo 2) tornou regra que os membros dessa escola filosófica tratassem homens e mulheres como iguais, mantivessem propriedades em comum e vivessem e fizessem as refeições comunitariamente. Tudo isso reaparece na *República* de Platão como um estilo de vida recomendado para os governantes e sua sociedade também, que Platão chamava reiteradamente de "os guardiões". Outros floreios pitagóricos existiram também: os guardiões de Platão operam como uma classe separada e superior, tomando suas decisões secretamente (a opinião não era buscada nem desejada). Afinal, para os seguidores de Pitágoras, a primeira regra era o silêncio. "Ele, Pitágoras, diz" era a única coisa que precisavam saber em sua busca pela sabedoria. Similarmente, os cidadãos do Estado ideal de Platão não deveriam participar de decisões importantes. Platão achava que as únicas preocupações das massas eram com coisas práticas. É melhor deixar que o mundo do conhecimento — os filósofos-guardiões — seja explorado somente pelos governantes.

# A busca de Platão pela sociedade justa

A política de Platão baseia-se na questão filosófica e ética "O que eu devo fazer?". Foi a preocupação de Platão com o que ele via como a deterioração moral na sociedade grega que inspirou seu livro mais famoso, *A República*, e levou-o a ficar convencido de que não há como escapar da injustiça e dos muitos males da sociedade até que ela seja guiada por aqueles que adquiriram o conhecimento do "bem".

*A República*, então, é uma aposta séria para esboçar a sociedade ideal. Sua recomendação principal, o que não ajuda, pois veio de um filósofo, é que os filósofos deveriam encarregar-se dos governos. Outras cidades-estados já haviam tentado o governo dos filósofos e era prática comum empregar um sábio para criar leis.

*A República* faz uma ligação, estranha aos olhos modernos, de justiça com a forma como coisas grandes, como cidades e países inteiros, operam. Justiça é um ideal para indivíduos na decisão sobre como viver suas vidas. Entretanto, para a filosofia política de Platão, é apenas outra forma de ética prática. É porque Platão acredita que é mais fácil ver a justiça em ação em um organismo maior que ele recomenda olhar o ordenamento da sociedade para encontrar a resposta à pergunta relacionada de como viver como indivíduo. Ele diz:

> Nós pensamos a justiça como uma qualidade que pode existir em uma comunidade inteira, assim como em um indivíduo, e a comunidade é a maior destes. Possivelmente, então, podemos encontrar justiça lá em grandes proporções, mais fácil de discernir...

# Entrando na República de Platão

Platão sugere que as comunidades, como as cidades-estados da Grécia em sua época, ou países inteiros, posteriormente, surgiam por razões práticas, econômicas. Isso se deve ao fato de que nenhum indivíduo é autossuficiente e todos têm muitas necessidades — por comida, proteção, calor e ferramentas, estradas e vias e proteção contra ataques —, então, faz sentido que as pessoas vivam em grupos, podendo pedir ajuda umas às outras. Quando as pessoas se juntam para viver em um lugar, ajudando e apoiando umas às outras, Platão diz que é quando se estabelece um Estado. O ponto de partida, então, da filosofia política de Platão encontra-se na troca de bens e serviços entre as pessoas. É na necessidade e no interesse próprio (como ecoaram posteriormente, 2.000 anos depois, os marxistas em um "insight" que não foi tão radical quanto eles alegavam!) que se encontra a origem da sociedade. A *República* de Platão afirma:

> *Construamos nosso Estado imaginário do princípio. Aparentemente, ele deverá sua existência às nossas necessidades, sendo a primeira e maior necessidade a provisão de comida para nos mantermos vivos. Em seguida, quereremos uma casa e, em terceiro lugar, coisas como vestimenta.*

Então, se a economia é ponto de partida da sociedade, de que outra forma o Estado pode suprir as coisas que as pessoas querem?

Platão sugere que é por meio da divisão do trabalho — quando se dividem trabalhos e as pessoas podem concentrar-se apenas naquilo em que são boas — que as comunidades afloram. Ele diz: "Nós precisaremos pelo menos de um homem para ser agricultor, outro para ser construtor e um terceiro, tecelão". De fato, como Sócrates e seu público aparentemente perceberam depois no relato de Platão, pelo menos dois mais serão úteis: são estes um sapateiro e alguém para suprir as vontades pessoais, as quais ele não especifica.

Esse "Estado mínimo" funciona melhor quando cada membro dele faz apenas as coisas para as quais é mais adequado (Platão é muito igualitário, dando às mulheres a mesma oportunidade de emprego que aos homens, porque, afinal, a única parte importante dos seres humanos é a alma, e esta não é feminina nem masculina). E isso significa especialização. Ele diz: "o trabalho flui melhor e mais facilmente quando todos se livram de todos os outros afazeres para realizarem, no momento certo, a única coisa para as quais são naturalmente aptos".

Na versão de Platão, pelo menos, Sócrates mesmo sugere um tipo de classe média, composta de sapateiros e banqueiros, gerenciando e vendendo bens. Isso é fácil de arranjar porque, como seu companheiro coloca, talvez de forma não muito agradável: "em comunidades bem ordenadas, geralmente, há homens não fortes o suficiente para serem usados em qualquer outra ocupação".

Platão acha que sua república será um lugar muito feliz, a menos que as pessoas sejam gananciosas. Afinal, como ele resume em outro diálogo, o *Fédon*, "todas as guerras são feitas com o intuito de conseguir dinheiro". Infelizmente, ele suspeita de que a maioria das pessoas seja gananciosa. Ele dá como exemplo disso o fato de as pessoas quererem comer carne em vez de contentarem-se com nozes e grãos (e chega a insinuar como o consumo excessivo pode levar à destruição ambiental).

O desdém de Platão pelo "acúmulo de dinheiro" e a busca por coisas materiais significava não só a abolição da propriedade privada para os guardiões (a classe governante), como também incluía uma estratégia geral para ameaçar laços parentais com seus filhos — como uma forma de reduzir o problema perene na sociedade política de pais favorecendo seus próprios filhos. Platão diz que todos deveriam criar suas proles coletivamente, usando os princípios guias da eugenia (isto é, criar selecionando os melhores espécimes) para separar os bons dos não muito promissores. Destruindo laços de família, Platão acreditava ser possível criar uma classe governante mais unida e evitar tanto o surgimento de uma rivalidade entre os governantes como o surgimento de uma elite dominante (esse tipo de sociedade — com uma elite dominante — os gregos chamavam de *oligarquia*).

Naturalmente, Platão está certo de que a educação é importante demais para deixar que os pais tenham qualquer poder de decisão e diz que o Estado deveria treinar e criar todas as crianças. Ele garante que isso não será um processo ameaçador, menos ainda uma doutrinação estatal, porque a criança deve ser ativa, não passiva, no processo de aprendizado. O professor apenas tentará mostrar a "fonte da luz", e ele aconselha: "Não use a compulsoriedade, mas deixe as lições de seus filhos assumirem a aparência de brincadeira" (infelizmente, as dicas educacionais de Platão em geral não foram lembradas).

# Abordando o anarquismo

A palavra *anarquismo* vem do grego *anarkhos*, que significa "sem um governante". No seu cerne há a rejeição de toda autoridade. E, se o anarquismo é construtivo na intenção, deve sempre começar por uma fase destrutiva e, consequentemente, pode ser esmagado antes que passe desse estágio. Embora os anarquistas sempre tenham sido bem-vindos nas revoluções (como a revolução russa no século XX) durante esse estágio que desloca o sistema político vigente, quando a construção é exigida, eles invariavelmente se tornam inimigos também. Ei, caras, é isso que acontece quando ninguém está no comando!

Platão não gostava da democracia, que ele chamava de uma forma de anarquia. Contudo, os próprios anarquistas desprezam a democracia, vendo-a como uma escravização pela maioria — votar é um ato de traição, tanto simbolicamente como na prática. "Sufrágio universal é a contrarrevolução", declarou o radical francês do século XIX, Pierre-Joseph Proudhon, em um de seus gritos de protesto menos cativantes ("Propriedade é roubo" foi talvez o mais famoso, adotado pelo marxismo, mas "Deus é mau" também teve seus seguidores). Como coloca William Godwin mais contundentemente, "Há apenas um poder que pode gerar em mim uma obediência sincera, a decisão do meu próprio entendimento, o dito de minha própria consciência".

Os anarquistas não gostam do totalitarismo e, certamente, não gostaram de Hitler, que não gostava nem dos anarquistas, nem dos democratas. Na realidade, não é que ele simplesmente não gostava deles, ele perseguia (e em muitos casos matava) os membros desses grupos políticos, junto com os comunistas e grupos não políticos, como os judeus, os ciganos e os homossexuais.

Você pode identificar o anarquismo de luta de classes (ou *socialista*) por meio de certos critérios que muitos grupos anarquistas contemporâneos usam. Eles são normalmente veganos, usam roupas pretas e não pagam aluguel. Esses são os critérios práticos, se você quiser saber. Os critérios teóricos são mais complexos:

- Uma rejeição completa ao capitalismo e à economia de mercado, que os anarquistas veem como criadores de hierarquias e, portanto, interferem na liberdade individual.

- Uma preocupação com os interesses e liberdades dos outros, baseada na percepção de que os indivíduos são essencialmente de igual valor e identidades pessoais não são fixas, mas impostas por forças sociais.

- O grande ponto de revolta: a rejeição ao poder do Estado e todas as forças "de cima para baixo".

- Os métodos utilizados devem ser compatíveis com os fins almejados.

É a característica final que separa a luta de classes anarquista de muitos movimentos socialistas que se baseiam na necessidade de adotar métodos desagradáveis com o fim de alcançar posteriormente uma sociedade melhor. Um proeminente pensador anarquista, James Guillaume, colega do revolucionário russo Mikhail Bakunin, considerava que essa era a distinção definidora entre o anarquismo e o marxismo. "Como alguém iria querer que uma sociedade igualitária e livre viesse de uma organização autoritária? É impossível."

O anarquismo é uma história política muito antiga, embora não muito influente. Contudo, desde a queda do Muro de Berlim e o fim da União Soviética, o anarquismo tem tido grande impacto, tanto nas campanhas ambientais radicais como entre seções do movimento anticapitalista e antiglobalização.

De qualquer forma, Platão espera que, se as pessoas seguirem todas as suas instruções, o novo Estado, sua república, terá todas as virtudes importantes. Ele será:

- ✔ Sábio — à maneira de seu governo

- ✔ Corajoso — à maneira de sua defesa

- ✔ Temperado (calmo) — na aceitação contente de tudo em sua sociedade e sistema de governo

Sabedoria, como você pode imaginar, é uma cortesia oferecida pelos próprios guardiões-filósofos. Platão pula a coragem em seu relato, mas presumivelmente um novo exército especializado e profissional forneceria isso. Finalmente, a temperança é uma virtude mais sutil, porém Platão explica que é provida garantindo que haja um equilíbrio entre as várias partes do Estado — a parte que governa ou governantes, a parte administrativa ou executiva e a parte produtora ou classe trabalhadora. Essa ideia de equilíbrio de poder é muito importante na teoria política.

Quão boa é a teoria política de Platão? Alguns críticos traçaram paralelos entre a abordagem política de Platão e aquela que, nos tempos modernos, foi aplicada na União Soviética. Eles dizem que o sistema comunista era "neoplatônico" em seus aspectos essenciais, já que na URSS havia uma elite governante — o partido comunista –, um enorme e dominante aparato militar controlando todos os aspectos da vida dos cidadãos. Além do mais, a União Soviética dava atenção rigorosa à educação e às influências morais, igualdade entre os sexos, enfraquecimento dos laços de família e, por último, mas não menos importante, uma desaprovação geral da propriedade privada e da riqueza. O único problema era que as massas não gostavam disso. Elas queriam as coisas danadas, todos os bens práticos, mais do que queriam ser virtuosas.

Mas vê-se um problema pior com a teoria de Platão em sociedades recentes onde as pessoas entusiasmaram-se com os planos de seus líderes — como aconteceu na Alemanha nazista (veja em seção posterior, "Temendo Hitler e os Efeitos Cativantes da Propaganda").

# Saudando Hegel e o Totalitarismo

Platão mais pensava do que fazia e sua *República* provavelmente não teria causado tantos problemas se tivesse permanecido somente como um ensaio filosófico. O problema é que suas ideias não só foram adotadas como foram, posteriormente, adaptadas por outros. E, se mais pessoas tinham ouvido falar da teoria política de Platão do que sabiam do prosseguimento dado pelo professor G. W. F. Hegel, isso não significa que Hegel (1770–1831) não tenha sido de fato tão influente quanto Platão.

Talvez mais! Sua teorização em alemão inspirou a teoria revolucionária de Karl Marx (veja em seção posterior, "Marchando pelo Marxismo"), chamada *materialismo histórico*, bem como a ideologia que levou à ascensão dos partidos fascistas da Itália, Espanha e Alemanha, na primeira metade do século XX.

Os escritos de Georg Wilhelm Friedrich Hegel são notórios por serem trabalho árduo. Seu primeiro e mais célebre trabalho é *A Fenomenologia do Espírito* (pelo que ele quer dizer *mente*), e é cheio de jargões e referências gregas obscuras. Seu contemporâneo filosófico Arthur Schopenhauer desdenhou de sua obra e chamou-a de "pseudofilosofia" tomada de jargão.

Mas, apesar disso, enterrado na prosa confusa de Hegel, está o uso da antiga técnica grega que hoje é associada a ele, chamada *dialética*. Hegel a introduz como um sistema para a compreensão da própria história do mundo. Sua ideia é a de que a história é uma série de momentos revolucionários emergindo inevitavelmente a partir das contradições ou (para dizê-lo de forma mais branda) aspectos insatisfatórios do sistema anterior.

## *Uma batalha sangrenta*

Para Hegel, a origem da sociedade está no primeiro conflito entre dois humanos, o que ele chama de "batalha sangrenta", com cada um buscando fazer o outro reconhecê-lo como mestre e aceitar o papel de escravo. No hegelianismo (outro "ismo" desconcertante, veja no Capítulo 7) é o medo da morte que guia a sociedade. O medo da morte, originalmente, força parte da humanidade a submeter-se à outra, e a sociedade fica dividida para sempre em duas classes: escravos e mestres.

Não são meramente rivalidade prática e necessidade material que impulsionam uma classe a oprimir a outra — é um conflito nascido unicamente do desejo peculiarmente humano por poder sobre o outro. Do que se tratou a Revolução Francesa (que se deu nos tempos em que Hegel era estudante)? Foi simplesmente os escravos revoltando-se, Hegel diz. E, diferente, digamos, de Thomas Hobbes na Inglaterra mais ou menos um século antes, que desaprovava as revoluções, Hegel aprova os protestos. Ele enxerga neles o "desejo por reconhecimento". Ser revolucionário traz risco de morte, mas isso, diz Hegel, é o caminho para a liberdade.

Por outro lado, se as pessoas podem libertar-se de humanos opressores, Hegel pega todas as forças concorrentes em uma sociedade — competindo por riqueza, por poder, por justiça — e faz com que todas elas obedeçam a uma vontade coletiva, que ele chama de *geist* (espírito). Na filosofia de Hegel, essa coisa invisível tem pleno poder e autoridade. O totalitarismo é dar a uma pessoa, ou a um grupo, pleno poder. Defender isso como desejável e inevitável é, essencialmente, o que faz de Hegel o pai fundador de duas doutrinas totalitárias, o fascismo e o comunismo. Hegel escreve:

> *A história do mundo é a disciplina da vontade natural descontrolada, trazendo-a em obediência a um princípio universal e conferindo uma liberdade subjetiva...*

## O Absoluto

Hegel chama a realidade de Absoluto. O Absoluto é também como Deus (um tipo bem austero de Deus, não muito chegado ao perdão ou presentes de Natal). E, definitivamente, é alemão, como Hegel diz:

> *O Espírito Alemão é o espírito do novo mundo. Seu objetivo é a realização da verdade absoluta como a autodeterminação ilimitada da liberdade — aquela liberdade que tem sua própria forma absoluta como propósito.*

Talvez paradoxalmente, dado que o Absoluto deve ser tudo, Hegel opõe-se a todas as formas de governo do mundo, explicando em *Filosofia do Direito* (o livro que contém a versão de Hegel da marcha da história do mundo à medida que ele progride do estágio oriental, via gregos e romanos, para chegar definitivamente ao estágio germânico) que a guerra é essencial:

> *Assim como o soprar dos ventos preserva o mar da sujeira que seria o resultado de uma calma prolongada, assim também a corrupção nas nações seria o produto de uma paz prolongada, mais ainda de uma paz "perpétua".*

O entusiasmo de Hegel por conflito e guerra encontrou apoio tanto entre Karl Marx e os comunistas quanto entre os fascistas, inclusive Adolf Hitler. Marx, contudo, alemão como Hegel, não tinha tempo para a teoria sobre o espírito alemão e opunha-se ao nacionalismo. Mas Hitler (que, na verdade, era austríaco!) entusiasmadamente assumiu a alegação de Hegel que o povo alemão tinha um papel especial e superior a executar no mundo.

# Temendo Hitler e os Efeitos Cativantes da Propaganda

Hoje em dia, as pessoas não discutem o nacional-socialismo, ou nazismo como é conhecido. Mas deveriam.

Se você pensa no nazismo como uma doutrina desacreditada, eis uma coisa peculiar. Os princípios do nacional-socialismo continuam vivos em muitos dos círculos governantes do mundo. Patriotismo, força militar, construir uma nação forte, suspeitas e aversão para com "o outro", ódio ao comunismo, manipulação da opinião pública, indiferença brutal aos efeitos da política estrangeira — tudo isso é corrente em sociedades no mundo inteiro.

Se hoje em dia poucos países (desde o colapso do apartheid na África do Sul), formalmente, preferem um grupo racial em detrimento de outros, é lugar-comum que os países projetem seu interesse nacional ao custo de todo mundo. Porém existem abordagens alternativas e as pessoas podem precisar recorrer a elas — particularmente na crescentemente urgente política de proteção ambiental e ecológica.

# O poder de atração político da ideologia fascista

*Fascista* é um termo muito usado — e muito abusado. Os fascistas originais eram italianos e a teoria política foi apresentada como a marxista, em um tipo de manifesto, o *Dottrina del Fascismo*, pelo filósofo italiano Giovanni Gentile e pelo político Benito Mussolini. Gentile, um acadêmico como Hegel, carrega o rótulo de neo-hegeliano (tendo uma teoria política baseada na de Hegel), assim como o seu exemplo oposto, de Marx e Engels. Tanto o fascismo como o marxismo adotam a ideia de Hegel de que a autoconsciência individual é melhor incorporada no Estado. Dizendo de outra forma, seu propósito na vida é tornar o Estado ótimo! E, de fato, ambos manifestos levaram não só ao sofrimento de milhões de pessoas comuns, como também das extraordinárias.

O fascismo, então, embora amplamente citado como termo para qualquer regime que as pessoas desaprovem, é mais corretamente identificado como a ideologia dos fascistas italianos na primeira metade do século XX com Benito Mussolini. Não é simplesmente uma filosofia de direita. Na verdade, Mussolini começou sua carreira como socialista, atento aos direitos trabalhistas. Somado a isso, o professor Gentile deu ao fascismo um aspecto idealista e espiritual, defendendo que, onde o liberalismo e o socialismo buscavam beneficiar cada indivíduo, o fascismo procurava beneficiar a nação — e todo o mundo!

O bem-estar da nação oferecia um belo propósito a cada indivíduo, um propósito que teve precedência nas discussões ávidas dos trabalhadores e sindicatos de um lado e dos capitalistas e libertários de outro. Esse tipo de individualismo servia apenas para dividir e enfraquecer a nação, achavam os fascistas originais, então, em vez de organizações sindicais e empresas privadas, eles propunham uma única e unificadora força, capaz de garantir que empresas e trabalhadores trabalhassem igualmente para os interesses

*(Continua)*

*(Continuação)*

do Estado. Essa força era o partido fascista, unido por trás de um líder carismático.

Hitler — cujo partido nazista, lembre-se, foi anteriormente chamado de Partido Nacional-Socialista dos Trabalhadores Alemães — admirava muito os fascistas italianos e adotou três de suas metas principais:

- ✔ Destruição das organizações sindicais como protetores de toda classe de trabalhadores.

- ✔ Devoção aos recursos da nação para o desenvolvimento de poder militar como instrumento de política da nação e medida de orgulho nacional.

- ✔ Centralização do poder em um governo central encabeçado por uma figura supostamente carismática.

O que foi original no nazismo (se quiser utilizar esse termo) foi o esforço para extirpar todos os elementos fracos entre as pessoas que compunham o Estado. Em particular, Hitler era obcecado com as ideias de pureza racial. Em contraste, os fascistas italianos foram originalmente antirracistas, pois achavam que o racismo dividia a nação (e o faz).

A filosofia fascista — Hitler, os nazistas e os partidos fascistas italiano e japonês também — só foi finalmente freada com o sacrifício de milhões de vidas, então as pessoas supõem que o programa político também tenha acabado por aí. Porém, mesmo que o racismo esteja desacreditado, aquelas três ideias-chave fascistas tornaram-se consenso na política moderna. As democracias ocidentais são essencialmente Estados *fascistas*!

O mais bizarro é que os países europeus e os Estados Unidos seguiram a estratégia de Hitler, que ele formalmente propôs aos Aliados durante a guerra como forma de resolver o "problema judeu", de remover o povo judeu da Europa para um estado separado — supostamente para compensar os judeus pelo Holocausto e, evidentemente, não fazendo o suficiente para frear Hitler. Contudo, a tragédia da fundação de um Estado judeu em algum lugar, mais ainda na Palestina, é que ele — por definição — teria que ser construído com base em discriminação racial e religiosa.

Lembre-se: só porque Hitler apoiou uma política, isso não a torna necessariamente errada. Ele foi (por exemplo) vegetariano. Mas isso deveria fazê-lo parar para pensar...

## Mein Kampf

Muitos legados sutis da filosofia nazista abundam nas sociedades de hoje:

- ✔ A elevação da propaganda como forma de manipular a opinião e controlar a população.

- ✔ O uso calculado de ritos e a criação de tradições para criar uma aura carismática em torno do líder do governo.

- ✔ Controle governamental centralizado da educação.

- ✔ Criação de uma polícia onipotente e aparatos reservados de segurança.

Tudo que restou para fazer uma ponte da contradição entre supostamente derrotar o nazismo na guerra, mas adotar suas ideias-chave posteriormente são pronunciamentos do governo em sua dedicação a causas de liberdade e democracia. Mas *Mein Kampf*, o relato do próprio Hitler de seu "despertar" e "luta" políticos para construir o partido nazista, também é repleto dessas palavras grandiosas, juntamente a referências piedosas para servir a vontade do povo ou, até, mais jocosamente, do Senhor, e é decorado com louvores à beleza, nobreza e bondade.

*Mein Kampf* é um documento tão vil que, talvez, o mais notável a seu respeito seja que as pessoas foram preparadas para apoiar Hitler, o partido nazista e seu programa. Isso certamente diz algo profundo, ainda que inconveniente, a respeito da natureza humana. Hitler teve apoio considerável entre a população geral, particularmente entre as mulheres. Os historiadores frequentemente negligenciam este último fator. As mulheres haviam apenas ganhado o direito ao voto, bem como garantias de igualdade, na "revolução democrática" da Alemanha em 1918. O apoio delas deu a Hitler, que declarou que as mulheres eram seres humanos inferiores e certamente inaptas a tomar decisões políticas, a vitória em pesquisas em 1932. Escolheram a autoridade em detrimento da anarquia?

De qualquer modo, foi a decisão dos eleitores. Porém os votos servem à vontade dos indivíduos e grupos poderosos. E na Europa da década de 1930, não apenas na Alemanha, a realidade foi que os governos — as velhas elites e líderes de partidos de centro-direita (inclusive o Primeiro Ministro britânico Lloyd George) — haviam unido-se aos nazistas, apesar dos temores com a violência, o radicalismo e mesmo o caráter *plebeu* (classes trabalhadoras) do Partido Nazista.

De fato, os partidos democráticos da Alemanha nos anos 1930 foram preparados para tolerar a tentativa violenta de golpe de Hitler, o que só fracassou devido a lealdade ao governo oficial daquelas instituições estatais, hoje associadas ao nazismo e ao fascismo — o exército e a polícia.

Diferente de *O Capital* (o longo e prolixo relato econômico de Marx), com o qual Hitler compara sua obra, *Mein Kampf* (que se traduz como "Minha Luta") é surpreendentemente agradável de ler. Ele começa com um relato envolvente, e até mesmo divertido, da chegada de Hitler a Viena, a grandiosa capital da Áustria, tendo saído de uma pequena escola nas províncias, após uma viagem de "duas semanas" que ele fez aos 15 anos.

> *O propósito de minha viagem era estudar a galeria de arte no Museu da Corte, mas eu mal tinha olhos para outra coisa que não o museu. Da manhã até tarde da noite, eu ia de um objeto de interesse a outro, porém, eram sempre os prédios que prendiam meu interesse principal. Eu ficava em pé por horas em frente à Ópera, por horas eu fitava o Parlamento; todo o Ring Boulevard parecia-me como um encantamento de "As Mil e Uma Noites".*

Esse era o elegante e charmoso senhor Hitler que tanto impressionou estadistas ocidentais. Hitler era um líder que sabia como contar pequenas histórias pessoais. Contudo, ele não desejava apenas agradar.

## Nazismo

O nazismo é uma filosofia com apenas uma peça: o preconceito. Ele foi bem-sucedido, porque o preconceito racial — ainda que ultrajante, ainda que irracional — nunca está muito profundamente enterrado na psiquê humana. Hitler lançou seus primeiros ataques, como faria posteriormente na guerra, contra muitas outras categorias de "humanos inferiores" também: os eslavos, que haviam tomado as terras que pertenciam por direito ao povo alemão (dos quais muitas dezenas de milhões pereceriam); os "pretos", que ele acusa de terem começado a ameaçar as linhagens sanguíneas da Europa através da França (ele joga duas cartas raciais de uma vez!); e as "raças amarelas", como os japoneses. Se, alguns anos depois, Hitler confiaria na aliança japonesa para sua estratégia de guerra, em *Mein Kampf* ele chama tal tática de "quase imperdoável" em um relato de suas teorias raciais. De fato, ele chega a dizer que os alemães deveriam evitar seus futuros aliados, os italianos — Hitler refere-se ao sangue deles como "irrecuperavelmente adulterado", especialmente no sul. Hitler explica o significado para o público alemão com uma paródia crua da teoria evolucionária (então bem nova) de Darwin:

> *Qualquer cruzamento de dois seres que não têm exatamente o mesmo nível produz um meio-termo do nível de ambos os pais. Isso significa: o rebento provavelmente será superior ao pai racialmente inferior, mas não tão superior quanto o superior. Consequentemente, ele depois sucumbirá na luta contra o nível superior. Tal união é contrária à vontade da natureza por uma criação de toda a vida. A precondição para isso não se encontra na associação do superior com o inferior, mas na vitória total do primeiro. O mais forte deve dominar e não se misturar com o mais fraco, assim sacrificando sua própria grandeza.*

Embora a *super-raça* de Hitler exclua a maioria das pessoas, inclusive a maioria do povo alemão, esse tipo de filosofia era atraente para boa parte de seu público. Se isso parece estranho, é apenas como o bem observado paradoxo em que se pode canalizar a riqueza para uma minoria privilegiada e a classe trabalhadora aplaudirá entusiasmadamente ainda que não ganhe nada e mesmo tenha que pagar, embora prefira imaginar-se como parte da elite.

Certamente as recompensas que Hitler mostrava a seu público por apoiar seu programa nazista eram escassas. Hitler desdenha dos "alemães" e frequentemente critica-os por sua suposta fraqueza e falhas. Ele alerta aos "imperfeitos" que eles não terão permissão para ter filhos, apenas assumir o serviço militar e esperar morrer por seu país. E nesse meio-tempo, é claro, devem trabalhar mais.

Foi essa repreensão o sucesso secreto do nazismo, como evidencia o rápido crescimento do movimento? Ou foi, ao contrário, a aplicação cuidadosa do poder do ódio? Os nazistas ofereciam uma chance de odiar o inimigo no estado — um inimigo pavoroso que era, ele dizia, a causa da pobreza, do conflito e da doença; o inimigo que Hitler chamava de *social-democracia*. O inimigo consiste dos "vermelhos", organizações sindicais, pornógrafos, deficientes, artistas transgressores e assim por diante. Era uma lista tão grande e confusa de inimigos que não surpreende o fato de Hitler ter inventado uma lista simples. Todas as coisas ruins da sociedade alemã, até do mundo, eram culpa dos "judeus".

## Manipulando a opinião pública com propaganda

Em *Mein Kampf*, Hitler admite que, quando ele começou, em 1918, "não havia nada como um sentimento antissemita organizado", acrescentando:

> *Ainda posso lembrar as dificuldades que encontrávamos no momento que mencionávamos o judeu. Nós éramos confrontados com caras desconcertadas ou com um antagonismo vívido e forte. Os esforços que nós fizemos para apontar o verdadeiro inimigo ao público pareciam fadados ao fracasso.*

Apenas lentamente um "tipo de antissemitismo" começou a "vagarosamente enraizar-se", ele explica em seu livro, muito orgulhosamente. O crucial para isso, ele pensa, foi sua teoria de que "todas as grandes culturas do passado pereceram apenas porque sua raça criadora original morreu por envenenamento sanguíneo". A guerra segue-se logicamente a essa teoria:

> *A natureza não conhece fronteiras políticas. Primeiro, ela coloca criaturas vivas neste globo e observa o livre jogo de forças. Em seguida, confere ao seu filho preferido, o mais corajoso e engenhoso.*

Como Nietzsche e Hegel (veja a seção anterior, "Saudando Hegel e o Totalitarismo"), Hitler promete aos alemães que um mundo melhor pode ser conquistado por meio de conflitos futuros.

A teoria de Estado alternativo de Hitler logo se segue. Ele rejeita a visão filosófica tradicional de que o Estado é, principalmente, uma instituição econômica que pode ser governado segundo exigências econômicas, dizendo firmemente que "o Estado não tem absolutamente nada a ver com qualquer concepção ou desenvolvimento econômico definitivo". Que, na verdade, existe um propósito superior misterioso: "a conquista do objetivo que foi atribuído a essa espécie pela Providência". Foi isso que Hegel disse também.

A grande ideia de Hitler, contudo, é menos misteriosa do que a de Hegel. Hitler toma a noção de Platão de criar pessoas melhores. Ele explica cruelmente que, em "seu Estado ideal", a contracepção irá tornar-se legal e "a procriação, impossível para sifilíticos e aqueles que sofrem de tuberculose ou outra doença hereditária, também os aleijados ou loucos". Ele exclui os filhos da maioria dos cidadãos por um ou outro preconceito.

É claro que algumas pessoas podem não gostar de ouvir que não são adequadas para terem filhos. Contudo, Hitler é otimista. Por que não deveria ser possível induzir as pessoas a fazerem esse sacrifício, ele resmunga jocosamente, "se, em vez de tal preceito, simplesmente se dissesse a elas que devem dar um fim a esse pecado verdadeiramente original da corrupção racial que é regularmente passada de uma geração à outra"? Lamentavelmente, Hitler queixa-se, algumas não entenderão essas coisas:

> Elas irão ridicularizá-las ou dar de ombros e resmungar suas desculpas de sempre: "É claro que é uma coisa boa, mas é uma pena que não possa ser levada adiante".

*Mein Kampf* inclui longas descrições de políticas práticas para o novo Estado, notoriamente, a eugenia, doutrinação e propaganda. O livro diz que, primeiro de tudo, a limpeza da cultura em geral deve estender-se a todas as áreas:

> Teatro, arte, literatura, cinema, imprensa, pôsteres e vitrines devem ser limpos de toda manifestação de nosso mundo em decomposição e colocados a serviço de uma ideia moral, política e cultural. A vida pública deve livrar-se do aroma fedorento de nosso erotismo moderno, assim como deve se livrar de toda hipocrisia inviril e pudica. Em todas essas coisas, o objetivo e o caminho devem ser determinados pela preocupação com a preservação da saúde de nosso povo em corpo e alma. O direito à liberdade pessoal retrocede ante o dever de preservar a raça.

E é aqui, na área da manipulação da opinião pública, que *Mein Kampf* se torna uma contribuição distinta e bastante venenosa para a teoria política. Apesar de ter acabado de criticar empenhos coletivos e sociais, Hitler prontamente, depois, reconhece seu poder:

> Demonstrações da massa em grande escala não apenas reforçam a vontade do indivíduo, como atraem-no ainda mais para o

*movimento e ajudam a criar um espírito de corpos... E apenas uma demonstração de massa pode impressioná-lo a respeito da grandeza de sua comunidade... se, enquanto procura seu caminho, ele for agarrado pela força da sugestão da massa que vem da empolgação e do entusiasmo de três ou quatro mil outros homens em meio aos quais ele encontra-se; se o sucesso do manifesto e o consenso de milhares confirmarem a verdade e a justiça do novo ensinamento e, pela primeira vez, levantar dúvida em sua mente quanto à verdade das opiniões que mantinha até agora, então ele submeter-se-á ao fascínio do que chamamos sugestão de massa. A vontade, o anseio e até a força de milhares de pessoas encontram-se em cada indivíduo. Um homem que adentra tal reunião com dúvida e hesitação deixa-o internamente fortalecido; ele tornou-se um membro de uma comunidade.*

Este é o forte de Hitler: propaganda e sugestão de massa. Ele diz que:

*A arte da propaganda encontra-se na compreensão das ideias emocionais das grandes massas e em encontrar, por meio de uma forma psicologicamente correta, o caminho para a atenção e, então, para o coração das amplas massas.*

Lembre-se, ele alerta que "a receptividade das grandes massas é muito limitada, sua inteligência é pequena, mas seu poder de esquecer é enorme". Em consequência disto:

*...toda propaganda efetiva deve ser limitada a muitos poucos pontos e deve ressoar em slogans até que o último membro do público entenda o que você quer que ele entenda por seu slogan.*

Já se perguntou por que políticos são tão dogmáticos e apenas repetem um ponto o tempo inteiro? Hitler tem a resposta:

*Assim que você sacrifica esse slogan e tenta tomar vários partidos, o efeito perder-se-á, pois a multidão não consegue digerir nem reter o material oferecido. Dessa forma, o resultado é enfraquecido e, no final, completamente cancelado.*

Basicamente, visto que as massas "movem-se lentamente", elas sempre exigem certa quantidade de tempo antes de estarem prontas para notar uma coisa, "e só depois que as ideias mais simples tiverem sido repetidas milhares de vezes é que as massas finalmente irão lembrar-se delas".

# Hitler, propaganda e o menor denominador comum

O manifesto político de Hitler, *Mein Kampf*, oferece muitas dicas sobre como os governos podem manipular a opinião pública.

*A propaganda não é nem pode ser a necessidade em si, já que sua função, como o pôster, consiste em atrair a atenção da multidão, e não em educar aqueles que já são educados ou que estão se esforçando pela educação e pelo conhecimento, seu efeito para a maior parte deve ser direcionado às emoções e apenas em um pequeno grau ao chamado intelecto... Toda propaganda deve ser popular e seu nível intelectual deve ser ajustado à inteligência mais limitada dentre aqueles a quem se destina. Consequentemente, quanto maior a massa a que se pretende alcançar, menor seu nível puramente intelectual deverá ser.*

Hitler diz que aprendeu as artes negras da propaganda do inglês. "Aqui também, o exemplo da propaganda de guerra do inimigo era típico; limitada a muito poucos pontos, divisada exclusivamente para as massas, conduzida com persistência incansável."

---

Não é coincidência que, em vez de fatos, *Mein Kampf* seja composto de páginas e mais páginas irrelevantes, tratando dos primeiros anos de Hitler, suas visões a respeito da vestimenta, descrições da aparência dos judeus e assim por diante. Isso se deve ao fato de que *Mein Kampf* é um tipo de filosofia política — é uma obra não de argumento racional, mas de apelos irracionais ou emotivos, de propaganda.

Todo mundo (exceto talvez o Partido Nacional Britânico) sabe onde a propaganda de Hitler termina: nas organizadas câmaras de azulejo branco dos campos de concentração. Nenhum governo desde então aplicou essa técnica para lidar com populações indesejadas. Mesmo assim, genocídios e assassinatos em massa pontuaram o século XX, e parece que deve continuar no século XXI. E, em parte, isso se deve ao fato de que, em outro sentido, o experimento de Hitler continua hoje em dia à medida que os governos adotam métodos e táticas que os nazistas usaram com tanto sucesso para consolidar seu poder no começo do século XX.

## A visão britânica oficial de Hitler

Nos anos 1930, até a erupção da guerra, o governo britânico não estava indevidamente preocupado com que, em *Mein Kampf*, Hitler havia sugerido matar minorias étnicas, "vermelhos" e deficientes. Bem ao contrário, na verdade. No *Daily Express* (Londres), em 17 de setembro de 1936, Lloyd George, que Hitler aclama em seu livro por ser um grande propagandista, é citado, dizendo:

*Há pela primeira vez desde a guerra uma sensação geral de segurança. As pessoas estão mais alegres. Há uma sensação maior de alegria geral do espírito por toda a terra. É uma Alemanha mais feliz. Eu nunca encontrei um povo mais feliz que os alemães e Hitler é um dos maiores homens.*

# Marchando pelo Marxismo

O *Manifesto Comunista*, escrito por Karl Marx e Friedrich Engels em 1847 e publicado um ano depois, abre com a famosa promessa:

> *Que as classes governantes tremam ante a revolução comunista. Os proletários não têm nada a perder senão suas correntes. Eles têm um mundo para conquistar!*

Lamentavelmente, é claro, a vida real nunca é tão simples, como muitas sociedades comunistas fracassadas atestam, sem falar das ditaduras anticomunistas. Mas por pelo menos um século, da metade do século XIX até a queda do Muro de Berlim, em 1989, certamente pareceu que as grandes previsões de Marx e Engels estavam certas e que o mundo realmente estava envolvido em uma luta direta entre as forças dos trabalhadores de um lado (exigindo a posse comum dos meios de produção) e uma elite crescentemente cercada e impopular apegando-se à propriedade privada — a propriedade *dela*, é claro.

Então, do que se trata o marxismo? Karl Marx (1818–1883) e Friedrich Engels (1820–1895) escreveram bastante sobre uma variedade túrgida quase econômica. Temos as três partes volumosas de *O Capital*, mas também a *Crítica da Filosofia do Direito de Hegel*, em que Marx e Engels declaram que a religião é o "ópio do povo", e *Teses Sobre Feuerbach*, em que eles observam que "os filósofos apenas interpretaram o mundo de várias formas — o objetivo é mudá-lo". Mas, para os trabalhadores do mundo, o marxismo é essencialmente envolto em apenas um documento

— o curto e colorido manifesto para o embriônico partido comunista. Ele foi originalmente escrito em alemão, impresso em Londres e, finalmente, traduzido de forma rápida para o francês, de modo a inspirar os trabalhadores em levante na Paris de junho de 1848.

# O Manifesto Comunista

O ano em que o *Manifesto Comunista* foi publicado foi o "Ano das Revoluções" na Europa. Os protestos espalharam-se não só em Paris, mas também em Roma, Berlim, Viena, Praga e Budapeste. A própria Insurreição de Paris começou como um protesto de rua contra a interferência real no governo civil, inflamado pelo ressentimento com a traição percebida dos princípios da Revolução Francesa, de 1789. A revolução anterior, que as multidões conheciam muito bem, havia prometido-lhes não só liberdade e fraternidade (companheirismo), como também igualdade. A última parte do trato nunca foi entregue; daí, os motins. Tropas atiravam nas multidões, o governo sucumbiu ao escândalo que se seguiu e um novo governo chegou — e atacou os manifestantes ainda mais severamente do que o primeiro.

As outras revoluções daquele ano também fracassaram para as classes trabalhadoras, rebatidas pela burguesia (a classe média alta, se preferir; sujeitos educados, que possuem coisas como fábricas e fazendas), para frustração de Marx e Engels. Entretanto, esse foi o pano de fundo revolucionário para o *Manifesto Comunista* — uma época caótica em que parece ter havido uma nova classe trabalhadora, encarando um novo tipo de exploração. Esses trabalhadores já tinham a escolha de um novo movimento político — o socialismo. Nos dias de hoje, as pessoas usam os termos *comunismo* e *socialismo* como se fossem a mesma coisa. Literalmente, o comunismo é um sistema político onde tudo é, o máximo possível, de posse "comum", e o socialismo é um sistema de organização social no qual a propriedade e a distribuição de renda estão sujeitas ao controle social, que basicamente se fundem. Um "ismo" bastaria! Mas, na época, nem Marx, nem Engels haviam tido muito tempo para o socialismo, que eles consideravam uma preocupação da classe média, que dizia respeito às classes governantes e à burguesia, em que qualquer doutrina decente deveria ser intoleravelmente perigosa e subversiva. O comunismo, eles acreditavam, era muito melhor: a face inaceitável do poder da classe trabalhadora, apresentando uma cara totalmente alheia à classe capitalista.

A proposição fundamental do *Manifesto Comunista* é que em toda época histórica "o modo de produção e troca econômica" prevalecente e "a organização social que necessariamente se seguia a isso" determinam a estrutura política da sociedade, bem como as crenças intelectuais e ideias. Ou seja, a economia determina a vida social, e isso decide as posições políticas. Em uma das frases mais memoráveis do *Manifesto Comunista*, Marx e Engels argumentam que, portanto, segue-se que "toda a história da humanidade foi um histórico de *lutas de classe*, disputas entre explorados e exploradores, governantes e oprimidos..." Essa ideia, como Engels colocou ambiciosamente no prefácio à versão em inglês do *Manifesto*, é comparável à teoria da evolução de Darwin. O marxismo é a teoria da evolução das sociedades. É tão impessoal e suas conclusões tão inevitáveis quanto o modelo biológico do desenvolvimento das espécies de Darwin.

Nos anos 1850, o *Manifesto* descreve a sociedade como um todo, cada vez mais, já "se separando em dois grandes campos hostis, em duas grandes classes diretamente encarando uma à outra: a *burguesia* e o *proletariado*". A burguesia (a classe média alta, se preferir, sujeitos escolarizados que possuem coisas como fábricas e lojas, em oposição às pessoas que trabalham nesses locais por um salário, que são o proletariado) estabeleceu-se como poder supremo no Estado moderno, conduzindo o governo, transformando-o em "nada além de um comitê para administrar todos os assuntos da burguesia". O *Manifesto* diz:

> *A burguesia, onde quer que tenha o poder, pôs um fim a todas as relações feudais, patriarcais, idílicas. Ela impiedosamente acabou com os laços feudais heterogêneos que unem o homem ao seu "superior natural" e não deixou nenhum nexo entre homem e homem a não ser o puro interesse próprio, o frio "pagamento em dinheiro". Ela afogou os mais divinos êxtases de fervor religioso, de entusiasmo distinto, de sentimentalismo filisteu em uma água gelada do cálculo egoísta. Trocou o valor pessoal por valor (econômico), no lugar das inúmeras liberdades irrevogáveis, estabeleceu somente aquela única liberdade inconsciente — o livre comércio.*

"Em uma palavra", acrescenta Marx, quebrando regras gramaticais (pela minha conta são cinco), "por exploração, velada por ilusões religiosas e políticas, substituiu uma exploração brutal, nua, desavergonhada, direta".

Em uma sociedade industrial, o *Manifesto* continua, os próprios trabalhadores tornaram-se meramente apêndices (humanos), presos a máquinas, de quem apenas a atividade mais simples e monótona é exigida. Somado a isso, Marx diz, o "estrato mais baixo" da classe média, vendedores e comerciários afundam lentamente no proletariado, à medida que os capitalistas consideram suas aptidões irrelevantes pelo poder de seus novos métodos de produção.

De fato, o *Manifesto* diz que a sociedade industrial não só cria, mas exige uma mudança constante, em oposição à tranquilidade das épocas feudais e outras. Ele alerta, "revolução constante no método de produção, perturbação ininterrupta das condições sociais, incerteza duradoura e agitação distinguem a época burguesa...".

## O problema com o capitalismo

Os marxistas veem outro problema com o capitalismo, que este se baseia em explorar mercados sempre novos, uma alegação que o filósofo escocês Adam Smith fez anteriormente em sua análise amplamente lida da criação da riqueza (*A Riqueza das Nações*, publicado em 1792; veja o Capítulo 17). A previsão marxista é de que as indústrias devem obter matéria-prima de fontes ainda mais obscuras e remotas e devem convencer os consumidores de novas e exóticas necessidades, criando, no processo, um mercado mundial. A mesma lógica aplica-se à esfera intelectual, com a ascensão de uma "literatura mundial". Sistemas legais, governos e métodos de taxação devem transcender qualquer fronteira. As nações "mais bárbaras" devem ser arrastadas para a equação impossível e os baixos preços de commodities são a "artilharia pesada" com a qual a burguesia força os bárbaros a uma capitulação. Todas as nações, no medo da extinção, são compelidas a adotarem o modo de produção capitalista. Novamente o *Manifesto*:

> *A sociedade burguesa moderna, com suas relações de produção, de troca, e de propriedade, uma sociedade que conjurou tais gigantescos meios de produção e troca, é como o feiticeiro que não consegue mais controlar seus poderes do submundo que ele evocou com seus feitiços.*

O problema do capitalismo é que, criando um proletariado, a burguesia já "forjou as armas que trazem a morte para si". Bem, pelo menos é isso que Marx e Engels esperavam que tivesse feito. O próximo box, "Ideais marxistas", oferece mais algumas de suas aspirações.

## Economia marxista: Predições do apocalipse

O marxismo é uma teoria econômica que prevê que o capitalismo deve fracassar, porque se baseia na exploração sempre crescente dos trabalhadores pelos donos dos meios de produção — terra, fábricas e máquinas. À medida que a condição dos trabalhadores deteriora-se, o ressentimento contra os patrões aumenta, e a revolução é inevitável.

Porém, quanto à alegação crucial, factual, da crescente pobreza absoluta, o marxismo simplesmente estava errado. Marx e Engels não perceberam a engenhosidade quase que inexaurível do sistema capitalista no aumento da produção por meio de progresso técnico e gerando consigo recursos financeiros aparentemente ilimitados, tornando possíveis altos padrões de vida não apenas para a minoria de proprietários de moinho e a sempre crescente posição da mesquinha burguesia, mas para os trabalhadores também.

# Ideais marxistas

Marx e Engels desvelam, no *Manifesto Comunista,* sua resposta prática para os problemas da pobreza e da injustiça social na Europa do século XIX. Eles apresentam seu manifesto como uma série de pontos curtos, simples de lembrar:

- Abolição da propriedade e arrendamento de terras.

- Um pesado imposto de renda progressivo.

- Abolição dos direitos de herança.

- Confisco da propriedade de todos aqueles que não mais vivem no estado ou que se rebelam contra o novo governo.

- Centralização de todo capital e crédito do banco estatal.

- Controle central do estado e propriedade dos meios de comunicação e transporte.

- Maior produção do estado por meio de fábricas e fazendas; desenvolvimento de terras improdutivas.

- "Igual oportunidade de trabalho para todos"; novos exércitos de trabalhadores, especialmente para trabalhar na terra.

- Desaparecimento da distinção entre cidade e interior: população distribuída igualmente pelo país.

- Educação gratuita para todas as escolas do estado, preparando as crianças para trabalhar nas novas indústrias.

Esse é o programa após os comunistas assumirem o poder. Antes disso, o *Manifesto* conclui, os comunistas deveriam apoiar todo "movimento revolucionário contra a ordem política e social vigente, trazendo à tona, como questão principal, a questão da propriedade".

Novamente, há aqueles, como o ex-marxista francês André Gorz, que sugeriram em anos recentes que a classe verdadeiramente oprimida do capitalismo moderno não é mais a dos trabalhadores, mas a dos "não trabalhadores" — os idosos, os desempregados e os muito jovens (como as crianças de rua da América do Sul), que não trabalham e têm que contar com doações do Estado ou caridade (ou crime) para seu sustento. Mas essas pessoas são muito fracas — elas não têm a opção de retirar-se do trabalho para entrar em greve — e, dessa forma, podem ser ignoradas pelos governos, pela burguesia ou outros.

O marxismo insiste em que o capitalismo inevitavelmente oscila entre períodos de explosão e implosão e, por ter por sua própria natureza uma visão curta, os períodos de baixa, com desemprego, podem ser uma centelha para revoluções. E certamente mesmo os economistas burgueses aceitam que o capitalismo tem ciclos, com crises recorrentes e ajustes — em casos ruins, depressões econômicas. Porém, novamente, o capitalismo mostrou-se capaz de somar aos elementos socialistas (bem-estar, programas de criação de empregos) para superar essas baixas.

## *Marxismo e psicologia humana*

O marxismo também é uma teoria de relações psicológicas e sociais. Ele invoca um tipo de *anomia*, ou alienação como característica central da vida em uma sociedade industrial (para usar os termos cunhados pelos novos tipos de cientistas sociais do século XIX; para saber mais sobre isso, veja o Capítulo 17). Marx e Engels, portanto, acreditam que a chave para reformar a vida social, quer seus problemas sejam materiais ou espirituais, é abolir a propriedade. Sem propriedade, não pode mais haver duas classes. Sem classes, o conflito não mais existe.

O *Manifesto Comunista* (como o anarquismo, a ideologia rival da época) exige de seus partidários uma grande dose de fé cega. Nesse aspecto, é mais uma doutrina religiosa do que uma teoria científica. Por essa razão, não é surpresa que as palavras do *Manifesto* enraizaram-se entre sociedades pré-industriais da África, China, América do Sul e Rússia — entre os "idiotas rurais", como Marx e Engels costumavam se referir ao povo que trabalhava na terra. De fato, como os últimos anos do século XX mostraram, a industrialização da Rússia e da China, que aconteceu com o comunismo, na verdade, trouxe o colapso da economia de comando (em que bens e serviços, e mesmo os preços, eram regulados pelo governo em vez de pelas forças do mercado) e o retorno do capitalismo.

# *Assinando o Contrato Social*

Aristóteles achava que as pessoas, sendo racionais, seriam naturalmente inclinadas a organizarem-se voluntariamente em sociedades. Thomas Hobbes (1588–1679), escrevendo quase 2.000 anos depois, achava que as pessoas, sendo racionais, não o fariam.

Hobbes considera que a vida social é apenas uma mistura de egoísmo, violência e medo, finalizada com um saudável bocado de engano; o último, a fazer as coisas funcionarem mais suavemente. Hobbes chama-o de "Estado de Natureza", uma expressão chocante, calculada, para despertar a ira da Igreja, que conflitava com a imagem cor-de-rosa de Adão e Eva no Jardim do Éden antes da queda — aquele episódio malcriado no Jardim do Éden envolvendo comer o fruto proibido.

No Estado da Natureza, Hobbes escreve, "A própria vida não passa de Movimento e nunca pode ser sem Desejo, nem sem Medo, assim como não pode ser sem Sentido". Em consequência:

> *...não há lugar para a indústria; porque o fruto dela é incerto: e,*
> *consequentemente, nada de cultura da terra, nada de navegação*
> *ou uso das matérias-primas que podem ser importadas por mar,*

*nem construções amplas, nem instrumentos para mover ou remover coisas que exigem muita força, nenhum conhecimento da face da terra, nenhuma contagem de tempo, nada de arte, cartas, sociedade e, o que é pior de tudo, medo contínuo, perigo de morte violenta; e a vida do homem, solitária, pobre, abjeta, bruta e curta.*

Para aqueles de seus contemporâneos que discutem essa natureza para os humanos, talvez perguntando por que Deus deveria criar tal raça, Hobbes desafia-os a irem dormir com as portas e baús de dinheiro destrancados. De qualquer modo, ele diz, não está acusando a natureza das pessoas tanto quanto suas ações. "Os desejos e outras paixões dos homens não são pecados em si". Isso porque na:

*...guerra de cada homem contra cada outro homem, isso também é consequência, que nada pode ser injusto. As noções de certo e errado, justiça e injustiça não têm lugar lá. Onde não há poder comum, não há lei: onde não há lei, não há injustiça.*

Noções de justiça ou justeza e direitos são "qualidades que se relacionam aos homens na sociedade, não sozinhos". A moralidade exige sociedade. O homem solitário não é moral. Apenas por meio da sociedade pode o "homem solitário" alcançar algum alívio do medo, alguma paz e segurança: "Medo de opressão dispõe um homem a antecipar ou buscar ajuda da sociedade: pois não há outro modo pelo qual o homem possa segurar sua vida e liberdade".

Contudo, mesmo que a justiça não exista, as outras leis da natureza são reais o suficiente. A mais fundamental dessas leis é que cada coisa viva luta para sobreviver. Pois a melhor forma para fazer isso é que haja paz, e não guerra, a exigência é buscar a paz.

# Preocupando-se com o mundo mau de Hobbes

A visão de Hobbes é a de que as pessoas são apenas máquinas, movidas pelo que ele chama de apetites e aversões. Todo mundo busca satisfazer seus apetites, variando apenas em grau e gosto particular. Hobbes diz que a "máquina humana" é programada para direcionar suas energias egoistamente. Ele duvida de que seja possível que seres humanos ajam altruisticamente, e mesmo a ação aparentemente benevolente é na verdade por interesse próprio, talvez uma tentativa de fazer com que as pessoas se sintam bem com elas mesmas. Para os seres humanos, a princípio, ele coloca "uma inclinação de toda humanidade, um desejo inquieto e perpétuo por poder após poder, que só cessa na morte".

Hobbes diz que só é possível fazer com que as pessoas parem de lutar umas com as outras até a morte, forçando-as a comportarem-se; daí o contrato social. É assim que ele introduz:

> *Transferir o direito de usar a força para uma autoridade soberana, pelo povo, "a transferência mútua de Direito" é "aquilo que os homens chamam Contrato".*

A única forma de fazer isso, prossegue Hobbes, é:

> *...conferindo todo poder e força a um homem, ou a um grupo de homens, que pode reduzir todas as suas vontades, pela pluralidade de vozes, a uma Vontade... Isso é mais que consenso ou concórdia; é uma verdadeira unidade de todos eles, em uma e a mesma pessoa, feita pela concordância de cada homem com cada homem...*

E essa nova criação, o Estado (ou, como Hobbes o chama, Comunidade), é "aquele grande Leviatã" (que é um daqueles termos bíblicos para um monstro marinho gigante) que só surge quando um homem "por Guerra subjugou seus inimigos à sua vontade" ou quando "os homens concordam entre si a submeter-se a algum Homem, ou grupo de homens, voluntariamente, na confiança de ser protegido por ele contra todos os outros".

Hobbes apresenta suas ideias em um livro que ele chama *Leviatã* ou *Matéria, Forma e Poder de um Estado Eclesiástico e Civil* (1651). Muito de *Leviatã* tem um tom legalista, visto que condiz com uma teoria baseada em construir a ordem a partir da anarquia. Crucialmente, existem restrições mesmo ao soberano onipotente. Nenhum homem "pode ser obrigado por acordo a acusar-se, muito menos matar, ferir ou mutilar a si mesmo". Por outro lado, acordos (obrigações legais) nos quais se entram por medo são obrigatórios, assim como, Hobbes diz, se alguém concordou em pagar um resgate, então ele ou ela deve pagá-lo. Ele diz:

> *A causa final. Fim ou desígnio do homem (que, naturalmente, ama a liberdade e o domínio sobre outros) na introdução daquela restrição a si mesmo... é a antecipação de sua própria preservação e de uma vida mais satisfeita em decorrência; isso quer dizer sair daquela condição desgraçada de guerra, que é necessariamente consequente... para as paixões naturais dos homens, quando não há poder visível para mantê-los impressionados e uni-los pelo medo da punição à execução de seus Acordos... Acordos sem Espada não passam de palavras.*

E a espada tem grande alcance e liberdade na sociedade civil de Hobbes. Para começar, qualquer homem que deixe de consentir com os decretos do Leviatã (o Estado todo-poderoso) pode "sem injustiça ser destruído por absolutamente qualquer homem" (com exceção dos "tolos, crianças pequenas e loucos, que não entendem a injunção para início de conversa"). Ao mesmo tempo, todo aquele que tiver o que Hobbes chama de "poder soberano" (como reis e presidentes) não pode ser justamente punido, pois tudo que ele ou ela fizer é, por definição, justo. Não é sequer aceitável questionar as ações do soberano, pois isso seria sobrepor uma nova autoridade sobre ele ou ela.

E a política social na comunidade? Hobbes acha que o Estado deve ajudar e cuidar daqueles incapazes de trabalhar, mas compelir aqueles que não querem fazê-lo. Seu igualitarismo estende-se à distribuição das "coisas que não podem ser compartilhadas": o Estado deve mantê-las em comum (ou então distribuí-las por lote).

Outra ideia-chave (ainda uma parte importante da constituição britânica) é que o Estado e a Igreja devem ser unidos — e, então, as leis não serão ambíguas.

Hobbes termina o *Leviatã* dizendo que espera que não haja nada muito controverso em suas visões e com um desejo respeitoso de que, algum dia no futuro, um soberano venha a adotar seu livro como um guia parcial:

> *Eu fundamento, o Direito Civil dos Soberanos, e tanto o dever como a liberdade dos sujeitos, nas inclinações naturais conhecidas da humanidade e no artigo da Lei da Natureza, a qual nenhum homem... deveria ignorar.*

# Desafiando Hobbes

Escrevendo um século depois de Hobbes, John Locke diz que, por conta dos poderes arbitrários que ele dá aos soberanos, o contrato social de Hobbes é na verdade pior do que o estado da natureza ao qual deve ajudá-lo a sobrepor-se. Quem, Locke pergunta, assinaria um contrato para escapar de "furões ou raposas", se o resultado fosse ser colocado "à mercê de leões"?

Filósofos debruçaram-se sobre muitas ideias em *Leviatã* (como Hobbes descreve, depreciativamente, tais sujeitos estudados têm hábito de fazer). No século XIX, Nietzsche tomou desapropriadamente a "vontade de potência"; no século XX, John Rawls tomou emprestada a ideia de um contrato social para explicar a tomada de decisão moral e, atualmente, o *determinismo social* (a visão de que as pessoas pensam e agem de formas determinadas por forças externas maiores que elas) em geral é ecoado, por exemplo, quando se fala do "gene egoísta" que os cientistas, às vezes, alegam explicar o comportamento humano.

A ideia de Hobbes de que se poderia deduzir e tirar direitos individuais de um suposto direito fundamental à autopreservação arraigou-se em muitos sistemas legais de vários Estados. De fato, juntamente a seus trabalhos com o advogado e político holandês Hugo Grotius, ele definiu o estilo e lançou as bases para um futuro trabalho nas áreas de teoria política, ética social e lei internacional.

O interesse de Hobbes pelos métodos da geometria e das ciências naturais também trouxe à teorização política um novo estilo de argumento que é mais persuasivo e mais efetivo. E, finalmente, de Hobbes vem um alerta de que, visto que a organização social inicia-se de uma luta entre seus membros, embora pretenda estar comprometida com justiça e igualdade, ela inevitavelmente cria desigualdades e torna-se autoritária.

# Aplicando a Cola Social de Maquiavel

O filósofo político italiano Maquiavel, às vezes servidor civil em Milão, tem uma reputação ruim. De fato, as pessoas hoje em dia usam seu nome como um tipo de adjetivo significando ardiloso, amoral, intriguento, traiçoeiro ou mau. Mas, na verdade, sua reputação — seu apelido era Médico dos Malditos — é pior do que ele merece (na realidade, muito da notoriedade de Maquiavel provavelmente relaciona-se aos seus ataques à Igreja Romana, a instituição que ele culpa pela ruína da Itália, como pareceu para ele à época).

Ironicamente, talvez, para aquele que oferece sua teoria política para benefício dos príncipes, Maquiavel (1469–1527) foi o primeiro escritor a afastar-se do paternalismo da sociedade tradicional, indo em direção a algo mais próximo das noções atuais de democracia. Em seus escritos, as massas, embora possam ser ignorantes e vulgares, são melhores guardiãs da estabilidade e da liberdade do que os indivíduos conseguem ser. Maquiavel argumenta que, devido ao fato de que as pessoas são todas mistas, nenhuma muito superior à outra, e nenhum sistema é perfeito tampouco, mesmo um bom príncipe pode corromper-se, então, é melhor elaborar um Estado com uma série de conferências e equilíbrios. E, visto que o Estado só é tão bom quanto seus cidadãos, os governantes devem estar cientes dos perigos de permitir que o espírito cívico decline.

Apesar de ter reputação de cínico, Maquiavel lembra às pessoas que a injustiça ameaça as bases da sociedade e encoraja as pessoas a sempre combatê-la — onde quer que apareça e a quem quer que afete. Essa reputação sórdida vem de duas das obras políticas mais notáveis já escritas, *O Príncipe* (1532) e *Os Discursos* em 1531 (*Discursos Sobre os Primeiros Dez Livros de Tito Lívio*, para dar o título inteiro).

Antes de Maquiavel, os escritores medievais baseavam a legitimidade em Deus, que expressa Sua vontade por meio da hierarquia de papa, bispos e sacerdotes ou, alternativamente, por meio do imperador e das famílias reais da Europa. Maquiavel, em contraste, não tem dúvida de que o poder está disponível a todos e qualquer um que esteja apto o suficiente para aproveitá-lo. O governo popular é melhor do que a tirania, não por nenhuma razão moral, mas por seu sucesso em criar certos objetivos políticos: independência nacional, segurança e uma constituição bem-feita. Isso significa compartilhar o poder entre príncipes, nobres e povo em proporção ao seu poder real. Maquiavel é a primeira grande figura europeia a louvar a liberdade como virtude primária, escrevendo que "todas as cidades e todos os países que são livres em todos os aspectos lucram enormemente com isso".

Infelizmente, as pessoas raramente leram Maquiavel pensativamente — se sequer leram — antes de condená-lo.

# Capítulo 15

# Cuidando da Liberdade

*Consideramos essas verdades como autoevidentes, que todos os homens são criados iguais.*

– Declaração de Independência dos Estados Unidos da América

A linha de abertura da Declaração de Independência Americana não deixa dúvida. A liberdade, pelo menos como a entendemos como membros de uma sociedade democrática, é uma condição que damos como garantida. A história do conceito de liberdade é complicada, contudo, foi através dela que as ideias dos direitos e responsabilidades dos seres humanos na sociedade passaram por mudanças consideráveis.

Este capítulo examina as várias abordagens da liberdade, começando com a mais famosa de todas, a Declaração de Independência, enquanto chamamos os pensadores mais importantes no assunto.

# *Louvando a Liberdade: A Declaração de Independência Norte-Americana*

A única superpotência do mundo (como os norte-americanos agora gostam de chamar a si mesmos) deve muito de sua dominância militar, econômica e cultural a uma receita política. Essa receita está definida em apenas alguns documentos esboçados na época da Revolução Americana — em particular, a Declaração de Independência Norte-americana e a Constituição dos Estados Unidos.

Um slogan em particular deixou uma marca indelével na filosofia política. Ele vem da Declaração de Independência, que afirma que todos os "homens" (porém, infelizmente, não mulheres, nem indígenas, nem negros) são iguais:

> *Consideramos essas verdades como autoevidentes, que todos os homens são criados iguais, que são dotados por seu Criador com certos Direitos inalienáveis, e entre estes estão Vida, Liberdade e a busca pela Felicidade. Que para assegurar esses direitos, os Governos são instituídos entre Homens, derivando seus justos poderes do consentimento dos governados. Que sempre que qualquer forma de Governo tornar-se destruidora desses fins, é direito do povo alterá-la ou aboli-la e instituir um novo Governo, lançando suas bases em tais princípios e organizando seus poderes de tal forma que pareçam mais eficientes para realizar-lhe sua própria Segurança e Felicidade.*

O crítico político contemporâneo Simon Jenkins, escrevendo no jornal *Guardian* (Londres) em 2007, certamente refletiu uma visão comum quando declarou "o testamento mais nobre à liberdade é a Constituição dos Estados Unidos". Contudo, na realidade, a Constituição é bem o oposto. É um documento notável, indubitavelmente visionário e bemsucedido, mas sua meta não era, de forma alguma, proteger liberdades individuais, muito menos a liberdade de fato. Ela deixou os norteamericanos negros como escravos e indígenas em reservas. Deixou as mulheres sem direitos civis. Ela reflete sua origem na reconciliação de vários pontos de vista em compromissos construtivos. Seu objetivo principal parece ter sido criar conferências e equilíbrios contra a dominância de um ponto de vista.

A Constituição dos Estados Unidos é um documento notável, mas não é filosoficamente inovador nem original. Seu objetivo é criar uma sociedade que gire em torno do dinheiro e seu estilo é legalista — cheio de cláusulas legais necessárias para estabelecer uma grande empreitada como os Estados Unidos. Não há espaço para observações filosóficas, menos ainda para discussões éticas. Em vez disso, seu sucesso encontra-se no fato de parecer muito com um negócio — simples e eficiente.

# Fazendo emendas

Então, o que aconteceu com os direitos individuais dos cidadãos que deram início à Guerra da Independência e que os americanos tanto celebram a Constituição para protegê-los? Essas e todas as outras questões contenciosas tiveram que ser deixadas para que políticos posteriores incorporassem ao documento como emendas. Visto que os Pais Fundadores (os líderes revolucionários que esboçaram os documentos) estavam inicialmente preocupados em equilibrar os poderes dos estados, tiveram que deixar a proteção dos direitos individuais de lado. E, pelo fato de que a maioria dos estados já possuía constituições escritas contendo declarações de direitos, as pessoas viram a Constituição federal como potencialmente ameaçadora ou conflitante com esses direitos.

Então, você deve procurar os famosos direitos dos cidadãos dos Estados Unidos nas emendas, não na própria Constituição. É apenas a primeira emenda que oferece liberdade individual de escolha religiosa e liberdade de expressão. Ela declara que:

> *O Congresso não fará nenhuma lei a respeito do estabelecimento de uma religião ou proibindo o livre exercício desta, nem diminuindo a liberdade de expressão ou de imprensa, ou o direito do povo de pacificamente reunir-se e fazer uma petição para que o Governo retifique agravos.*

Contudo, a religião nos Estados Unidos, assim como em outros lugares, continua a ser um problema divisor. No decorrer dos anos, o pêndulo balançou entre conservadores religiosos e reformadores seculares sempre se encontrando em batalha no terreno de pontos legais de outra forma obscuros na Suprema Corte, que, nos Estados Unidos, é o tribunal superior com a responsabilidade de guardar o espírito da Constituição Norte-americana (veja seção posterior, "Guardando a Constituição: A Suprema Corte", para saber mais).

Muitas das outras emendas são controversas também. Pegue a Segunda Emenda, que diz que "uma milícia bem regulamentada, sendo necessária à segurança de um Estado livre, o direito das pessoas de manterem e portarem armas não deve ser infringido". Isso dá aos norte-americanos o direito de terem suas próprias armas. E são as grandonas, como metralhadoras e lançadores de morteiros também. Isso é uma boa ideia? Certamente, contando apenas a partir do final da Segunda Guerra Mundial, um milhão de americanos, um número estarrecedor, foram mortos por tiro por seus próprios compatriotas! E, como muitas das ideias dos autores da Constituição, não parece importar que a emenda diga claramente que o direito de portar armas só existe para permitir milícias individuais nos estados — um tipo de polícia militar.

Da mesma maneira, muitas pessoas sempre contestaram outras proteções principais da Constituição. O governo dos Estados Unidos tem violado regularmente a Quarta Emenda, que protege o "direito do povo de proteger suas pessoas, casas, documentos e propriedades contra buscas irrazoáveis e confisco", mais recentemente como parte da chamada "Guerra contra o Terror", grampeando telefones, colocando escutas em casas e, claro, lendo e-mails.

Mas um exemplo mais mortal de por que os direitos importam foi mostrado pelo que aconteceu nos primeiros anos dos Estados Unidos com os índios Cherokee. Eles foram uma das raças originais do continente, que tinham se tornado, no papel, um parceiro reconhecido do novo EUA. Os estadunidenses confiscaram as terras dos Cherokees com base em uma lei especial chamada Ato de Remoção Indígena; e de quem foi essa ideia? De ninguém menos que Thomas Jefferson, que havia escrito aquelas lindas palavras para a Declaração da Independência com as quais eu começo o capítulo!

## Protegendo o direito de ter seus próprios escravos

Em 1781, época em que os Pais Fundadores escreveram a Constituição, o censo de 1790 registrava que existiam escravos em quase todos os estados. De uma população nacional total de 3,8 milhões de pessoas, 700.000 delas, ou 18%, eram escravos. Apenas Massachusetts e os distritos de Vermont e Maine não possuíam nenhum. Nos estados do sul, com a economia baseada no cultivo de algodão, arroz e tabaco, a proporção era muito maior. Seus representantes consideravam a escravidão não só sancionada pela Bíblia, mas, mais ainda, era uma necessidade econômica. Então o que os autores da Constituição, os Pais Fundadores, fizeram a respeito dos escravos?

Até Benjamin Franklin, um cientista e escritor, não fazendeiro, manteve vários escravos durante sua vida. Em 1789, ele disse: "A escravidão é uma degradação tão atroz da natureza humana que sua extirpação, se não realizada com cuidado solícito, pode abrir a fonte para sérios males". Seu compromisso era libertar um de seus escravos após sua morte, mas nem esse escravo viu a liberdade, porque ele morreu antes de seu senhor — cara preguiçoso! O resultado prático foi que, a despeito das liberdades alegadas na Declaração, na Constituição e nas emendas posteriores, a escravidão não só foi tolerada na Constituição, como foi incorporada a ela.

Quanto às Quinta e Sexta Emendas, que oferecem vários direitos legais, notoriamente o direito a um julgamento por um juri imparcial, os negros americanos frequentemente viram-se sendo julgados por jurados brancos preconceituosos. Porém, a origem histórica dessa provisão foi de que os políticos achavam que os juris deveriam compreender pessoas "iguais ao réu" — uma proteção voltada mais para a aristocracia do que para as pessoas comuns. Uma proteção similarmente bem-intencionada, mas ineficiente, é oferecida na Oitava Emenda, que buscava tornar ilegais "punições cruéis e incomuns", que, contudo, nunca pôde prevenir a aplicação rotineira de várias punições cruéis e incomuns, inclusive formas de execução.

## Guardando a Constituição: A Suprema Corte

Se as emendas não foram tão eficazes quanto aqueles que as propuseram esperavam, quem é o culpado? Hoje em dia, como parte da doutrina da divisão dos poderes, a Suprema Corte é vista como supervisora e guardiã da Constituição. Mas nada disso está escrito na Constituição. Por exemplo, em 1832, quando os índios Cherokee foram bem-sucedidos em convencer a Suprema Corte de que o Ato de Remoção Indígena (que confiscou suas terras e obrigou-os a realocarem-se no oeste) era inconstitucional, o então presidente simplesmente ignorou, dizendo "que a Corte cumpra suas regras" e ordenou que o exército avançasse contra os índios.

Ser ignorado é um problema. Mas igualmente é ser sobrecarregado — a prática usada, por exemplo, em casos nas cortes quando o juri fica sobrecarregado de jurados simpáticos. Nos Estados Unidos, os presidentes podem sobrecarregar a Suprema Corte porque, embora os juízes sejam indicados vitaliciamente, em nenhum lugar se diz quantos podem ser indicados por vez. O presidente tem o poder de apontar juízes para aprovação do senado. Em consequência, a composição política da Corte é regularmente influenciada pelo aumento do número total de juízes.

## A Constituição e a política

Finalmente, por mais estranho que pareça, a Constituição dos Estados Unidos não tem nada a dizer sobre política. Isso se deve ao fato de que na época dos Artigos da Confederação (o que foi, em certo sentido, a primeira constituição dos Estados Unidos, esboçada em 1777 e estabelecendo uma "firme liga de amizade" apenas entre os, na época, 13 estados) não existiam partidos políticos. Havia blocos regionais e afiliações temporárias, mas nada como os agrupamentos políticos em torno de manifestos compartilhados. Por essa razão, detalhes sobre como votar, como os partidos escolhem seus candidatos e mesmo como organizar coisas como distritos congressionais não fazem parte da Constituição. Os Pais Fundadores não estavam interessados em democracia como as pessoas entendem o conceito hoje, com todos escolhendo um presidente, mas, sim, em como equilibrar os poderes dos estados americanos na união. Eles nunca imaginaram que um dia um presidente efetivamente conduziria tudo.

A Constituição dos Estados Unidos criou a nação mais rica e inovadora do mundo, e a mais poderosa. Mas, se poder é o objetivo de todo político, a política é frequentemente sua ruína. Os autores dos documentos da Revolução Americana estavam mais preocupados com poder do que com sua aplicação. Como resultado, os Estados Unidos são um país onde "a busca pela felicidade" levou a extremos de riqueza e poder, onde o "poder é certo" e o governo continuamente espalha guerras pelo mundo por conta do que um presidente conservador — não radical — chamou de "complexo industrial militar".

# Lucrando com o Comércio de Escravos com John Locke

As pessoas que elaboraram a Constituição dos Estados Unidos (veja seção anterior) deveriam ter ouvido mais os ingleses (ainda que tivessem expulsado-os dos Estados Unidos) — ou, pelo menos, os filósofos ingleses? De fato, a teoria política do inglês John Locke (1632–1704), definida em *Dois Tratados Sobre o Governo Civil* (1690), recebe o crédito de ter inspirado tanto a Revolução Americana como a Francesa em nome dos direitos e liberdades fundamentais. A influência de Locke está na Declaração de Independência Norte-americana, na separação de poderes e na Declaração dos Direitos. Também encontra-se na doutrina dos direitos naturais que aparece no princípio da Revolução Francesa e na *Declaração dos Direitos do Homem* da revolução, que afirma que os direitos do Homem são universais: válidos em todas as épocas e em todo lugar. Ou como Locke coloca, firmemente, em seu livro: "Sendo todos iguais e independentes, ninguém deve ferir outro em sua vida, saúde, liberdade ou posses".

## John Locke como visionário político

O filósofo francês Voltaire chamou Locke de um homem da maior sabedoria, acrescentando, "O que ele não viu claramente, eu não tenho esperança de ver". Uma geração depois, na América, a reputação de Locke havia crescido ainda mais. Benjamim Franklin agradeceu-lhe por seu "autodidatismo", Thomas Paine espalhou suas ideias radicais sobre revolução e Thomas Jefferson creditou-o como um dos maiores filósofos da liberdade de todos os tempos. Aqui estão algumas das citações mais famosas de Locke:

Sobre limitar o poder do Estado:

Sempre que o poder que é colocado em quaisquer mãos pelo governo do povo, e a proteção de nossa propriedade, é aplicado para outros fins e se utiliza do empobrecimento, assédio ou quando esse poder é submetido a comandos arbitrários e irregulares daqueles que o detêm, ele torna-se tirania, quer aqueles que fazem uso dele sejam um ou muitos.

Os atos da lei contra a confiança pesam sobre eles quando se engajam em invadir a propriedade do indivíduo e em tornar a eles próprios, ou qualquer parte da comunidade, mestres ou senhores arbitrários das vidas, das liberdades e dos destinos das pessoas.

Sobre filhos e casamento:

Adão e Eva, e após eles todos os pais, estavam, pela lei da natureza, sob a obrigação de preservar, nutrir e educar os filhos que geraram.

Sobre crime e punição:

Além do crime, que consiste em violar a lei, e variante da regra correta da razão, pelo que um homem se torna degenerado e declara abandonar os princípios da natureza humana e ser uma criatura nociva, há comumente uma injúria cometida a uma ou outra pessoa e algum outro homem é lesado por sua transgressão. Nesse caso, aquele que sofreu qualquer dano possui o direito da punição comum a ele com outros homens, um direito particular de buscar reparação daquele que o fez.

Sobre a liberdade:

Aquele que, no estado da natureza, tomaria aquela liberdade que pertence a qualquer um no estado deve necessariamente ter o desígnio de tomar tudo o mais, sendo a liberdade a base de tudo mais.

## *Todos são iguais (bem, quase todos)*

Todos são iguais: bem, exceto os escravos. Porque, curiosamente, o filósofo cujo nome inspirou outros a exigir liberdade teve um outro lado, mais sinistro.

Foi enquanto trabalhava como secretário de um diplomata que John Locke conheceu o Lorde Shaftesbury (Anthony Ashley Cooper). O nobre lorde ficou encantado com a sagacidade e estudo de Locke e imediatamente convidou-o para fazer parte de seu lar como médico-filósofo. Ashley, que posteriormente veio a ser o Primeiro Earl de Shaftesbury, foi uma figura essencial na vida política inglesa e, sob sua influência, Locke logo começou a trabalhar, paralelamente a seu *Ensaio Acerca do Entendimento Humano*, em sua *Carta Acerca da Tolerância* e *Dois Tratados Sobre o Governo*. Este último trabalho, célebre, reflete os interesses de seu chefe no comércio e nas colônias.

Lorde Shaftesbury já tinha um importante interesse em negócios nas Américas coloniais. Ele foi um dos líderes dos Lordes Proprietários das Carolinas, uma empresa para que o Royal Charter fundasse uma colônia no que é hoje a Carolina do Norte e do Sul, no Novo Mundo. Locke tornou-se secretário (literalmente, gerente-geral e supervisor) da empresa (1668–1671), bem como secretário do Conselho de Comércio e Plantações (1673–1674) e membro da Banca de Comércio (1696–1700)! De fato, Locke foi um de apenas uma dúzia de homens durante a Restauração (período que se seguiu à Guerra Civil Inglesa, quando a monarquia foi restaurada pelo rei Charles II) que criou e supervisionou tanto as colônias como seus severos e injustos sistemas de servidão. E um dos seus trabalhos mais importantes envolveu escrever uma constituição para a nova colônia, assim colocando seus princípios filosóficos em prática. Então, aonde seus princípios o levaram?

O preâmbulo à Constituição para os miniestados de Locke declara especificamente que, com o fim de "evitar erigir uma democracia numerosa", oito lordes proprietários (incluindo o próprio Earl Shaftesbury) se tornariam uma nobreza hereditária, com controle absoluto sobre os cidadãos. Esses governariam os servos feudais ou o que ele chama de *leet-men*.

Uma cláusula legal explica que "qualquer lorde de uma casa senhorial pode alienar, vender ou dispor para qualquer outra pessoa e seus herdeiros para sempre sua casa senhorial, com absolutamente tudo, com todos os privilégios e servos que a ela pertençam...".

Outra regra observa que todos os servos devem estar:

> ....*sob a jurisdição dos respectivos lordes de dita senhoria, baronia ou casa senhorial, sem apelo dele. Nem deverá qualquer servo, ou serva, ter liberdade de deixar a terra de seu lorde particular e viver em qualquer outro lugar sem licença de seu dito lorde, sob mão e selo.*

# Um belo dinheiro para ganhar com o comércio escravagista

A escravidão já existia na África antes da colonização da América. Muitos relatos registram que os escravos eram enviados, com ouro, através do norte da África para o reino de Berbere. Eram pessoas geralmente escravizadas após serem capturadas em guerras ou vendidas para quitar dívidas — ocasionalmente mesmo para compensar por crimes como assassinato e feitiçaria.

Contudo, os historiadores consideram que a prática foi originalmente não só em uma escala muito menor, como também bem menos malévola. Proprietários de escravos poderiam tratar os africanos como parte da família. Eles podiam trabalhar junto aos escravos e compartilhar a mesma comida e abrigos. Nas Américas, em contraste, o tráfico representou o que foi chamado de nova "escravidão industrial". Os proprietários de escravos mantinham enormes grupos destes em campos e utilizavam-nos para produzir trabalhos intensivos nas plantações, como cana-de-açúcar, tabaco e algodão. Os proprietários não trabalhavam com os escravos, mas viviam em mansões e empregavam supervisores com chicotes para forçar os escravos a trabalharem "até cair". As condições eram desumanas e horríveis nas plantações do Novo Mundo.

As condições no caminho para as Américas nos navios eram muito ruins também. Após serem pegos nos portos da costa oeste africana, os prisioneiros eram amontoados, acorrentados sob o convés e mantidos em condições anti-higiênicas e desumanas por longas semanas. O navio seguia por uma rota que veio a ser conhecida como "comércio triangular". Isso geralmente envolvia navegar para portos britânicos, como Liverpool ou Bristol, até a costa oeste da África, carregando os produtos das novas indústrias como utensílios de ferro ou produtos de algodão, que eram então trocados por escravos. Quando os escravos estavam a bordo, os navios partiam para as Índias Ocidentais ou outros portos nas Américas — o segundo lado do triângulo. Na chegada, os escravos sobreviventes eram vendidos e produtos como cana-de-açúcar, rum ou tabaco eram levados a bordo para a terceira e última parte da viagem, de volta à Inglaterra. Não é de se espantar que, em 1723, John Houston tenha descrito o comércio de escravos como "o eixo no qual o comércio do mundo se movia".

Espantosamente, em 1820 viviam mais escravos na América que colonizadores — cinco vezes mais (não é à toa que o próprio primeiro presidente dos Estados Unidos era um proprietário de escravos — o país foi construído por escravos e seus trabalhos). Os indígenas haviam sido massacrados também (por guerras, pelo despojamento de suas terras e por doenças). Porém, dando uma atenção cruel e burocrática aos detalhes e custo, o único paralelo com o tráfico de escravos é o transporte de judeus e outras "raças inferiores" pelos nazistas durante as décadas de 1930 e 1940 para os campos de concentração.

Os europeus expandiram enormemente o já existente comércio escravagista, oferecendo dinheiro e outras matérias-primas por um número cada vez maior de escravos. Esses estímulos levaram os africanos a uma incursão para capturar outros africanos, com o fim de vendê-los. Essas incursões também somaram à destituição, assim encorajando as pessoas a venderem seus filhos para a escravidão (talvez ignorando todas as consequências) para comprarem comida para os membros restantes da família.

Além do mais, "todos os filhos dos servos devem ser servos e o mesmo para todas as gerações". Quanto aos africanos (chegando lá acorrentados), a Constituição dá a cada colono "poder absoluto sobre seus escravos negros".

O tráfico transatlântico de escravos estava apenas começando quando Locke escreveu a Constituição. Em dado momento, essa viria a ser uma das maiores migrações forçadas dos povos na Era Moderna. Durante os três séculos e meio do tráfico, quase nove milhões de negros africanos foram transportados para as Américas — e isso sem contar aqueles que morreram pelo caminho. A maioria dos escravos foi transportada entre 1700 e 1850 e os britânicos definiram o ritmo, responsável por, pelo menos, um quarto de todos os navios negreiros.

Se Locke, como Shaftesbury, tinha responsabilidades públicas para cumprir, ele também teve suas visões privadas. Em 1671, ele comprou partes dos lucrativos comércios escravagistas, a Royal Africa Company (que marcava cada escravo com as letras *RAC*), bem como, um ano depois, o The Bahamas Adventurers.

## Propriedade de escravos: Filosoficamente, está tudo bem

A filosofia, por muito tempo, achou a propriedade de escravos correta. Para Aristóteles em particular (veja o Capítulo 2), o escravo doméstico era definido como posse e propriedade ou como se fossem "parte separada do senhor", mesmo que ele achasse que as pessoas deveriam utilizar os escravos não meramente de acordo com seu próprio interesse ou capricho, mas pelo bem geral e segundo a razão. Da mesma forma, Aristóteles definia os escravos como pessoas "naturalmente" adequadas para sê-lo, escrevendo em seu livro, *Ética a Nicômaco*:

> *Aqueles homens, portanto, cujos poderes estão principalmente confinados ao corpo e cuja principal excelência consiste em disponibilizar serviço braçal; aqueles, eu digo, são escravos naturais, pois é de seu interesse que sejam. Eles podem obedecer à razão, embora sejam incapazes de exercitá-la; e, embora diferentes de animais domados, que são disciplinados por meio meramente de suas próprias sensações e apetites, eles executam quase que as mesmas tarefas e tornam-se a propriedade de outros homens, porque sua segurança o exige.*

Essa é uma visão ultrajante, mas politicamente útil, e, certamente, o próprio Locke, em *Segundo Tratado*, escreve:

> *....há outro tipo de servos, que por um nome peculiar chamamos de escravos, que, sendo cativos tomados em uma guerra justa, estão, pelo direito natural, sujeitados ao domínio absoluto e ao poder arbitrário de seus senhores. Tendo esses homens, como eu digo, sido privados de suas vidas e, com elas, de sua liberdade e perdido suas posses e estando em estado de escravidão, incapazes de qualquer propriedade, não podem declarar pertencer a qualquer parte da sociedade civil; o principal fim então é a preservação da propriedade.*

Nos dias de hoje, os filósofos não falam muito da visão de Locke sobre os escravos. Mas isso não significa que o assunto é irrelevante. Pois, na filosofia de Locke, a propriedade é a chave para a sociedade civil, e a chave para a propriedade é o trabalho.

Contudo, a posição de Locke acerca da liberdade é, de fato, ambígua. No *Ensaio Sobre a Verdadeira Origem, Extensão e Fim do Governo Civil*, Locke insiste que a escravidão "é um estado do homem tão vil e desgraçado" e "tão diretamente oposto ao temperamento e espírito benevolente da nação" que "era difícil conceber que qualquer inglês, menos ainda um cavalheiro, deveria pleiteá-lo". A liberdade natural do homem, aqui, representa uma liberdade inalienável do poder absoluto, arbitrário. Contudo, para justificar a economia da escravatura, Locke achou necessário privar algumas pessoas de sua razão e, assim, de sua liberdade.

De fato, foi apenas colocando os escravos fora do contrato social e criando conceitos de inferioridade cultural e intelectual que Locke pôde reconciliar sua crença nos direitos inalienáveis de uma pessoa sobre si própria com as vantagens pessoais de exercer um papel fundamental na instituição da escravidão.

# Dando uma Virada Democrática com J. S. Mill

John Stuart Mill (1806–1873) nasceu em Londres, filho de James Mill, e trabalhou na Companhia das Índias Orientais por um breve período em que foi membro do parlamento. Ele era particularmente interessado nos direitos das mulheres, na reforma constitucional e econômica. Em 1830, conheceu Harriet Taylor, a quem, ele diz em autobiografia, não deve nenhuma de suas "doutrinas técnicas", mas todas as suas ideias liberais.

Mill defende que permitir às pessoas decidirem por si próprias o máximo possível aumenta a felicidade geral, chegando a uma filosofia que argumenta a favor da liberdade de pensamento, de expressão e associação. E são essas ideias sobre o papel dos indivíduos e da sociedade, expostas em *Sobre a Liberdade* e *Princípios da Economia Política* (*com Algumas de suas Aplicações à Filosofia Social*), que criaram uma filosofia política nas democracias ocidentais: o liberalismo clássico.

Mill escreveu *Princípios da Economia Política* em 1848, por volta da mesma época em que Marx e Engels tentavam iniciar uma revolução proletária. O escrito de Mill é essencialmente uma tentativa de imitar seu ilustre predecessor escocês Adam Smith (veja a seção seguinte), ao definir o funcionamento do Estado moderno.

Por exemplo, ele escreve, seguindo Smith, que o elemento da cooperação é a chave para as sociedades modernas. De tal cooperação, um grande "florescimento de cooperativas" e empresas conjuntas podem se seguir, Mill sugere entusiasmadamente. Entretanto, ele também acrescenta que:

> *Qualquer teoria que adotemos a respeito da fundação da união social e com qualquer instituição política em que vivamos tem um círculo em volta de cada ser humano em que nenhum governo deve ter permissão para pisar: o ponto a ser determinado é onde o limite dever ser posto, quão grande deve ser uma província de vida humana.*

Essa é a essência do liberalismo clássico. A variedade de Mill é fundamentada na ética utilitarista adotada de Jeremy Bentham (veja o Capítulo 7), em vez de no apelo aos direitos fundamentais de outro grande liberal inglês, John Locke. Contudo, apesar dos diferentes pontos de partida, ambos chegam ao conjunto característico de direitos e liberdades.

Ainda evidentemente no espírito de Smith, Mill oferece alguns grandes conselhos para o governo a respeito do dinheiro. Ele diz que apenas o trabalho gera riqueza, mas o capital é gerado no trabalho e pode ser acumulado — ou mesmo herdado — legitimamente. A herança é aceitável, ainda que inicialmente baseada em injustiça, quando algumas gerações tiverem passado, porque remediar a injustiça criaria problemas piores do que abandonar a situação. Por outro lado, o Estado poderia impedir a herança de riqueza, para além do ponto de se conquistar uma "independência confortável", intervindo e confiscando ativos. As pessoas que quiserem viver mais do que "confortavelmente" devem trabalhar por isso.

Mill achava que essa parte "benthamita", ou, pelo menos, com um toque de Bentham, de seu livro causaria mais do que um pequeno alvoroço e esperava tornar-se notório por ele. Contudo, enfiada no meio de quase meio milhão de palavras, atraiu pouco interesse.

Então qual é a influência de Mill? Ele é um dos primeiros escritores a considerar-se cientista social e era firme em sua convicção de que as ciências sociais relacionavam-se justamente com as ciências naturais e que era possível persegui-las utilizando métodos similares. Mill fazia distinção entre o estudo dos indivíduos, que seria grandemente psicológico, e das sociedades, que seria grandemente econômico e político.

# Votando na Vida, Liberdade e Busca por Riqueza

Adam Smith (1723–1790) é um filósofo muito mais radical do que normalmente se diz. Enquanto filósofos anteriores, como Platão e Locke, achavam que a sociedade deveria basear-se no altruísmo, ou, pelo menos, na supressão do egoísmo, ele admite que o egoísmo é, na realidade, uma coisa muito útil e a sociedade deveria incentivá-lo mais! Ou, como ele coloca, não é da benevolência do açougueiro nem do padeiro que se pode esperar por sua refeição; é por sua noção clara de seu próprio interesse. Não despreze o interesse próprio, ele diz, porque:

> ....isso nunca deveria ser imposto a um grande número de pessoas, nem causar um alarme tão geral entre aqueles que são amigos de princípios melhores, caso não estivesse embasado pela verdade.

Paralelamente à *Riqueza das Nações*, publicado no mesmo ano da Declaração de Independência Norte-americana (1776) e ainda uma leitura popular entre políticos, Adam Smith escreveu outra obra significativa, *Sentimentos Morais*, escrito um tanto depois e baseado na observação dos outros (para mais sobre ambos os livros, ver o Capítulo 17). Manter a justiça tornou-se a tarefa-chave dos governos, mesmo se as forças econômicas estiverem em colapso.

A primeira edição de *Uma Inquirição Sobre a Natureza e a Causa da Riqueza das Nações* custou 1,16 libra e esgotou em seis meses. Foi um sucesso estrondoso porque *A Riqueza das Nações* não é, apesar do título, voltado meramente à economia. É uma visão muito mais abrangente da sociedade e, em suas páginas, a economia é meramente um coproduto, embora necessário, da vida social. No livro, Smith ocupa-se não só de dinheiro, mas também de justiça e igualdade. E hoje em dia, se alguém de disposições diferentes adota seus achados (Smith era o queridinho dos governos de direita no final do século XX), não é culpa dele.

# Buscando Igualdade de Resultado ou de Oportunidade

Jean-Jacques Rousseau (1712–1778) enraíza sua filosofia política em questões de justiça também, em particular, a questão da origem da desigualdade, e começa distinguindo dois tipos de desigualdade:

> ✔ **Desigualdade natural ou física:** Diferenças de idade, saúde, força e inteligência.

> ✔ **Desigualdade moral ou política:** "Os privilégios diferentes de que alguns desfrutam em prejuízo de outros" — coisas como riqueza, honra e poder.

Seu ensaio, *Discurso Sobre a Origem e os Fundamentos da Desigualdade Entre os Homens*, escrito em 1754 para que ele se inscrevesse em um concurso da Academia de Dijon, não ganhou o prêmio, mas tem pontos originais. Ele escreveu:

Aqueles que falaram incessantemente de "ganância, opressão, desejo e orgulho", Rousseau diz, não perceberam que estavam introduzindo na natureza ideias que apenas se originaram na sociedade. Essa é a noção preferida no coração da filosofia alternativa de Rousseau. Mas e todas as outras supostas vantagens da civilização? Rousseau lida sem cerimônia com elas. Elas não passam de:

> ....*a desigualdade extrema de nossas formas de vida, o excesso de ócio entre alguns e o excesso de trabalho entre outros.*

Rousseau diz que um dos erros que Hobbes cometeu (Capítulo 14) foi ter imaginado que o selvagem compartilhava das ganâncias e paixões do homem civilizado. Em vez disso, Hobbes deveria ter percebido que o estado da natureza é um estado feliz. É preciso um conhecimento sofisticado, racional, do bem e do mal para tornar um homem civilizado mau.

Rousseau diz que os primeiros povos viviam como animais. Não diz isso em um sentido depreciativo, mas meramente no sentido de que os povos originais buscavam somente atender às suas necessidades físicas. Não tinham necessidade de fala, nem conceitos e, certamente, nem de propriedade. Rousseau aponta que muito do imaginário, tanto em Hobbes como em Locke, pertence a uma sociedade proprietária de bens, não ao suposto estado natural anterior à invenção dos direitos de propriedade. Percebendo isso, "nós não somos obrigados a tornar um homem filósofo antes de poder torná-lo um homem". A primeira vez que as pessoas tiveram um senso de propriedade, Rousseau acha, foi quando elas se assentaram em um local e construíram cabanas para morar.

Mesmo a união sexual, Rousseau observa pragmaticamente — bem como refletindo sua própria experiência (ele teve cinco filhos ilegítimos que deixou negligenciados em um orfanato) —, não parece ter implicado qualquer exclusividade, mas é mais provável que tenha sido apenas um episódio luxurioso que, logo após vivenciado, era esquecido, lembrado pelo menor dos motivos, apenas por conta dos filhos. Nem o pai nem a mãe, provavelmente, sabem de quem são os filhos que geraram, ele argumenta, assumindo que a paternidade é a característica definidora e minimizadora do conhecimento definido da mãe!

Visto que esse estado primitivo é, na realidade, superior àqueles que se seguiram, Rousseau prossegue sugerindo que a única razão pela qual essa sociedade primária mudou deve ter sido resultado de algum tipo de desastre, talvez um que tenha gerado escassez de alimento ou outra dificuldade. Isso teria forçado as pessoas a começarem a identificar certas áreas como suas e, talvez, começarem a viver em grupos. Isso, por sua vez, implicaria uma comunicação aumentada e o desenvolvimento da linguagem. E existe uma segunda dimensão para essas mudanças: as pessoas começaram a julgar-se por um novo critério — como as outras pensavam dela. Para Rousseau, esta última é uma mudança de maior significância, pois foi a autoconsciência que causou a queda de Adão e Eva no Jardim do Éden e é ela que deixa a humanidade permanentemente infeliz com o que possui e ressentida ou temerosa em relação aos outros.

Depois disso, infelizmente, "todo o progresso da raça humana afasta, cada vez mais, o homem de seu estado primitivo". Segundo Rousseau (neste ponto seguindo Thomas Hobbes), a sociedade necessariamente leva as pessoas a odiarem umas às outras, de acordo com seus diferentes interesses econômicos. Mas o tal contrato social de Hobbes é, na verdade, feito pelos ricos como uma forma de rebaixar os pobres. Na realidade, nem mesmo os ricos beneficiam-se do contrato, porque se pervertem e ficam cada vez mais longe do contato com a harmonia da natureza, elevados desnecessariamente acima de seu estado próprio, assim como os pobres são rebaixados em seu estado.

Para Rousseau, a justiça não é igualdade crua, mas a colocação correta dos indivíduos de acordo com seus talentos e habilidades — de acordo com seu mérito. Infelizmente, a sociedade quebra esse equilíbrio (que também é o problema que Platão discute em *A República*). E Rousseau considera a própria noção do contrato social falha:

Rousseau sugere que, em vez disso, apenas duas leis, ou princípios, podem ser consideradas "antecedentes à razão", antecedente querendo dizer que "vieram antes". A primeira (como em Hobbes) é um poderoso interesse pela autopreservação e bem-estar pessoal; a segunda, contudo, é uma "aversão natural a ver qualquer outro ser senciente perecer ou sofrer, especialmente se for um de seu grupo". O único momento em que um homem natural poderia ferir outro é quando seu próprio bem-estar o exige. Dizendo isso, Rousseau está traçando um paralelo entre a humanidade e os animais, que — diferentes de seus donos — nunca se ferem mutuamente apenas por maldade.

A versão de Rousseau para a divisão de trabalho é similarmente perversa e mesmo bizarra. Em vez do uso de ferro (para arados e outros) aprimorando a agricultura e tornando o cultivo mais fácil e mais eficiente, ele vê as novas tecnologias como um fardo sobre os produtores de alimento. "Quanto mais se multiplicam os números dos trabalhadores industriais, menos mãos engajadas em oferecer a subsistência comum, sem que haja menos bocas para alimentar." Então, ele diz, devem-se considerar todos os negócios não saudáveis da sociedade moderna — trabalho em minas, preparação de certos metais (como chumbo) — e a migração geral para as cidades antes de afirmar que a sociedade melhorou a vida das pessoas. Não que Rousseau esteja dizendo que as pessoas deveriam voltar a "morar com os ursos", uma conclusão que ele se apressa para impedir.

Contudo, Rousseau diz que as pessoas fora da sociedade não tolerarão ser subjugadas, "como um cavalo preso bate no chão com seu casco" e recua quando a cela se aproxima, ou animais batem a cabeça contra as "barras de suas prisões" — contudo, a sociedade reduz todos a escravos. E Rousseau descarta a explicação oferecida por filósofos como John Locke (veja a seção anterior "Lucrando com o Comércio de Escravos com John Locke") de que o governo é como um pai, pois "pela lei da natureza, o pai é o mestre do filho apenas pelo tempo que sua ajuda for necessária e que, além desse estágio, os dois são iguais, o filho tornando-se perfeitamente independente do pai". De fato, abrindo mão de sua liberdade, um homem degrada seu ser.

Passando do cenário menor para o mais amplo, Rousseau oferece um estado de "mãos lavadas". Afinal, ele diz, a única maneira pela qual um soberano e o povo podem ter um único interesse idêntico, de modo que todos os movimentos da máquina civil tendam a promover a felicidade comum, é os dois sendo um e o mesmo — o que não acontecerá. Na realidade, em seus escritos posteriores, notoriamente em *Do Contrato Social*, Rousseau sugere que talvez exista, *sim*, uma forma de contornar o egoísmo, por meio de um sistema de voto da maioria, no qual o desejo de cada indivíduo torna-se parte de uma vontade geral, em vez de refletir diretamente os desejos particulares de alguém. Mas sua alegação anterior é mais inspirada.

Outra implicação importante é a de que ninguém pode ficar fora da lei, pois, quando algumas pessoas ficam, outras são deixadas "ao seu próprio discernimento". Além do mais, a sociedade deveria ter menos leis e introduzir novas apenas com o máximo de circunspecção, de modo que, "antes de que a constituição possa ser perturbada, haja tempo suficiente para que todos reflitam que é, sobretudo, a antiguidade das leis que as torna sagradas e invioláveis".

# Capítulo 16

# Estética e Valores Humanos

*Neste Capítulo*

▶ Definindo arte e beleza e considerando a censura
▶ Aprendendo como escolher coisas boas para galerias de arte

> *....cada coisa tem sua própria beleza característica, não só tudo que é orgânico se expressa na unidade em um ser individual, mas também tudo que é inorgânico e amorfo e até mesmo cada artigo fabricado.*
>
> – Schopenhauer

**E**ste capítulo trata de questões de gosto em arte e beleza. Estética é um tipo particular de ética, voltada aos julgamentos sobre o que é bom, o que não é tão bom e o que é definitivamente ruim. Decidir coisas assim é uma questão política também, e julgamentos estéticos são, frequentemente, bastante controversos. Os argumentos mais impetuosos são expostos por pessoas que consideram algo como ótima "arte" (ou literatura) e os opositores, que veem a mesma coisa meramente como rabiscos de tinta ou cafonice voltada ao dinheiro. E, para complicar mais ainda as coisas, a estética conta com noções de autenticidade e originalidade, que são muito difíceis de serem definidas. Porém, neste capítulo, vamos tentar bastante.

# Então, o que Exatamente É Arte?

O que é arte? Qual é a diferença entre o esboço brilhantemente feito às pressas de um personagem e um mero rabisco? Quando uma pilha de tijolos é uma escultura e quando é somente uma pilha de tijolos? Que qualidade é essa que pode tornar uma pintura, uma música ou uma pedra *arte*?

A arte é, se você parar para pensar, uma coisa bem ímpar que pode abranger muitas áreas diferentes. De fato, a explicação mais provável é que a arte não tem nada a ver com a pintura, a música ou a escultura propriamente ditas, mas, ao contrário, tem a ver com a pessoa, o artista, que a cria. É a imaginação, o sentimento e originalidade do artista que as pessoas celebram quando elevam algo à condição de arte. E, nesse sentido, um falsário que faz uma cópia muito boa de uma obra de arte, ou mesmo que cria uma nova arte no estilo de um artista famoso, está produzindo trabalhos de menos mérito, porque ele não representa originalidade ou paixão.

"O que é arte?" é o tipo de pergunta que o ramo da filosofia de forma um tanto assombrosa chamada *estética* faz. A estética diz respeito a apreciar arte. Mas há uma coisa engraçada: a palavra *estética* vem do grego, que significa *percepção*, e era originalmente aplicada a coisas que são percebidas pelos cinco sentidos, ao contrário dos objetos mais estimados do pensamento que os filósofos apreciam especialmente. Contudo, os filósofos de arte da atualidade usam o termo para falar de julgamentos de gosto e apreciação do belo — exatamente os tipos de julgamentos abstratos que o uso da palavra deveria descartar logo de cara. Confuso? Isso é a arte para você.

Uma questão frequentemente levantada em estética é a de se a beleza é objetiva (algo que existe e não que diga respeito somente aos seus próprios gostos pessoais) — caso em que as pessoas realmente deveriam aprender a apreciar a grande arte e mesmo a ouvir longas obras da música clássica — ou se é subjetiva e emocional — caso em que a visão de uma pessoa é tão boa quanto a de todas as demais. Hora de emoldurar o pôster da jogadora de tênis e vamos ouvir rap! Porque, de fato, tais coisas são populares e, se a beleza é subjetiva, você tem que aceitar a autoridade da opinião geral.

Dois artistas russos, Vitaly Komar e Alexander Melamid, ofereceram uma interessante perspectiva sobre essa questão em 1996, quando desafiaram as noções de arte "superior" e "inferior", perguntando a vários cidadãos de diversos países a respeito de uma gama de preferências artísticas e produzindo pinturas que se adequassem a elas. Então, por exemplo, a obra de arte para o comprador americano apresentava um casal (vestido) passeando em uma paisagem à beira de um lago enquanto alguns veados brincavam ao fundo.

Pegue aquele pedaço de madeira com uma forma interessante que eu achei no bosque. Ele ficaria ótimo em uma caixa de vidro com uma luminária. Mas isso é arte? E aquela pintura borrada feita com tintas jogadas e escorrendo em uma tela no meio da sala? Ou a arte tem que ser cuidadosamente planejada e a comunicação deliberada de algum ideal humano eterno, como a verdade ou a beleza? Parece plausível e certamente muitos especialistas em arte dizem isso.

Mas o problema é, para a pessoa olhando o eventual produto, pintura, poesia, concerto ou o que seja, o que o público de arte recebe não é necessariamente o que o próprio artista pretendeu enviar. É verdade que macacos ou a Mãe Natureza não pretendem criar grandes pinturas, mas isso não significa que o que eles produzem pareça diferente para alguém que as encontre depois. Porém, se a diferença está nas intenções, então muitos artistas pretendem produzir grandes obras e nunca conseguem; o que está errado aí? Ou considere o caso curioso de um dos nomes mais respeitados da arte no século XX, como Jackson Pollock — aquele das infames pinturas com riscos de tinta.

# Argumentando sobre Arte e Intenções

Todos os especialistas em arte, todas as grandes galerias, se não talvez quase todas as pessoas humildes que olham, concordam que as pinturas borradas de Jackson Pollock contam realmente como grande arte. E JP pretendia que fossem arte também. Mas o que é curioso em relação à maioria da maioria dos radicais da arte do pós-Segunda Guerra Mundial é que eles foram do nada à proeminência com o apoio da… CIA! Sim, os serviços secretos americanos promoveram ativamente (por meio de livros, esquemas de financiamento, jornais e, claro, galerias) a arte radical como parte de uma estratégia labiríntica para minar a União Soviética.

Isso tudo foi parte de uma estratégia especial para conquistar o apoio dos intelectuais — inclusive filósofos — descrita como "a batalha pela mente de Picasso" por um ex-agente da CIA, Thomas Braden, em uma entrevista para a televisão nos anos 1970. Tom Braden foi responsável por liberar dinheiro na comissão do Congresso pela Liberdade Cultural. Naturalmente, a maioria das pessoas para quem ele deu dinheiro não tinha ideia de que os fundos e, portanto, o direcionamento artístico, na realidade, vinham da CIA. Intelectuais e grandes artistas, afinal, odeiam que lhes digam o que pensar.

E o que o império comunista estava fazendo nesse ínterim? Estava promovendo, por meio de galerias, financiamentos públicos etc., um tipo bem diferente de arte, supostamente refletindo valores políticos comunistas. O "realismo soviético" foi um tipo de reação ao "impressionismo ocidental" (todas aquelas paisagens pontilhadas — que os especialistas chamam de *pontilhista* — e formas subjetivas torcidas) e garantiam que as pessoas nas pinturas parecessem pessoas, tipos decentes e trabalhadores também e, mais importante, estivessem fazendo coisas importantes — como construindo tratores ou (pelo menos) olhando de forma inspirada para o espectador. Quando a arte soviética não era figurativa (como esse tipo de coisa é chamado), era muito lógica e matemática, cheia de formas geométricas precisas e blocos de cor cuidadosamente pesados.

E tudo isso levou a CIA a jogar dinheiro em artistas hippies — pessoas de quem eles normalmente não teriam gostado muito (esquerdistas, antiamericanos, frequentemente) que produziam imagens feias de um mundo ensandecido. Hoje em dia, felizmente, apreciadores (*connoisseurs*) por toda parte desfrutam e apreciam tantos as obras do realismo soviético como da arte subversiva ocidental. Mas a questão filosófica levantada é de quem eram as intuições que importavam na criação das imagens e das esculturas — das ideias individuais dos artistas sobre valores sociais ou dos esquemas políticos das pessoas que subsidiavam, pagavam e efetivamente direcionava-os?

## Descobrindo falsificações

Ninguém gosta de falsificações. O problema com dinheiro falso, por exemplo, é que você pode entrar em apuros se pagar com ele. O problema com bens de design forjados é que eles podem desmantelar-se, e não foi para isso que você pagou três vezes o valor normal por eles. Mas, para os filósofos, o problema da falsificação é muito mais metafísico.

Normalmente, o debate tende a focar em coisas como pinturas falsificadas. Se a pintura real e a forjada parecem iguais, qual é a diferença? Quando as galerias (como começaram a fazer) pedem ao público para visitar e admirar cópias exatas de suas pinturas mais famosas (enquanto as reais são mantidas trancadas seguramente em outro lugar), realmente parece trapaça. Porém, por que exatamente? A imagem parece exatamente a mesma! Como os cientistas diriam, a percepção visual é idêntica, então, o prazer deveria ser indistinguível. Muitas pessoas simples teriam entrado em uma fila (e pago também!) para ver grandes obras e, talvez, até tido por um momento um sentimento de ver e compartilhar de uma experiência especial obtida pelo contato com uma arte verdadeiramente grandiosa, porém, posteriormente, alguém diz que aquilo com que elas se maravilharam era na verdade uma cópia de segurança. E, em geral, se uma pintura, uma escultura ou mesmo uma gravação de uma performance musical foi amplamente admirada, deleitou a muitos, ainda assim, quando se revela que era uma falsificação ou uma cópia, todo mundo se sente enganado. Por quê? O objeto em si não mudou, então, o que mudou?

Novamente, lembre-se da trapaça na competição pela flor artificial (de plástico) mais autêntica — ele é a pessoa que usou uma flor real para enganar o público e o juri. Claramente, as intenções importam. A história por trás da imagem, da escultura ou da música importa.

Muitas pinturas famosas não são originais no sentido absoluto — o artista pode estar copiando um estilo ou ter feito inúmeros estudos muito similares. Nesta era de cópia de alta tecnologia, a distinção entre uma cópia e um original torna-se crescentemente hipotética!

## Arte africana ou kitsch de rua?

Considere o caso da arte étnica, como as máscaras ou esculturas africanas. Estas, por sua própria natureza, podem tanto ser feitas rudimentarmente, como terem uma aparência grosseira — pois estão ligadas a ritos sexuais e tradições em sociedades simples, onde obras elaboradas e delicadas não têm função. Como tais, são produzidas em massa de forma fácil e barata para turistas também — talvez em uma garagem em seu bairro. Então, como saber qual é uma obra de arte e qual é um trabalho de completo cinismo?

Obviamente, você recorre a especialistas — pessoas como Bernard Dulon, que paga uma boa grana por esses trabalhos e tem sua própria galeria de arte étnica em Paris. Bernard disse que pode distinguir "de cara se é real", porque todo trabalho de arte étnica tem sua própria "linguagem estética, emocional e etnológica". Ou pegue outro negociador de artes francês contemporâneo, Renaud Vanuxem, que diz que sempre discerne uma farsa de uma arte genuína porque, "embora pareça correta, passa uma sensação incorreta, não tem uma alma".

Isso é um negócio bem metafísico. Muitas pessoas não pensam mais que os seres humanos têm almas — menos ainda aquelas pinturas ou máscaras africanas. Contudo, agora, muitos filósofos de arte querem que você aceite que obras de arte possuem alma, e falsificações (ou apenas trabalhos inferiores — arte ruim, como eu poderia criar) não. Mas esses especialistas podem justificar tais distinções para o resto de nós? Denis Dutton, professor de filosofia na Universidade de Canterbury, na Nova Zelândia, editor do bem conhecido site *Arts and Letters Daily* e autor de um livro chamado *Arte e Instinto*, uma vez tentou explicar a diferença com relação a um dos escândalos mais famosos do mundo da arte — como, por décadas, os especialistas aclamaram os trabalhos do falsário do século XX, Hans van Meegeren, que fez cópias cada vez mais implausíveis de um pintor holandês do século XVII muito valorizado, Vermeer. O curioso a respeito dessas falsificações, trapaças, cópias, o que quer que chame, é que não eram cópias de pinturas reais, mas eram falsificações que Hans van Meegeren passava adiante como obras do antigo mestre redescobertas, previamente desconhecidas.

Como o professor Dutton coloca (e ele saberia), as falsificações tinham seu próprio estilo e de fato não pareciam com o resto das obras conhecidas de Vermeer. Porém, como a primeira falsificação de van Meegeren havia se tornado parte do suposto catálogo de Vermeer, todos os seus trabalhos posteriores pareciam combinar também. É claro que combinavam! De fato, as falsificações pareciam mais pinturas expressionistas alemãs do século XX do que as obras do século XVII de Vermeer. Então a fraude não estava na falta de estilo ou de originalidade, mas simplesmente em utilizar um nome falso. Parecia, então, que as falsificações tinham, sim, uma alma, mas talvez não a que se esperava.

Bem, Hans van M. não deveria ter tomado emprestado o nome de uma pessoa famosa. É por isso que sua arte é definida como falsificação. E, para economistas e negociadores de arte, essa é uma resposta suficiente para a pergunta: "O que é arte de verdade?".

Mas e se você considerar o caso da arte tribal? Esse caso não tem nomes famosos, apenas objetos misteriosos e significados tradicionais desconhecidos. De fato, alguns especialistas de arte acham que a chave para separar a arte tribal verdadeira das coisas feitas nas estradas para turistas é que as reais não são feitas com qualquer interesse nos ocidentais que posteriormente as encontram, mas servem a um propósito especial, esotérico — um propósito conhecido somente por aqueles no círculo especial da tradição. Resumindo, como o proprietário francês de uma galeria, Denis Dutton, colocou, as obras mais finas da arte tribal, arte de Nova Guiné ou da África, "não têm qualquer interesse em nossa percepção; elas meio que estão em outro mundo". Contudo, as máscaras de feiticeiros africanos ou o que seja também são consideradas arte, porque, de fato, expressam algo importante para quem as fez e para o público original, com valores compartilhados. Como as pinturas ocidentais, elas pretendem ser, também, a expressão de algo singular por um ser humano.

É fácil dizer que a obra de arte reduzida por um artista a uma venda rápida para pagar a conta de cerveja no bar local não é autêntica, porque não representa uma tentativa profunda de transmitir uma mensagem importante. A visão existencialista de autenticidade é frequentemente ligada à noção de autenticidade usada pelos filósofos e artistas em debates sobre estética. Os existencialistas — como Jean-Paul Sartre e Edmund

Husserl (veja o Capítulo 12) — priorizam a autenticidade, mas não está claro o que isso soma para além de slogan. Para complicar as coisas mais ainda, o próprio Sartre insiste em que "o real nunca é belo", antes de acrescentar que "beleza é um valor aplicável apenas ao imaginário...é por isso que é estúpido confundir a moral com a estética". Literalmente, ser autêntico é ser real, e não falso.

Infelizmente, entretanto, muitos dos grandes artistas foram reduzidos a operar de formas não autênticas — obrigados a rascunhar pinturas e esboços para senhorios e benfeitores ricos apenas para manter as contas em dia. Apenas recentemente os artistas têm se dado ao luxo de apenas poderem criar!

Os especialistas de arte atualmente criticam o que eles, às vezes, chamam de *kitsch* — arte que toma emprestados os aspectos superficiais da grande arte, acrescenta molduras caras e transmite mensagens simplistas. Certamente aqui você pode concordar que esse tipo de coisa nunca será arte! Contudo, igualmente, a maioria das grandes obras de arte foi paga — pela Igreja ou pelo proprietário de terra local. Muitos exemplos de grandes pinturas começaram como simplesmente retratos pagos para que aristocratas ricos registrassem seu sucesso na vida. Ainda assim, essa origem com a mente voltada para o dinheiro não ficou no caminho para que as pessoas aceitassem esses trabalhos.

## Os artistas precisam ter uma aparência correta também?

Com a arte tribal, as pinturas aborígines e máscaras africanas e afins, outra questão espinhosa (com nuances racistas) é de se a arte possui um componente racial. Por exemplo, um australiano branco pode pintar arte aborígine? Certamente parece mais plausível que o descendente direto de 40.000 anos de ancestrais aborígines possa transmitir um significado espiritual dos sonhos por meio de uma imagem melhor que um artista ocidental recém-chegado. Entretanto, que tipo de lógica é essa? Afinal, um australiano branco poderia estar mais profundamente consciente da cultura aborígine, talvez mais do que um aborígine autêntico, mas resolutamente moderno, que pinta só para ganhar dinheiro para sustentar seu gosto por rap. Quem pode julgar qual pessoa é autêntica?

## Censurando livros

Qualquer pessoa que tenha criado uma criança sabe que é muito importante controlar as influências às quais ela é exposta. Por quê? Porque de outra forma ela ficaria como você. Similarmente, Platão é notório por ter sido bastante censurador. Em seus planos para o estado ideal, ele queria controlar o máximo possível das influências sobre as pessoas — censurando a arte e assuntos culturais em geral, não só para uma melhor (mais segura) criação das crianças, mas para todos os cidadãos em sua república idealizada. E, pelo menos, as pessoas tomaram essa parte de sua filosofia política, porque certamente a censura está viva e bem por todo o mundo. Computadores e a internet, em particular, estão, também, introduzindo todos os tipos de noção de privacidade e controle. À medida que a sociedade da informação longamente antecipada torna-se uma realidade, os criadores de políticas e legisladores têm lutado para reter o controle.

Os usuários de internet na China foram obrigados a enviar suas comunicações por meio de portas e filtros especiais que estão sob o olhar vigilante do governo. Vietnã, Irã, Arábia Saudita e muitos estados do Golfo desenvolveram sistemas de filtro similares. O governo francês está tentando frear a utilização do inglês em seu ciberespaço nacional e, nos Estados Unidos, Alemanha e Japão, os legisladores lutam constantemente contra material indecente. No Reino Unido, crianças são protegidas de uma grande gama de material inadequado, muito do que, atualmente, chega por e-mail.

Interessante notar, porém, que poucos países concordam a respeito do que eles precisam proteger os cidadãos. Pegue o caso de um bibliotecário bem-intencionado da Grã-Bretanha que prontamente respondeu a queixas de pais a respeito de um livro que mostrava o espancamento de um bebê e o assassinato de um policial e que, de alguma forma, foi parar na seção infantil! No entanto, o livro também era um dos tradicionais preferidos das crianças — chamado *Punch and Judy*, com bonecos engraçados dos quais as crianças riram por séculos. Isso ilustra um fato importante acerca da censura: não é bem o livro ou programa que as autoridades precisam controlar — é a reação do leitor ou espectador.

# Apreciando o Senso Estético

Os filósofos concordam muito pouco em relação à definição de beleza, que não é em si uma coisa fora do comum (eles também concordam muito pouco a respeito do que torna uma mesa uma mesa, sobre a cor da neve e assim por diante). Em épocas clássicas, as pessoas consideravam que os elementos-chave da beleza eram a harmonia, a proporção e a unidade. Alguns dizem que avaliar a beleza é um julgamento estético; outros dizem que não. Alguns dizem que a beleza é passível de definição e objetiva, como o próprio Platão com sua "forma do belo"; outros dizem que é inteiramente subjetiva e aquém de considerações sérias. Se a beleza for como a primeira definição, então é uma qualidade real, como, digamos, é a cor; se for como a última, então é puramente uma questão de resposta emocional. São Tomás de Aquino achava que era a primeira e definiu a beleza como "aquilo que agrada em sua própria compreensão", enquanto Immanuel Kant achava que era basicamente uma questão pessoal, embora admita que a beleza possui "universalidade e necessidade subjetivas", pelo que ele pretende dar algum tipo de fundamento sólido ao entendimento do mundo das pessoas.

Hoje em dia, com o interesse artístico pelo grotesco e violento, a distinção frequentemente se perde, mas a beleza costumava ter um elemento ético: ser belo era (nesse aspecto) ser bom, ser melhor que o feio. É por isso que é possível descrever ações como *bonitas*, ou mesmo pessoas feias cujo caráter é *bonito*.

# Considerando Estética, Arte e Beleza

Os gregos antigos ligavam a beleza à bondade. Sua frase *kalos kai agathos* (belo e bom) era a descrição padrão dos heróis homéricos, pessoas como Ulisses, que o poeta antigo Homero descreveu realizando grandes coisas, como arrancar cabeças de monstros a dentadas. Platão também ligava a beleza à verdade, gerando uma trilogia filosófica histórica de verdade, beleza e bondade. Mas qual é a relação da beleza com a verdade e a virtude? Os cristãos frequentemente pareceram ressentir-se das formas como a "beleza" parece apoiar esses valores — e certamente pessoas bonitas podem sair-se bem com mais falhas do que as feias. Apesar disso, as pinturas de cenas religiosas invariavelmente fazem Deus, Jesus e todo esse lado muito bonitos — e o Diabo, Judas e todo esse povo grotescos e feios. Diretores de elenco, produzindo dramas criminais, da mesma forma, parecem ter ideias bem fixas a respeito do que "parece" um vilão e quem parece uma vítima inocente. Alguns têm sugerido que o belo, que tem sua beleza para fazer isso, e não o que é comum ou mesmo feio?

Em *Investigação a Respeito da Beleza, Ordem, Harmonia e Design* (1725), Francis Hutcheson (1694–1746) defendeu que reconhecer um objeto como belo era uma questão de distinguir suas qualidades estéticas das qualidades factuais ou empíricas. Ele achava que a beleza de um objeto era essencialmente uma questão de sua capacidade de afetar um observador de alguma forma particular. Mas diferentes tipos de artes (gêneros) produzem diferentes tipos de reações: comédia versus tragédia, arte exótica versus música e assim por diante. Isso sugere que a resposta emocional ou estética de uma pessoa depende não só do objeto em si, mas de que aspecto dele o observador está olhando ou no qual está focando.

Immanuel Kant discutiu a beleza e o gosto em seu peso-pesado e influente *Crítica do Julgamento* (1790), dizendo nele que a beleza depende da aparência e, dentro desta, da forma e do desenho. Na arte visual, ele disse que não são as cores, mas o padrão que essas cores criam; na música, a relação entre os sons, não o timbre ou o tom que importam. E o crítico de arte inglês John Ruskin (1819–1900), que a beleza tem um centro espiritual.

Tais relatos de arte foram influentes no século XIX, mas o século XX trouxe uma preocupação maior com a questão da forma e o desafio à ideia da arte e da beleza como conceitos morais.

# Dez eventos chocantemente artísticos

Existe na arte e na música o que os sujeitos artísticos gostam de chamar de "tensão criativa", e diz respeito a trabalhar bem nos limites do gosto do público. Além do mais, há dinheiro para se ganhar aí. Eis dez exemplos refletindo ambas motivações:

- Pintura: *Café da Manhã na Grama*, de Manet, mostrando um grupo de sofisticados aristocratas franceses fazendo um piquenique em área aberta, chocou o mundo da arte em 1862, porque uma das jovens moças está completamente nua!

- Pintura: *Lição de Violão*, de Balthus (1934), retratando um professor acariciando as partes íntimas de sua pupila nua, causou uma comoção previsível. O artista alegou que isso era parte de sua estratégia para "tornar as pessoas mais conscientes".

- Música: Pulemos para 1969, quando Jimi Hendrix executou sua própria interpretação do hino nacional americano no festival hippie Woodstock, chocando o público americano em geral.

- Filme: Em 1974, censores consideraram fora dos limites *O Porteiro da Noite*, um filme sobre um ex-comandante nazista da SS e sua bela prisioneira (exibindo flashbacks de travessuras nos campos de concentração e muitas cenas sexuais em uma cama com a indumentária nazista), fora dos limites.

- Instalação: Em dezembro de 1993, o obelisco de 50 metros de altura na Praça da Concórdia no centro de Paris foi coberto por uma gigantesca camisinha vermelho fluorescente por um grupo chamado ActUp.

- Publicação: Em 1989, a novela de Salman Rushdie, *Versos Satânicos*, ultrajou as autoridades islâmicas por seu tratamento irreverente do islã. Em 2005, cartuns, fazendo observações políticas sobre o islã, mostrando o profeta Maomé, da mesma forma, resultou em conflitos em muitas cidades muçulmanas ao redor do mundo, com várias pessoas assassinadas.

- Instalação: Em 1992, aquele que viria a ser extremamente rico, o artista inglês

Damien Hirst, exibiu um tubarão de sete metros de comprimento em uma caixa gigante com formaldeído em uma galeria de arte de Londres — o primeiro de uma série de coisas mortas preservadas.

✔ Escultura: Em 1999, a Sotheby's em Londres vendeu um urinol ou uma espécie de cuba urinária de Marcel Duchamp como arte por mais de um milhão de libras ($1.762.000) para um colecionador grego. Ele deve ter ficado lelé da cuca!

✔ Pintura: Também em 1999, *A Sagrada Virgem Maria*, uma pintura de Chris Ofili representando o ícone cristão como uma figura bastante crua, construída a partir de esterco de elefante, causou um rebuliço. Curiosamente, a obra foi banida na Austrália (como o tubarão de Damien Hirst), porque o artista estava sendo financiado por pessoas (os saatchis) que visavam se beneficiar financeiramente com a controvérsia.

✔ Escultura: Em 2008, Gunther von Hagens, também conhecido como Doutor Morte, exibiu em várias cidades da Europa uma coleção de corpos esfolados montados em posturas grotescas que ele insiste que deveriam contar como arte.

## Lustrando a visão sublime de Kant

E assim, vamos para o não tão apreciado estudo kantiano sobre o belo e o *sublime*. Para ser artístico, pronunciando com um "u" prolongado, "suuublime", como em "querida, enquanto estamos na jacuzzi ouvindo Bach, passe-me uma taça daquele sublime, borbulhante, sofisticado, mas filosófico, chateau Martin premier cru". Nesse cenário imaginário, algumas pessoas pedantes falam de vinho, mas o ponto é que as coisas sublimes não precisam ser apenas objetos de arte, mas de alguma forma a arte superior e ser sublime às vezes parecem ser um tanto pedantes — a música clássica é arte, o rap não é. Mas, voltando a Kant, que escreveu antes que houvesse uma distinção tão clara entre cultura superior e inferior, clássica e popular. E ele pergunta, o que é sublime? Antes de responder: a noite é sublime, o dia é lindo. O mar é sublime, a terra é linda; homens são sublimes, mulheres são lindas — e assim por diante. Muitos professores escreveram tratados assim na época em que Kant estava tentando; era quase compulsório.

O *sublime*, palavra que vem do latim e significa "exultado" e inenarravelmente grandioso, é uma grande parte da teoria estética na arte e na filosofia ocidental, desde que um esteta, de outra forma desconhecido, chamado Longino, aclamou-o aos céus no primeiro século d.C. e todos os demais seguindo sua formulação mais explícita na Europa do século XVIII.

O primeiro estudo do valor do sublime é um tratado chamado *Sobre o Sublime*, em que Longino descreve extensamente como ouvir a poesia grega antiga produz sensações sublimes nele, como uma emoção profunda misturada a prazer e exaltação. A melhor dedução de Longino para explicar a arte foi a de que ela gira em torno da capacidade de metáfora — um ponto que Platão e Aristóteles também haviam feito. Na realidade, embora seu livro tenha sido escrito no primeiro século d.C., só foi propriamente publicado em 1554 (que se saiba que as primeiras prensas mecânicas decentes só foram inventadas por volta dessa época, dê mais ou menos 100 anos).

Apesar do atraso em chegar às prateleiras de livros, a influência de Longino no novo tema artístico do sublime estendeu-se bem através do século XVII. Assim, ele pôde influenciar o estabelecimento de uma literatura radical francesa e os sujeitos mais conservadores ingleses, como o escritor John Dennis e o filósofo Anthony Ashley Cooper. Tudo muito sublime, ou "além da explicação com palavras". Assim parece que foram as escaladas que Lorde Cooper e, posteriormente, John Dennis fizeram nos Alpes europeus. No entanto, foi nessas caminhadas que muitos dos novos *estetas* (amantes da beleza) vivenciaram o sublime. Em registros de suas viagens, eles comentaram sobre o terror e a harmonia da experiência e do tumulto cru da beleza da natureza.

De fato, foi John Dennis que, especificamente, lançou a noção do naturalmente sublime ou o sublime como ele é no mundo natural. John Dennis publicou seus comentários no final do século XVII, dando um relato de sua cruzada pelos Alpes, onde, contrário aos seus sentimentos anteriores pela beleza da natureza como um "deleite que é consistente com a razão", a experiência da jornada foi um prazer para os olhos como a música é para o ouvido, mas "mesclada com horrores e, às vezes, quase com desespero". Os escritos de Shaftesbury refletem respeito ao assombro da infinitude do espaço — o "espaço assombra", ele exclamou — e a aparência sublime das montanhas era de qualidade mais grandiosa e de importância superior à mera beleza.

O filósofo britânico, Edmund Burke, deu um importante próximo passo no desenvolvimento do conceito do sublime em um livro chamado *Uma Investigação Filosófica sobre a Origem de Nossas Ideias do Sublime e do Belo* (1756). Pela primeira vez, alguém expôs um argumento filosófico para sugerir que, embora o sublime possa inspirar terror, também é possível obter prazer da experiência. Esse argumento libertou a experiência estética de seu lar seguro tradicional do reino da beleza.

Quando Immanuel Kant publicou seu livro *Observação Sobre o Sentimento do Belo e do Sublime* (1764), os filósofos geralmente concordaram que ser sublime era bem diferente de ser belo. Era, na verdade, melhor.

Isso foi um grande contraste à noção clássica da experiência estética descrita por Platão e Santo Agostinho. Para eles, a *beleza* era pureza de forma e o *feio* era simplesmente a ausência da beleza — sem forma e não existente. A feiura não poderia criar sentimentos especiais.

Contudo, em seu relato de "Analítica do Sublime" (parte de seu livro *Crítica do Julgamento*), Kant distinguiu as "diferenças notáveis" do belo e do sublime, observando que a beleza "é conectada à forma do objeto", tendo "fronteiras", mas o sublime "encontra-se em um objeto amorfo" e é sem fronteiras.

Em um capítulo intitulado "Analítica do Belo", parte do livro *Crítica do Julgamento* de Kant, ele declara que a beleza não é uma propriedade de obra de arte ou de objetos naturais, mas uma consciência do estado do sentimento de prazer derivado de um julgamento de gosto. Pode parecer que você está usando a razão para decidir o que é belo, porém, o julgamento não é cognitivo (envolvendo ideias e princípios) e, "consequentemente, não é lógico, mas estético". De fato, Kant diz, o julgamento de gosto é puramente subjetivo e baseado em nada senão em "um sentimento de satisfação derivado da presença de um objeto". Por outro lado, esse é um prazer desinteressado (isto é, um julgamento objetivo) e, quanto mais pessoas compartilhem a consciência do que é bom, é universal.

Além do mais, enquanto a beleza relaciona-se ao entendimento, Kant diz que o sublime é um conceito que pertence à razão e "mostra uma faculdade da mente ultrapassando cada padrão do Sentido". Você vivencia o sublime quando sua imaginação não consegue compreender a vastidão do infinito e torna-se ciente das ideias da razão e de sua representação sem fronteiras da totalidade do universo. O sublime torna-o ciente de sua própria *finitude* (saber quão pequeno e mortal você é) e também da superioridade predominante da lei moral.

Não, não! Pare, professor Kant! Tudo o que quero saber é como distinguir boa arte, boa música e bons filmes dos ruins. Ou mesmo se isso importa. Sentimentos de finitude dificilmente parecem entrar nisso. Talvez uma caminhada nos Alpes possa trazê-los, mas muitas das novas formas "feias" de arte parecem estar indo na direção oposta — tornando o mundo pequeno, e o artista se sente importante. Kant (felizmente para ele, sem dúvida) não estava por perto para ver até onde os artistas levaram o sublime depois.

## Reconhecendo a armadilha do belo

Nos Estados Unidos, as pessoas gastam mais dinheiro com a chamada beleza do que com educação ou serviços sociais. Em países como o

Brasil, o exército das moças da Avon vendendo maquiagem é maior e mais numeroso do que o feioso exército militar. A beleza abertamente faz o sucesso ou o fracasso de produtos por meio de propagandas e decide o sucesso ou fracasso de filmes, telejornais, música popular e, cada vez mais, das atividades do mundo real, como política, esporte e negócios também.

A beleza não é somente um tipo de mecanismo evolucionário, mas é essencial à vida social e política, a pesquisadora cognitiva e autora de livros como *A Sobrevivência dos Mais Belos* (2000), Nancy Etcoff, diz. Ignorar seu poder é ordenar que a maré "retorne" e obedeça à sua vontade. Ela fala, "como viver com a beleza e trazê-la para o reino do prazer é uma tarefa para a civilização do século XXI".

Em um livro bem chato chamado *Primazia da Percepção* (1976), o filósofo francês do século XX Maurice Merleau Ponty também coloca a "autoimagem corporal" firmemente no centro de sua filosofia, argumentando que o corpo "forma nosso ponto de vista sobre o mundo" e é "a forma visível de nossas intenções". Quando essa autoimagem fica deformada, as consequências são profundas. É possível atribuir toda sorte de efeitos malignos a noções de beleza (distúrbios alimentares, ansiedade, estresse, baixa autoestima, assédio sexual, incesto e estupro) — e recusar-se a permitir quaisquer efeitos bons.

Do mesmo modo, escrevendo mais recentemente, Naomi Wolf descreve em *O Mito da Beleza* como as pessoas historicamente estimaram diversos tipos de beleza e como "as qualidades que um dado período chama de belas em uma mulher são meramente símbolos do comportamento feminino que aquele período considera desejáveis". Naomi Wolf acha que a razão pela qual as pessoas fazem isso é que elas foram programadas por milênios de evolução para identificar o parceiro mais fértil. Homens procuram mulheres que têm forma de ampulheta, porque isso maximiza a chance de ela ter idade suficiente para gerar filhos, mas jovem o suficiente para não já estar grávida ou amamentando (caso em que ela não está fértil). Afinal, as mulheres, igualmente, buscam homens com o maxilar quadrado, altos, escuros e bonitos, características pelas quais (ela argumenta) ilustram não só sua masculinidade, mas sua capacidade de ajudar a criar os filhos. E a razão por que muitas mulheres usam maquiagem e estão sempre de dieta é que elas foram cooptadas por uma espécie de culto religioso — o culto do corpo belo.

# *Respeitando a visão desagradável de Nietzsche*

Platão achava que a arte deveria tentar refletir — imitar — a beleza no mundo. Essa foi de fato a visão da maioria dos artistas europeus até a época de Nietzsche. Os filósofos às vezes dizem que o fato de as modas artísticas terem mudado, com os impressionistas e, posteriormente, com os surrealistas alterando o mundo para adequá-lo aos seus valores e prioridades, teve muito a ver com a influência de Nietzsche.

Em seus escritos, Nietzsche argumenta que a arte deveria fazê-lo pensar (então não deveria recebê-la passageiramente), e qualquer exemplo que não o faça não é arte de verdade.

Em uma célebre passagem de *Humano, Demasiado Humano*, Nietzsche explica:

> *A arte deve, acima e antes de tudo, embelezar a vida, assim nos tornar mais tolerantes, se possível mais agradáveis aos outros: com essa tarefa em mente, ela nos contém e nos mantém dentro de nossos limites, cria formas sociais, impõem as regras da decência, limpeza, polidez, de falar e de calar no momento próprio. Então, a arte deve conciliar ou reinterpretar tudo que é feio, aquelas coisas dolorosas, tenebrosas, asquerosas que, não obstante todos os esforços, em acordo com a origem da natureza humana, teimam em aparecer: deve fazê-lo especialmente no que diz respeito às paixões e aos temores e tormentos físicos e, no caso daquilo que é inevitavelmente feio, deixar o significado da coisa transparecer.*
>
> *Após essa grande, de fato imensa, tarefa da arte, o que é normalmente chamado de arte, aquela da obra de arte, é meramente um apêndice. Um homem que sente dentro de si um excesso de tais poderes embelezadores, conciliadores e reinterpretantes no final buscará descarregar esse excesso em obras de arte também; então, sob as circunstâncias certas, todo um povo também fá-lo-á. Agora, contudo, nós normalmente começamos com arte onde deveríamos terminar com ela, agarramo-la pela cauda e acreditamos que a arte da obra de arte é arte de verdade com a qual a vida deve ser aprimorada e transformada — tolos que somos! Se começarmos a refeição com a sobremesa e nos empanturrarmos com coisas doces, é de se espantar que estraguemos nosso estômago, ou mesmo nosso apetite, para as boas, fortificantes e nutritivas refeições para as quais a arte nos convida?*

# Escolhendo entre Arte Banida e Aprovada

Nos dias de hoje, muitos pais são deixados de lado pelos mangás japoneses — cheios de sexo e violência. Mas tais preocupações são história antiga. Existem inscrições e pinturas em cavernas bastante terríveis que remontam a dezenas de milhares de anos. Ninguém sabe se nossos predecessores regulavam o acesso a essas obras ou não e, se sim, por que razões. Mas, certamente, artes inapropriadas mais recentes têm causado controvérsia — como no século XIX com a chegada das novas revistas de um centavo, as Penny Dreadfuls. Elas eram cheias de histórias empolgantes sobre ladrões de estrada e assassinos.

Mas a Penny Dreadful, com suas histórias cheias de sexo e violência, chocou e preocupou os vitorianos. Eles temiam (como Platão, mas diferente de Aristóteles que, clínico como sempre, achava que tais histórias limpavam o espectador de paixões indesejáveis) que demonstrações de violência encorajassem pensamentos violentos, então, achavam que era seu dever impedir a poluição dos jovens, advinda de histórias de rapazes que caminhavam pelos esgotos combatendo policiais e recuperando corpos. "Quando se lembra de que esse lixo sujo e imundo circula a milhares e dezenas de milhares, semana por semana, entre jovens que estão na época mais impressionável de suas vidas, não é surpresa que as autoridades tenham que lamentar a prevalência de crimes juvenis", alertou um crítico em 1890. Existia evidência para apoiar os temores dos vitorianos também: a quase respeitável história do amor não correspondido de Werther pela amável Lotte em *Os Sofrimentos do Jovem Werther*, de Wolfgang von Goethe (1780–1833), que termina no trágico suicídio do herói, levou a uma série de suicídios semelhantes no início do século XIX.

Então foram aqueles responsáveis críticos sociais que decidiram se dedicar à tarefa de erradicar o que eles viam como uma praga de literatura venenosa. Um desses críticos, James Greenwood, disse:

> *Há uma praga que está lançando suas raízes cada vez mais profundamente no solo da Inglaterra, especialmente o metropolitano, semana a semana, e florescendo cada vez mais ampla e mais alta e gerando grandes plantações de frutas que rapidamente caem, apodrecem, disseminando-se por toda parte, tentando o ignorante e o desatento e criando morte e desgraça impronunciáveis.*

Títulos populares (talvez refletindo a escassez de ideias) incluíam *Sweeney Todd: O Barbeiro Demoníaco da Rua Fleet*, *Spring-Heeled Jack: O Terror de Londres* e *Three-Fingered Jack: O Terror das Antilhas*, sem falar em Hounslow Heath Moonlight Riders ou o rei de Boy Buccaneers, almirante Tom. "Sensação desagradável, embalagens de aparência desagradável são todos eles, e, considerando a natureza virulenta de seus conteúdos, sua característica mais valiosa é o tamanho extremamente limitado", escreveu Greenwood em 1874.

No entanto, tanto H. G. Wells como Noel Coward eram consumidores ávidos de tais revistas, elogiando bastante o gênero. Eles voluntariamente perambularam por entre lagos e poças de água parada cobertas de mato, dormiram nos ocos de troncos isolados, viram a lua brilhar nas águas correntes mesmo quando transportavam serenamente curso abaixo a mão branca de um cadáver, sem esquecer a cela de espera do condenado e o cadafalso rangente da solitária.

Você poderia considerar tudo isso algo muito inofensivo hoje em dia, com as tecnologias contemporâneas imensuravelmente aumentando o escopo para que voyeuristas deem uma espiada no horror ou testemunhem os "pesadelos da depravação", como um candidato a presidente colocou recentemente, em 1995. Os censores de hoje em dia não olhariam duas vezes para essas histórias de saqueadores.

Atualmente, muitas das preocupações que as pessoas têm não são relativas ao que está representado, mas ao que pode estar envolvido na produção de cenas de sexo, violência ou terror. Nos chamados *snuff movies*, coisas desagradáveis (como ser morto) acontecem de verdade com pessoas ou animais, e o fato de que a produção das imagens envolve crime só se soma ao apelo. O fato de existir um mercado que parece preferir que eventos desagradáveis sejam reais em vez de resultado de uma sofisticação técnica é algo que as redes de televisão conhecem muito bem. Enquanto isso, a atividade sexual, que de alguma forma está estranhamente atrelada ao crime e à violência na biblioteca dos censores, sempre atraiu fortunas para que seja real e não forjada. *Romance*, em 1999, e o filme radical francês *Baise Moi* (2002), com sua história de como um estupro serve de motivação para que duas mulheres saiam em uma farra de estupro e mutilação, desafiaram essa tendência e confundiram os censores que não estavam certos de banir os filmes pelas cenas de sexo real sem glamour ou as intermitentes cenas falsas e medíocres de violência.

# Hollywood e violência

Na década de 1930, uma série de filmes com inspiração americana aparentemente glorificando gangsteres causou um pânico moral parecido com aquele de Penny Dreadful, em *Moonlight Riders*. Uma típica história dos EUA, *The James Boys, as Guerrillas*, descrevia a verdadeira (pelo menos parcialmente) história de como os garotos capturavam os federais. E foi publicada no contexto de uma caça aos garotos em andamento. Depois, também, houve os contos de Bonny e Clyde e mesmo Robin Hood, continuando a dar um mau exemplo.

Um novo código esboçado por Will Hays, um magnata dos filmes dos EUA com conexões políticas, ajudou. O resultado foi os produtores de filmes acrescentando cenas que mostravam grupos de cidadãos preocupados ou os líderes gangsters morrendo no final de forma medonha. Mas para muitos americanos, apenas retratar gangsters como personagens principais já era demasiado.

Felizmente, pela metade da década, Hollywood, impulsionada por organizações como a "Legião da Decência", pensou em reinventar o gênero com um oficial da lei conduzindo todas as empolgantes perseguições de carro e tiroteios, que anteriormente eram responsabilidades de gangsteres, assim tornando a violência completamente ética.

A censura é parte da vida social — inevitável e indesejável. Por exemplo, as regras para os locais onde as pessoas podem e não podem ficar nuas são uma forma de censura. Você não quer encontrar o leiteiro à sua porta sem nenhuma roupa (ainda que queira encontrá-lo dentro do quarto sem nenhuma roupa). Nos locais onde as pessoas concordam amplamente com as regras, elas dificilmente notam-nas, mas, em um local onde uma minoria opõe-se, o censor provavelmente não conseguirá encontrar um argumento racional para justificar sua posição. Como Bertrand Russel escreveu em um de seus *Ensaios Céticos*: "É óbvio que a 'obscenidade' não é um termo que pode ter uma definição legal; na prática dos tribunais, significa qualquer coisa que choque os magistrados".

Hoje em dia, a violência é praxe, mas as visões sobre o grau aceitável de nudez na Igreja (pensando mais nas decorações do que nos paroquianos) flutuaram. O artista Michelangelo lutou nos terrenos artísticos por sua visão de que a forma humana era divina e não precisava ser coberta, particularmente no céu. Mas, na realidade, folhas-de-figueira foram regularmente acrescentadas às suas estátuas e afrescos.

Hoje, as feministas e outros continuam a defender que a chamada arte clássica, representando as mulheres em papéis sexualmente sugestivos ou simplesmente nuas, deveria ser suprimida — tirando essa arte de exibição em instituições públicas, como universidades e bibliotecas. Existe muito pouco consenso sobre o que constitui representação exploradora ou degradante. A censura das formas femininas vai desde a proibição total em países islâmicos até a mais completa legalidade em algumas jurisdições seculares.

Parece que as sociedades que protegem as mulheres de serem feitas de objetos sexuais, impondo regras rígidas sobre vestimentas e relações sociais (limitando seus direitos de falar com as pessoas ou entrar em prédios com homens), são pouco eficientes em protegê-las contra a violência — violência real, como serem mortas por membros da família. Os protestos de que as imagens, desde aquelas que mostram um pouco da pele até as pornográficas, são todas formas de violência contras as mulheres, que parecem oferecer uma justificativa direta para a censura, contrastam com a violência dos censores em administrações como a do Afeganistão, sob controle do talibã, dedicadas a promoverem a virtude e extirpar os vícios. De fato, dado o papel reduzido das mulheres em sociedades que as "protegem" de tal violência, outras feministas condenam a censura da forma feminina como reacionária e opressiva.

## Os britânicos e o sexo

No famoso julgamento de *O Amante de Lady Chatterley*, de 1959, o advogado Mervyn Griffith-Jones pediu à corte britânica para considerar se o livro com aquele nome do intelectual e respeitável D. H. Lawrence era o tipo de coisa, como ele colocou, "que os homens ingleses gostariam que suas esposas e servas lessem".

Essa pergunta retórica caiu em ouvidos moucos na sala da corte e o júri concluiu que Griffith-Jones estava exagerando nos perigos à sociedade do livro sexy de D. H. Lawrence. Esse foi um ponto baixo para aqueles que faziam campanha contra o que consideravam uma onda crescente de imundice, porque o caso foi perdido e D. H. Lawrence passou a ser defensor da liberdade artística. De fato, a opinião pública simplesmente recusou-se a aceitar que o livro era imundo e, meio século depois, ele é uma parte respeitável do cenário literário.

Mas, em 1993, um projeto de lei na Câmara dos Comuns conseguiu combater uma nova maré de vídeos abjetos, como *O Assassino da Furadeira* e *Doce Vingança*. O ministro responsável (David Mellor) apoiou o projeto veementemente, dizendo: "Ninguém tem o direito de ser aborrecido com um crime sexual brutal, o ataque sádico a uma criança ou o homicídio insano de um pensionista se não estiver preparado para tirar os vídeos sádicos de nossas ruas". Junto com um projeto de lei criminal posterior, esse projeto marcou nada menos que "um retorno à censura responsável" por demanda popular, comemorou o guardião da moral do Reino Unido, o jornal *Daily Mail*.

Quando um estado religioso fundamentalista foi estabelecido no Afeganistão na década de 1990, um de seus primeiros atos foi criar um Ministério da Propagação da Virtude e Prevenção do Vício. Seus decretos incluíam o banimento de toda televisão, música e fotografias de pessoas vivas, depilação e mostrar a carne em público. Assim como obrigar as mulheres a usarem vestimentas que as cobriam da cabeça aos pés para se esconderem (e até confiná-las em casa, exceto quando acompanhadas de um homem), também foi exigido que os homens usassem calças compridas quando jogassem futebol.

## *Diotima no Sexo Grego*

Embora sejam registradas poucas filósofas na história do assunto, encontra-se uma importante filósofa, Diotima, em *O Banquete* de Platão, dando uma aula rara para Sócrates, que está temporariamente escutando e aprendendo, uma vez! Sócrates pede que Diotima explique a beleza, e ela diz que a atração pela beleza, especificamente pelo corpo nu, é fundamental, mas apenas um estágio preliminar para algo mais. E chega a defender que existe uma ligação totalmente natural entre ver um corpo bonito e desejar fazer sexo com ele — é o desejo subconsciente para fazer com que essa beleza dure para sempre. Dessa forma, a atração sexual e a beleza estão irrevogavelmente ligadas.

Diotima, então, alerta Sócrates de que, embora um filósofo sábio possa de fato "apaixonar-se pela beleza em um corpo em particular", ele depois descobrirá que a qualidade da beleza que o atraiu a princípio a uma amante é, de fato, a mesma coisa que o atrai à outra — que a beleza de sua amante é apenas parte de uma beleza maior, eterna. De fato (e Diotima aqui dá ao conhecidamente feio Sócrates uma ponta de esperança), o filósofo perceberá que a beleza dos corpos mortais não é nada se comparada às belezas da alma, "de forma que onde quer que ele se encontre com a amabilidade espiritual, mesmo no invólucro de um corpo não amável, ele irá achá-la bela o suficiente para se apaixonar por ela…". Ela prossegue dizendo que o filósofo encontra a beleza nas leis, nas instituições e nos artefatos humanos também e, assim, "examinando o amplo horizonte da beleza", o filósofo é salvo de "uma devoção servil e inculta à amabilidade individual" de uma única amante ou de uma única construção humana. Tornando seus olhos ao "mar aberto da beleza", o filósofo encontra "uma colheita dourada de filosofia", centrada no conhecimento do bem.

## *Testando os limites da liberdade de expressão*

Os limites da liberdade de expressão são demonstrados com o sempre atual exemplo da mulher gritando "Fogo! Fogo!" em um cinema e observando as pessoas desembestarem e algumas delas morrerem pisoteadas. As palavras também são atos, e é dos atos que o público se defende. Porém, novamente, era exatamente isso que os moralistas vitorianos defendiam também.

Em 2002, foi pedido à Suprema Corte norte-americana, responsável por preservar os direitos dos cidadãos, que definisse os limites para esse tipo de questão, especificamente para regulamentar se a liberdade de expressão inclui a queima de cruzes pela Ku Klux Klan, parte da campanha da KKK para intimidar os negros americanos. A Corte foi guiada por uma decisão de 1919, quando havia regulamentado que, onde houvesse "um claro e presente perigo" de criminalidade, nem as palavras seriam toleradas. Satisfatório? Bem, essa regulamentação dizia respeito à campanha pacifista contra o serviço militar obrigatório na Primeira Guerra Mundial.

# *Retornando à Natureza*

Muitos dos filósofos com quem contamos para representar pequenos oásis de bom senso e racionalidade em um mundo desorganizado decepcionantemente acabaram, em uma análise mais minuciosa, sendo não apenas excêntricos, como irracionais mesmo. David Henry Thoreau, um anarquista que ganhava a vida fazendo lápis enquanto morava em um celeiro à margem de um lago, por outro lado, parece, mesmo em primeira análise, ser bastante excêntrico.

Thoreau (1817–1862) nasceu em Concord, Massachusetts, que, para propósitos ecológicos, encontra-se na zona de floresta temperada na costa leste da América do Norte. Algumas pessoas chamam-no de poeta laureado da escrita sobre a natureza.

Em seu diário, no dia 7 de janeiro de 1857, Thoreau diz a si mesmo:

> *Nas ruas e na sociedade, eu sou quase que invariavelmente pobre e roto, minha vida é inenarravelmente ruim. Nenhuma quantia de ouro ou respeitabilidade o redimiria minimamente — jantar com o governador ou um membro do Congresso! Mas sozinho, nos bosques ou campos distantes, nas despretensiosas terras plantadas ou pastos seguido por coelhos, mesmo em um dia lúgubre, no máximo sem graça, como este, quando um aldeão estaria pensando em sua moradia, eu torno a mim e, mais uma vez, sinto-me como parte de algo e aquele frio e a solidão são meus amigos.*
>
> *Suponho que esse valor, em meu caso, é equivalente ao que os outros conseguem indo à igreja e rezando. Eu venho para casa, para minha solitária caminhada pelo bosque enquanto os que enjoam do lar voltam para casa. Assim, eu abro mão do supérfluo e vejo as coisas como são, grandiosas e belas...*

## Banindo a música pop obscena

A maioria das pessoas está confortável com canções de amor de teor sexual — mas e a música pop incentivando a violência contra minorias? Em outubro de 2001, a polícia alemã caiu em cima (como é sua prática) de um dos grupos pop mais conhecidos do país, se não o mais popular.

O grupo chamava-se Landser, que é uma palavra arcaica para soldado alemão, insinuando os "bons e velhos dias" das Primeira e Segunda Guerras Mundias. O grupo já havia tido problemas com os censores (que perdeu) com relação à sua primeira escolha de nome, Final Solution (Solução Final) — que você pode supor que foi uma referência nada simpática às tentativas de Hitler de ma-

tar milhões de judeus europeus e eslavos. Pelo menos o grupo teve permissão para utilizar o nome em seu primeiro CD, que foi chamado de *The Reich Will Rise* (O Reich Ascenderá) e chamou para si os ataques de estrangeiros, judeus, ciganos e opositores políticos (como nos velhos tempos). Mas uma das músicas chamou atenção dos censores.

Apesar de serem neonazistas, o grupo argumentou que tinha o direito de expressarem-se e, de fato, a música era muito boa e, para eles, até uma "obra de arte". Não surpreendentemente, eles perderam o caso, mas, como em muitas outras batalhas entre censores e rebeldes, eles beneficiaram-se enormemente da publicidade.

## *Caminhando no bosque com Thoreau*

Sendo um radical político, Thoreau, naturalmente, estudou em Harvard e, então, obteve os fundamentos para um filósofo muito convencional (retórica, clássicos, matemática e assim por diante), retornou à sua terra nativa, onde entrou para um grupo de escritores que incluía Ralph Waldo Emerson, o líder de um movimento chamado transcendentalismo da Nova Inglaterra. Esse movimento, com cara de culto, defendia que era por meio da natureza que se tinha contato com sua alma essencial.

Foi em 1845 que Thoreau se mudou para um local a meia hora de caminhada de sua casa, em um pequeno celeiro de madeira, que ele afetuosa, mas imprecisamente, chamava de "cabana de madeira", à beira do lago Walden, que não é um lago, mas uma lagoa em uma floresta (lagos, afinal, são definidos por serem pequenos, e este, segundo os locais, não tinha fundo). Pelo menos, pode-se admitir essa pequena contribuição de Thoreau ao conhecimento humano: ele descobriu que a parte mais profunda do lago tinha 30 metros de profundidade. Quaisquer que tenham sido seus motivos para se mudar para lá, não era particularmente isolado, sendo muito próximo da cidade, e Thoreau aclamava não só a natureza em algum suposto estado puro, mas também o "interior parcialmente cultivado". No dia 1º de novembro de 1858, em seu diário, ele escreve:

*Pegue o caminho mais curto e fique em casa. Um homem mora em seu vale nativo como uma corola em seu cálice; como uma noz em sua casca. Aqui, é claro, está tudo que você ama, tudo que espera, tudo que é. Aqui está sua noiva eleita, tão perto de você quanto pode estar. Aqui está tudo de melhor e tudo de pior que se pode imaginar. O que mais você quer? Leve-a embora, então! Pessoas tolas imaginam que o que elas imaginam encontra-se em outro lugar.*

A experiência de viver sozinho em seu celeiro na "natureza" inspirou seu próximo livro, *Walden,* ou *A Vida nos Bosques*, que combina descrições complementares dos bosques com observações depreciativas sobre a natureza humana e a sociedade, tal como "uma massa de homens levam vidas de desespero silencioso". *A Vida nos Bosques* começa dizendo que a maioria das pessoas desperdiça tempo tentando adquirir bens materiais, em vez de viver simplesmente (que é um antigo lamento de Platão também), e que até mesmo aqueles que o superam desperdiçam tempo lendo ficção moderna em vez de Homero e Ésquilo. Essa é a influência de Harvard. Felizmente, à medida que a história se desenrola, Thoreau começa a achar a natureza em todo seu mistério e esplendor ainda mais interessante que os clássicos gregos. Por essa razão, mais importantes que seus livros são os relatos em seu diário.

Cada narração era um processo de duas etapas. Primeiro, Thoreau registrava cuidadosamente suas observações, como o tempo naquele dia, que flores estavam desabrochando, quão profunda estava a água do lago Walden e o comportamento de quaisquer animais que visse. Depois, ele tentava identificar e descrever o significado espiritual e estético do que havia visto. Thoreau recorda positivamente a história de quando um viajante chegou e pediu à serva de Wordsworth que lhe mostrasse os estudos de seu senhor; ela mostrou-lhe um cômodo dizendo, "aqui é sua biblioteca, mas seu estudo é ao ar livre". Assim era também com Thoreau.

## *Valorizando as maravilhas da natureza*

Os cientistas dizem que os humanos estão em meio à sexta grande extinção, como é chamada. A última foi 65 milhões de anos atrás e viu o desaparecimento dos dinossauros. Desta vez, o mundo está perdendo todos os tipos de criaturas, especialmente os mamíferos. Essa extinção começou como consequência inevitável do sucesso de uma espécie, aproximadamente uns 50.000 anos atrás, que começou a multiplicar-se e espalhar-se pela face da Terra, matando e destruindo à medida que o fazia. Alfred Russel Wallace (1823–1913), coautor esquecido da teoria da seleção natural, escreveu que "nós vivemos em um mundo zoologicamente empobrecido, de onde todas as formas maiores, mais ferozes e mais estranhas haviam recentemente desaparecido". Criaturas como pássaros que não voam, dos quais só lembramos do dodó, são suas vítimas, junto com o rinoceronte lanudo, o mamute e o alce gigante, e também variedades gigantes de cangurus, bichos-preguiça, goannas e mesmo tartarugas do tamanho de carros. Depois vem o triste exemplo dos hipopótamos pigmeus e elefantes, deslocados dos últimos poucos lugares no Mediterrâneo onde sobreviveram até 10.000 anos atrás.

Um filósofo ambiental com forte senso estético, Holmes Hoysten, recentemente falou assim:

> *Vários bilhões de anos de trabalho criativo, vários milhões de espécies de vida pululante foram entregues aos cuidados dessa espécie que viria depois, na qual a mente desenvolveu-se e a moral emergiu. Essa única espécie moral não deveria fazer algo menos interesseiro que contar todo o produto de um ecossistema evolucionário como rebites em sua espaçonave, recursos em sua dispensa, materiais de laboratório, recreação para seus passeios?*

> *...Se verdadeiro para seu epíteto específico, o Homo sapiens não deveria valorizar legião de espécies como algo de que cuidar por seu próprio direito?... Há algo de newtoniano, não ainda einsteiniano, além de algo moralmente ingênuo, em viver em uma moldura de referência onde uma espécie toma a si própria como absoluta e valoriza tudo mais em relação à sua utilidade.*

Dodós são apenas pássaros — quantos deles você precisa ter? Talvez só o suficiente para manter um zoológico funcionando, perto dos últimos poucos pandas e coalas fofinhos — o suficiente para oferecer algo que as futuras gerações possam olhar e, se nós tivermos outra chance, mesmo devolver à natureza. Hoje em dia, os cientistas estão tentando desenvolver formas de armazenar DNA e códigos genéticos de animais raros para que, se (quando) morrerem, os cientistas possam recriá-los posteriormente; caso em que não é necessário sobrar nenhum animal, apenas um monte de tubos de ensaio.

Igualmente, essas amostras de DNA revelam que os animais são muito do todo. Os seres humanos têm relação próxima não só com macacos, mas com coisas como aranhas e calêndulas. As pessoas não passam de organismos vivos com base em carbono, quando paramos para pensar. Então, o que é todo esse alvoroço sobre salvar espécies? Provavelmente tem mais a ver com prioridades estéticas do que qualquer coisa. Certamente, o mundo não precisa de qualquer dodó, desde que a praça esteja cheia de pombos. Como o próprio Darwin comenta em *A Origem das Espécies*:

> *Muitos anos atrás, quando comparava e via outros compararem os pássaros de ilhas separadas do arquipélago de Galápagos, tanto uns com os outros, como com aqueles da terra na América, fiquei muito espantado com quão completamente vaga e arbitrária é a distinção entre as espécies e variedades.*

O que as pessoas hoje estão atravessando ou, mais precisamente, de que estão participando é um processo cíclico da redução da biodiversidade. Extinções anteriores deveram-se à mudança climática, talvez desencadeada por eventos geográficos ou celestes. Esta se deve à proximidade da humanidade com a natureza — basicamente, as pessoas destruindo tudo que encontram para a satisfação imediata de suas vontades.

Contudo, há mesmo tão pouco espaço na Terra para outras espécies? Aldo Leopold escreveu sobre as insaciáveis demandas do desenvolvimento:

> *Se em uma cidade nós tivéssemos seis lotes vagos disponíveis para que os jovens de um certo bairro joguem bola, seria "desenvolvimento" construir casas no primeiro, e no segundo, e no terceiro, e no quarto, e até no quinto, porém, quando construirmos casas no último, nos esquecemos para quê as casas servem. A sexta casa não seria desenvolvimento de forma alguma, mas sim mera estupidez sem visão de longo prazo. "Desenvolvimento" é como a virtude de Shakespeare, "que, contraindo uma pleurisia, morre de seu próprio excesso".*

## Salvando o gato-tigre

Metade de todas as espécies de mamíferos que foram extintos no mundo inteiro (em termos históricos) desapareceram para sempre de apenas um país, a Austrália. A Austrália é a ilha santuário original, onde muitos animais que não são encontrados em mais nenhum lugar do mundo sobreviveram e desenvolveram-se — até os últimos 100 anos aproximadamente.

No total, 126 espécies de plantas e animais foram extintos na Austrália em apenas 200 anos. Agora a extinção faz parte do mundo natural. Mas uma taxa assim normalmente levaria um milhão de anos. Não apenas o dodó, como o arau-gigante e o tilacino (que morreu solitário no zoológico de Hobart em 1936) estão extintos, enquanto o wallaby-to-olache, que era abundante em áreas pantanosas do sul da Austrália, e o rato-canguru-do-deserto agora só existem em álbuns de fotografia. E o gato-tigre, o sapo-de-árvore, o peramele-dourado, a bettongia, o periquito-de-cara-azul e o dragão-da-floresta de Boyd estão esperando, nos últimos poucos remanescentes de seus habitats, que incêndios, desmatadores e escavadeiras os alcancem também.

# Parte V

# Filosofia e Ciência

"Eu gostaria que você conhecesse Pitágoras Johnson, Aristóteles Sutton, Platão Hinks, Demócrito Wilford, Hegel Smith, Descartes Mitchell..."

## Nesta parte...

"Eu não comprei um livro de filosofia para ler sobre a chatice da ciência", dizia a carta de um de meus fãs outro dia. Mas, igualmente, muitas pessoas nos dias de hoje querem que o que elas leem seja só isso. Elas só querem as mais recentes teorias do universo — a visão científica de mundo — e não essa história de ideias! Mas, nesta parte, ambos os gostos serão atendidos, pois nós juntamos novamente as metades da filosofia — frequentemente separadas. O resultado? Ao final do livro, nós teremos, de fato, uma "teoria do tudo" e tudo separado e organizado. Tudo, eu prometo. E, se esta parte não torná-lo cético quanto à capacidade de alguém fazê-lo, nada mais tornará.

# Capítulo 17

# Da Ciência Antiga à Filosofia Moderna

*Os argumentos mais fortes não provam nada caso as conclusões não sejam verificadas pela experiência. A ciência experimental é a rainha das ciências e o objetivo de toda especulação.*

– Roger Bacon

*E*scuta-se muito sobre filósofos antigos, mas não muito sobre cientistas antigos. Pelo menos é o que parece. Porém, as palavras podem enganar! Até o final do século XVIII, o que agora se chama de ciência *era* o tema central da filosofia. Igualmente (ainda que confusamente), o que era *então* chamado de ciência era, na realidade, filosofia ou "conhecimento do que é necessariamente verdade". Foi apenas após Isaac Newton, que pôs no papel uma nova forma de nomear e definir as coisas, que nós tivemos não só a "physiks", mas a ciência também. A filosofia da natureza (como era chamada então) foi igualmente estudada por Aristóteles, Kant e Descartes, no time dos filósofos, como seria, posteriormente, por Copérnico, Kepler, Galileu, Bacon e Newton, no recém-nomeado time dos cientistas.

Este capítulo começa com uma olhada nas primeiras tentativas de compreender os eventos e processos no mundo cotidiano ao nosso redor, da gravidade à luz, e átomos e espaço vazio — ou "nada". Ele também cobre um pouco da "ciência" mais convencional, como os esforços de Newton e Darwin para compreender a natureza, supondo novas leis e mecanismos subjacentes.

# Teorizando Sobre Tudo com os Primeiros Filósofos Gregos

A suposição central da ciência é a de que o mundo segue regras — regras que podem ser identificadas e investigadas. A mais importante dessas regras é a da *causa e efeito* — se algo acontece, então, algo deve tê-lo causado. E, se puder encontrar a causa, é possível fazer as coisas pararem de acontecer ou fazê-las acontecer, exatamente quando e o quanto quiser. Ligadas a isso estão a crença de que o mundo é ordenado e consistente e a suposição de que condições idênticas produzirão resultados idênticos. Notou algo sobre isso? São todas ideias filosóficas, e não podem ser provadas de forma científica!

Então, quando os filósofos, hoje em dia, olham o que os antigos pensaram, não é apenas diversão histórica. Suas visões ordenam e continuam a emoldurar as visões de hoje. *Para melhor ou pior.*

## Vendo água por toda parte com Tales

Tales de Mileto é, às vezes, chamado de o primeiro verdadeiro filósofo. Porém, se for verdade, ele também é o primeiro verdadeiro cientista. Ele viveu provavelmente por volta de 2.600 anos atrás e foi considerado um dos Sete Sábios do Mundo Antigo por conta de seu conhecimento matemático e astronômico, que ele aplicou a questões práticas.

Entre os feitos de Tales esteve prever o eclipse de 585 a.C., que foi quase total e aconteceu durante uma batalha — deixando a luta bem mais esquisita. Outra história (contada por Aristóteles) descreve como sua ciência o levou a antecipar uma safra de azeitonas muito boa e, assim, ele contratou antecipadamente todas as prensas de azeitona de Mileto. Aquele verão com efeito viu uma plantação farta e então, tendo açambarcado todas as prensas de azeitona do mercado, ele pode sublocá-las com um belo lucro.

Sem dúvida, esse ganho inesperado financiou vários anos de especulações menos lucrativas de Tales sobre o *estudo das essências* — a busca pelas características definidoras das coisas acima e além de suas aparências superficiais não confiáveis. Esse é o problema de que Platão fala o tempo todo. Contudo, Tales, assim como o aluno do contra de Platão, Aristóteles (sempre discordando de seu chefe!), abordou as coisas investigando e observando a natureza, em vez de por um processo de reflexões retóricas que levavam à criação de propriedade novas, abstratas.

Tales concluiu que a alma humana deve ser um tipo de ímã, porque apenas os ímãs podem fazer as coisas mexerem-se por uma força invisível (como as pessoas achavam que a alma podia). Similarmente, as investigações práticas levaram-no a concluir que o mundo era, em essência, água. Por que dizer que o mundo é feito de água em vez de, digamos, rocha? Tales viu que a água podia virar ar (vapor) e, da mesma forma, congelar e virar pedras — gelo. E é possível esmagar plantas até que virem água (verde-amarronzada). A ideia dele não é tão boba e leva à possibilidade que as pessoas prezam hoje, a de que tudo é feito da mesma coisa: átomos.

Então, Tales não foi um tolo, ainda que Platão (com suas próprias teorias diferentes para promover) faça graça dele em sua peça *Teeteto* (com aquela história do sábio tão preocupado em fitar as estrelas que cai em um poço).

## Dividindo tudo em átomos com Demócrito

Se Tales começou a busca pela essência da matéria (veja a seção anterior), o grande Leucipo originalmente pensou na primeira teoria do atomismo. Porém, por conta de Leucipo ter deixado apenas alguns rascunhos, é seu pupilo (cerca de 460–370 a.C.), comparativamente bem servido com uns 50 fragmentos dos escritos deixados, que ganha a maior parte do crédito.

O *atomismo* teoriza que o mundo todo, com toda sua diversidade de aparência, é fundamentalmente criado por minúsculos (invisíveis) blocos que são exatamente iguais. Parte da antiga teoria era de que nada poderia dividir esses blocos. Hoje em dia, os átomos são divididos o tempo todo para gerar eletricidade. De qualquer forma, os átomos são tanto uma teoria moderna como algo que já estava por aí há vários milhares de anos. E também teve seus reveses, porque o problema com os átomos é que, entre um e outro, algo deve existir (o que atrapalha a teoria, pois o que seria esse algo?) ou não há nada — o vazio —, o que é um problema muito pior do que ter algo despercebido, pois como um filósofo sério poderia dizer que o nada existe?

Leucipo fez precisamente isso, dizendo romanticamente que os átomos se encontram no vazio e se reúnem para formar compostos com diferentes propriedades, antes de se separarem novamente. Demócrito acrescentou a isso sua própria ideia de que certos átomos de qualidade particularmente superior e suaves compõem as almas das pessoas e interagem com os, ligeiramente mais brutos, átomos do mundo, assim gerando as sensações. Seja como for, esse pedaço da ciência antiga caiu por terra.

# Descobrindo o Mundo com os Filósofos Naturalistas

Os filósofos gostam de falar sobre o nada, e a melhor forma de nada é, claro, o espaço. Bem no começo da filosofia (registrada), Demócrito disse simplesmente que o vazio é o que "não é". Porém Platão, que tem a palavra definitiva sobre isso, assim como em muitos assuntos, achava que o espaço é, na verdade, um tipo muito especial de coisa, nem feito de matéria como, o resto do universo, nem inteiramente abstrato, como as próprias formas (as misteriosas "Formas" de Platão são explicadas no Capítulo 2). O espaço é um meio-termo: "uma coisa invisível e sem característica, que recebe todas as coisas e compartilha de uma forma espantosa de tudo que é inteligível", ou, pelo menos, foi assim que o amigo de Sócrates, Timeu, explicou nos diálogos de mesmo nome. A única maneira de investigar suas propriedades é por um tipo de "proposição órfã (isto é, separado de suas origens) que não envolva a percepção sensorial", como em um transe durante o sono.

A ideia de Platão é mais sofisticada do que aquelas de outros filósofos e, com efeito, mesmo de físicos, incluindo até Einstein (mas não a última leva de teóricos subatômicos). Certamente, a maioria do restante, seguindo Aristóteles e Newton, até pensou que o espaço era passível de investigação empírica e experimental e acabou com um *espaço absoluto* altamente teórico, absoluto no que concerne ao fato de ser eterno, fixo e muito, muito regular — o que nem se adequava aos fatos.

E a abordagem de Platão tem elementos da relatividade. Quando os objetos são impressos no fluxo, como ele coloca em sua peça, *Timeu*, ele, por sua vez, altera-se e, alterando-se, afeta os objetos novamente. "Ele sacode irregularmente em todas as direções à medida que é agitado por aquelas coisas e, ao ser posto em movimento, por sua vez, agita-as". A matéria atua sobre o espaço e o espaço atua sobre a matéria. Isso é basicamente a Teoria da Relatividade Geral de Einstein resumida, mais de 2.000 anos antes de ele ter vivido.

## O não ser e o nada

"Nada deve vir do nada, fale novamente", aconselhou o rei Lear à sua filha (esta é minha referência literária no livro inteiro, pessoal!), porém, como muitos filósofos antes dela e desde então, ela não deu importância a ele. A controvérsia a respeito de se o nada realmente existe pode remontar aos filósofos pré-socráticos na Grécia Antiga ou, para ser mais preciso, na Ásia Menor, Itália e Sicília. Primeiramente, entre eles estava Parmênides de Eleia, que alertou, no início do quinto século a.C., que não ser era tomar um "curso completamente incrível, visto que não se pode reconhecer o Não Ser (pois isso é impossível) nem falar dele, pois o pensamento e o Ser são a mesma coisa".

Parmênides e seus seguidores, os eleáticos (como Zenão, da famosa corrida da tartaruga), estavam desafiando os ensinamentos de Pitágoras, que alegava que nada, um tipo de Não Ser, de fato existe. Porém, outros — como Demócrito de Abdera, que é lembrado por sua teoria de que o mundo é feito de átomos —, algumas décadas depois de Parmênides, insistiram, como Pitágoras, em que o Não Ser deve de fato Ser, seja lá o que Parmênides estivesse raciocinando.

# Lucrécio sobre a natureza das coisas

*De Rerum Natura*, que é o nome pomposo em latim para "Sobre a Natureza das Coisas", é um tipo de poema épico. Seria um livro incomum, ainda mais com poesia. Lucrécio (cerca de 95–54 a.C.) descreve-o como uma pílula coberta de mel, contendo algumas verdades impalatáveis sobre o universo — verdades descobertas pelo grande filósofo Epicuro, como a de que tudo no universo é composto de apenas duas coisas: espaço vazio e partículas minúsculas e invisíveis que não podem ser criadas nem destruídas. Sua célebre experiência mental da lança propõe--se a demonstrar que o universo é infinito e contém todas as coisas possíveis e todos os mundos possíveis:

*Suponha por um momento que todo o espaço fosse limitado e alguém tivesse chegado aos seus confins e arremessado uma lança. Você supõe que o objeto, ati-rado com poder e força, aceleraria pelo percurso no qual foi mirado? Ou você acha que algo o bloquearia e pararia?*

*Você deve tomar uma alternativa ou a outra. Porém nenhuma delas deixa nada além de um ciclo vicioso. Ambas forçam--no a admitir que o universo continua sem fim. Quer haja algum obstáculo na linha fronteiriça que impede a lança de ir adiante em seu curso ou a lança vá além, não pode ter começado da fronteira.*

Com efeito, a visão mostrada no poema de Lucrécio foi de longe a melhor descrição do universo pelo menos até o século XX e, frente a todos os modelos sofisticados de hoje, ainda continua, talvez, de algumas formas superior ao pensamento presente. Por exemplo, Lucrécio (ou talvez Epicuro) especificamente acrescentou algum desvio ao movimento das partículas fundamentais, de forma a permitir o livre-arbítrio nas vidas humanas. De outra forma, sem isso, o universo e tudo nele não são mais significativos do que o movimento incessante das minúsculas partículas de poeira em um raio de sol.

## O asqueroso existencialismo moderno

Mesmo o filósofo existencialista nazista Heidegger (que foi um membro entusiasta do partido nazista e mesmo acalentava esperanças de ser seu líder teórico filosófico) tem um lugar para o nada em seu sistema, dizendo que "*das Nichts selbst nichtet*", que em alemão significa "nada nadeia" (*nadear* é uma palavra inventada; Heidegger gostava de fazer isso). O que Heidegger quis dizer? Ninguém sabe. O positivista lógico Rudolf Carnap (1891–1970) utilizou isso como um de seus exemplos do absurdo metafísico. Mas não é verdadeiro dizer que todo mundo concorda que nada não existe. Muitos dos existencialistas do século XX quiseram isolar o nada tanto quanto os antigos quiseram. Sartre escreve que é apenas por meio da consciência do nada que a liberdade é possível. O nada causa ansiedade, mas, ao escolher algo, você se define. O algo de Heidegger, todavia, serviu ao Führer no projeto de "purificação" da cultura alemã. Então, cuidado com o nada! Ele nadeia!

Então, encontramos Platão também, na obra chamada *O Sofista*, defendendo o nada e dizendo que o que não é, em algum sentido, também é. Para Platão, não ser é uma parte necessária da criação de distinções a princípio. Se não fosse possível ter nada no armário, também não seria possível ter algo nele! Esse é o mesmo pensamento que convenceu os teólogos medievais, como São Tomás de Aquino, a dizer que é necessário que Deus crie as coisas a partir do nada, e instigou Leibniz a insistir no nada do espaço vazio como estágio preliminar para organizar suas mônadas dentro dele. Se o existencialismo é o pináculo da filosofia abstrata, suas origens encontram-se nas divagações sobre a estrutura física do universo.

## *Briga sobre a ciência: Aristóteles e Platão*

Aristóteles considerava que a origem da investigação filosófica surgia do desejo inato das pessoas de entender as causas por trás do mundo natural. Para ele, era um senso comum ligar os deuses da mitologia e as "verdadeiras essências" da filosofia, porque ambos tentam explicar as forças da natureza.

Desde a aurora da era científica no século XVII, os filósofos-cientistas insistiam em que as pessoas deveriam deixar de lado as histórias belas, porém irracionais, dos poetas, artistas ou místicos e aceitar, em vez disso, apenas as explicações científicas do mundo natural, que podem ser defendidas por meio de argumento e demonstração.

Entretanto, esse novo conceito de verdade não é tão novo. Aristóteles envolveu-se em extensivos estudos biológicos dos organismos vivos, que respiram, mas ainda teve que enquadrar seus estudos dentro de uma teoria — que sempre é, em cada aspecto, tão imaginária quanto qualquer coisa em um mito. Na ciência de Aristóteles, tanto as partes individuais dos organismos quanto suas atividades contribuem para um único fim definitivo. Tudo possui uma função ou propósito. Darwin desafiou essa visão de certa forma, tornando tudo na natureza aleatório. Porém, ele ainda defende um propósito geral para todas as coisas — nesse caso, a necessidade de sobreviver (veja seção posterior "Explicando a evolução com Darwin"). A teoria de Darwin tem grande poder explicativo, é claro. Porém a de Aristóteles também o tinha. E igualmente o têm os contos fundamentais dos antigos.

Com efeito, uma geração antes de Aristóteles, em um dos pequenos livros de Platão — um triste relato conhecido como *Apologia* —, Sócrates desaprova explicações baseadas em histórias tradicionais e mitos ou na ciência mais atual. Ele resmunga a respeito da incapacidade dos poetas de defender ou explicar suas concepções da natureza:

> *...eles não fazem seu trabalho por sabedoria, mas por algum tipo de talento e por inspiração, como os videntes e os "oráculos--negociantes". Essas pessoas também dizem muitas coisas, coisas maravilhosas, mas não sabem nada sobre o que estão dizendo.*

# Abrindo o livro da natureza com Isaac Newton

Sir Isaac Newton é um filósofo tão bom que foi conspicuamente banido da maioria dos livros sobre o assunto, para, eu suponho, não fazer o restante dos filósofos parecerem inúteis. Cada porção de filosofia que ele estuda, afinal, virou ciência — a vingança! Apenas as coisas com que ele não se envolveu permaneceram como filosofia para os filósofos atuais.

Os cientistas de hoje lembram que Newton "inventou" as leis da gravidade e muitas outras coisas muito úteis, que eu não descreverei aqui, nos campos de matemática, óptica (a ciência e os mistérios da luz), teologia e alquimia também.

Ele era particularmente interessado em algo chamado salnitro — um estranho composto mineral que era feito de um ácido (idealmente ácido nítrico, para os alquimistas que estiverem lendo), um sal alcalino (como o bicarbonato de sódio, um pó branco com o qual se pode limpar os dentes, entre outras utilidades) e, por último, mas não menos importante, o "sal volátil" (como o carbonato de amônia), líquidos que eram conhecidos por despertar pessoas desmaiadas. Misture todos esses ingredientes corretamente e (Newton e outros alquimistas achavam) você pode criar um tipo de ingrediente mágico que torna os metais capazes de crescer como plantas. E por que não, eles pensaram, se as plantas podem crescer na terra. De fato, porque continha salnitro, Newton e outros achavam que a Terra era um grande animal ou, mais precisamente, um enorme vegetal animado. Maluquice? Talvez. Contudo, foi por meio de ideias como essa que Newton explicou a lei da gravidade. Para Newton, a gravidade não só era uma força invisível, como outras que a química revelou, como era também, com efeito, a mão de Deus.

Entretanto, de todos os seus muitos interesses, é à filosofia que ele sempre retorna.

E, por que não, visto que, antes de ele nascer (em 1642), os filósofos não faziam nenhuma distinção entre os tipos de conhecimento que eles buscavam e os tipos que os cientistas naturais buscavam. Por exemplo, em seu ótimo livro *Principia Mathematica*, ele reconhece que se pode remontar a matemática das leis da gravidade a Pitágoras. Newton lembra que o grego antigo:

> *...por meio de experimentos ele averiguou pesos pelos quais todos os tons em cordas iguais eram proporcionais aos quadrados do comprimento da corda... As proporções descobertas...ele aplicou aos céus e... comparando aqueles pesos àqueles dos planetas e comprimentos das cordas às distâncias dos planetas, ele entendeu por meio da harmonia dos céus que os pesos dos planetas em direção ao sol eram proporcionais aos quadrados de suas distâncias do Sol.*

Em filosofia, assim como no discurso cotidiano, o termo *natureza* é frouxo e elástico. Cobre basicamente tudo, da natureza definitiva do universo ao mundo vivo, ao mundo não humano, a (no sentido mais amplo) tudo que existe.

A ideia de que coisas que pessoas como John Locke chamavam de *ideia* são, na verdade, *estados cerebrais* — fenômenos criados por reações químicas no tecido do cérebro — é uma elaboração do século XX de uma doutrina mais antiga, talvez melhor explicada pelo filósofo do século XVII Thomas Hobbes. Hoje em dia, "consciência" ou "o que se passa nas cabeças das pessoas" pode receber títulos de sonoridade grandiosa como *hipótese da identidade contingente mente-cérebro* ou *mecanismo de estado central*. Locke, com efeito, escreve no segundo livro de seus *Ensaios Acerca do Entendimento Humano* que "a percepção, o pensamento, a dúvida, crença, raciocínio, saber" são todos aspectos de um tipo de "sentido interno", não, em princípio, diferentes de olfato, tato, paladar e assim por diante.

## *Fazendo amizade com a natureza*

Para a maioria dos gregos antigos, inclusive Platão e Aristóteles, as leis naturais são reveladas tanto pelas disciplinas que a Era Moderna chama de filosofia quanto pela ciência — e, com efeito, pela religião também. Vista assim, a natureza tem um tipo de inteligência, uma mente própria, com a qual você deve se afinar para compreender as regularidades sutis de seu funcionamento. Entender a natureza é, nesse sentido, compreender os padrões nas intenções de Deus. Essa é uma influência na associação da natureza com coisas de valor, seja ética ou esteticamente falando. O natural é bom: a verdadeira arte representa essa bondade ou segue seu ritmo; a verdadeira moralidade captura a bondade nas pessoas e oferece princípios pelos quais a humanidade pode florescer. Esse palpite geral emerge de diferentes formas na história ocidental, da teologia medieval aos poetas românticos.

A natureza contrasta com o mundo artificial: isto é, as coisas feitas pelos seres humanos. Isso se refere a todo o universo, e a todo o tempo. As visões filosóficas da natureza flutuaram, com as pessoas, às vezes, vendo-as como aleatórias, bagunçadas e imperfeitas. Os escritores românticos e filósofos como Shelley reagiram ao recente domínio da natureza por Newton (reduzindo os planetas a meros pedaços de rocha girando em torno do sol) e sugeriram que a natureza, ao contrário, tem um estado superior que determina todos os valores.

## Reducionismo e *eliminativismo*

Como a mente funciona? Essa é uma pergunta para a filosofia – ou para a ciência? Afinal, os pensamentos não podem ser vistos (mesmo que hoje em dia os cientistas aleguem ver os traços elétricos deles em eletroencefalogramas). Os pensamentos são inquestionavelmente invisíveis, intangíveis. Dito isso, talvez nós não precisemos deles? O *reducionismo* é a visão de que o pensar pode ser mais bem resumido em um processo puramente físico ou químico de estímulo/resposta e que o comportamento é meramente uma reação complicada a um estímulo.

Outra teoria recente chamada *eliminativismo*, que soa como algo que tem a ver com treinar crianças pequenas para usar o vaso sanitário, na verdade propõe-se a dar descarga nas noções de mente e pensamento na privada do conhecimento, como expressões datadas relacionadas a uma era supersticiosa pré-científica. E você não quer isso, quer? A ideia por trás do eliminativismo (desculpa, eu deveria dizer o estímulo químico impulsionando mais reações químicas) é a de que muitas, e talvez todas, das noções cotidianas de senso comum dos estados mentais (como crenças, visões ou desejos) são ficções enganosas que não mantêm relação com nada na "realidade".

Para muitos filósofos a partir de Descartes, ser humano é ser capaz de transcender às restrições da natureza por meio da razão. Para existencialistas como Sartre, a ideia de que a natureza, o humano ou outro podem conter um valor para as vidas das pessoas, ou para as decisões que as pessoas tomam, é tanto errada como moralmente degradante. Vista dessa forma, a natureza é um tipo de ameaça à liberdade humana — um sistema mecânico do qual você precisa escapar a fim de ser totalmente você mesmo.

Mas o que é a natureza em si e de si mesma? Se você olhar o mundo natural, descobrirá que (para o bem ou para o mal) ela é moldada e modificada pela influência humana. Você é *parte* da natureza.

Como Henri Poincaré colocou belamente no século XIX, "Ciência são fatos; como casas são feitas de pedras, assim a ciência é feita de fatos; porém uma pilha de pedras não é uma casa e um conjunto de fatos não é necessariamente ciência".

## Explicando a evolução com Darwin

Charles Darwin (1809–1882) nasceu na Inglaterra, em Shrewsbury, para ser preciso, mas as pessoas não se lembram dele por sua busca por fósseis em Wenlock Edge. Em vez disso, ele é famoso por suas viagens no bom navio *Beagle* a lugares exóticos como a ilha Galápagos, cheia de tartarugas gigantes e outras espécies raras, como os lagartos da lava, os atobás-grandes (ou passarinhos, para você e para mim) e golfinhos, bem como à Terra do Fogo, onde ele ficou mais impressionado com os locais, sobre os quais ele observou em seu diário:

> *...quão pequenas as mentes de um desses pequenos seres parecem em comparação àquelas dos homens educados! Que escala de aprimoramento está contida entre as faculdades dos selvagens fueguinos e de um Sir Isaac Newton! De onde vem esse povo? Eles permaneceram no mesmo estado desde a criação do mundo?*

Ele finalmente escreveu tudo, ampliando uma teoria científica já existente em seu célebre relato *A Origem das Espécies*, com o subtítulo *Por meio da Seleção ou a Preservação de Raças Favorecidas na Luta pela Vida* (1859).

Na obra, ele usou exemplos de espécies recém-descobertas ou pouco conhecidas, peculiares a essas ilhas remotas, para tentar demonstrar que espécies relacionadas em algum ponto tiveram um ancestral comum e que por um processo de adaptação bem-sucedido às circunstâncias e, portanto, florescendo, ou não conseguindo se adaptar e, portanto, morrendo, as espécies evoluíram para a miríade de formas que ele viu à época.

Darwin estendeu sua teoria para cobrir a raça humana, e isso desafiou muitas suposições sociais, éticas e psicológicas profundamente arraigadas. Até mesmo os valores morais foram apenas outra forma de comportamento gerado aleatoriamente cujo efeito foi aprimorar as chances de preservação da espécie.

Foi isso que Darwin teve a dizer, por exemplo, no livro sobre a ligação entre moralidade e evolução:

> *A natureza moral do homem alcançou seu padrão atual parcialmente por meio do avanço em seus poderes de raciocínio e, consequentemente, de uma opinião pública justa, porém especificamente de suas simpatias terem se tornado mais tenras e amplamente difusas por meio de efeitos do hábito, exemplo, instrução e reflexão. Não é improvável que, após longa prática, as tendências virtuosas possam ser herdadas.*

Darwin, então, prossegue explicando que, "com as raças mais civilizadas", a crença em Deus teve uma profunda influência no desenvolvimento de códigos morais. Contudo, ele conclui:

> *...o primeiro fundamento ou origem do senso moral encontra-se nos instintos sociais, inclusive a simpatia; e esses instintos, sem dúvida, foram adquiridos primariamente, como no caso de mamíferos inferiores, por meio da seleção natural.*

Alguns filósofos, particularmente aqueles que acham que Deus tem uma função na moral, resistem à redução da ética a uma estratégia de sobrevivência, argumentando que, visto que a teoria evolucionária encontra-se nesse princípio aleatório, aplicar a teoria à sociedade e à cultura humana é inapropriado. Mas parece que isso deixa o foco passar despercebido. Darwin está indicando como um mecanismo simples pode resultar em um comportamento complexo — mesmo o comportamento moral.

## Descobrindo a relatividade com Galileu

Galileu Galilei nasceu em Pisa, onde estudou medicina e posteriormente matemática. Entre 1592 e 1610, foi professor de matemática em Pádua, aplicando sua matemática aos mistérios do movimento, tanto celestial quanto terreno. A partir de 1610, tornou-se "o primeiro filósofo" (em oposição a vários filósofos menos importantes, presumivelmente) e matemático particular do Grão-duque da Toscana, uma posição que lhe permitiu se dedicar a comunicar suas ideias por meio de uma série de livros que mudaram a direção tanto da filosofia como da ciência.

### Desafiando os antigos

A nova abordagem de Galileu foi algo que veio com muito atraso, porque, desde Aristóteles, os filósofos estiveram promovendo posições que não só eram erradas (como a de que objetos pesados caem proporcionalmente mais rápido do que os leves), como também desajeitadas e improdutivas. Em um livro chamado *O Ensaiador* (1623), Galileu concentra-se particularmente em analisar Aristóteles, separando sua noção de movimento, que permitia, por exemplo, que plantas se movessem em direção ao sol, da mesma forma que você ou eu podemos nos mover em direção à bandeja de biscoitos durante uma discussão de filosofia da ciência.

### Analisando o mundo

Galileu oferece uma visão mais precisa que separa em mundos físicos e psicológicos. Fazer isso torna o mundo físico aberto à análise matemática. O *Diálogo Sobre os Dois Principais Sistemas do Mundo — Ptolomaico e Copernicano* (1632) estabelece, em adição aos bem conhecidos argumentos para o sistema solar heliocêntrico, um mais original para a relatividade do movimento e do espaço.

O livro contém a célebre experiência mental do navio de Galileu, na qual dois amigos discutem se eles seriam capazes de distinguir a diferença entre estar em uma cabine de um navio velejando regularmente "na direção que quiser", mas suavemente, e estar no navio imóvel. Eles conseguiriam detectar o movimento do navio, por exemplo, levando um aquário com eles e observando se o peixe era afetado ou jogando uma bola de um para o outro através da cabine?

Essa experiência mental, como a experiência muito incompreendida de jogar duas bolas de metal da torre inclinada de Pisa, prova esse ponto logicamente, não experimentalmente. A experiência do navio prova que o movimento é relativo ao quadro de referência, enquanto a da torre de Pisa demonstra que todos os objetos devem cair à mesma velocidade — ou, como os sofisticados colocam, que tudo deve estar sujeito aos mesmos efeitos de aceleração da gravidade.

O *Diálogo* fez com que o Vaticano condenasse Galileu, um ano após sua publicação — confinando-o à sua casa de fazenda italiana (que na verdade era bem bacana) e obrigando-o a um retiro. Mas a razão para essa censura parece ter tido menos a ver com o debate acerca dos dois sistemas astronômicos rivais e mais com um insulto muito contundente incluído por Galileu (que não era nada arrogante) à sagacidade do próprio Papa. Em seu elegante e espirituoso *Diálogo*, Galileu coloca as visões bem conhecidas do Papa na boca de um personagem imaginário — um palhaço — que ele chamou de Simplício.

## Galileu joga seus pesos

Galileu diz, simplesmente: imagine que, antes de jogar cuidadosamente um grande peso de ferro e um pequeno peso de chumbo na lateral de uma torre, como a convenientemente inclinada de Pisa, você amarre os dois por uma corda. O peso menor tentará cair mais lentamente que o grande e, então, segurá-lo — agindo como um balão de chumbo? Se sim, amarrar dez pequenos pesos a um grande faria com que este caísse ainda mais lentamente?

Entretanto, um peso grande mais dez pesos pequenos são, na verdade, uma massa ainda maior e, portanto, visto dessa forma, todo o conjunto deveria cair ainda mais rápido que antes! Isso é uma contradição, e a única forma de contorná-la é presumir que todas as coisas caem à mesma velocidade. Se você meio que duvida disso, provavelmente está se lembrando de que a resistência do ar faz com que coisas leves meio que flutuem um pouco em vez de cair direto. Por isso que Galileu está sempre jogando pesos de metal.

Bem como um grande escritor e um tanto satírico, Galileu também foi um cuidadoso cientista empírico, que fez da observação sistemática e efetiva parte de seu método, mais conhecidamente, usando seu novo telescópio. Porém foi ele que escreveu que o livro da natureza é escrito em matematiquês.

# Capítulo 18

# Investigando a Ciência Social

> *O privilégio das características do homem é que o laço que ele aceita não é físico, mas moral; isto é, social. Ele não é governado por um ambiente mental brutalmente imposto a ele, mas por uma consciência superior de si, a superioridade que ele sente. Visto que a maior, melhor parte de sua existência transcende o corpo, ele escapa do jugo do corpo, porém está sujeito ao jugo da sociedade.*
>
> – Émile Durkheim

*E*xiste realmente uma ciência da sociedade? Ninguém está bem certo. Não estão nem certos de como chamá-la: *ciência social*, *sociologia* ou, talvez, algo diferente, como *estudos culturais*. Mas não se prenda a isso tudo. Neste capítulo, abordo esse ramo da filosofia, popularizado pelos pioneiros da sociologia, como Auguste Comte, Max Weber e Karl Marx.

## Entendendo a Ciência Social

Auguste Comte cunhou o termo *sociologia* no século XIX. Os pioneiros ou fundadores da ciência da sociedade incluem Jean-Jacques Rousseau, Alexis de Tocqueville e Karl Marx. O marxismo fez da classe social a chave para entender as relações humanas, e Marx Weber introduziu categorias diferentes de racionalidade como caminho para entender o que motiva as pessoas e completou a teoria de Marx sobre o conflito de classes, acrescentando um elemento simbólico, o status social. Mas é o estudo de Émile Durkheim sobre o suicídio que é o exemplo clássico da abordagem sociológica. Nele, o filósofo francês demonstra que o suicídio não é apenas um fenômeno individual, mas um fenômeno social que muda de acordo com crenças religiosas e estruturas sociais (para saber mais sobre Durkheim, veja a seção "Socializando com Durkheim", posteriormente neste capítulo).

Julgar comportamento ou dar conselho não é a meta dos cientistas sociais, que, em vez disso, focam nas raízes e origens das opiniões, representações e ideologias.

Para estudar a sociedade, e não apenas as motivações individuais, é necessário compreender a vida humana. A filosofia política, em particular, não pode ignorar a influência de ideologias e sistemas de crenças compartilhados. Os antropólogos também observam e analisam rituais, mitos, magia e várias formas de crença, interpretando-os como exemplos de pensamentos primitivos que todas as sociedades possuem, por mais que pareçam modernas e desenvolvidas.

# Mantendo-se Positivo com Comte

A ciência social começa realmente com Auguste Comte (1798–1857), um intelectual francês de classe média. Ele foi inspirado por seus estudos dos estudiosos medievais católicos em uma tentativa de produzir não só uma nova religião da humanidade, mas um roteiro para uma nova ordem social.

Comte escreveu seis volumes de seu *Cours de Philosophie Positive*, que se traduz *Curso de Filosofia Positiva*, entre 1830 e 1842. Como René Descartes e muitos filósofos desde então, Comte parte de uma posição de profunda admiração pela precisão e autoridade das ciências naturais, caracterizadas (pelo menos na mente do público) pelos avanços na física e na química. Sua ideia positivista era de que os métodos da ciência natural eram o único caminho para entender a natureza humana, tanto individual como coletivamente. Por conseguinte, a única forma de descobrir como organizar a sociedade era aplicar de fato esses métodos científicos, quantitativos (isto é, medindo as coisas), à própria sociedade, dissecando-a para descobrir as leis e os princípios que a governam.

## A construção social da realidade

Karl Marx e Friedrich Engels descreveram a sociedade como dividida em duas classes em guerra — os trabalhadores e os proprietários ou patrões. Contudo, mesmo que os próprios cientistas sociais sejam marxistas (como muitos deles parecem ser), a maioria acha que é mais complicado que isso.

O filósofo francês Louis Althusser (que matou sua esposa estrangulada — como os cientistas sociais explicariam isso?) influenciou tanto a ciência política quanto a sociologia com sua teoria sobre ideologias dominantes e o "aparato estatal", que divide a sociedade entre burocratas e políticos de um lado e trabalhadores e proprietários de negócios amontoados no outro. Althusser diz que, em um lance para manter o poder, o estado deve garantir que todas as instituições na sociedade (a TV e a mídia, escolas e faculdades, indústria e grandes negócios) projetem apenas a imagem que ele quer que as pessoas vejam da realidade social.

Os filósofos discutem a respeito do que exatamente significa o termo *positivista* (talvez Comte também não soubesse exatamente, visto que tomou a noção emprestada de outro filósofo e economista francês, chamado Claude de Saint-Simon, para quem ele trabalhou como secretário por vários anos), mas basicamente ele tem raiz nesse tipo de tentativa de aplicar métodos práticos, científicos, a velhos mistérios filosóficos anteriormente investigados grandemente pelo poder do pensamento e da reflexão.

A grande descoberta de Comte (bem, parece importante de qualquer forma) foi a Lei do Progresso Humano. De acordo com ela, todas as sociedades atravessam três estágios: o teológico, o metafísico e o científico ou positivo.

A característica definidora de cada estágio é a atitude mental das pessoas:

- Durante o *estágio teológico*, as pessoas buscam descobrir a natureza essencial das coisas e a causa definitiva da existência, interpretada como Deus. Os filósofos, Comte pensava, ficavam estagnados nesse estágio, perpetuamente, mas infrutiferamente, perseguindo esses tipos de questões.

- A maioria das pessoas, no entanto, estava no próximo, o *estágio metafísico*, que envolve aumentar o uso da teoria abstrata.

- O estágio final — o chamado *estágio científico* (ou *positivo*) — só chega quando pessoas suficientes em uma sociedade deixam de lado as ilusões da opinião (Comte reverbera Platão mais do que um pouco aqui) e limitam-se à dedução lógica dos fenômenos observados.

Os estágios também devem corresponder a períodos da história humana:

- O estágio teológico relaciona-se aos velhos e maus dias antes da história registrada e depois, no mundo medieval.

- Comte compara o estágio metafísico aos séculos XVI, XVII e XVIII, uma época em que monarquias e déspotas militares substituíam ideais políticos como a democracia e os direitos humanos, inclusive, mais importante para a vida social, os direitos de propriedade.

- O último estágio da história, Comte pensa, será uma era científica, tecnológica, em que as pessoas planejarão racionalmente toda atividade, e regras morais terão se tornado universais. Nesse estágio final, a ciência social — sociologia — será reconhecida.

Esses estágios se aplicam também a indivíduos. Comte, de forma bastante inconvincente, declara:

> *Agora, cada um de nós está ciente, se olhar para trás em sua própria história, que foi um teólogo na infância, um metafísico em sua juventude e filósofo natural em sua idade adulta.*

Por outro lado, Comte também foi um idealista, que escreveu sobre o amor como princípio guia e levar "sentimento, razão e atividade a uma harmonia permanente".

# Socializando com Durkheim

Nascido no ano seguinte à morte de Comte (veja a seção anterior), Émile Durkheim tentou levar a aposta de Comte para desenvolver a ciência social um passo além. Durkheim tentou usar os métodos da ciência natural (especialmente física e química) para compreender os fenômenos sociais que as pessoas consideravam, essencialmente, apenas outra parte do mundo natural. Os dados relativos à estrutura da sociedade ele encontrou não em um tubo de ensaio, mas nas prateleiras de arquivos oficiais contendo informações estatísticas sobre suicídios, na força de trabalho e nos detalhes do censo, que registravam religião e escolaridade das pessoas. Porém, diferente de Comte e como seu colega cientista social e contemporâneo alemão Max Weber (1864–1920), Durkheim também quis construir sobre essa estrutura lógica uma teoria da vida social mais profunda, metafísica.

Sua grandiosa teoria da sociedade era a de que:

- A moralidade individual e mesmo a consciência são criadas a partir da vida social e da consciência coletiva.

- A vida social é criada de um vasto simbolismo.

Além disso, diferente da teoria do conflito de classes de Marx (discutida no Capítulo 14), Durkheim quis tentar encontrar uma forma de alcançar um novo consenso social sem perder os benefícios da emancipação e liberdade individuais.

## Regras e sociedade

Durkheim centra sua receita para uma sociedade justa no que ele chama de *consciência coletiva* e na noção de *fatos sociais*. Estes são "formas de agir, pensar e sentir, externas ao indivíduos" — como os costumes e práticas institucionais, regras morais e leis de qualquer sociedade.

Embora essas regras existam nas mentes dos indivíduos, Durkheim diz que suas verdadeiras formas podem ser encontradas apenas quando o comportamento do todo — da própria sociedade — é considerado. Nisso, não pela última vez, ele está ecoando as palavras de Platão e Sócrates 2.000 anos antes. Como Platão (veja o Capítulo 14), Durkheim considerava a sociedade essencialmente um fenômeno moral, criada dentro de uma estrutura de valores eternos predominantes. E, como Platão, ele rejeitava os esforços para construir estruturas sociais a partir de átomos humanos, dizendo que a sociedade cria caráteres individuais — não o contrário. Em seu livro *A Divisão Social do Trabalho* (1893), ele lembra ao leitor que, nas palavras de Comte: "a cooperação, longe de ter produzido a sociedade, necessariamente pressupõe, como preâmbulo, sua existência espontânea", e, então, continua:

> *A vida coletiva não nasce da vida individual, mas é, ao contrário, a segunda que nasce da primeira... Cooperação é... o fato primário da vida social e moral.*

Por essa razão, Durkheim rejeita a velha visão obtusa de Thomas Hobbes, do mundo em estado natural (onde a vida é "sórdida, embrutecida e curta", descrito no Capítulo 14), dizendo que, se a sociedade fosse realmente baseada, por exemplo, unicamente em cálculos egoístas de interesses e contratos sociais, então, a relação social essencial seria a econômica, "desprovida de toda regulamentação e resultando de iniciativa inteiramente livre das partes". A sociedade seria simplesmente a situação "onde indivíduos trocariam os produtos de seu trabalho, sem qualquer ação propriamente social vindo para regulamentar essa troca. Se fosse assim, nós poderíamos, com justiça, duvidar de sua estabilidade. Pois, se o interesse próprio é o que relaciona os homens, nunca é por mais que alguns poucos momentos", ele diz; com isso, dizendo que as pessoas, pensando em seus interesses próprios, fazem aliados volúveis. Tomando o estilo literário de Hobbes também, Durkheim prossegue:

> *...onde o interesse é a única força regulamentadora, cada indivíduo vê-se em um estado de guerra com todo outro, visto que nada vem para amolecer os egos e qualquer trégua nesse eterno antagonismo não seria de longa duração. Não há nada menos constante que o interesse. Hoje em dia, ele une você a mim: amanhã, ele irá tornar-me seu inimigo.*

A conclusão de Durkheim é que devemos procurar em outro lugar por uma explicação para a solidariedade da sociedade. Ele recomenda o que chama de abordagem orgânica. Essa abordagem não tem a ver com um monte de galinhas pondo ovos ao ar livre nem fazer chocolate sem nenhum pesticida, mas, ao contrário, é aquela utilizada por Comte 50 anos antes, em que tudo se relaciona com o todo da mesma forma que, por exemplo, uma colmeia funciona. Vista dessa forma, pode-se, então, explicar a divisão do trabalho apenas como algo que evolui no meio de uma sociedade preexistente. Como Durkheim explica:

> *...Pensa-se, é verdade, que tudo acontece por meio de convenções particulares livremente discutidas. Assim, parece que toda ação social é ausente. Mas isso é esquecer que todo os contratos são possíveis apenas onde uma regulamentação jurídica e, consequentemente, uma sociedade já existam. Por conseguinte, a alegação, às vezes, decorre de que na divisão de trabalho encontra-se o fato fundamental de que toda vida social é errada.*

> *O trabalho não é dividido entre indivíduos independentes e já diferenciados que, unindo-se e associando-se, reúnem diferentes aptidões. Pois seria um milagre se as diferenças, assim nascidas por meras circunstâncias, pudessem unir-se tão perfeitamente de modo a formar um todo coerente. Longe de preceder a vida coletiva, elas derivam-se dela. Podem ser produzidas em meio a uma sociedade e sob a pressão de sentimentos sociais e necessidades sociais. É isso que torna-as essencialmente harmoniosas.*

O que Durkheim quer dizer é que as sociedades são construídas a partir de crenças e sentimentos compartilhados, e a divisão de trabalho emerge da estrutura criada. Porque, ele lembra aos leitores, sua própria ciência, sua consciência, não é um fenômeno individual, mas social. Considere coisas práticas, como bandeiras nacionais e outros símbolos compartilhados, ou códigos morais como as noções de direitos básicos e até mesmo crenças não escritas geralmente aceitas, como a ideia de que se deve dar brinquedos para crianças pequenas brincarem ou que nadar no mar deve ser gratuito. São esses tipos de coisas compartilhadas, regras escritas e não escritas, "representações coletivas", que, juntas, criam uma consciência coletiva.

Ou pense no crime e na reação da sociedade se, por exemplo, alguém arromba uma casa e rouba a TV ou o porta-retratos do vovô. Coisas assim são erradas não por causa da afronta, a ofensa ao dono da casa, mas por conta da afronta ao *próprio consciente coletivo*. Visto dessa forma, segue-se que, mais geralmente, o interesse próprio ou mesmo considerações dos interesses da maioria (o objetivo presumido pelo utilitarismo, veja o Capítulo 7) não podem produzir um comportamento moral. Ao contrário, é a consciência coletiva que funciona como um tipo de cão de guarda de seu próprio bem-estar e força uma posição baseada em certos princípios. Durkheim diz:

> *Frequentemente foi observado que a civilização tem uma tendência a tornar-se mais racional e mais lógica. A causa agora é evidente. Somente é racional o que é universal. O que desconcerta o entendimento é o particular e o concreto... quanto mais próxima a consciência comum estiver de coisas particulares, mais carregarão suas impressões, mais ininteligíveis serão.*

Para Émile Durkheim, a essência e a chave para a vida social é o simbolismo. É através de símbolos que indivíduos se comunicam mais efetivamente, e seus valores sociais são preservados e corporificados nos símbolos sagrados.

## Sociedades simples e complexas

Durkheim faz uma distinção especial entre dois tipos de sociedade possíveis:

- **Sociedades simples:** Estas se mantêm unidas pelas tradições que operam uniformemente nos vários membros, que são como pequenos átomos sem nenhuma diferença entre si e totalmente intercambiáveis.

- **Sociedades orgânicas:** Esta forma de organização de sociedade é mais complexa. Envolve uma gama de instituições e tradições paralelas, com os indivíduos caindo em subgrupos cada vez mais distintos, cada um com suas próprias tradições e normas sociais. Dentro de cada agrupamento os indivíduos podem especializar-se e preencher uma função particular no todo social. Durkheim vê a divisão do trabalho (que Marx almejava abolir, vendo como criadora de desigualdade) como aspecto desejável dessa evolução.

Mas existe uma doença particular de sociedades complexas. Durkheim chama essa doença de *anomia*. Esse é o senso de futilidade e alienação. Em *Suicídio: Um Estudo da Sociologia*, Durkheim toma a descoberta de que a autodestruição é mais prevalente entre certos grupos religiosos — protestantes — do que entre outros, notoriamente os católicos. Nesse estudo mais célebre (por falta de uma palavra melhor), Durkheim verificou o número de pessoas que cometeram suicídio e descobriu que não era apenas uma atividade individual (tragédia), mas uma ação diretamente ligada a e refletindo um colapso geral na coesão social.

# Sendo Burocrático com Weber

Como Durkheim, Max Weber (1864–1920) também encontra ligações importantes entre crenças religiosas e aspectos aparentemente não relacionados da vida social. Mas seu insight em particular, exposto em sua obra mais conhecida *A Ética Protestante e o Espírito do Capitalismo*, tem a ver com economia.

Segundo Weber, a Revolução Industrial na Europa estava ligada à rejeição das práticas religiosas católicas tradicionais e elaboradas em favor de uma ideologia protestante, que enfatizava a virtude de uma vida passada trabalhando arduamente sem uma meta maior que servir a Deus. Ser rico era *bom*.

Isso foi um grande contraste à visão estabelecida da época. Afinal, na Bíblia, São Mateus não alerta especificamente que "não se pode servir a Deus e ao dinheiro"? Os católicos certamente sabiam disso. Entretanto, a nova abordagem fez com que ganhar dinheiro fosse certo. Sem esquecer que isso também, muito convenientemente, justificou a redução do pagamento dos trabalhadores ao mínimo absoluto necessário para que eles sobrevivessem, de forma a maximizar aqueles sagrados e virtuosos lucros.

Weber argumentou, em particular, que o desenvolvimento do capitalismo ocorreu, de todas as sociedades no mundo, primeiro na Holanda e na Inglaterra, porque esses dois países eram potências protestantes. Todas as mudanças econômicas e descobertas científicas associadas à época fluíram desse fato preexistente, em vez do contrário. Dessa forma, a visão de Weber harmoniza-se com a abordagem de Durkheim, colocando o social antes do econômico.

## Capitalismo

O *capitalismo* é o sistema econômico baseado na produção de bens, definitivamente para consumo, por meio do capital (dinheiro capaz de contratar pessoas e comprar terra e máquinas). Marx e Engels usaram o termo como um insulto. Eles previram que o capitalismo deveria implodir dramaticamente, devido às suas "contradições fundamentais", e seria então substituído pelo comunismo. Certamente, mesmo os economistas burgueses aceitam que o capitalismo tem seus ciclos, com recorrentes reveses e ajustes — nos piores casos, depressões e quedas econômicas. Porém, hoje em dia, o próprio comunismo parece um substituto bem improvável para o capitalismo (veja o Capítulo 14 para saber mais).

A carreira de Max Weber foi grandemente dedicada a várias posições docentes em respeitáveis universidades alemãs, divulgando suas contundentes teorias. Porém ele também passou um tempo como burocrata — como administrador de um hospital durante a Primeira Guerra Mundial. Sua ideia é de que não é suficiente explicar a atividade em termos de causas e mecanismos — devem existir um propósito e burocracias. Weber tem predileção por um governo de acordo com as regras, em vez de mera autoridade. O governo é o melhor guardião da vida social, porque opera nos interesses da racionalidade. Mas o que exatamente é isso?

Para Weber, a melhor forma de *racionalidade* é quando as escolhas de meios e fins:

- ✔ Concordam com os cânones da lógica, os procedimentos da ciência ou do comportamento econômico exitoso.

- ✔ Constituem uma forma de alcançar certos fins, quando os meios escolhidos para conquistá-los estão de acordo com conhecimento fatual e teórico.

De outra forma, se os fins forem motivados pelos valores, sejam religiosos, morais ou estéticos, ou se os valores influenciarem ou determinarem os meios empregados, então o comportamento é "valor-racional". Esse tipo de comportamento, para Weber, não é tão bom.

Às vezes, a tradição pode decidir os fins. Tradição é outro tipo de valor e, novamente, Weber acha que este se interpõe no caminho para o progresso econômico. O pior de tudo, às vezes as emoções e as paixões afetam o comportamento. A isso ele chama "ação afetiva" e, é claro, opõe-se ao comportamento racional.

Com efeito, Weber diz que se deve ser objetivo racional (ele chama isso de *zweckrational*), que é, propriamente, lógico. Por exemplo, se alguém deseja comprar um relógio de ouro, perceberá (se for objetivo racional) que precisa começar a fazer hora extra no trabalho para juntar dinheiro para a compra. Weber acha que o capitalismo é muito racional, sendo feito de várias pequenas decisões como esta. Os trabalhadores mexem-se para conseguir trabalho, ou baixam seus salários, e os capitalistas escolhem investir ou não dinheiro em novas fábricas e tornar as pessoas dispensáveis (ou, pelo menos, trocá-las de função) para aumentar os lucros.

# Tratando Pessoas como Entidades Econômicas

Embora os economistas gostem de retratar seu estudo como um tipo preciso de ciência matemática, ela permanece firmemente enraizada à psicologia social e individual, como moldada por instituições e normas políticas. No cerne da economia, encontra-se a noção da racionalidade e escolha humanas, e, como nas teorias da ética utilitarista, os economistas arbitrariamente consideram os julgamentos como sendo de mérito igual: não importa por que alguém compra uma lata de feijão, mas somente que a compre. Contudo, a economia está inexoravelmente entrelaçada a julgamentos de valor. Ela tanto influencia como é influenciada pela ética.

A palavra *economia* vem do grego, *oikonomia*, que é em si uma combinação de *oikos*, que significa casa, com *nemein*, que significa administrar.

Porém, essa visão de economia é uma concepção muito diferente da insaciável sede por novos bens — produtos — endossada em economias modernas. Em vez disso, os antigos acreditavam que a natureza coloca um limite natural na extensão de riquezas necessárias. Aristóteles distingue a aquisição natural da que ele enxerga como o desejo perverso e antinatural de perseguir a riqueza como um fim em si. Ele teria sido influenciado pelo filósofo grego muito antigo Xenofonte (que viveu por volta de 430–350 a.C. e conheceu Sócrates), que escreveu um livro sobre economia (aptamente chamado *Economia*), que inclui um relato das visões de Sócrates sobre tais assuntos:

> ...*pois as artes mecânicas, assim chamadas, ganharam uma má reputação; e mais, são malvistas pelas comunidades civilizadas, e não sem razão; vendo que são a ruína dos corpos de todos aqueles envolvidos com elas, os trabalhadores, assim como os supervisores, que são forçados a permanecer na mesma posição e agarrarem o tear ou se agacharem e, por dias, enfrentarem a fornalha. De mãos dadas com a debilitação física caminha o enfraquecimento da alma: enquanto a demanda de tempo que essas artes mecânicas exigem daqueles que delas se empregam não deixa ócio para devotar aos clamores da amizade e do estado.*

De fato, embora as cidades surjam para facilitar o comércio e preservar a vida, os antigos achavam que o objetivo definitivo da associação política era promover a virtude e a boa vida.

Foi apenas quase dois mil anos depois que o danado inglês John Locke preparou-se para defender a aquisição ilimitada contra os ensinamentos dos antigos, neste caso, baseado em sua concepção da teoria do valor do trabalho. Seguindo os passos de Thomas Hobbes (veja o Capítulo 14), em seu *Segundo Tratado Sobre o Governo*, Locke diz que os seres humanos possuem uma reivindicação de seu corpo, e isso garante a cada um o direito de tomar posse de propriedades nas quais investiram seu trabalho:

> *O labor de seu corpo e o trabalho de suas mãos, podemos dizer, são propriamente dele. Então tudo que ele tira do estado que a natureza proveu e deixou, com o que ele uniu seu trabalho, e juntou a isso algo que era dele mesmo, e dessa forma tornou-o sua propriedade.*

Em vez de entender a riqueza como uma ferramenta para conquistar um conjunto definido e limitado de fins, Locke reconhece a capacidade do dinheiro para superar os limites da natureza. O fazendeiro só pode lucrar com a produção excedente de seu acúmulo se impedir que se estrague. Se ele trocar esse excedente por dinheiro, pode ganhar sem precisar preocupar-se novamente com estrago. O corpo morre, mas a riqueza segue viva.

Dentro dessa estrutura, a ação humana é cada vez mais determinada por cálculos simples de custos e benefícios antecipados — sem considerar quaisquer consequências éticas. Não é de se espantar que Locke e seu patrão investiram tanto dinheiro e esforços no comércio de escravos!

## Sentindo a mão invisível de Adam Smith

Escrevendo um século depois de Locke (veja a seção anterior), o filósofo escocês Adam Smith permite que a sociedade seja determinada por uma força completamente maior, não humana — a economia. Ele diz que é o interesse próprio que faz o mundo girar.

Como ele famosamente explica, em seu livro político *A Riqueza das Nações* — publicado no mesmo ano da Declaração da Independência dos Estados Unidos (1776) e leitura ainda popular entre políticos de direita (um dos livros mais vendidos de todos os tempos) —, não é da benevolência do açougueiro ou do padeiro que você deve esperar sua refeição, mas de sua noção esclarecida de interesse próprio. As pessoas não passam de engrenagens em uma máquina de fazer dinheiro funcionando lindamente. Smith diz:

> *As rodas do relógio são admiravelmente ajustadas ao fim para o qual foram feitas, indicar a hora. Todos os seus vários movimentos atuam da melhor forma para produzir esse efeito. Se elas fossem dotadas de desejo e intenção de produzi-lo, não o fariam melhor. Contudo, nós nunca atribuímos qualquer intenção ou desejo a elas, mas ao relojoeiro, e sabemos que elas são postas em movimento por uma mola, que pretende o efeito que produz tão pouco quanto elas.*

Embora o nome Adam Smith seja sinônimo da economia do *laissez faire* (deixe fazer!), em que o negócio de conduzir a sociedade é deixado para a "mão invisível" do mercado (veja o próximo box), isso não se dá pela falta de consideração pelos mais fracos na sociedade, porém, por uma convicção de que esse é simplesmente o melhor arranjo possível para todos. O próprio Smith viveu de forma muito simples e deu a maior parte de sua riqueza à caridade.

Como Freud, Smith vê o comportamento moral como construído na mente pela influência de pais, professores, colegas de escola (panelinha, você diria hoje) e da sociedade em geral. A consciência age como um tipo de "espectador imparcial", observando e julgando você. Enquanto Freud (como discutido mais no Capítulo 10) admitiria que o inconsciente o desviasse, Smith faz dele um espectador imparcial, semelhante ao papel do superego freudiano e bem capaz de conduzi-lo à luz. Em seu livro *Teoria dos Sentimentos Morais*, ele diz:

> *...é principalmente dessa consideração dos sentimentos da humanidade que nós perseguimos riquezas e evitamos a pobreza. Pois para qual propósito é todo o trabalho e pressa do mundo? Qual é a finalidade da avareza e da ambição, da perseguição da riqueza, do poder, da preeminência?... Ser observado, ser assistido, ser notado com simpatia, complacência e aprovação são todas as vantagens que podemos propor vir disso. É a vaidade, não a tranquilidade ou o prazer, que nos interessa.*

Smith prossegue: "Julgar seu próprio comportamento exige que você — pelo menos por um momento — se divida em duas pessoas, sendo uma a espectadora das ações da outra. A natureza dotou cada um de nós com um desejo de não só ser aprovado, como "com um desejo de ser o que deve ser aprovado" (o que é bem mais difícil).

Quatro fatores determinam o respeito das pessoas por outras: qualidades pessoais, idade, fortuna e nascimento. A primeira é aberta a debate, então a idade é um parâmetro melhor. A fortuna ou riqueza é, Smith observa, de certa forma, uma fonte surpreendente de respeito. Pessoas ricas são admiradas e beneficiam-se em termos de estima social apenas por sua riqueza, e, igualmente, os pobres perdem das duas formas.

Smith está ciente da possibilidade de autoengano e o maldiz como fonte de "metade dos distúrbios da vida humana". Se ao menos, ele escreveu em *Teoria dos Sentimentos Morais*, as pessoas pudessem se ver como as outras as veem, "uma reforma seria inevitável. Nós, de outra forma, não conseguiríamos tolerar a visão".

# A mão invisível

Os efeitos ocultos das forças econômicas e o funcionamento do mercado tornam-se na expressão de Smith a "mão invisível". Como ele coloca no relato político, *A Riqueza das Nações* (1776):

> ...todo indivíduo necessariamente trabalha para tornar a receita anual da sociedade tão grande quanto possa. Ele geralmente, com efeito, não pretende promover o intento público nem sabe o quanto disso ele está promovendo... ele tenciona apenas seu próprio ganho, e ele é nisso, como em muitos outros casos, conduzido por uma mão invisível a promover um fim que não era parte de sua intenção.

Note que ele não diz "hidden hand" ("mão escondida"), mas invisible hand (mão invisível). Engraçado como essas citações ganham sua própria vida (o conceito de Smith é, de fato, conhecido como "mão invisível"). Mas a ideia, que é influente, é que se pode confiar nas forças econômicas para guiar as ações das pessoas e levá-las a tomar as decisões corretas tanto para si mesmas como para todos ao seu redor. Isso é verdade? Muitos governos presumem que sim e um monte de outras pessoas discorda. Porém decidir quem está certo exige menos economia e mais filosofia.

## Manipulando o mercado com J. K. Galbraith

O que motiva as pessoas a consumir? Qual é o significado cultural do consumo? Como os padrões de consumo estão estreitamente relacionados com os padrões de desigualdade social? E exatamente o que direciona as escolhas que os consumidores fazem quando "consomem"?

Na primeira parte do século XX, os economistas investiam um esforço considerável para entender necessidades e despesas domésticas e olhavam as tendências de gastos de consumo de acordo com a classe de renda. Mas as tendências mudam, e isso aconteceu na economia — pela metade do século ninguém queria estudar isso. Em vez disso, os economistas discutiam grandiosas teorias de como as forças econômicas dirigem o dinheiro e os Estados. Duas das maiores foram as teorias econômicas conhecidas como "teoria do equilíbrio geral" e "macroeconomia keynesiana". Para esses economistas, nada de pesquisas encardidas sobre suicídios (como Durkheim conduziu) ou hábitos de compra individuais.

Com efeito, os economistas na tradição dos filósofos políticos liberais do século XVIII (como J. S. Mill e Adam Smith) achavam quase intrusivo olhar o que consumidores individuais faziam ou deixavam de fazer. Eles atinham-se à tarefa de políticos liberais permitirem que todos exercessem tanta liberdade de escolha quanto possível — normalmente gastando dinheiro e tomando decisões de compras.

### Consuma mais para ser feliz

A economia convencional presume que todos tomam decisões independentemente de outros — que as preferências são independentes dos gostos e aversões dos outros. Os economistas convencionais presumem que a sociedade é composta de vários indivíduos independentes — não grupos, muito menos classes.

Contudo, como sabem muito bem os especialistas em pesquisa de cliente, as pessoas encaixam-se muito facilmente em categorias identificadas e surpreendentemente rígidas. O homem (e é um homem) que compra um carro Ford Escort lê um certo tipo de jornal, gosta de dados de pelúcia pendurados no retrovisor, acha adesivos com a frase "Buzine se você odeia poluição sonora" engraçados, assiste certos programas em certos tipos de TVs e, claro, vota de uma certa maneira. Essas são tendências estatísticas. As exceções são antecipadas. Mas a economia tem a ver com fazer uma média das escolhas individuais, e tais padrões devem ser centrais às teorias.

E a teoria econômica continua profundamente presa à ideia de que um alto consumo corresponde a um maior bem-estar — que quanto maior o produto interno bruto, melhor (o *produto interno bruto* é a medida que os economistas usam de todo o dinheiro, sejam bens físicos ou serviços intangíveis, que as pessoas de um país geram, de uma forma ou de outra).

A economia também manteve outro viés do século XIX — sobre a utilidade. Produzir aço ou fertilizante é, claro, muito útil (não importa a poluição), mas produzir música ou poupar a natureza não são úteis nesse sentido. Os economistas preferem que bens e serviços vão ao encontro do que eles consideram necessidades práticas. Como um exemplo, nos Estados Unidos, um carro oferece valor prático de transporte, além de ser um item simbólico de consumo altamente forte.

O livro de 1958 de John Kenneth Galbraith, *A Sociedade Afluente*, foi, talvez, o relato filosófico sobre consumo mais influente no período que se seguiu à Segunda Guerra Mundial. Um olhar multifacetado e abrangente sobre a sociedade de consumo e o consumismo (com investidas na psicologia, sociologia e outros campos) ajudou a definir uma nova contracultura ao consumismo. O livro de Galbraith alimentou as visões radicais da década de 1960 e nutriu novas perspectivas, como aquelas por trás dos movimentos ambientais e feministas na década de 1970.

### Dinheiro como caminho para a felicidade

As duas últimas décadas do século XX viram um retrocesso político e uma reafirmação da cultura de consumo e do dinheiro como caminho para a felicidade. Os economistas e políticos igualmente concluíram que os consumidores são soberanos, que a propaganda tem eficácia limitada e que se pode entender o consumo como ação efetiva para criar identidade, significado, valor e bem-estar nas vidas dos indivíduos. *A Sociedade Afluente* faz três principais alegações sobre o consumo:

- 🖊 A produção cria desejo no consumidor
- 🖊 A relação entre consumo e utilidade tornou-se fraca ou , talvez, até negativa
- 🖊 As pressões estruturais para aumentar o consumo privado direcionam a provisão de bens públicos

Galbraith rejeita a visão comum que relaciona produção e consumo, que é a de que os desejos do consumidor (ou preferências) surgem em algum lugar fora do sistema econômico e que as empresas simplesmente, então, respondem a esses desejos. O sucesso econômico é, então, medido por sua capacidade de satisfazer esses desejos do consumidor. Em *A Sociedade Afluente*, Galbraith diz que é o contrário. Ele argumenta que os desejos dos consumidores não são mais urgentes ou intrínsecos, porque, quando uma sociedade é afluente, as necessidades urgentes foram atendidas e são as vendas e trabalhos de marketing que criam desejos. A propaganda cria o desejo por carros cada vez mais potentes, mais músicas para os iPods, mais comida exótica, mais filmes eróticos — mais livros *Para Leigos* também! É a propaganda que cria "toda a gama moderna de desejos sensoriais, edificantes e letais".

Contudo, os economistas, diz Galbraith, "fecharam os olhos (e ouvidos) ao mais importuno de todos os fenômenos econômicos, que é a criação moderna de desejo". Pior ainda, a ênfase no consumo privado está dominando os bens públicos — o interesse público. Galbraith é especialmente presciente sobre o ambiente natural:

> *A família que leva seu automóvel malva e vermelho, com ar-condicionado, direção hidráulica e freios ABS para uma viagem passa por cidades que são mal pavimentadas, enfeiadas por letreiros, prédios iluminados, outdoors e postes para fios de eletricidade que deveriam, há muito, estar enterrados. Passam por cidades do interior que foram consideradas invisíveis pela arte comercial (os bens a que a mais recente propaganda têm absoluta prioridade em nosso sistema de valor. Tais considerações estéticas como uma vista do interior vêm em segundo lugar. Em tais assuntos, nós somos consistentes). Fazem piquenique com alimentos cuidadosamente empacotados em caixas térmicas ao lado de um córrego poluído e passam a noite em um parque que é uma*

*afronta à saúde pública e à moral. Pouco antes de adormecerem em um colchão inflável, sob uma barraca de náilon, em meio ao fedor de dejetos, podem refletir vagamente sobre a desigualdade curiosa de suas bênçãos. Isso é, de fato, o gênio americano?*

## Mais manipulação de pobres consumidores

A Guerra Fria e ascensão da guerrilha psicológica ajudaram a alimentar temores de lavagem cerebral corporativa por meio de propagandas. A guerrilha veio em livros como *Nova Técnica de Convencer*, de Vance Packard, de 1957, e mesmo contribuições da filosofia de Theodor Adorno e Max Horkheimer, cuja peça clássica de 1944, *A Indústria Cultural: O Esclarecimento como Mistificação das Massas*, tornou-se o texto padrão para críticos acadêmicos do consumismo por 20 anos, tanto nos EUA como na Europa.

Nesses relatos, os poderosos e ativos agentes são corporações, não indivíduos. Essa perspectiva foi dominante até, aproximadamente, 1980. Naquele ponto, começou uma guinada ideológica sobre o consumismo, encabeçada pelo economista Milton Friedman e seus apoiadores políticos, Sra. Thatcher e Ronald Reagan, respectivamente, primeira-ministra britânica e presidente dos Estados Unidos durante a maior parte da década de 1980.

Ser consumidor passou a ser visto mais como ativo do que passivo. O público devia ser capaz de ver além dos truques das propagandas para seus próprios interesses e mesmo ocupar-se de fazer seus próprios tipos de manipulações, utilizando suas escolhas de compras como parte de um sofisticado exercício para afirmar e criar suas próprias identidades pessoais.

A política paternalista do Estado (isto é, o Estado atuando como um papai legal) e a economia keynesiana (com sua suposição de que o governo pode fazer melhores julgamentos econômicos do que os indivíduos e empresas que compõem o "mercado"), combinadas com uma nova celebração direitista do indivíduo, produziu um certo paradoxo social. O crescimento de enormes empresas operando por todo o mundo acima das leis nacionais, com a movimentação do tamanho de nações inteiras, foi acompanhado de uma ideologia que falava exatamente o contrário — de consumidores individuais que eram reis, com as empresas à mercê deles.

Então, o que estava realmente acontecendo? As pessoas são coletivamente (pelo menos) "reis consumidores" ou vítimas das empresas? Certamente, as pessoas são treinadas desde cedo a serem consumidoras, e a identidade é profundamente atrelada a escolhas de consumo.

E a ciência social está certa em indicar que os indivíduos não podem escapar de suas posições de classe, de forma muito parecida com que não podem evitar ser parte do sistema consumidor. Se os economistas insistem no mantra (por definição!) "bens são bons", talvez porque sejam superficialmente democráticos e antielitistas, estão assumindo também uma postura muito política. O consumo sempre teve tanto aspectos simbólicos como utilitaristas.

A economia clássica minimiza as motivações sociais — os ditados da moda e o desejo de parecer como outras pessoas similares (seus pares) — para tornar o indivíduo um rei. Mas fazendo isso, a economia não entende — ou prevê — quais serão as escolhas das pessoas.

O consumo também reflete e reproduz outras categorias, como identidades nacionais e cultura rural. A realidade por trás do consumo é que praticamente todos os bens e serviços possuem significados e efeitos sociais. A filosofia liberal, que define essa esfera em particular como puramente privada, como não tendo nada a ver com a sociedade e, portanto, não como um objeto legítimo de análise, está recebendo uma postura não política, mas científica.

De fato, a economia padrão encontra-se em três áreas, e os economistas não gostam de debater nenhuma delas:

✔ O consumo gera bem-estar

✔ As pessoas fazem escolhas livres e racionais

✔ O consumo tem um propósito prático e é racional — é utilitarista

Afinal, se reduzir o consumo pudesse melhorar o bem-estar geral das pessoas, então os cálculos dos economistas desabariam. Por conseguinte, eles preferem não considerar a possibilidade!

# A classe não trabalhadora

O sociólogo e ex-marxista André Gorz e o filósofo contemporâneo Zygmunt Baumam criticam as interpretações marxistas convencionais da sociedade. Ambos redefinem a classe explorada, não em termos de propriedade e salários, mas como indivíduos *que não podem consumir*.

Por que não? Muito cheio de tortas de creme? Não há espaço na estante para mais DVDs? Não, é mais simples que isso. Não há mais dinheiro.

Como Gorz coloca, a verdadeira classe oprimida do capitalismo moderno não é mais a dos trabalhadores, mas a dos "não trabalhadores" — os idosos, os desempregados e os muito jovens (como as crianças de rua na América do Sul) que não podem trabalhar e contam com auxílios do governo ou caridade (ou crime) para seu sustento.

Mesmo naquela época em que Marx e Engels estavam escrevendo, Mikhail Bakunin (1814–1876) expressava essa visão na Rússia. Ele previu uma insurgência dos "não civilizados", motivados por seu desejo instintivo de igualdade. Bakunin previu, em contraste com Marx, que a civilização enfraqueceria o instinto revolucionário e que a violência era parte de um desejo primitivo.

# Desacreditando o herói capitalista de Ayn Rand

Ayn Rand (1905–1982) nasceu, o que é bem grandioso, Alisa Zinov'yevna Rosenbaum em São Petersburgo, Rússia. Lá estudou ciências sociais, mas, longe de se tornar uma pesquisadora estudada ou professora, preferiu ser roteirista, uma carreira que, quase inevitavelmente, a levou a Hollywood. Aí ela trabalhou por muitos anos, inclusive fazendo uma ponta no filme de Cecil B. DeMille, *O Rei dos Reis*. O filme mostra a autora Ayn Rand como um rosto na multidão.

## A fundadora do objetivismo

A fama de Rand não é por conta somente de seu trabalho no cinema, por mais impressionante que seja. Hoje em dia, ela é celebrada como a fundadora do movimento quase filosófico chamado *objetivismo*. O que é isso, então? Tem algo a ver com ser objetivo e racional talvez — como Max Weber recomenda? Algo assim, certamente. Se há algo mais na teoria, então ninguém sabe o que é. Contudo, há um selo dos EUA com Rand e um jogo de videogame chamado *BioShock*, construído em torno de seus escritos.

A contribuição sociológica de Ayn Rand é defender uma ética particular do interesse próprio racional e libertarismo, independente do capitalismo. A ética de trabalho de Weber tem a ver com a crença entre protestantes de que ser rico é um sinal público de que Deus o ama (veja a seção anterior "Sendo burocrático com Weber"). Bem, a ética de Rand é também muito pessoal e pé no chão, sobre as vantagens do trabalho duro (ou qualquer trabalho) que o torna rico.

Admiradores descrevem Rand como filósofa, mas, muito certamente, ela não é. Ainda que seu livro exponha uma certa filosofia de vida, não o faz oferecendo quaisquer argumentos (que é a marca da filosofia), mas somente por meio de uma grande quantia de afirmações. Essas afirmações se estendem livremente (ou, alguns poderiam dizer, vagam casualmente), procurando alvos para criticar, como os homossexuais, que ela considerava "nojentos". Apesar de tudo isso, ou talvez por causa disso, algumas escolas dos EUA e pelo menos 30 faculdades norte-americanas hoje em dia estudam o objetivismo.

E, para esses sérios estudantes, Rand expõe a filosofia objetivista em sua terceira novela, *A Nascente*, que apareceu em 1943 e rapidamente encontrou um mercado de massa e, atualmente, afirma-se que vendeu 6 milhões de cópias. Isso não é bem um milhão de vezes mais do que os meus livros!

## A visão de pesadelo de Rand sobre um mundo sem grandes negócios

Então, o livro de Rand atingiu um ponto caracteristicamente americano, aquele do "empreendedor como herói", e esse também foi o tema desenvolvido no momento devido por seu trabalho literário mais conhecido, *A Revolta de Atlas* (1957). A trama envolve um EUA distópico, no qual os industrialistas e outros indivíduos criativos (Ayn Rand, de qualquer forma) decidem entrar em greve e retirarem-se para um esconderijo na montanha onde construíram uma economia independente, livre.

Naturalmente, o país dedicado à busca da riqueza aceitou-o com entusiasmo. Após o sucesso de público de *A Revolta de Atlas*, Rand deu início a um informativo dedicado a atualizações sobre o objetivismo e um livro sobre a origem da "filosofia", *Léxico de Ayn Rand: Objetivismo de A a Z*. Ele diz:

> *A filosofia de Aristóteles foi a Declaração da Independência do intelecto. Aristóteles, o pai da lógica, deveria receber o título de primeiro intelectual do mundo, no sentido mais puro e nobre dessa palavra. Não importa quanto remanescente do platonismo tenha existido no sistema de Aristóteles, sua conquista incomparável encontra-se no fato de que ele definiu os princípios básicos de uma visão racional da existência e da consciência do homem: de que há somente uma realidade, aquela que o homem percebe — que existe como absoluto objetivo (que significa: independentemente da consciência, dos desejos ou dos sentimentos de quem percebe) — que a tarefa da consciência do homem é perceber, não criar, a realidade — que as abstrações são o método do homem para integrar seu material sensorial — que a mente do homem é sua única ferramenta de conhecimento — que A é A. Se considerarmos o fato de que até hoje tudo nos torna seres civilizados, cada valor racional que possuímos — inclusive o nascimento da ciência, a Revolução Industrial, a criação dos Estados Unidos, até mesmo da estrutura de nossa linguagem — é resultado da influência de Aristóteles, do grau ao qual, explícita ou implicitamente, os homens aceitaram seus princípios epistemológicos, nós teríamos que dizer: nunca tantas pessoas deveram tanto a um homem.*

Isso é, certamente, bobagem. Mas uma bobagem esplendidamente lucrativa! Similarmente, seu livro *A Revolta de Atlas* oferece um pouquinho de conteúdo filosófico, construído em torno do discurso de seu herói, John Galt. Galt ecoa o desdém de Nietzsche pelas virtudes cristãs de sacrifício, dizendo que esta "é uma era de crise moral, criada pela doutrina do sacrifício" e reclamando de que "a essência de códigos morais anteriores é exigir que você sujeite sua mente e sua vida aos caprichos de Deus ou da sociedade".

No lugar disso, Rand oferece um argumento enraizado em um primeiro princípio de egoísmo: "se você deve agir em benefício de outros, por que é aceitável que outros aceitem tais benefícios? Porque eles não os conquistaram". Muito melhor, Rand acha, aqui seguindo Adam Smith, é deixar o livre mercado arranjar as coisas:

> *Em uma sociedade de comércio, não há conflito de interesses entre os homens em diferentes níveis da pirâmide de habilidade. As pessoas mais talentosas, que fazem descobertas e inventam produtos e tecnologias, contribuem o máximo para as outras; enquanto aqueles na base, que estão envolvidos com trabalho meramente braçal, beneficiam-se ao máximo.*

O discurso, que, como o livro, é muito longo, estendendo-se por aproximadamente 50 páginas, em algum momento revela a ideia-chave na "filosofia" do objetivismo. Eu vou estragar a trama se contar agora? Bom, então vou contar. Aqui está. John Galt diz:

> *Você vencerá quando estiver pronto para proclamar este juramento: "Eu juro — por minha vida e meu amor a ela — que nunca viverei pelo bem de outro homem, nem pedirei que outro homem viva pelo meu."*

*A Revolta de Atlas* foi resenhado pela *National Review* em 1957. Chamaram o livro de "infantil" e "notavelmente tolo" e disseram que "pode ser chamado de um romance apenas no sentido pejorativo do termo". Apesar disso, o livro conquistou seguidores como um culto, incluindo algumas influentes figuras públicas, como Alan Greenspan, em algum momento presidente do Banco Central Norte-americano; Hugh Hefner, famoso pela *Playboy*; Angelina Jolie, a Rambo de saias ou estrela feminina de filmes de ação; e Jimmy Wales, o empreendedor empresarial (curiosamente, também envolvido com pornografia — ótimo modelo de negócio!), segundo uma enciclopédia online de bastantes sucesso, mas não exatamente lucrativa, chamada Wikipédia, que trata de Ayn Rand respeitosa e extensivamente.

## *Descobrindo mercados e a teoria do caos*

Você já olhou os gráficos mostrando os movimentos de títulos e ações? Eles invariavelmente sobem e descem. E, em qualquer momento em particular, é impossível prever se estão prestes a subir — só mais um pouquinho, por favor! — ou cair bruscamente. Você certamente terá notado, se já investiu dinheiro na compra de títulos e ações.

Os economistas presumem que, enquanto o burburinho de mudanças aleatórias de curto prazo acontece nos títulos e ações, as tendências de longo prazo são determinadas por fatores delicados, macroeconômicos (isto é, de larga escala), como mudanças tecnológicas, ou produtividade, ou guerras, ou invenções. A teoria econômica tradicionalmente supõe que os preços mudam suavemente, em vez de em saltos abruptos — uma suposição tomada da física dos movimentos. Contudo, de fato os preços saltam em resposta a novos rumores.

Em uma época, pensava-se (oh, gente simples!) que o sol, a lua e as estrelas eram tipos de divindades, controlando as vidas humanas. De fato, ainda há pessoas (que aborrecem muito os tipos de filósofos de hoje) que levam a astrologia e afins muito a sério. Porém, claramente, desde Newton, as pessoas puderam não só prever os movimentos do sol e da lua, das estrelas e dos planetas, como também os movimentos de maçãs em queda e diversos pesos de chumbo. Porque, desde Newton, as pessoas sabem que o mundo natural obedece a leis.

Só que, acontece que isso não ocorre, ou, pelo menos, só ocorre quando quer (que dá praticamente no mesmo). Com efeito, os movimentos de objetos celestiais continuam inerentemente imprevisíveis, devido não meramente à vasta complexidade das forças que os influencia, mas, também, à inter-relação dessas forças. Os astrônomos só podem dar uma estimativa aproximada de onde a lua estará amanhã. Eles também podem errar (por algumas polegadas).

Em muitas situações da vida real, fatores minúsculos multiplicam-se, causando mudanças profundas. No tempo geológico, os cientistas sabem que os polos magnéticos da Terra inverteram-se, alterando com um golpe o tempo e o clima de seus sistemas. Apesar disso, nada mais do que uma fagulha elétrica pode detonar uma mudança maciça. Efeitos colossais causados por minúsculas mudanças são a essência do que os matemáticos e físicos chamam de *teoria do caos*.

Nos dias de hoje, computadores impressionantemente poderosos recebem vastas quantias de fatos, programados com uma gama de regras para interpretá-los, e podem lidar com números incompreensivelmente grandes de cálculos antes de retornar previsões do futuro. Eles tentam representar a visão do filósofo francês Pierre Laplace (1749–1827), que previu com muita firmeza que um dia (pelo menos em teoria) uma grande inteligência (um super-super-supercomputador, como você pode dizer hoje em dia), capaz de calcular os movimentos de tudo no universo, conseguiria prever o futuro.

> *Tal inteligência seria capaz de abranger na mesma fórmula os movimentos dos maiores corpos do universo e daqueles menores átomos, disso, nada seria incerto e o futuro, como o passado, estaria presente diante dos olhos.*

É típica do pessoal dos supercomputadores a tarefa de prever o aquecimento global. Eles tomam milhões sobre milhões de medições da temperatura do ar, do mar e do solo, velocidade do vento, marés, níveis de poeira, padrões das manchas solares, ocorrência de chuva e assim por diante. Então o computador aplica as regras, que os especialistas climáticos grandiosamente declaram ser (como as de Newton) descrições precisas de como o mundo funciona.

Mas o tempo, de fato, o clima, não é dominado tão facilmente. Ele é a epítome de um complexo sistema que não pode ser atribuído a ninguém. Isso se dá porque, de fato, a matemática é menos organizada do que os não matemáticos sabem. Pegue aquele complicado tipo de matemática que se usa para medir mudanças. O *cálculo* é um triunfo, mas não se pode resolver a maioria das equações diferenciais de jeito nenhum, porque a maioria das coisas varia de forma imprevisível, de forma não lineares (desenhe um gráfico e não conseguirá fazer com que os pontos se encaixem em uma linha). Entretanto, é da natureza humana sempre procurar padrões, tanto cientistas como investidores dos mercados de títulos o fazem igualmente, mesmo que o padrão possa não estar lá.

Na ciência social, os modelos teóricos e matemáticos tentam explicar a forma como as sociedades funcionam. Por "modelo" quer se dizer uma construção matemática, um conjunto de regras matemáticas que devem capturar precisamente a forma como as coisas são retransmitidas em um mundo que, com a adição de certas interpretações verbais, descreve os fenômenos observados. A justificativa de tal construção matemática é única e precisamente que se espera que funcione, como o respeitado matemático do século XX John von Neumann falou uma vez.

E, embora nas ciências naturais você imagine que os modelos realmente correspondam à realidade, elas são, igualmente, apenas teorias abstratas, sem mais justificativa senão aquela de que elas parecem funcionar. Estas são as três regras tradicionais da ciência em que as pessoas costumam acreditar universalmente:

- ✔ Sistemas simples comportam-se de formas simples

- ✔ Comportamento complexo deve ter uma causa complexa

- ✔ Diferentes sistemas seguem diferentes regras

A teoria do caos lembra às pessoas de que a verdade é o oposto:

- ✔ Sistemas simples podem comportar-se de formas complexas

- ✔ Comportamento complexo pode surgir em sistemas simples

- ✔ Diferentes sistemas podem seguir as mesmas regras

É por isso que a teoria do caos pode ser aplicada à biologia, ao clima ou até mesmo aos mercados de títulos.

# Capítulo 19

# Explorando a Verdade Científica e as Tendências Científicas

*Neste Capítulo*

▶ Esmiuçando a ciência para ver como ela funciona

▶ Encontrando alguns problemas filosóficos bem grandes dentro da ciência

▶ Questionando sobre mistérios que, supostamente, foram solucionados há muito tempo

> *Continue perseguindo essa investigação e verá que a ciência, agora, se tornou tão opressiva quanto as ideologias que teve de combater. Não se deixe enganar pelo fato de que, hoje em dia, quase ninguém é morto por unir-se a uma heresia científica... Os hereges na ciência ainda são submetidos a sofrimentos das sanções mais severas que esta civilização relativamente tolerante tem a oferecer. [Parece que] A ciência tornou-se rígida, que deixou de ser um instrumento de mudança e libertação.*

> — Paul Feyerabend

Quantos de nós já fomos apresentados a uma imagem organizada e eminentemente satisfatória da ciência como uma progressão regular de suposições cruas para um conhecimento cada vez mais sofisticado, impulsionado por técnicas e maquinário engenhosos? É como se a ciência, como as ondas do oceano aproximando-se da praia, movesse-se apenas em uma direção, e como se as tolas tentativas humanas de impedir o fluxo do progresso fossem apenas uma questão de tempo até que suas obstruções sejam varridas para o canto e a grande onda da descoberta siga fluindo.

Este capítulo aborda a origem da ciência como uma forma particular de compreender o mundo à nossa volta, como os cientistas dizem que trabalham — e como eles realmente parecem operar, que acaba se mostrando bem diferente.

# Montando o Cenário: Razão e Ciência

As maiores figuras da filosofia ocidental admitem a progressão regular da ciência. Descartes, considerado por muitos a figura pivô no desenvolvimento do pensamento moderno, racional, afirmou firmemente que apenas aqueles capazes e desejosos de deixar falsas crenças de lado (e notar o que era deixado para trás clara e distintamente) poderiam identificar precisamente o conhecimento. Sua ideia era de que, desde que os filósofos se certificassem de basear sua teoria em um fundamento firme logo de início, eles, então, poderiam desenvolver o resto dela sem precisar se preocupar com que uma ou outra informação acrescentada posteriormente fosse falha. O fundamento firme permitiria que partes questionáveis fossem substituídas sem que houvesse um grande impacto negativo. Essa visão de ciência como basicamente muito sólida, tendo apenas um ou outro detalhe precisando de refinamento, é psicologicamente muito atraente. E é a forma como a maioria de nós a vê. Mas os filósofos da ciência alertam que não é bem verdade.

## Ptolomeu e as esferas

Antigos filósofos-matemáticos, como Ptolomeu, demonstraram que é possível realizar cálculos poderosos desde que se comece de princípios claros (ou *axiomas*) e, então, que não se permita que nada mais se intrometa nesses cálculos (ou teoria), a menos que se possa fazer logicamente uma dedução desses axiomas. Que ótimo modelo para a ciência! Não importa que o sistema astronômico de Ptolomeu tenha fixado a Terra, imóvel, no centro do universo, enquanto as estrelas giravam em torno de esferas de cristal, executando a música divina enquanto o fazia — porque, embora isso pareça sem sentido hoje, o sistema de Ptolomeu compôs um ótimo fundamento para outras teorias, tanto científicas como filosóficas.

Desde Ptolomeu, os ideais matemáticos guiam filósofos e cientistas firmemente em direção a grandes esquemas baseados em princípios simples e distantes das complexidades e inconsistências da vida real.

# Kant: Razão e a não Razão

As preocupações originais de Kant eram todas científicas. Embora muitos se lembrem dele por suas regras lógicas derivadas de suas atividades como muito secas e puramente filosóficas, em sua vida ele também fez muitas deduções estranhas de suas pesquisas "científicas". Por exemplo, ele diz que todos os planetas do sistema solar têm vida (com a inteligência da vida aumentando em proporção à distância do Sol) e que as pessoas possuem apenas uma quantidade fixada de sono no nascimento (e morrem cedo se a gastarem deitadas na cama por muito tempo; meu pai ainda acredita nisso!).

Ou pegue o caso de Gottfried Leibniz, o filósofo e inventor (veja o Capítulo 5) que deduziu que o universo é composto de apenas uma substância sem partes, que ele chamou de *mônadas*. Como Descartes, Platão e muitos cientistas antes e desde então, Leibniz preferia encaixar o universo em sua teoria a permitir que o universo estragasse suas teorias. Então, por exemplo, Leibniz explica que, embora essas coisinhas tipo mônadas não apareçam para os sentidos ("elas são incolores", ele diz, mas *invisíveis* é uma forma melhor de colocar e é isso que ele quer dizer), ainda é possível deduzir a existência delas — com efeito, tem-se que deduzir — de forma a explicar a realidade. Os físicos quânticos da atualidade fazem basicamente o mesmo, colocando suas partículas invisíveis e misteriosas como conscientes umas das outras, capazes de comunicarem-se instantaneamente através de toda a extensão do universo, e geralmente ignorando alegremente todas as regras da mecânica clássica como são expostas nos livros de física.

De fato, seja lá o que você goste de pensar, os cientistas frequentemente iniciam, como Jean Jacques Rousseau aconselhou as pessoas a fazerem, "deixando os fatos de lado, visto que eles não afetarão a questão". Parece esquisito? Porém, na prática, na ciência, as experiências não levam a novas teorias, porque todas as teorias historicamente significativas (e algumas bem insignificantes também) concordam com os fatos. Em oposição, como todos os políticos e relações-públicas sabem, existem muitos fatos, e você pode escolher o certo para apoiar sua teoria. Os cientistas são animais políticos, e seus métodos não são diferentes. *Ainda que eles achem que seus métodos se diferenciem.*

# Causando Problemas à Ciência com o Problema da Causa

Não são apenas os filósofos que procuram causas para explicar mistérios, os cientistas também o fazem. Saber o que acontecerá se você fizer algo é útil, mas saber o que fez com que isso acontecesse é melhor. Aquele grego antigo, Demócrito (460–370 a.C.), certa vez disse que ele preferiria descobrir uma "causa verdadeira" a conquistar o reino da Pérsia, com o que ele quis dizer que compreender o que realmente causa algo é um conhecimento poderoso.

## Compreendendo causa e efeito

Dentro da filosofia, a noção de *causa e efeito* (eu acerto meu dedão com um martelo e certamente ele começará a doer depois!) é central a teorias de percepção, tomada de decisão, conhecimento e como a mente funciona. De fato, Samuel Alexander (1859–1938) uma vez sugeriu que a causação era a *essência* da própria *existência*. Ele achava que é a capacidade de fazer com que coisas aconteçam que separa fato de ficção, o mundo real do imaginário.

Ou, tome os debates filosóficos a respeito do livre-arbítrio. Esses debates sempre têm como ponto de partida a questão de como se pode ser livre se algo mais, talvez bioquímico ou elétrico, provocou seus pensamentos e desejos? Debates acerca da metafísica da mente frequentemente giram em torno do problema de que a própria mente deve ser em algum sentido física para que possa influenciar — causa — eventos físicos.

## Sendo desafiado por Hume

Tudo isso exige uma explicação do que exatamente os filósofos querem dizer quando falam de algo *causando* outro algo — que tipo de palavra é essa? A estrutura para a filosofia da causalidade começa realmente com David Hume. Hume (que é descrito em mais detalhes no Capítulo 5) foi um grande iconoclasta — com isso quero dizer que ele é o tipo de pessoa que tinha grande prazer em demolir as teorias preferidas de todo mundo. Apesar de ter sido criado por pais devotamente religiosos, ele mesmo era ateu e possuía teorias para apoiar isso também (seu livro descrevendo-as, *Diálogos Sobre a Religião Natural*, contudo, não foi publicado até muitos anos depois de sua morte, porque ele temia que fosse muito controverso!).

**ÓTIMA IDEIA**

Quando Hume examinou a noção de causa e efeito, que Descartes havia classificado como *verdade necessária* (isto é, era verdade não por peso do fato, mas como algo que simplesmente *não poderia* ser de outra forma), ele concluiu que ela poderia gerar apenas conhecimento provável. Ele percebeu que, quando se vê um evento constantemente se seguindo a outro, só se pode inferir (supor) que o primeiro causou o segundo. Entretanto, Hume diz, "nós não podemos penetrar na razão da conjunção". Por exemplo, se você comer uma maçã e ela tiver gosto de, digamos, banana, consideraria isso anômalo. Minha maçã ficou banana! Porém, Hume diz que essa reação é um pensamento desleixado: "A suposição de que o futuro se assemelha ao passado não é fundamentada em argumentos de qualquer tipo, mas deriva-se inteiramente do hábito".

Do exemplo da maçã/banana, você pode concluir que todo conhecimento é falho e que não se pode acreditar em nada. Hume viu isso, mas, à maneira de um filósofo cavalheiro que era, sugeriu que o descuido e a desatenção oferecem um remédio — recomendando que você deve ignorar as falhas em seus argumentos e continuar a usar uma razão questionável sempre que achar adequado! A filosofia permanece, então, apenas como uma forma agradável de passar o tempo (bem, é o que ele achava), não uma razão para mudar suas visões.

A tendência prática de Hume significava que ele achava que a única evidência que valia a pena ter sobre como causas e efeitos relacionam-se deve ser, definitivamente, a boa e velha evidência mensurável dos sentidos. Mas você não pode sentir ou vivenciar diretamente as relações causais; em vez disso, você sempre as deduz da observação de um evento seguindo-se a outro. São eventos ligados no tempo e no espaço. Você aperta um botão na frente da TV e, após um breve atraso, a tela ilumina-se e você presume que fez com que a tela ligasse. Porém, o botão *poderia* estar quebrado e seu filho de dois anos *poderia* ter, proveitosamente, mexido no controle remoto atrás do sofá. Você nunca saberia a diferença! Contudo, a diferença existe e é fundamental.

A expectativa organizada e conveniente das pessoas de que as coisas, na verdade, têm causas simples que sempre produzem os mesmos efeitos é simplesmente um coproduto das memórias da sucessão regular e previsível de eventos no passado. Mas lembre-se do que aconteceu com a galinha de Bertrand Russell no Capítulo 1!

# Causalidade

Existem muitos tipos diferentes de causação. David Hume achava que sempre se espera que eventos se sigam às causas — é o queridinho filosófico, se A então B. Porém existem muitos outros tipos de relações causais no mundo (como nuvens e chuva) que são meramente prováveis — se está nublado, então existe uma probabilidade de 25% de que chova.

Outro tipo útil de causação é a *contrafatual*, que os historiadores utilizam para interpretar o significado de eventos passados e os advogados usam como forma de distribuir a culpa. Por exemplo, os historiadores podem dizer que, se a Luftwaffe tivesse decidido bombardear as bases aéreas em vez das cidades na Segunda Guerra Mundial, então Hitler poderia facilmente ter invadido a Grã-Bretanha e o mundo hoje estaria sob uma ditadura nazista. Um evento teria causado o outro.

Não importa se nesse caso seja tudo imaginário, porque para os filósofos não está definido de forma alguma se a causação é realmente construída na fábrica do universo ou se é meramente uma característica da forma com que os cérebros das pessoas separam o caleidoscópio de experiência sensorial cotidiana e a organizam em suas cabeças.

Hume vê os humanos como essencialmente animais, com a facilidade adicional de uma linguagem sofisticada. A razão é meramente um produto do uso da linguagem pelas pessoas, e os animais também podem raciocinar, ainda que de formas mais simples. Ele oferece relatos tanto de emoções como de ideias, como se as pessoas fossem essencialmente máquinas, motivadas por prazer e dor, ou, como Thomas Hobbes colocou anteriormente, por apetites e aversões. Sua observação de que um *é* não implica um *deve* também enfatiza que, mais cedo ou mais tarde, todo mundo se leva por seus sentimentos para fazer quaisquer escolhas.

Em seus escritos posteriores, Hume aceita o rótulo de *cético*, e certamente é assim que seus contemporâneos o viam. A primeira vítima de sua abordagem foi a consciência, ou o eu, como entidade. Hume observou que a consciência é sempre sobre algo — de uma impressão de algum tipo, estar quente, frio ou o que for — e, assim, você pode entender o eu como um tipo de pacote de percepções. Ninguém pode perceber o eu como tal, nem olhando para dentro de si, nem certamente olhando para qualquer outra pessoa. Hume, assim, deu um passo além do bispo Berkeley (veja o Capítulo 5), que havia demonstrado que não existia nenhuma matéria provando que nenhuma mente existia também.

De acordo com a estima de algumas pessoas, Hume é o maior filósofo britânico. Contudo, ele nunca conseguiu trabalho em uma universidade lá, parcialmente devido à controvérsia levantada por seu desmascaramento da religião. Até mesmo seu grande amigo (e, na época, um filósofo muito mais famoso) Adam Smith, enquanto agia como um árbitro da candidatura de Hume ao posto de professor de Filosofia Ética e Pneumática em Edimburgo, escreveu aconselhando contra a indicação! Teria sido um aborrecimento para Hume imaginar que seu melhor amigo houvesse feito com que ele não conseguisse o emprego, daí ele já havia pensado em sua estranha teoria de que a causação era imaginária.

## Capacetes de alumínio provocam lesões na cabeça

Aqui está um exemplo de causa e efeito na prática, que impressionou as pessoas durante a Primeira Guerra Mundial.

O número de soldados que chegavam aos rudimentares hospitais de campanha com pequenos fragmentos alojados em suas cabeças foi uma questão muito séria. O número de pacientes era muito alto, os soldados levavam muito tempo para se recuperar (caso se recuperassem) e custava muito dinheiro tratá-los. Agora, no início da guerra, os soldados receberam chapéus de tecido para usar, o que parecia esperto, mas só os protegia dos raios do sol. Então, vendo as figuras medonhas com lesões na cabeça, algum burocrata em Whitehall concluiu que fazer com que soldados utilizassem capacetes de proteção (como os motociclistas ou trabalhadores de obras) feitos de aço reduziria o número de soldados feridos que chegavam aos hospitais de campanha com fragmentos em seu cérebro. Porém, ao contrário, após a introdução de capacetes de alumínio, o número de tais lesões na cabeça *aumentou* dramaticamente.

Então, o que estava acontecendo? Como, neste mundo, os capacetes de alumínio causavam mais lesões? Era outro exemplo daqueles achismos sobre saúde e segurança piorando as coisas, dificultando que os soldados desviassem das balas, talvez? Ou poderia ser que usar os capacetes de alumínio deixasse os soldados mais descuidados?

Na verdade, a princípio, ninguém pôde explicar o aumento dos ferimentos apesar do equipamento de segurança na cabeça. Porém, alguém percebeu que os médicos registravam apenas aqueles soldados que precisavam de tratamento, e não aqueles que morreram antes de chegar ao hospital (menos ainda chegar a uma estatística). Descobriu-se, em um exame mais minucioso, que o número de soldados *morrendo* com tiros na cabeça havia caído dramaticamente, mas o número de ferimentos havia aumentado porque mais soldados estavam sobrevivendo.

Isso demonstra duas coisas: que em estatística, como em filosofia, a questão é frequentemente mais importante do que a resposta, e, em segundo lugar, que os efeitos podem parecer diferentes quando você muda sua visão sobre suas causas.

# Deixando Cisnes Negros Destruírem Teorias Caras

Karl Popper (1902–1994) é relacionado como um dos filósofos essenciais da ciência do século XX (bem, não há muitos, então não havia muita concorrência...). Entretanto, ele nunca foi bem-vindo na cidadela acadêmica, nunca foi muito bem-aceito nos círculos acadêmicos mais sofisticados. Ele descrevia-se como *racionalista crítico*, sendo os *racionalistas* pensadores como Descartes, Leibniz e, sobretudo, Immanuel Kant, com suas regras e imperativos categóricos que achava que o caminho para o conhecimento era o cuidadoso racionalismo crítico. Popper escolheu o termo para sinalizar sua rejeição ao *empirismo clássico*, ou tentativas de descobrir coisas sobre o mundo por meio de investigações práticas e experimentos que os positivistas lógicos do chamado Círculo de Viena, nos anos 1930, estavam revisando e refinando à época. E ele não era um seguidor simplório de tendência também — contrário a todos os entusiastas do método científico, Popper argumentou que não há observações livres de teoria, infalíveis, como os empiristas pedem para você supor, mas, ao contrário, que toda observação depende de teoria e envolve enxergar o mundo por meio de um vidro distorcedor (e filtro) de pressuposições conceituais existentes.

Karl Popper também foi um filósofo social e político, advogando pelo que ele chamava de *sociedade aberta* (onde os governos não tenham nenhum segredo e os indivíduos tomem decisões importantes por conta própria), e um implacável opositor do *autoritarismo*, ou o que é, atualmente, às vezes chamado de governo grande e centralizado. Tendo fugido da Áustria na década de 1930 para evitar os nazistas, ele era particularmente um defensor ferrenho da democracia liberal (e dos princípios do criticismo social, debate sobre o qual a democracia liberal baseia-se). Seus argumentos contra a visão convencional da metodologia científica, baseada no *raciocínio indutivo* (tirando conclusões gerais de um número limitado de casos), junto com sua defesa do princípio de falsificacionismo como forma de distinguir ciência real da falsa, não científica, influenciaram grandemente o modo como o público em geral enxerga os cientistas — ainda que muitos especialistas no assunto de examinar como a ciência realmente funciona rejeitem a obra de Popper como simplista.

*Falsificacionismo* é simplesmente a ideia de que os cientistas conduzem experimentos objetivando confirmar teorias e, quando descobrem que os resultados contradizem suas expectativas, percebem que sua teoria deve ser falsa.

Convencionalmente falando, as pessoas supõem que, quando experimentos são conduzidos para testar teorias na realidade e os resultados não estão de acordo com aqueles antecipados, a teoria é refutada. Karl Popper preferiu o termo *falsificada* em seu *A Pobreza do Historicismo*, diretamente entrando em questão com Descartes, que (como cito na seção anterior, "Montando o Cenário: Razão e Ciência") achava que bastava estar muito satisfeito com sua teoria (vê-la clara e distintamente).

É claro que se pode contornar um resultado inconveniente de muitas maneiras — notoriamente amassando os achados e jogando-os no cesto de lixo; e a história da ciência está cheia de cientistas fazendo isso. Por exemplo, Galileu, que leva o crédito de ter "provado" que a Terra gira em torno do Sol e não o contrário, e Louis Pasteur, aclamado por ter descoberto que germes minúsculos estão por toda parte (assim, abrindo caminho para as formas de evitá-los), recusaram-se a ter suas teorias falseadas por experimentos que chegassem a resultados contrários a essas teorias. Nestes casos, devemos elogiar a determinação deles, mas meio atrasados. Até onde foi o debate racional, científico, Galileu e Pasteur perderam — na época! Se os cientistas regularmente preferem seus palpites — ou suas convicções religiosas — de seus achados, parece existir uma lacuna entre o que as pessoas acham que os cientistas fazem e o que eles fazem na realidade.

# Mudando de Paradigmas e Causando Revoluções Científicas

Em seus escritos (notoriamente, em *A Lógica da Descoberta Científica*, 1935), Karl Popper aceita uma aliança com o grande cético do século XVII, David Hume, para desafiar toda a base da ciência. Isso é o que é conhecido como o princípio de indução, em oposição à dedução, que é o que filósofos e Sherlock Holmes devem, pelo menos no mito, fazer. A *dedução* pode ser lógica e confiável. O oposto, a *indução*, só pode ser ilógica e não confiável.

Contudo, embora seja logicamente impossível provar uma afirmação universal, inferir leis gerais de casos particulares é a base do método científico. Pegue uma alegação como "todos os cisnes são brancos", por exemplo. Os cientistas podem encontrar um monte de evidências para apoiar a teoria — um cisne branco no lago no parque de Regent, um cisne branco no zoológico de Londres, um par de belos cisnes brancos no lago Pells em Lewes —, mas nada disso, na realidade, prova a teoria *universalmente*, o que significa em todos os lugares e por todos os tempos. Não, nem mesmo os dois cisnes brancos no Pells. Porque, não importa o que você saiba hoje, o futuro pode ser diferente. A ciência pode encontrar cisnes pretos vivendo em algum lugar. E, de fato, foi exatamente isso que aconteceu em 1697 na Austrália, onde alguns exploradores encontraram uma variedade de cisne negro previamente não esperada. Até aquele momento, os europeus tinham certeza de que todos os cisnes eram brancos.

Entretanto, visto que todas as teorias científicas são como o exemplo do cisne negro, vulneráveis ao próximo caso que surja apesar de fazer alegações universais para sua verdade, elas definitivamente apoiam-se somente em fé. "Eu, eu acredito na gravidade e nas leis da termodinâmica!"

Contudo, Karl Popper difere de David Hume, que, de certa forma, era mais radical, porque ele se apega à crença de que todo contraexemplo *é* decisivo. A teoria de que a Terra era plana foi demolida depois que alguém navegou em volta da Terra de forma bem-sucedida, a ideia de que todos os cisnes eram brancos foi demolida pela descoberta de cisnes negros. Essa é a pedra sobre a qual Popper propõe reconstruir as estruturas da ciência.

O próprio Hume concluiu que a ciência, assim como a filosofia, repousava menos sobre uma rocha — menos ainda a rocha da lógica e do método — que sobre as areias móveis da tendência científica e preferências estéticas. E o filósofo americano do século XX Thomas Kuhn assumiu a visão de Hume, em vez daquela do Sr. Popper.

Lembra-se daquelas antigas teorias gregas de como os corpos celestes deveriam estar em esferas de cristal? Talvez seja o exemplo paradigmático de como a falsificação não parece ocorrer, menos ainda decidir a sobrevivência ou outra coisa de uma teoria. À medida que evidências contra as esferas de cristal se amontoavam, os antigos simplesmente aumentavam o número de esferas cada vez que um novo problema surgia. Porém então, um dia, a velha teoria repentinamente saiu de moda e a nova ortodoxia ocupou seu lugar. É esse processo que o filósofo americano da ciência, Thomas Kuhn, chamou de *mudança de paradigma*. Uma vez criado, o termo logo se espalhou, como um vírus, das ciências físicas às sociais e até as artes e cursos de administração! Ele tornou-se tão popular que as pessoas começaram a descrever a própria ideia como uma mudança de paradigma.

## Analisando como os cientistas realmente trabalham: Thomas Kuhn

Em seu livro de 1962, *A Estrutura das Revoluções Científicas*, Thomas Kuhn ofereceu uma forma de enxergar por trás de uma imponente e inexpugnável fortaleza do consenso científico — revelando-o como uma fachada mutante. Kuhn escreve que "a comunidade científica não pode praticar seu trabalho sem algum conjunto de crenças recebidas" e que essas crenças formam a base da "iniciação educacional que prepara e autoriza o aluno à prática profissional". A natureza da preparação rigorosa e rígida garante que essas crenças recebidas exerçam uma forte influência na mente de cada novo membro da comunidade.

O que as pessoas consideram ciência normal, Kuhn diz, é construído sobre a suposição de que a comunidade científica sabe como é o mundo e cientistas responsáveis esforçam-se muito para defender essa suposição. Devem-se suprimir novas ideias, novos paradigmas/teorias, "porque são necessariamente subversivos" dos compromissos básicos. Fazer de outra forma exige que se reconstruam suposições existentes e se reavaliem fatos aceitos. Isso seria uma tarefa enorme: possivelmente perigosa, possivelmente impraticável, certamente consumiria muito tempo. Além disso, membros sensíveis da comunidade científica estabelecida podem firmemente resistir às novas ideias. Como Kuhn coloca, na ciência, a novidade só emerge com dificuldade, manifestada pela resistência.

Os cientistas também não podem trabalhar sem um conjunto de crenças, pois um paradigma é essencial à investigação científica. Kuhn diz que "nenhuma história natural pode ser interpretada na ausência de, pelo menos, algum corpo implícito de crença teórica e metodológica intrínseca que permita a seleção, a avaliação e a crítica".

Ele também diz que apenas a evidência não pode decidir teorias. Observa que os filósofos da ciência repetidamente demonstraram que se pode colocar mais do que uma construção teórica sobre um certo conjunto de dados. Dizendo de outra forma, você frequentemente pode rearranjar fatos para chegar a explicações bem diferentes. Ainda que problemas e fraquezas com uma teoria comecem a acumular-se, ele diz, é frequentemente mais fácil para a instituição, seja científica, religiosa ou política, ou modificar a ideia original, ou suprimir a informação conflitante, do que abandonar suas ortodoxias estabelecidas.

Dado tudo isso, você pode se perguntar, como e por que os paradigmas mudam? Thomas Kuhn associa o processo que ele chama de mudança de paradigma que ocorre dentro da comunidade científica no processo de *mudança perceptual* (conceitual) em um indivíduo, em que você primeiro resiste à mudança, porém, depois, dando o "salto", acha impossível retornar às velhas formas de pensar. Aqui está um pequeno exemplo da mudança perceptual. Veja a imagem do coelho na Figura 19-1.

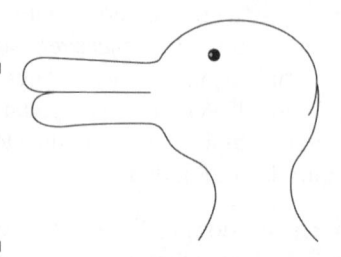

**Figura 19-1:**
Mudança
perceptual:
um pato ou
um coelho?

Legal, não é? Mas, ops! Eu incluí a imagem de um pato com um bico longo por acidente. Olhe para a imagem novamente. Esse pequeno truque visual pode não ser inteiramente convincente como exemplo, mas você provavelmente conhece casos na vida real de mudanças perceptuais. Talvez você tenha achado que reconheceu uma amiga de alguma forma porque muitas coisas combinavam com sua impressão, como seus longos cabelos louros. Porém, de repente, a mulher se aproxima mais e não parece nada com sua amiga! É uma estranha usando um lenço amarelo.

Outra forma de olhar isso, Kuhn sugere, é associar uma mudança de paradigma a uma revolução política. Depois disso, todas as velhas regras, todas as velhas certezas mudaram.

## *Abolindo o método com Paul Feyerabend*

Paul Feyerabend (1924–1994) foi o filósofo da ciência mais conhecido por sua visão anarquista da ciência e sua rejeição à existência de regras universais. Como Hitler, Wittgenstein e o movimento positivista lógico, Feyerabend era austríaco de nascimento. Todos esses três compartilhavam de uma convicção de que a ciência era um tipo de lógica aplicada e muito poderosa também.

Porém Feyerabend não! Em oposição, ele defende o que chama de *anarquismo epistemológico* radical, no que ele vai além de Karl Popper e Thomas Kuhn. Os anarquistas recusam-se a aceitar as regras de outras pessoas, e Feyerabend recusava-se a aceitar as visões de outras pessoas sobre o que conta como conhecimento. Ele diz que o método científico não existe e que a visão de mundo científica não é melhor do que nenhuma outra (por exemplo, ele oferece visões baseadas em astrologia ou vodu). Ele diz que as várias visões de mundo científicas do passado eram bastante irracionais dentro de sua própria estrutura e só desabam quando examinadas de fora.

Paul Feyerabend trabalhou a maior parte de sua carreira como professor de filosofia — não um cientista — na Universidade da Califórnia (1958–1989). Em muitas ocasiões, ele também morou na Grã-Bretanha, Nova

Zelândia, Itália e Suíça. Suas obras mais conhecidas são *Contra o Método* (1975), *Ciência em uma Sociedade Livre* (1978) e *Adeus à Razão* (1987). Seus escritos trazem espirituosidade e humor onde muitos filósofos e cientistas falham ao fazê-lo. Seus escritos são leves, vívidos e claros, ainda que não *totalmente* persuasivos.

### Entrando no método científico

Feyerabend desafia a visão confortável dos cientistas sobre sua própria atividade e a crítica "crua e superficial" dos filósofos em geral. Em um artigo chamado *Como Defender a Sociedade contra a Ciência* (1979), ele diz:

> *A metodologia, agora, ficou tão abarrotada de sofisticação vazia que é extremamente difícil perceber os erros simples na base. É como lutar contra a hidra — corte uma cabeça feia e oito formalizações assumem seu lugar. Nessa situação, a única resposta é a superficialidade: quando a sofisticação perde conteúdo, então a única maneira de manter contato com a realidade é ser cru e superficial. É isso que eu pretendo ser.*

O estilo dele é fazer perguntas aparentemente ridículas para desconcertar seus oponentes. Por exemplo, ele toma as pseudociências da astrologia, medicina alternativa e magia em geral, dizendo que não são mais irracionais do que a própria ciência, igualmente enraizadas em tradições humanas e no que ele chama de mitos.

> *Você diz que nós podemos criticar mitos por um "conjunto coerente de conhecimento científico". Eu tomo isso para dizer que, para cada mito que você quiser criticar, existe uma teoria científica altamente confirmada ou um conjunto altamente confirmado de teorias científicas que contradizem o mito e estão dentro daquele "conjunto". Agora, se você olhar para o assunto mais atentamente, terá que admitir que é extremamente difícil encontrar teorias científicas específicas incompatíveis com um mito interessante. Onde está a teoria que é incompatível com essa ideia de que a dança da chuva faz chover?*

### Indo contra a ortodoxia científica

Na visão cética de Feyerabend, "fatos" científicos são ensinados em uma idade muito tenra da mesma forma que se ensinavam a crianças "fatos" religiosos apenas um século atrás. Os professores não fazem nenhuma tentativa de despertar capacidades críticas nos alunos, de modo que possam ver as coisas em perspectiva. Em universidades, a situação é ainda pior, pois a doutrinação é conduzida de uma maneira muito mais sistemática. O criticismo não está completamente ausente. A sociedade, por exemplo, e suas instituições são criticadas mais severamente e frequentemente mais injustamente, e isso já no nível primário de educação. Mas a ciência é poupada de crítica. A sociedade em maior parte recebe o julgamento do cientista com a mesma reverência com que aceitava o julgamento de bispos e cardeais não muito tempo atrás. O movimento em direção à *desmitificação* (a tentativa de remover todos os aspectos misteriosos ou míticos da vida cotidiana), por exemplo, é amplamente motivado pelo desejo de evitar qualquer conflito entre o cristianismo e as ideias científicas. Se tal conflito ocorrer, então a ciência, com certeza, está certa e o cristianismo, errado.

# Comparando a Mecânica Quântica com a Mecânica Comum

A *ciência quântica* é aquela que trata de coisinhas pequenininhas, minúsculas, ou *quanta* — coisas pequenas demais para serem vistas, mesmo com os melhores microscópios eletrônicos. A física quântica desafia as regras sobre como a ciência deve operar — isto é, o velho senso comum, dada à experimentação, sem mistérios, nem elementos inventados para explicar o inexplicável. Em vez disso, o mundo quântico é *indeterminado* (impossível de especificar-se exatamente).

Entretanto, o próprio grande relativista, Albert Einstein, não engolia nada disso, dizendo que "Deus não joga dados" e que é a compreensão das pessoas sobre o mundo quântico que é falha; uma posição também assumida por Karl Popper, por exemplo.

## Consultando a teoria quântica

Os filósofos têm uma queda pela mecânica quântica, porque ela parece impressionante e, supostamente, regras normais não se aplicam a ela. Por exemplo, a lei da causa e efeito que está incorporada nas leis fundamentais da física, como a lei da gravitação de Newton e outras chatas sobre mecânica, como causa e efeito — uma bola de bilhar acerta outra e faz com que esta se mova a uma velocidade — zzzzz! Graças a Deus nada disso é verdade! Isto é, no nível quântico...

E, depois, temos o *princípio da indeterminação* (veja a seção a seguir), que torna impossível, mesmo em teoria, saber o estado exato da energia ou a posição exata de uma partícula.

Eu já te deixei perdido? Mas esse é outro traço da física quântica — como uma de suas figuras fundadoras, Richard Feynman, expõe em uma citação: "Acho que é seguro dizer que ninguém entende a mecânica quântica". Se quer saber, acho que ele quis dizer os porquês da ciência, não os comos. De qualquer forma, ele escreveu um livro chamado *Mecânica Quântica* e que, certamente, não explica a ciência também. Afinal, como ele diz no livro, "uma pessoa, conhecendo todas as leis da física como a conhecemos hoje, não obtém imediatamente compreensão de muita coisa".

O professor Feynman concorda com Paul Feyerabend que, embora a maioria das pessoas contentem-se com explicações científicas, os próprios cientistas (menos ainda os filósofos) não deveriam contentar-se. Ao contrário, ele diz: "Quanto mais você vê quão estranhamente a natureza se comporta, mais difícil é fazer um modelo que explique como até os fenômenos mais simples funcionam. Então os físicos teóricos desistiram disso".

Em um texto chamado *A Distinção entre Passado e Futuro, do Caráter da Lei Física*, Feynman elabora, dizendo que, em todas as leis da física descobertas até agora, não parece existir nenhuma distinção entre passado e futuro. Ele diz: "a imagem em movimento deve funcionar da mesma forma nas duas maneiras, e o físico que o olha não deve rir". Porque na mecânica quântica não faz sentido falar de passado e futuro. Mas o que você vai fazer com todos os seus relógios se não há um sentido para o tempo? Esse tipo de física mina sua compreensão do mundo. Os físicos deveriam fazer coisas assim? Contudo, em *O Prazer de Descobrir as Coisas*, Feynman acha que sim, muito certamente:

> *A própria ciência de todos os assuntos contém em si lições do perigo da crença na infalibilidade dos grandes professores da geração anterior... Aprenda com a ciência que você deve duvidar dos especialistas. De fato, eu posso também definir a ciência de outra forma: a ciência é a crença na ignorância dos especialistas.*

Tendo dito isso, a grande tarefa para a ciência quântica é, ainda, descobrir do que o universo é feito. Não é basicamente de estrelas e planetas e poeira rodopiando em um vácuo perfeito? Contudo, os que duvidam não concordam com isso, de jeito nenhum. Apenas uma minúscula parte do universo é feita desse tipo de material conhecido; os outros 96 por cento ainda são um mistério. Então, temos que inferir sua presença de observações astronômicas e leis da gravidade.

O astrônomo suíço Fritz Zwicky tem o crédito de ter sido o primeiro a observar que parecia que a maior parte do universo estava faltando, em 1930. Ele percebeu que a atração gravitacional de uma enorme quantidade de material não visto — matéria escura, energia escura ou fluído escuro, como queira chamar — parecia manter o universo e as galáxias juntos.

Nos anos 1970, a observação astronômica mais detalhada de Vera Rubin (uma astrônoma — finalmente uma mulher *reconhecida* por influenciar a filosofia!) do tamanho, forma e rotação das galáxias piorou o problema. Então, hoje em dia, os físicos gastam muitos bilhões de euros caçando partículas de matéria escura com o Grande Colisor de Hádron na Organização Europeia para Pesquisa Nuclear, em Genebra.

A energia escura foi um desafio para as teorias de Einstein, que não admitia tais entidades misteriosas. Porém, a ideia de um meio invisível, unificador, remonta a muitos milhares de anos antes de Zwicky ou Einstein. Toda ciência tem seus demônios, e esse apareceu em uma multiplicidade de formas, dos tempos antigos ao Iluminismo e mesmo às últimas teorias da mecânica quântica. Eletricidade, gravidade, matéria atômica e mesmo a vida espiritual recorreram aos serviços de um "meio invisível" para preencher certas lacunas teóricas em sua composição. Normalmente chamaram-no "éter", uma palavra grega antiga que significa "coisa que brilha". Não que brilhe, é claro. De qualquer modo, desde a Teoria da Relatividade Geral de Einstein, os cientistas têm banido o assunto da conversa, só retornando a ele ocasionalmente disfarçado e com um nome diferente. Porque a matéria escura ou energia escura é, na realidade, o que os antigos da época de Aristóteles chamavam de *éter* e contavam como o quinto elemento, junto de fogo, terra, água e ar.

Os antigos gostavam de inventar novos nomes para coisas que eles não entendiam. Nós não fazemos mais isso, é claro, exceto na física quântica, onde os cientistas nomeiam novas partículas quase que diariamente. Parece uma ciência questionável! Mas o éter permaneceu, porque ele preenche um grande buraco negro na física.

## *Pensando sobre a indeterminação*

Com tanta ciência por aí, ameaçando compreender tudo, não é surpresa que o princípio da incerteza seja tão popular entre filósofos, parecendo oferecer um pequeno buraco no edifício da ciência. Cunhado pelo físico Werner Heisenberg (1901–1976), geralmente creditado ao cofundador da física quântica moderna Erwin Schrödinger, o *princípio da incerteza* põe um limite na precisão com que se pode especificar a posição e o momento de partículas subatômicas, falando por alto, claro. Heisenberg admite que é possível especificar uma precisamente, mas não a outra. Ele achou que isso afetava a capacidade das pessoas de preverem o comportamento futuro das partículas e, por conseguinte, o futuro. Os fenômenos da física atômica ainda são "reais", porém, as próprias partículas elementares são sombras. Elas são meramente potencialidades e possibilidades em um mundo de probabilidades.

Heisenberg pretendia que o princípio refinasse o modelo semiclássico de Einstein e seus parceiros cerebrais, Planck e Bohr. *Clássico* refere-se à boa e sensata física de Isaac Newton, em que maçãs caem de árvores a velocidades previsíveis, não à ideia dos gregos antigos, é claro, à qual "clássico" normalmente se refere. De qualquer forma, de volta a Heisenberg, em uma série de aulas na década de 1950, posteriormente publicadas como *Física e Filosofia*, ele diz:

> *Nos experimentos da física atômica, temos que lidar com coisas e fatos, com fenômenos que são tão reais quanto quaisquer fenômenos na vida cotidiana, mas os próprios átomos ou partículas elementares não são tão reais; eles formam um mundo de potencialidades ou possibilidades, em vez de um de coisas e fatos.*

## A teoria da incompletude

Kurt Gödel (1906–1984) nasceu na Áustria, mas passou a maior parte de sua carreira nos Estados Unidos, onde conheceu Einstein e posteriormente contou com ele como grande amigo. Seu nome é sinônimo do *teorema da incompletude*, que pode soar vago, mas, na verdade, é muito matemático e preciso.

Na década de 1930, ele produziu uma prova lógica, demonstrando a incompletude do que filósofos chatos chamam de *cálculo de predicado de primeira ordem* — isto é, a lógica de frases como "Eric é uma maçã", "Sócrates é mortal", "Deus está morto" e assim por diante. Porém, como coproduto de sua prova, ele cutucou um vespeiro, porque percebeu que todos os sistemas lógicos sendo explorados por seus contemporâneos — filósofos como Gottlob Frege, na Alemanha, ou Bertrand Russell e Alfred North Whitehead, na Grã-Bretanha — estavam incompletos. Bem, você pode dizer: "Dê tempo aos moços e eles certamente irão finalizá-los!". Mas, não mesmo: Gödel quer dizer que os sistemas estão *incompletos* no sentido muito pior, de que, *necessariamente*, não se podem provar. Isso indica que a própria matemática, até onde ela depende da lógica para sua certeza (ou consistência), também está incompleta. Você pode colocar o Teorema de Gödel (se quiser o nome metido) assim, isto é, mais "formalmente":

> *Para qualquer sistema formal consistente (**S**) contendo uma certa parte de aritmética se pode construir uma frase na linguagem de **S** que você não pode provar nem refutar dentro de **S**.*

Que tal, vovô? Ou, melhor, o que isso significa? Bem, vovô, ou vovó, certamente diria: "Meu filho, o que seu amigo, Sr. Goddle, tem aqui possui implicações para matemática e lógica que são profundas, o que quer dizer que não existe nenhum sistema em que se possa provar, portanto, justificar cada verdade matemática. Ele está dizendo que a matemática possui alegações que não podem ser provadas nem refutadas considerando seus axiomas originais". Er...e o que isso significa? "Bem, digamos apenas que Zenão estava certo, afinal de contas, quando propôs aquele problema para os físicos com sua famosa corrida, quando disse que, em teoria, pelo menos, Aquiles nunca conseguiria alcançar a tartaruga."

## Forças estranhas sendo inventadas para unir os átomos novamente

Outro traço maluco da mecânica quântica é que ela admite que as partículas afetem umas às outras — *comunicar-se*, como é colocado, instantaneamente através de toda a extensão do universo! Nenhum mecanismo causal é possível ou necessário, contudo a ciência é muito respeitável e científica. E, se está tudo certo com isso, por que não a astrologia também — por que não admitir as influências cósmicas nas pessoas que "desafiam" a explicação causal (mesmo racional)?

A origem da astrologia perdeu-se na antiguidade, porém, por séculos, foi parte da filosofia tanto quanto a lógica ou a ética são, hoje, uma parte crucial no aparato intelectual de pessoas escolarizadas. A Roma Antiga confiava muito em seus astrólogos oficiais para alertas sobre desastres naturais ou políticos, exercendo uma influência que o escritor romano Tácito denuncia em seu livro *História* como uma "tentativa enganosa de conduzir os assuntos do Estado". As pessoas entendiam que as estrelas e os planetas eram parte do mesmo grande sistema no qual os humanos lutavam e sentiam que compreender seus movimentos poderia lançar luz sobre as tarefas humanas também — sem que, necessariamente, existisse uma conexão simples, causal, como os opositores dos astrólogos nos dias de hoje gostam de aludir debochadamente.

O auge da astrologia foi de aproximadamente 1300 a 1700 na Europa, onde o estudo orientava a medicina, agricultura, química, navegação, guerra e, de fato, todas as áreas da vida. Até mesmo o Papa (como o presidente americano Ronald Reagan, mais recentemente) pediu conselho a astrólogos. Infelizmente, nos últimos 300–400 anos, a astrologia perdeu moral entre os filósofos, com pouco restando senão formas superficiais populares ou psicológicas. Porém, mesmo Isaac Newton cresceu em um mundo onde a astrologia estrelava entre um dos grandes estudos da humanidade. Universidades medievais ensinavam-na como uma de suas matérias centrais e foi parte de um sofisticado sistema de conhecimento médico envolvendo as diferentes partes do corpo e diferentes ervas.

Os primeiros astrólogos precisavam examinar os céus por sinais, como estrelas cadentes, que poderiam pressagiar eventos culturais — normalmente calamidades. Uma seita babilônica construía *zigurates* — pirâmides com arestas não suaves, mas em degraus — para examinar melhor os céus e encontrar a conexão entre os corpos celestes acima e os humanos lá embaixo. Sua pesquisa inspirou os gregos antigos a desenvolver o método de horóscopo pessoal — os 12 signos, como Aquário e Leão —, embora tenham sido os nomes romanos que sobreviveram.

A Igreja Cristã, é claro, achou tudo isso muito pagão e, no ano 333 d.C., o imperador Constantino proibiu o estudo em nome do cristianismo. Recentemente, em 2005, o recém-eleito Papa particularmente citou a crença em astrologia como um dos males que ele estava trabalhando para extirpar, então, a astrologia ainda tem alguma influência. Por outro lado, apesar de sua desaprovação oficial, a Igreja continuou a exortar o "sinal celestial" ou a "estrela de Belém" e, se você olhar atentamente, ficará surpreso com quantas igrejas antigas contêm símbolos astrológicos em sua alvenaria, vitrais e mesmo pinturas.

A próxima derrota no destino do assunto veio com o problema apontado pelo filósofo sacro Agostinho, assim como alguns outros, dos gêmeos. Eu mesmo sou gêmeo, e nós compartilhamos muito mais detalhes em nosso mapa astrológico do que parece provável, dadas nossas personalidades completamente diferentes. Os cientistas expuseram esse problema regularmente, da mesma forma como a suposta falha na astrologia de que os planetas não estão realmente nas mesmas posições em que ficavam antes e se relacionam diferentemente no espaço com as constelações e assim por diante, o que para pensadores lineares implica que esse papo astrológico sobre conjunção e isso e aquilo não passa de conversa "filosofiada". Não é de se espantar que, em 1975, quase 200 autointitulados "cientistas líderes" pagaram uma boa soma em dinheiro para jornais, a fim de apresentar suas objeções à astrologia. Esse grupo foi posteriormente refutado por Paul Feyerabend em seu livro *Contra o Método*, como parte de um caso surpreendentemente "lógico" que ele consegue fazer com o estudo antigo. De fato, "astrologia" é um campo de batalha importante para filósofos da ciência, expondo seus vários pontos de vista.

Outra aparição regular na "guerra da ciência", como os filósofos às vezes gostam de chamar esses debates, é a "medicina alternativa", que gurus (exibindo credenciais científicas, contudo) evidentemente não filosóficos descartam todas as formas de medicina que lhes parecem irracionais e que desafiam os princípios da ciência experimental. A homeopatia, por exemplo, onde as pessoas recebem doses infinitesimalmente pequenas de um mineral ou algo que o valha (tão pequenas que, como dizem, você teria que beber um oceano inteiro para ingerir pelo menos uma molécula ativa!), desafia toda explicação "racional". Consequentemente, pensadores ortodoxos consideram-na uma fraude para o público crédulo

— e até "perigosa", visto que pode fazer com que os pacientes demorem a buscar aconselhamento médico mais convencional. O fato de que a homeopatia não tem efeitos colaterais negativos (diferentemente das drogas convencionais, que, de fato, solicitam uma grande dose de fé cega, e a causa de morte número quatro nos Estados Unidos atualmente (isto é, acima de 100 mil pessoas ao ano) é de drogas prescritas corretamente pelos médicos) e parecem curar ao menos algumas pessoas (em países como a Índia, há 200 mil médicos homeopatas registrados e a homeopatia é parte do sistema nacional de medicina) não a impediu de ser a ovelha negra, o bicho-papão, de muitos autoproclamados defensores da ciência.

O entendimento tradicional do funcionamento da astrologia, como exposto por Ptolomeu uns 200 anos a.C., estabelece o conhecimento dos astrólogos e oferece detalhes de como criar horóscopos pessoais. Para ele, o sistema envolvia questões de tempo, objetividade e, sobretudo, simbolismo. E, embora a astrologia não pareça combinar com noções modernas de ciência, ela parece oferecer um conjunto incrivelmente rico e sutil de insights culturais, estéticos e psicológicos. As descrições de tipos astrológicos são todas ambíguas, contendo dentro de cada signo tendências opostas.

Capricórnio (meu signo), por exemplo, na verdade *não é* um bode com temperamento ruim e tendência a ser teimoso demais, mas uma maravilhosa criatura mítica com rabo de peixe, o que dá a ele grande sensibilidade e criatividade! Essa metade bode dá às pessoas nascidas sob esse signo a característica de serem estáveis, trabalhadoras e materialistas e o rabo de peixe torna-as sonhadoras, imaginativas e espirituais. Dado quão precisamente isso se encaixa com minha personalidade, a astrologia deve ser verdadeira! (Mas é engraçado como outras pessoas nascidas no mesmo mês são tão diferentes...)

Se quer saber, os astrólogos dizem que Capricórnio vir no início e no final do ano — ele começa e termina um ciclo — é um sinal ambíguo, porém, todos os signos contêm os mesmos paradoxos. Não se pode compreender tais contradições por um pensamento lógico, linear, então as pessoas, com frequência, descartam rispidamente o assunto, apesar de ser um tesouro cheio de ideias e insights filosóficos e científicos (bem, cientistoide).

Porém, a lógica e a racionalidade apenas levam-no até aqui, tanto na filosofia como na vida. Ainda sobra um espaço para o encantamento e o mistério.

# Parte VI

# A Parte dos Dez

"Deve ser fácil roubar esses — só um monte de nerd velho estudando grego."

# Nesta parte....

**L**ivros de filosofia podem ser meio difíceis de ler. É por isso que quase ninguém os lê. Nem mesmo resenhistas ou professores de filosofia leem livros de filosofia (eu mesmo pulei algumas partes — mas, ei, ninguém sabe disso). De qualquer forma, para aqueles que não têm tempo para ler minuciosamente a "coisa real", esta parte contém um guia curto para os clássicos.

Ler ou cochilar em cima de livros filosóficos, tudo bem, mas é uma forma muito passiva de fazer filosofia, e este livro é um incentivo para que você pense por conta própria e *faça* filosofia. Então eu termino (mas, igualmente, você pode começar) com dez desafios filosóficos totalmente revitalizantes e estimulantes para mantê-lo ponderando.

# Capítulo 20

# Dez Livros Filosóficos Famosos — e o que Eles Dizem

*Neste Capítulo*

▶ Dando uma abocanhada em alguns dos clássicos

▶ Pegando algumas dicas para ler filosofia

*E*mbora os clássicos possam ser terrivelmente longos e chatos quando comparados a assistir TV, os verdadeiros fanáticos por filosofia não devem desprezá-los. Neste capítulo, eu descrevo dez livros que os verdadeiros fãs devem conhecer e colocar em sua mesa de cabeceira, se não mesmo devorá-los. Esses livros não são *realmente* os melhores livros de filosofia, mas são aqueles que têm um apelo de curiosidade — o autor parece importante, o título soa imponente, você sabe, esse tipo de coisa. Se você quer só ter um gostinho, apenas um golezinho, dos clássicos, este capítulo é para você.

## A Crítica da Razão Pura, de Immanuel Kant

A grande ideia de Kant é assumir que as ideias e conceitos das pessoas moldam o mundo, em vez de supor que a realidade está de alguma forma lá fora e as ideias e conceitos das pessoas entram nela em um maior ou menor grau.

Kant foi um dos primeiros filósofos que de fato foi pago por isso, um dos primeiros professores da matéria em uma universidade. Contudo, sua renda dependia de que as pessoas fossem às suas aulas e, se você leu este livro, pode ver por que ele garantiu que seus outros interesses, "científicos", continuassem. Quando ele usava seu chapéu científico (por assim dizer), Kant dizia que o mundo físico cotidiano existe, porém, quando usava o chapéu filosófico, aquele em forma de cone com um B nele, é claro, ele dizia que o mundo cotidiano é uma ilusão e que nós nunca podemos conhecer a realidade subjacente.

# A República, de Platão

*A República* de Platão é o grandão! Este é, hoje em dia, o livro mais lido de Platão (no passado provavelmente foi *Timeu*). De qualquer forma, o que é interessante em *A República* é que ele inclui uma discussão bem longa sobre a Teoria das Formas, que é a grande ideia de Platão (veja o Capítulo 2 para saber mais sobre as Formas). Platão finaliza com um comentário reiterante sobre a sobrevivência da alma após a morte. Logo antes disso, ele também oferece uma boa discussão sobre a natureza da arte. Com efeito, o livro é cheio de ideias. É por isso que ele permanece como o clássico filosófico a ser batido.

As próprias Formas são cruciais. O todo da filosofia gira em torno delas. Mas ninguém conseguiu descobrir o que elas são, ou se realmente existem. Porém este é o livro onde tudo começou.

# Temor e Tremor, de Søren Kierkegaard

Diga o que quiser, mas Kierkegaard sabe escrever. Filosofar também? Bem, talvez. De qualquer forma, o argumento dele é que a razão só pode minar a fé, não apoiá-la. A crença autêntica é um ato de fé — um salto no escuro. Os sujeitos religiosos que filosofam estão perdendo seu tempo.

Bem, talvez. O interessante em Kierkegaard — como Descartes, como Espinoza, como um monte de outros filósofos, que dirá os religiosos, como Anselmo, Aquino e Agostinho (e por que os nomes deles começam todos com A, afinal?) — é que sua filosofia supostamente independente continua presa a uma busca pessoal por razões para acreditar em Deus. Então, quer sua busca seja original e faça pensar ou tagarela e incoerente, é uma filosofia que se curva para acomodar um compromisso preexistente com Deus.

# Ética, de Baruch Espinoza

As primeiras e as duas últimas linhas. Todas organizadas muito metodicamente, é claro.

*Eu entendo ser uma CAUSA EM SI (causa sui) cuja essência envolve existência e cuja natureza não pode ser concebida a menos que exista.*

Isso basta. Você já me confundiu, Baruch! Espinoza não foi um sacerdote, mas parece ter sido bastante devoto. E é dele a mensagem de que existe apenas um Deus, porém, infelizmente, ele diz que esse Deus é todo o universo. As pessoas são apenas pedacinhos do universo, não mais significantes que, digamos, formigas, ou pedras, ou plantas ou antas.

Todo o livro é exposto em estilo pseudogeométrico, como definições, axiomas e teoremas, ou, como ele coloca, proposições. O título completo do livro, frequentemente ignorado (como eu ignorei), é afinal *Ética Provada em Ordem Geométrica*.

Espinoza tem algum estilo. Ele escreve "Amor, prazer et cetera, não pararei para considerar, pois eles não têm nada a ver com aquilo com que estamos lidando agora". Se quer saber, é isso que as pessoas dizem sobre seu livro como um todo, ainda que ele prove geometricamente a existência de, é um tipo triste de Deus que não tem nenhum interesse nas pessoas individualmente ou mesmo quaisquer propriedades religiosas que as pessoas normalmente atribuem às suas divindades. O Deus de Espinoza é um tipo de fantasma cósmico na verdade.

# Discurso do Método, de René Descartes

Para princípio de conversa (para impressionar as pessoas e prendê-las), tome nota do título completo, que é *Discurso Sobre o Método para Bem Conduzir a Razão na Busca da Verdade Dentro da Ciência*. Observe a palavra *ciência*. O *Discurso do Método* é, realmente, um preâmbulo para uma coleção de artigos científicos de Descartes sobre a natureza da luz e sobre meteoros! Descartes em certo ponto chega a abrir alguns pobres macacos — canalha! — para ver se eles tinham alma dentro. Ele não descobre nenhuma evidência, diferente de quando ele abre algumas pessoas mortas e descobre uma glândula aparentemente inútil no pescoço.

Do que Descartes está tratando? Deus? Não, o livro é na realidade sobre Descartes (ou pelo menos seu trabalho científico). De fato, Descartes, você realmente deveria saber, era um sujeito bem metido e pomposo. Muito bem classificado pelos britânicos, um pouco menos por seu próprio povo — os franceses. Poderia ter sido uma conspiração cultural para promover os *piores* filósofos da França?

Contudo, tornando a filosofia mais metódica — como a ciência — Descartes foi muito influente.

# Tratado da Natureza Humana, de David Hume

Ou "Por Anon". Porque, embora os filósofos agora saibam que Hume escreveu o livro, originalmente ele publicou-o anonimamente. E então aclamou-o também anonimamente. Boa tentativa! O livro começa:

*Todas as percepções da mente humana resolvem-se em dois tipos distintos, que eu chamarei de IMPRESSÕES e IDEIAS. A diferença entre elas consiste nos graus de força e vivacidade, com as quais atingem a mente e chegam ao pensamento ou consciência.*

No livro, Hume é muito esperto, e é um hipócrita. Ele faz graça daqueles que alegam ter resolvido todos os problemas da filosofia com o próprio novo sistema deles — e então produz seu próprio novo sistema para fazer exatamente isso! Ele diz que será breve e se estende por centenas de páginas. Ele diz que todas as noções de causa e efeito são falhas, mas você deve continuar as utilizando de qualquer forma. Ele diz que vai tornar a ciência da ética — o estudo do certo e errado — uma matéria prática, como, digamos, o estudo da produção de cerveja ou jardinagem, mas acaba com uma teoria da natureza humana que não deixou nada, porque o âmago de cada pessoa é invisível para si e, certamente, para qualquer outra pessoa.

Hume escreve clara, metódica e diretamente. E nisso aborda todas as preocupações da filosofia, solucionando a maioria delas. E não é de se espantar que ele sempre foi uma figura controversa por fazer isso.

# Leviatã, de Thomas Hobbes

Hobbes escreve: "Eu mostro uma inclinação de toda humanidade, um desejo perpétuo e incessante do poder pelo poder, que cessa somente na morte". É por conta disso que um poder absoluto é necessário para controlá-los.

Apesar de sua origem humilde, como filho de um vigário desempregado no interior da Inglaterra (seu pai desapareceu pouco depois de uma querela com outro pastor na porta da igreja; de fato, golpes foram trocados), Thomas Hobbes de alguma forma conseguiu chegar ao topo da hierarquia social inglesa, bebendo na companhia de duques e vivendo de uma renda pessoal que era cortesia do próprio rei.

Porém à época, quando deixou a escola à idade de 14 anos, ele já havia traduzido *Medeia* de Eurípides, do grego para o latim, um feito que continua a impressionar os críticos de filosofia hoje em dia (talvez mais do que deveria).

As sociedades modernas atualmente refletem e aceitam a visão de Hobbes de que as pessoas são basicamente motivadas por interesse próprio e, deixadas à sua própria sorte, sempre entram em conflito. É claro que muitas outras pessoas já haviam pensado isso, mas Hobbes o expõe muito bem em seu livro, dizendo que, entre outras coisas, a máquina humana é programada para gastar suas energias egoistamente e que ele duvida de que seja possível os seres humanos deixarem de ser egoístas. Mesmo, digamos, ajudar uma idosa a atravessar a rua é, na verdade, servir a si próprio, talvez uma tentativa de alguém de se sentir bem consigo próprio. Hobbes diz que, para os seres humanos, o verdadeiro objetivo sempre é obter poder.

# Três Diálogos Entre Hylas e Philonous, de George Berkeley

"Pode haver hora mais agradável do dia ou uma estação mais deleitosa do ano? O céu púrpura, aquelas selvagens, porém doces, melodias dos pássaros, o perfumado florescimento das árvores e flores, a influência delicada do sol nascente", começa o livro. Isso é coisa fina! Berkeley está prestes a provar para Philonous que nada existe no jardim.

A grande ideia de Berkeley foi a de que o que os filósofos estavam começando a chamar de percepções sensoriais não eram criadas por alguma interação estranha com a matéria, como todos à sua volta presumiam, mas eram colocadas diretamente em suas mentes por Deus. Isso elimina o homem intermediário, por assim dizer.

Berkeley formou uma sociedade estudantil na Faculdade de Trinity, Dublin, para discutir a filosofia científica e anunciou seu novo princípio para sobrepujar a ameaça do materialismo que já parecia estar rapidamente reduzindo o mundo a um tipo de máquina complicada. No lugar do mundo matematicamente organizado e previsível de

Newton e Locke, ele pensou em um tipo de *imaterialismo radical*, no qual o mundo perde sua realidade objetiva e, em vez disso, torna-se intrinsecamente conectado com quem quer que o esteja olhando. *Esse est percipi*, ou "ser é ser percebido". Parece besta, não? Contudo, é isso que os físicos modernos também estão dizendo. Pelo menos, em escala quântica do muito, muito pequeno....

Eu também devo observar que Berkeley é um tantinho cético. Ele acha que filosofia é apenas bobagem. E ele mesmo escrevendo filosofia? Muitos filósofos tentaram imitar os célebres diálogos de Platão, e a maioria de seus esforços são, francamente, medonhos. Mas os de Berkeley não são ruins!

# Ética (A Nicômaco), de Aristóteles

A ideia de Aristóteles era de que a diferença entre uma pessoa boa e uma ruim é que uma é boa e a outra é ruim. Há duas etapas no argumento, contudo. Bom é bom e ruim é ruim, e essa parte é a lógica aristotélica. A outra parte é sobre as atitudes e comportamentos das pessoas, e esta — brilhante, não é?! — foi reavivada (particularmente pelo professor Alasdair MacIntyre), nos últimos anos do século XX, como ética da virtude. Muitos cursos de filosofia agora ensinam a teoria. Então, se você estiver em um, é melhor manter este resumo por perto!

Aqui estão as primeiras linhas:

> *Considera-se que toda arte e toda investigação, e similarmente toda ação e busca, almejam algum bem. Por conseguinte, o Bem tem sido corretamente como "aquilo que todas as coisas almejam". Claramente, contudo, há alguma diferença entre os objetivos aos quais almejam....*

E para fechar:

> *Livro 10. Prazer e a Vida de Felicidade.*
>
> *O aluno de ética deve, portanto, aplicar-se à política.*

Bem, você sabe, há um bom sentido aí. Ou, se não exatamente um bom sentido, um sentido de qualquer forma. Uma pena os detalhes: mulheres são gado doméstico, alguns homens nascem para serem escravos, esse tipo de coisa.

# Existencialismo e Humanismo, de Jean-Paul Sartre

O livro de Sartre é curto e estiloso. Ótimo para levar em le Metro (em português, no metrô). É isso que os franceses valorizam! Pretensioso — moi? Oui! Livros longos e chatos são para os anglo-saxões...

Aqui estão as primeiras linhas:

> *O existencialismo ateísta, do qual eu sou representante, declara com maior consistência que, se Deus não existe, há, pelo menos, um ser cuja existência vem antes de sua essência, um ser que existe antes de poder ser definido por qualquer concepção dele. Esse ser é homem, ou como Heidegger diz, a realidade humana. O que queremos dizer quando falamos que a existência precede a essência? Queremos dizer que o homem antes de tudo existe, encontra-se, surge no mundo — e depois se define.*

Não são na verdade as primeiras linhas literais. Embora seja um livro bem curto (apenas 50 páginas!), Sartre ainda consegue colocar nele um bocado de coisas — mas, ei, você deve ver a *magnum opus* dele, *O Ser e o Nada*!

De qualquer modo, é assim que o livro termina:

> *O existencialismo não é ateísta no sentido em que isso seria exaurir a si mesmo em demonstrações da não existência de Deus... O existencialismo é otimista. É uma doutrina de ação e é somente pelo autoengano, por confinar o próprio desespero deles com o nosso que os cristãos podem descrever-nos como sem esperança.*

O que Sartre quer dizer é que as pessoas devem assumir a responsabilidade por suas ações, e não dar desculpas. Por exemplo, um crente em Deus pode dizer que a exploração dos trabalhadores é certa, porque no céu Deus verá que eles trabalham duro e a virtude será recompensada. A crença em Deus é usada como desculpa para não corrigir os erros na Terra. Não é surpresa que Sartre chame tais atitudes de "má-fé"!

# Capítulo 21

# Dez Desafios Filosóficos para Mantê-lo Pensando

*Neste Capítulo*

▶ Brincando com alguns problemas traiçoeiros
▶ Conduzindo algumas experiências poderosas no laboratório da mente

*E*u amo problemas filosóficos e experiências mentais ou, para ser preciso, desafios filosóficos e ficção científica. Porque os problemas filosóficos tradicionais não são muito divertidos. São coisas como "O livre-arbítrio é possível?" ou "Como você pode ter certeza de que suas impressões sensoriais refletem uma realidade física externa?". Você sabe esse tipo de coisa — eles discutem isso nos cursos de filosofia —, porém essas pessoas estão sendo feitas para discutir essas questões. Ninguém diz que são interessantes.

Mas desafios filosóficos e ciência maluca são fascinantes. Curiosamente, também lidam com problemas chatos. Aqui estão alguns bem típicos só para fazer você salivar!

## Investigando o Problema de Protágoras

O problema de Protágoras é um clássico, de fato um problema clássico, como os gregos antigos gostavam de discutir. Essa experiência mental filosófica não é um truque — ou, se existe truque, ninguém descobriu ainda.

A história conta que Protágoras treinou um jovem brilhante chamado Euatlo para ser advogado, com um arranjo muito generoso pelo qual Euatlo não precisa pagar nada por seu ensino até que, ou a menos que, ele vença seu primeiro caso em tribunal. Porém, para aborrecimento de Protágoras, após abrir mão de horas de seu tempo treinando Euatlo, o pupilo decide tornar-se músico e nunca pegar nenhum caso de tribunal!

Protágoras exige que Euatlo pague pelo problema, porém este se recusa, dizendo que não tem dinheiro senão para sua música. Rá! Então é aqui que a coisa fica complicada. Protágoras decide processar seu ex-aluno no tribunal. Protágoras acha que ele tem o que é conhecido em círculos jurídicos como caso espinhoso porque:

✔ Se Euatlo perder o caso, Protágoras terá ganhado; nesse caso ele receberá seu dinheiro.

✔ Se Euatlo convencer a corte e vencer o caso, Protágoras então poderá fazer com que Euatlo lhe pague, porque seu aluno terá ganhado o caso, apesar de sua insistência em ser músico agora, e terá, portanto, que pagar nos termos do acordo deles.

Parece bem simples, não?

Porém, de qualquer forma, Euatlo raciocina de forma bem diferente: se ele perder, pensa, então:

✔ Se Euatlo perder, ele terá perdido seu primeiro caso, evento em que o acordo original libera-o de ter de pagar as taxas das aulas.

✔ Se Euatlo vencer, Protágoras perderá o direito de levar o contrato a cabo, então ele não poderá fazê-lo pagar.

Essa é a charada. Ambos não podem estar certos. Então quem está cometendo erro?

O paradoxo é que as duas formas de pensar parecem estar corretas, porém levam a duas conclusões opostas. Não se pode culpar Euatlo nem Protágoras em sua lógica, mas ambos não podem estar certos, o que tende a minar a lógica e, com isso, a base da maior parte do raciocínio.

De qualquer forma, essa é a resposta curta. A longa é que as afirmações meio que se referem a elas mesmas, então a primeira é verdadeira se a segunda for falsa, porém a segunda não é falsa se a primeira for verdadeira, então a primeira deve ser falsa, então a segunda... já confundi você? Pense nisto então:

✔ A afirmação abaixo é verdadeira

✔ A alegação que você acabou de ler acima é falsa

# Brincando na Caixa de Areia com o Problema de Sorites

Os gregos antigos eram perplexos com o problema das definições. Por exemplo, quando um monte de areia é um monte? Eles chamavam isso de experiência mental filosófica — aguarde só –, o problema do monte ou o problema de Sorites (o nome que eles davam para "tudo amontoado"). Mas eu posso fazer melhor que isso.

Pegue, por exemplo, uma pré-escola que anuncia seus serviços para os pais com a promessa de que as crianças terão uma caixa de areia para brincar. O professor pega uma pá, constrói uma caixa retangular e enche-a de areia. Agora as crianças têm uma caixa de areia. Porém a cada dia, à medida que as crianças brincam na caixa, um pouco dos grãos de areia desaparecem. Após uma semana, a caixa ainda parece bem cheia, mas após três meses, o nível de areia é notavelmente menor. Contudo, o professor não tem dúvida de que a escola ainda tem uma caixa de areia para as crianças. No entanto, após um ano, a caixa tem apenas alguns punhados de areia restantes. Claramente não é uma caixa de areia agora. Os pais sentem-se enganados. Mas em que ponto a caixa de areia deixou de ser uma caixa de areia?

O problema é que a maioria dos julgamentos é vaga. Uma caixa de areia não é definida como contendo 100.000 grãos de areia e, mesmo que fosse, você notaria se alguém o enganasse com uma feita com 99.999? Porém, por outro lado, em algum ponto nas semanas e meses em que foi feita, a caixa de areia deixou de ser uma caixa de areia.

Quando se trata da razão, mesmo os humanos confiam em distinções rígidas — aquilo que está entre o que é e o que não é. Então, se é impossível dizer quantos grãos de areia fazem uma caixa de areia, também é impossível dizer quando azul não é verde, quando uma polegada não é realmente uma polegada, uma pá é uma pá e assim por diante. É pior do que dizer que toda a razão depende de aproximações — pois a que as aproximações estão sendo comparadas?

Relacionada a isso está a questão de se uma caixa de areia é uma coisa ou muitas — um milhão de coisas, talvez, se você contar todos os grãos de areia. Ou tome uma árvore, ela é uma coisa ou muitas? Se você dividir a árvore em galhos, raiz, casca, folhas, ramos e assim por diante, terá um problema muito parecido com o de Sorites. No outono, a árvore perde suas folhas, mas ainda permanece uma árvore. No inverno, um jardineiro tolo corta todos os galhos da árvore, então ela se torna um toco. Porém ainda é uma árvore. Todavia, no meio do inverno, o vizinho corta o toco, deixando apenas 30 centímetros, e leva madeira para fazer uma fogueira. Tudo que sobra é a raiz da árvore! E talvez ela nunca volte a crescer.

# Identificando a Meia de Locke

John Locke, o grande filósofo liberal britânico, uma vez abordou uma interessante experiência mental.

Locke propôs um cenário envolvendo sua meia favorita que ficou furada. Ele ponderou se sua meia continuaria a mesma caso recebesse um remendo no buraco. Se sim, então ainda seria a mesma meia após a aplicação de um segundo remendo ou mesmo um terceiro? De fato, ainda seria a mesma meia muitos anos depois, mesmo após ele ter substituído todo o material da meia original com remendos?

Não é uma experiência mental muito original, carregando uma semelhança muito forte com várias experiências antigas, conhecidas como problemas de Sorites (veja a seção anterior), usando coisas como pilhas de areia minguando ou navios que têm suas velas substituídas uma a uma. Entretanto, a meia de Locke produziu seu próprio grupo de novas abordagens ao problema de identidade.

Uma resposta ao paradoxo de Locke é usar o conceito de *tetradimensionalismo*, ou assim dizem filósofos americanos contemporâneos como David Lewis. A ideia deles é pensar nos objetos não meramente como coisas tridimensionais espacialmente definidas, mas como coisas que também se estendem à quarta dimensão do tempo. Dessa nova perspectiva 4D, a meia de Locke começa como uma bola de lã, sofre algumas manipulações espaciais curiosas e acaba viajando o mundo pela Inglaterra e Holanda, normalmente no solo ou sobre ele, deixando as pequenas fibras pelos chãos dos quartos. É claro que começar pela lã é arbitrário, então deve-se considerar a lã nas costas da ovelha também, ou os átomos na grama que se tornou a lã, ou….

Com efeito, a solução parece bagunçar as noções de identidade mais ainda do que ter buracos na meia fazem.

# Conhecendo sua Própria Mente com Monstros do Pântano

O Monstro do Pântano original apareceu em um gibi de ficção científica escrito por Alan Moore. O Monstro do Pântano é uma entidade elemental criada a partir da morte de um cientista, Alec Holland, que misteriosamente retém sua memória e personalidade intactas. O Monstro do Pântano é "uma planta que achava ser Alec Holland, uma planta que estava tentando se aprimorar para ser Alec

Holland". O Monstro do Pântano também é uma criatura elementar que usa a força da natureza e a sabedoria do reino da planta para combater a autodestruição do mundo poluído.

Não é de se espantar que o livro saga de Alan Moore da década de 1980, *Monstro do Pântano*, é considerado pelos aficionados a pedra fundamental dos gibis americanos. E é apenas ligeiramente mais notável que a história tenha inspirado uma experiência mental para o professor Donald Davidson, a qual ele escreveu em um artigo de 1987, chamado "Conhecendo a Própria Mente".

Na versão filosófica do professor Davidson, é seu lado bom que vai caminhar no pântano e é vaporizado ao ser atingido por um raio. Ao mesmo tempo, outro raio cai próximo, no pântano, e espontaneamente rearranja suas moléculas de forma que, completamente por coincidência, elas assumem exatamente a mesma forma que Davidson tinha no momento de sua morte precoce. Isso, é claro, é impossível.

Nem um pouco incomodado com isso, professor Davidson diz que esse Homem do Pântano imaginário terá um cérebro absolutamente igual àquele do caminhante falecido e irá comportar-se, assim, exatamente como ele faria. O Homem do Pântano deixará o local, retornará para sua família e local de trabalho e (diz Davidson) interagirá com seus colegas, amigos e família aparentemente da mesma forma que antes.

Agora aqui está a parte interessante, presumindo que o gibi não é muito interessante. Professor Davidson diz que o Homem do Pântano parece reconhecer as pessoas, contudo, como ele coloca, "não consegue reconhecer nada, porque nunca conheceu nada a princípio"!

De qualquer modo, essa é a parte paradoxal para Davidson.

Essas considerações levaram Davidson a negar que a expressão do Homem do Pântano refere-se a qualquer coisa em particular, mas é apenas resposta programada como um alarme disparando. Os filósofos não deveriam nem construir expressões (no estilo de um filme de terror) como "Uurrgh, mim, Homem do Pântano!", como se esta se referisse a algo em particular. Quando o Homem do Pântano diz à sua mulher "Querida, eu tive uma estranha experiência enquanto estava no pântano", ele está sendo insincero, pois na verdade nunca encontrou a mulher antes; ele apenas acha que encontrou. Davidson chega ao ponto de dizer que, visto que o Homem do Pântano não tem passado, ele pode não ser uma pessoa real afinal!

Essa experiência mental muito discutida é falha porque:

- ✔ O cenário é evidentemente implausível.
- ✔ A atividade elétrica que governa os pensamentos e memórias no cérebro é geralmente entendida como uma faculdade impossível e não meramente difícil de replicar, seja por raios ou o que for.

> ✔ Ela parece ser idealizada para propor uma questão filosófica muito mais mundana que poderia ser abordada de forma muito mais simples, por exemplo, imaginando alguém com problemas de memória, de modo que ela pense que se lembra de coisas, no sentido corriqueiro, das quais não se lembra.

# Perdendo suas Bolas de Gude com Professor Davidson

Animado com o sucesso de sua experiência mental do Homem do Pântano (veja a seção anterior), professor Davidson oferece outro esforço, desta vez sabiamente renegando os floreios literários.

Professor Davidson pede para que você suponha que, em algum ponto do dia anterior, ele olhou para uma bola de gude em uma prateleira. Agora, ele argumenta, suponha que alguém trocou a bolinha por outra visualmente idêntica, sem que ele soubesse nada da troca. Então, quando o professor Davidson olha novamente para a bolinha, existiria um tipo de paradoxo. Porque certamente seu estado interno após olhar para a outra bolinha seria idêntico — contudo, as bolinhas, em um sentido, são diferentes.

Pior ainda, Davidson diz que sua expressão poderia referir-se a bolinhas diferentes. Isso prova, ele diz, que não se pode ter bases para atribuir *quaisquer significados ou pensamentos* a ele de forma alguma! Caso provado!

# Brigando pela Tábua de Carnéades

A tábua de Carnéades é uma empolgante experiência mental atribuída a Carnéades de Cirene.

A história começa supondo que dois marinheiros, vamos chamá-los de Robin e Crusoé, estão naufragados. Após seu navio ter passado por uma tempestade e afundado, eles são deixados à deriva na água até que veem uma tábua a pouca distância — uma tábua grande o suficiente para suportar apenas uma pessoa. Nadando energicamente, Robin chega à tábua primeiro, e Crusoé chega logo depois. Temendo (corretamente) que, se não tomar o controle da tábua, irá afogar-se, Crusoé derruba Robin dela e sai remando, deixando o outro marinheiro em um túmulo aquático!

Não muito tempo depois, um navio avista Crusoé e resgata-o. Agora a questão proposta por Carnéades, e, sem dúvida, pelo capitão também, é: Crusoé deveria ser posto na cela pendente do navio para julgamento por seu comportamento egoísta?

Filosoficamente, podemos debater essa experiência, porém juridicamente falando, no mundo real, os precedentes vão contra Crusoé. Porque ele tomou a prancha e derrubou Robin no mar, a lei inglesa o acusaria de ter matado Robin. Como o caso de Sua Majestade a Rainha contra Dudley e Stephens (1884) estabeleceu, um argumento de necessidade não é defesa. Por outro lado, se Crusoé tivesse esperado que uma onda temporariamente deslocasse Robin de sua tábua, ele haveria tido todo o direito de tanto tomar a prancha como de defendê-la. Porém, talvez isso seja tática, não filosofia.

# Desistindo da Realidade com a Máquina X-perience

Eis uma história que tanto é uma narrativa empolgante como ficção científica! Ah, sim, e um pouco filosófica...

As pessoas correram para testar as máquinas X-perience quando estavam sendo disponibilizadas.

As máquinas, pelo menos a princípio, eram terrivelmente caras, mas, pelo menos, a Desutopia, o departamento de Serviços Sociais, oferecia para qualquer um se sentindo um pouco deprimido ou para baixo a oportunidade de entrar em uma cabine revigorante, deitar em um sofá, colocar o capacete da experiência e relaxar enquanto a máquina estimulava seu cérebro. Ela criava uma impressão absolutamente convincente de que você estava (como o melhor sonho possível) sobrevoando o Himalaia, ou deitado em uma praia em Torquay, ou fazendo sexo tântrico.... qualquer opção de um menu de experiências previamente selecionadas.

Naturalmente, as máquinas eram muito populares e o tempo nela teria que ser rigidamente limitado. Não era permitido a ninguém mais do que dez minutos por semana sem uma prescrição médica.

O que poderia estar errado com isso — você não gostaria de experimentá-la? Porém, então, suponha que alguém sugerira que as máquinas sejam disponibilizadas comercialmente, de modo que qualquer pessoa que queira, tenha experiências felizes sempre que desejar, por quanto tempo quiser.

Houve uma correria para fazer o pedido das X-máquinas (como eram chamadas, até então) e o limite de segurança de dez minutos parecia um anacronismo muito tolo. As pessoas conectavam-se por dias a fio, saindo do mundo do sonho cansadas, abatidas e com muita sede.

Alguns donos ricos contornaram isso providenciando equipes de enfermeiros e médicos pondo-os no soro e assim por diante, de forma que as experiências pudessem ser prolongadas por semanas ou até meses a fio. Porém nada conseguia contornar o choque psicológico de acordar do mundo do sonho para encontrarem-se de volta ao mundo real, evidentemente muito inferior.

Então alguns proprietários das X-máquinas disseram aos médicos que nunca queriam acordar de seus sonhos. Eles prefeririam programar as máquinas, deitar-se e viver no mundo virtual até que seus corpos, contraindo-se ocasionalmente e presos a sondas de manutenção da vida, finalmente envelhecessem e morressem.

Agora a questão filosófica (ética na verdade) é, supondo que você tivesse dinheiro suficiente, ainda experimentaria as máquinas?

As X-máquinas são conhecidas nos círculos de filosofia como *Máquinas de Experiência de Robert Nozick*, por conta do filósofo americano contemporâneo, porém a ideia é uma queridinha antiga da ficção científica. Um exemplo é a curta história "A Câmara da Vida", publicada na revista *Amazing Stories* em outubro de 1929. Ao contrário de muitos cenários imaginários envolvendo a mente, se tais máquinas não existem hoje, isso não significa que não venham a existir em breve. De fato, você pode facilmente fazer comparações com os efeitos de certas drogas — e as decisões de seus usuários.

Até onde vai a máquina de Sr. Nozick, a alegação feita é de que a maioria das pessoas não quereriam substituir a realidade pela irrealidade — não importando quão mais agradável a última possa ser. Isso, os filósofos afirmam, mostra que a verdade é mais importante para as pessoas que o prazer.

# Saltando pelo Cosmos

Um dos argumentos influentes de Ptolomeu destina-se a mostrar que a Terra deve ser não só o centro do universo, como também completamente imóvel — fixa como uma rocha. Para apoiar esse argumento, Ptolomeu pede a seus ouvintes para considerarem que, se a Terra se movesse, como sugeriam filósofos anteriores, então certas consequências bizarras ocorreriam. Em particular, se a Terra girasse uma vez a cada 24 horas, não seria intuitivamente óbvio que um objeto jogado verticalmente para cima não cairia no mesmo lugar, mas cairia ligeiramente para o lado? Tente pular no ar e veja se a Terra se move, ainda que apenas muito de leve, sob você!

O registro de Ptolomeu não é encorajador, embora ainda seja verdade que sua teoria sobreviveu a muitas outras (melhores), mas então suas experiências não eram de fato mentais. Ele esqueceu as lições de outros antigos, que aqueles desejosos de compreender os fenômenos no mundo natural deveriam reconhecer que a experiência dos eventos pode ser um guia pobre.

# Preocupando-se com o que Acontece Depois que o Sol se Põe

Suponha que algo muito repentino e final acontece ao Sol, de forma que um dia ele de repente desapareça — nem tanto, é claro, em uma nuvem de fumaça, mas, digamos, em um buraco de minhoca ou destroçado no próprio material do espaço tempo. De qualquer forma, ele desaparece. As opiniões sobre o que exatamente aconteceria depois com a Terra divergem.

Ptolomeu achava que o mundo gradualmente se tornaria muito escuro, e talvez bem frio, mas, de qualquer forma, continuaria imóvel. Afinal, Ptolomeu achava que a Terra era fixa imovelmente no centro de um universo inteiro, então o desaparecimento de um sol dificilmente a abalaria. E, de qualquer maneira, Ptolomeu usava esferas de cristal, não a gravidade, para manter o sol e os planetas em seus locais apropriados.

Algum tempo depois, Copérnico voltou ao problema. Embora ele concordasse que o mundo ficaria escuro — e mais, instantaneamente —, ele achava que (tendo olhado para Júpiter por um telescópio e visto quatro pequenas luas obedientemente circulando o planeta), se o Sol desaparecesse, a Terra sairia voando em uma tangente de seu círculo celeste — como uma pedra em uma corda que repentinamente arrebenta.

Hoje em dia, todo mundo sabe que a luz leva um pouquinho de tempo para chegar do Sol à Terra, então é fácil dar uma risadinha indulgente de Copérnico por ele ter imaginado que, se o Sol desaparecesse, a luz do dia na Terra acabaria instantaneamente. Claramente você teria bastante tempo (por volta de oito minutos, de fato) para preparar as luzes de emergência.

Mas e a gravidade? Quanto tempo a gravidade leva para chegar à Terra? Ela precisa de oito minutos também? De fato, a gravidade tem há muito tempo encafifado tanto os filósofos como os cientistas. Porque uma das propriedades peculiares da gravidade é que ela parece agir instantaneamente à distância. Newton e Leibniz trocaram muitas cartas nada cordiais sobre o assunto, enquanto Newton tentava equilibrar todas as forças cósmicas gravitacionais dentro de seu sistema estático e imutável.

A experiência mental é intrigante, pois em um sentido você esperaria, como Copérnico, que as forças gravitacionais agissem instantaneamente, com a Terra imediatamente deixando sua órbita. Mas, se você pensar um pouco mais, isso criaria uma situação ligeiramente paradoxal, com os observadores na Terra notando o movimento do planeta em direção ao espaço sideral e sendo capazes de deduzir que o Sol tinha acabado de desaparecer (em um buraco de minhoca) uns bons oito minutos antes que a própria luz sumisse.

A conclusão de Einstein foi que a gravidade não poderia operar mais rápido que a luz e, assim, se o sol estivesse para desaparecer, você não só teria tempo para ligar as lâmpadas, como os marinheiros para correrem para o convés em antecipação a algumas ondas bem grandes causadas pelos diversos efeitos gravitacionais. Caso queira saber, em ambos casos, você teria que prever o desaparecimento do Sol porque, obviamente, pelo tempo que um observador relatasse seu desaparecimento, os efeitos gravitacionais já teriam chegado também.

A experiência funciona? Sim, e aponta para verdades fundamentais da inter-relação do espaço, tempo e energia.

# Levando a Relatividade no Elevador de Einstein

Imagine um físico que está drogado (ou talvez tenha comido demais no almoço e cochile) e, ao acordar, encontre-se em uma caixa sendo puxada regularmente por uma corda (eu enfeito um pouquinho) pendurada em um balão de ar quente. O que o físico achará que está acontecendo quando acordar?

E a resposta é que, embora saiba que está preso em uma caixa (que ele provavelmente pensará ser o armário da cafeteria do departamento de física), ele provavelmente não perceberá que está sendo puxado para cima (menos ainda por um balão de ar quente). Pelo menos, não perceberá desde que o movimento seja completamente regular, da mesma forma que, se você subir um arranha-céu em um elevador, só sentirá alguma coisa no começo e no final da viagem.

Todavia, agora suponha que a caixa (que é bem isolada acusticamente) subiu tão alto na atmosfera que repentinamente o balão de ar quente estoura! (o que é em si um pouquinho de física). Trancado dentro dessa caixa sem janelas, à prova de som, o que o físico pensará que está acontecendo? "Ah rá!", ele diz. "Eles me colocaram em um foguete para o espaço! Excelente!" Porque, de fato, à medida que a caixa rapidamente alcança sua velocidade de queda de 9,8 metros por segundo, o físico ficará sem peso. Parecerá a ele que a gravidade desapareceu. Com efeito, o físico pode tentar várias experiências simples, como jogar uma moeda no ar, para ver se ela permanece flutuando delicadamente ao seu lado na caixa. De fato, para o físico dentro da caixa, não importa que experiências ele conduza, nada irá ajudá-lo a distinguir se está em um estado de gravidade zero (no espaço) ou em uma situação em que a rápida aceleração em direção ao solo está neutralizando a força gravitacional.

O alçamento designa-se a demonstrar a equivalência entre aceleração e efeitos do campo gravitacional. A partir disso, Einstein constrói sua Teoria da Relatividade Geral, que virou de cabeça para baixo a organizada, porém misteriosa, força gravitacional de Newton, que era tão boa para explicar maçãs caindo, e substituiu-a por uma noção nova, contraintuitiva e quase inobservável do espaço-tempo curvo.

# Índice

## • B •

● *D* ●

## • F •

# • *M* •

• *N* •

• Q •

• R •

Impresso na Rotaplan Gráfica e Editora LTDA
www.rotaplangrafica.com.br
Tel.: 21-2201-1444